Arena-Taschenbuch
Band 1250

»In den gesammelten Berichten ›aus erster Hand‹, vielschichtigen Zeugnissen, die hier in erster Linie aus autobiographischen Aussagen zusammengetragen wurden, wird eine Art Spektrum der Zeitgeschichte geboten: farbig, aber nicht grell, in richtigen Tonwerten. Der Reiz des Buches liegt in einer Vielfalt, die nicht verwirrt. So problematisch solche Zusammenstellungen auch immer sein mögen: die Faszination des Unmittelbaren ist größer.«

Die Zeit, Hamburg

C. Schmid/H. Pleticha

# Zeitgeschichte aus erster Hand

Von der russischen Revolution bis zur Besetzung der Tschechoslowakei

Auf der Bestliste zum Deutschen Jugendbuchpreis

Arena

Die Quellentexte dieses Buches wurden zusammengestellt und eingeleitet von Professor Dr. Carlo Schmid und Dr. Heinrich Pleticha.

1. Auflage als Arena-Taschenbuch 1974

Umschlaggestaltung: Dieter C. Schubert
Gesamtherstellung: Richterdruck Würzburg
ISBN 3 401 01250 9

# Inhalt

## Zur Einführung

*Die fünf Jahrzehnte, die dieses Buch umspannt, haben das Koordinatensystem der Weltgeschichte von Grund auf verändert. Vor 1917 war alles, was wir Weltpolitik nennen, auf Europa ausgerichtet. Mochten die Staaten, die dieses Europa darstellten, noch so erbittert untereinander im Wettbewerb um einen möglichst großen Anteil an der Macht stehen, so stellten sie doch in ihrer Gesamtheit der übrigen Welt gegenüber einen in seiner Vielheit einheitlichen politischen Faktor dar. Was irgendwo in der Welt an politischem, ökonomischem, gesellschaftlichem, ja auch kulturellem Geschehen vor sich ging, hatte seine Ursache in Ereignissen, die in Europa gesetzt wurden. Die Staaten zu beiden Seiten des Kohlegürtels, der sich durch die nördliche Erdhalbkugel zieht, waren kraft der Überlegenheit, die ihnen die von ihnen auf der Grundlage der Kohle geschaffene industrielle Technik verlieh, die Herren der Welt geworden. Die Vereinigten Staaten von Amerika, einst ein Ableger dieses Europas, waren zwar zu einem mächtigen Staatswesen mit ungeheuren Produktivkräften herangewachsen, hielten sich aber, weltpolitisch betrachtet, in der Isolierung und nahmen an den Machtkämpfen nicht teil, die Europa bewegten und von Europa aus die Welt.*

*Alle diese Staaten hatten bei aller Unterschiedlichkeit im einzelnen wesensmäßig dieselbe innere Struktur. Ob es sich um parlamentarische Demokratien, um konstitutionelle Monarchien, um Obrigkeitsstaaten handelte, in allen obwalteten die Vorstellungen des 19. Jahrhunderts, des Zeitalters, das die »bürgerlichen« Ideologien entwickelt hatte. So sehr deren Konkretisierungen auch von Staat zu Staat voneinander abweichen mochten, so war ihnen doch allen die Vorstellung gemeinsam, daß die europäischen Staaten in ihrem jetzigen Bestande durch die Geschichte des letzten Jahrhunderts gefestigte politische Einheiten mit mehr oder weniger identischen gesellschaftlichen Systemen seien, daß Politik im rationalen Umgang mit der Macht bestehe und daß die auf Staatsräson gegründete einvernehmliche Wahrung der Interessen der europäischen Staaten durch diese selbst das Gefüge der Welt in Ordnung zu halten vermöge. Der Krieg war nicht erwünscht, galt aber als ein taugliches und erlaubtes, in Ausübung und Auswirkung begrenzbares, politisches Mittel zur Durchsetzung und Wahrung von Ansprüchen. Dazu kam die Vorstellung, daß die Wohlfahrt der Völker auf dem freien Spiel der wirtschaftlichen Kräfte beruhe, von denen als die wichtigsten das Privateigentum, das freie Unternehmertum und das sich nach festen Gesetzen selbstregulierende Verhältnis von Kapital und Arbeit galten. Kunst und Wissenschaft sollten frei sein; die Menschen sollten sich ihre Meinungen frei bilden können – wenngleich nicht überall in gleicher Freiheit –, und das erwünschte Einverständnis sollte sich durch den freien Austausch der individuellen Meinungen ergeben. Die Geschichte galt als das Ergebnis des Willens aus freiem Entschluß und aufgrund von pragmatischen Erfahrungen handelnder Staaten, nicht als Produkt und Erfüllung von Gesetzen, die den Menschen nur die Freiheit lassen, sie zu vollstrecken oder zu scheitern.*

*Dies alles begann mit dem Jahre 1917 anders zu werden. Der erste Weltkrieg war noch auf »klassische« Weise entstanden; er war in seiner ersten Hälfte noch eine europäische Angelegenheit; die kriegführenden Parteien kämpften um Anteile an der Macht über die Dinge, die in Europa geschahen und von Europa aus Veränderungen in der übrigen Welt bewirken sollten. Als die Vereinigten Staaten von Amerika am 6. April 1917 in den Krieg eintraten und als am 16. April desselben Jahres Lenin in einem plombierten Eisenbahnwagen, den die deutsche Oberste Heeresleitung zur Verfügung gestellt hatte, in der russischen Hauptstadt eintraf und die bolschewistische Oktoberrevolution auslöste, begann ein Zeitalter, darin andere Gesetze walten sollten als in der Epoche vorher.*

*Der Eintritt der Vereinigten Staaten von Amerika in den Krieg und die überragende Rolle, die sie für seine Beendigung spielten, machten sie zur Weltmacht. Seitdem konnte die Weltpolitik nicht mehr in erster Linie auf Europa ausgerichtet bleiben. Die russische Revolution führte in den bisherigen Bestand der Faktoren der Politik eine Ideologie ein, die, wie einst die Prinzipien der Französischen Revolution am Ende des 18. Jahrhunderts die europäische Welt verändert hatten, alsbald anfing, die Welt des 20. Jahrhunderts grundlegend umzugestalten. Die Staaten begannen, sich fortan nicht mehr nur nach ihren klassischen Interessen zu verhalten, sondern in Funktion gewisser Ideologien. Um diese Ideologien gruppierte sich eine Reihe von Staaten, die in verschiedene »Lager« auseinandertraten, deren Miteinander und Gegeneinander zum Gegenstand der Weltpolitik wurde.*

*Zunächst schien es, als käme es den Vereinigten Staaten vor allem darauf an, den Charakter der Weltpolitik überhaupt zu ändern, ohne eigene machtpolitische Interessen zu verfolgen. Politik sollte aufhören, eine Sache der Kabinette und der Geheimdiplomatie zu sein, sie sollte zur Sache der Völker selbst werden und in aller Öffentlichkeit erfolgen: Die Meere, der Welthandel sollten frei sein; die koloniale Frage sollte international geregelt werden; die Völker in den Vielvölkerstaaten sollten sich autonom entwickeln können; Polen sollte wiederhergestellt, die Rüstungen sollten beschränkt werden. Vor allem aber sollte eine Friedensorganisation geschaffen werden, die in der ganzen Welt an die Stelle der Herrschaft der Machtinteressen die Herrschaft des Rechtes setzen sollte. Dieser Völkerbund wurde dann durch den Versailler Vertrag, der den ersten Weltkrieg beendete, in Genf errichtet – freilich ohne die Vereinigten Staaten von Amerika, deren Senat die Ratifikation des Versailler Vertrages verweigert hatte.*

*Sowenig es gelang, in der politischen Wirklichkeit dadurch das Machtprinzip durch das Prinzip der Herrschaft des Rechtes zu ersetzen, sowenig insbesondere die Friedensverträge jener Zeit imstande waren, das Recht zum Maßstab der Weltpolitik zu machen, so entscheidend wirkten sich doch in der Zukunft einige der Prinzipien aus, die in den Friedenszielen der Vereinigten Staaten von Amerika enthalten waren.*

*Das gilt zunächst einmal von dem Prinzip des Selbstbestimmungsrechtes der Nationen. Wenngleich es recht einseitig, meist nur zugunsten der Sieger und ihrer Freunde verwirklicht wurde, so hat sich doch seitdem im Bewußtsein der Völker die Vorstellung festgesetzt, daß sie selbst die Herren ihrer politischen Geschicke zu sein haben. Dies hat nicht nur zur Bildung vieler neuer Staaten geführt, sondern in einer Zeit, da man geglaubt hatte, den Nationalismus überwinden zu können, diesem zu einer neuen Blüte verholfen, was gleichzeitig bewirkte, daß immer wieder Versuche unternommen wurden, die Nationalstaaten in internationalen Organisationen zusammenzufassen. Diese sollten ihnen auf der einen Seite erlauben, ein Eigenleben zu führen, auf der anderen Seite sollten sie eine gesicherte Ordnung ihrer gegenseitigen Beziehungen möglich machen. Der Genfer Völkerbund war der umfassendste Versuch in dieser Richtung. Er ist gescheitert, weil ihm durch das Fehlen der Vereinigten Staaten von Amerika das innere Gleichgewicht fehlte und weil die Großmächte, die darin den Ton angaben, den Bund weniger als ein Instrument des Rechtes betrachteten, denn als ein Mittel zur Verfolgung ihrer Interessen. Aber die Idee, die ihn ins Leben rief, ist geblieben: Nach dem zweiten Weltkrieg wurde ein zweites Mal versucht, eine Institution zu schaffen, die den Frieden in der Welt garantieren und die Kooperation der Staaten im Interesse der Wohlfahrt aller organisieren sollte, nämlich die Organisation der Vereinten Nationen (UNO), deren Charta am 24. Oktober 1945 in Kraft trat und die seitdem den Rahmen bildet, innerhalb dessen sich die Geschehnisse der Weltpolitik abspielen.*

*Freilich geschieht dies nicht so, daß nunmehr an die Stelle der machtpolitischen Auseinandersetzungen Rechtsverfahren getreten wären. Auch innerhalb der UNO geschieht Machtpolitik; aber sie muß vor weltweiten Gremien vertreten werden, in denen die Mächte ihre Vorstellungen von der je und je dem Frieden zuträglichsten Ordnung eines Konfliktes zur Geltung bringen können. Was dabei geschieht und geschehen kann, wenn man es unter dem Gesichtspunkt des reinen Rechts betrachtet, ist meist sehr unvollkommen gewesen; aber immerhin hat die Existenz der UNO es ermöglicht, Konflikte, die zu*

*Welthändeln hätten ausarten können, wenigstens zu lokalisieren, einzuhegen und unter Kontrolle zu halten.*

*Der Gedanke des Präsidenten Wilson, daß die Kolonialfragen international geregelt werden sollten, hatte in der Zeit zwischen den beiden Weltkriegen nur eine unzureichende Verwirklichung gefunden. Aber er führte, zusammen mit dem Prinzip des Selbstbestimmungsrechtes der Völker, dazu, daß im öffentlichen Bewußtsein der Welt der Kolonialismus immer mehr verfemt wurde, bis er dann schließlich nach dem zweiten Weltkrieg praktisch erledigt worden ist.*

*Mit der Eroberung der Macht im russischen Reich durch die Kommunisten im Gefolge der Oktoberrevolution von 1917 und mit Aufrichtung der Herrschaft des Marxismus-Leninismus als der alles staatliche, gesellschaftliche, kulturelle Leben bestimmenden Doktrin kam ein weiterer, bis in die Fundamente ihres Gefüges wirkender, gestaltender und umgestaltender Faktor in die Weltpolitik. Zunächst schien es, als bliebe die neue Lehre von dem naturgesetzlich notwendigen Weg der Geschichte im Zeichen des Klassenkampfes zur Weltrevolution, die zur Befreiung der Völker in einer klassenlosen Gesellschaft führen werde, auf Rußland beschränkt. Diese aggressiv nach Ausbreitung strebende Ideologisierung der Politik des Riesenreiches im Osten hätte für sich allein genügt, um das System des Gleichgewichts, auf dem die Weltpolitik beruhte, aus den Fugen zu bringen. Aber bald zeigte sich, daß diese Lehre in fast allen Staaten Eingang fand und starke Gruppen der Bevölkerung, vor allem der Arbeiterschaft, sich in ihrem Zeichen politisch organisierten. Die Auseinandersetzung mit diesen Gruppen, den kommunistischen Parteien, die sich über alle Grenzen hinweg zur kommunistischen Internationalen zusammengeschlossen hatten, begann überall zu einem der wesentlichsten Themen der Innenpolitik zu werden und wohl auch da und dort außenpolitische Fronten zu bilden.*

*Dies war besonders in Deutschland der Fall. Die militärische Niederlage hatte im November 1918 zum Zusammenbruch des Kaiserreiches und des längst überfällig gewordenen Obrigkeitsstaates geführt. Die revolutionäre Bewegung, die damit zusammenging, wurde verhältnis-*

*mäßig schnell durch die Disziplin der Arbeiterschaft in demokratische und parlamentarische Kanäle gelenkt. Doch die unsinnige Reparationspolitik der Sieger des ersten Weltkrieges, vor allem die Besetzung des Ruhrgebietes durch die Franzosen, führte den völligen Zerfall der deutschen Währung herbei; die Ersparnisse von Generationen verflüchtigten sich in nichts, eine schreckliche Wirtschaftskrise, die Millionen von Arbeitslosen schuf, schloß sich an. Dies führte zur Radikalisierung eines großen Teiles der deutschen Arbeiterschaft und damit zu einem starken Anwachsen der Kommunistischen Partei, die völlig auf Moskau eingeschworen war. Auf der anderen Seite führten diese Umstände zu einer Radikalisierung bürgerlicher Schichten, die sich in extremen Rechtsparteien, vor allem in der Nationalsozialistischen Deutschen Arbeiterpartei zusammenschlossen. Zwischen diesen beiden Flügelgruppen wurde die demokratische Mitte Deutschlands zerrieben.*

*Wie einst in Italien der durch den Marsch auf Rom zur Herrschaft gelangte Faschismus, eroberte sich dessen deutsche Abart, der Nationalsozialismus, die Macht und schuf Deutschland zu einem totalitären Staat um, in dem nur das Wort eines Mannes, des »Führers«, galt. Das einzige, woran dieser Mann glaubte, war die Macht. Sie galt es mit allen Mitteln zu erringen, zu behaupten und auszudehnen; alles sollte ihr erlaubt sein. Vor dem Willen zur Macht hatte künftig das Recht zu schweigen. Diese Macht aber sollte zu dem Zwecke gebraucht werden, dem deutschen Volk – dem »Herrenvolk« – den Lebensraum zu schaffen, dessen es bedurfte, um die Herrschaft der nordischen Rasse zu sichern. Neben die Vorstellung von der Weltrevolution im Zeichen der Diktatur des Proletariats war nun die Vorstellung einer grenzensprengenden Revolution zur Errichtung der Herrschaft einer Rasse getreten.*

*Zunächst wurde in Deutschland das Regiment des Terrors aufgerichtet, unter dem vor allem unsere jüdischen Mitbürger zu leiden hatten. Ausrottung der Juden, wo immer in der Welt man ihrer habhaft werden konnte, war eines der Hauptziele der neuen Machthaber. Polen wurde überfallen, nachdem vorher zwischen Hitler und Stalin ein Vertrag über dessen Aufteilung geschlossen worden war. Die westlichen Verbündeten Polens traten in den Krieg ein. Hitler überfiel die Sowjetunion, und deutsche Heere marschierten bis vor Moskau und bis nach Stalingrad. Im Dezember 1941 griffen die Vereinigten Staaten ein zweites Mal an der Seite der Westmächte in einen Krieg ein, der als europäischer Krieg begonnen hatte und nun wirklich zu einem Weltkrieg wurde, der gleichzeitig in Europa, in Afrika, in Ostasien und auf allen Weltmeeren geführt werden mußte. Die Kampfkraft der deutschen Wehrmacht wurde zerschlagen, die Machthaber Deutschlands kapitulierten bedingungslos, Deutschland wurde von den Siegern besetzt und in Besatzungszonen aufgeteilt.*

*Die drei westlichen Besatzungsmächte – die Vereinigten Staaten, Großbritannien, Frankreich – gaben den Deutschen in den von ihnen besetzten Gebieten Deutschlands die Freiheit zurück, sich nach ihren eigenen Vorstellungen staatlich neu zu organisieren. Der Parlamentarische Rat beschloß 1949 das Grundgesetz, das bis zu dem Tage, da das ganze deutsche Volk sich in voller Freiheit eine Verfassung würde geben können, im westlichen Teil Deutschlands eine freiheitliche Staatsordnung schaffen sollte. So entstand die Bundesrepublik Deutschland als bundesstaatlich gegliederter, demokratischer und sozialer Rechtsstaat, der seinen politischen Standort in der Welt des freiheitlichen Westens fand.*

*In dem von den sowjetischen Truppen besetzten Teil Deutschlands erzwang die Besatzungsmacht die Alleinherrschaft einer kommunistischen Partei, der SED, die ihr Herrschaftsgebiet als einen eigenen Staat totalitärer und marxistischer Prägung aufrichtete, der sich Deutsche Demokratische Republik nennt und zu einem integrierenden Bestandteil des sowjetisch bestimmten Ostblocks geworden ist.*

*Seitdem ist Deutschland gespalten, und die Überwindung dieser Spaltung ist nächst der Wahrung des Friedens zum ersten Ziel deutscher Politik geworden.*

*In der Spaltung Deutschlands kommt am sichtbarsten zum Ausdruck, in welchem Zustand der Zerrissenheit sich heute die Welt befindet. Zunächst schien es, als ob der Ausgang des zweiten Weltkrieges die politische Einheit der Welt zustande gebracht habe, jenes Ideal, dem sich die gesamte Staatenwelt als ein in sich zusammen-*

hängendes, sich selbst regulierendes System kommunizierender Röhren darstellt. Die auf Wahrung des Friedens und auf Kooperation der Staaten ausgerichteten Prinzipien und Institutionen der UNO sollten dieser Einheit – »One World« – Inhalt und Form geben. Fortan würden sich alle politischen Bewegungen von Staat zu Staat unter der Kontrolle eines Areopags der Völkergemeinschaft vollziehen. Die Rüstungen sollten radikal beschränkt werden; es sollte sogar einen eigenen Generalstab der UNO geben, der eine eigene Luftwaffe als Weltpolizei zur Verfügung stehen sollte ... Daraus hätte nur etwas werden können, wenn alle Großmächte wenigstens in den Grundzügen identische Vorstellungen von dem künftigen Verlauf der Politik in dieser Welt gehabt hätten. Dies war aber nicht der Fall, denn eine dieser Weltmächte wollte die Welt sich nach den Prinzipien freiheitlicher Demokratien entwickeln sehen; die anderen aber nach den Prinzipien des Klassenkampfes und der Diktatur des Proletariats, was auch im einzelnen in den verschiedenen Teilen der Welt darunter verstanden werden mochte.

An der Unterscheidung zwischen Großmächten – jenen Staaten, die stark genug sind, um ihre Macht überallhin zur Geltung zu bringen – und den Nichtgroßmächten – jenen Staaten, die nur in Anlehnung an Großmächte an der Weltpolitik teilhaben können – hat die Existenz der UNO nichts geändert. Bald stellte es sich heraus, daß nur noch zwei Staaten genug Machtmittel besaßen, um überall in der Welt ihren Willen zur Geltung bringen zu können, die Vereinigten Staaten von Amerika und die Sowjetunion, und daß die alten Großmächte ihnen gegenüber zweitrangig geworden waren. Dies hat der Ausbruch des atomaren Zeitalters bewirkt. Wieder einmal haben Wissenschaft und Technik die Welt verändert, nicht nur auf dem ihnen eigenen Gebiet, sondern auch dort, wo um politische Macht gekämpft wird. Wieder einmal hat sich – wie einst im Kohlezeitalter – gezeigt, daß die Technik in ihrer Entfaltung an Voraussetzungen qualitativer und quantitativer Art gebunden ist, die nicht allen Staaten gleichermaßen zur Verfügung stehen.

Die Vereinigten Staaten und die Sowjetunion haben zwar nicht mehr das absolute Monopol der Atombombe, aber sie sind allen anderen Staaten so überlegen, daß sie *allein noch imstande sind, ein machtpolitisches Gleichgewicht in der Welt herzustellen. Auf das Gleichgewicht der Mächte kommt es aber in der Weltpolitik auch heute noch an. Die Erfahrung lehrt, daß eine Macht, deren Druck nicht durch einen Gegendruck aufgeboten wird, die Tendenz hat, sich auszudehnen.*

*Um die beiden genannten Mächte hat sich eine Reihe von Staaten gruppiert. Um die Sowjetunion die Staaten, deren Regierungen die politischen Doktrinen des Marxismus-Leninismus praktizieren, also die Staaten Osteuropas und ursprünglich auch das kommunistisch gewordene China; um die Vereinigten Staaten von Amerika gruppieren sich Staaten demokratischer Ordnung. Die einen haben sich militärisch im Warschauer Pakt zusammengeschlossen, die anderen sind zum großen Teil Mitglieder der Nordatlantischen Verteidigungsorganisation (NATO) geworden oder stehen in anderen Bündnissen mit den Vereinigten Staaten zusammen.*

*So reich auch unsere Welt an militärischen Bündnissen geworden ist, so gibt es heute über den Krieg nur noch eine Ansicht: Er ist kein Mittel der Politik mehr, das heißt kein rational beherrschbares Mittel mehr, Ansprüche durchzusetzen oder abzuwehren; ein Krieg, der mehr wäre als ein kontrollierbares Ereignis am Rande der weltpolitischen Zonen, müßte die atomar bewaffneten Mächte in seinen Strudel reißen. Dies könnte nichts anderes bedeuten als die Vernichtung auch des »Siegers«. Daß die Weltmächte dies wissen, zeigt ihr Verhalten in den Krisen um Suez und um Kuba und im Krieg in Vietnam.*

*So sind zwei Blöcke entstanden, die sich gegenseitig die Waage halten, und wenn auch das Gleichgewicht, das sie unterhalten, ein Gleichgewicht des Schreckens ist, so erhält es doch, mit Ausnahme von Randgebieten, die Welt in einer, wenn auch noch so prekären Ordnung. Aber das Zentrum dieses Systems sind nicht mehr europäische Staaten. Während noch vor einer Generation in der Welt kaum etwas geschehen konnte, was nicht seine Ursache in Vorgängen in Europa hatte, hat heute fast alles, was in Europa geschehen kann, seinen Grund in Ursachen, die außerhalb Europas gesetzt werden. Dies ist durch die Ereignisse des Jahres 1917 eingeleitet worden.*

*Welche Rolle in einem Konzert der Weltmächte einmal*

*China spielen könnte, liegt noch im Dunkel. Es ist ein kommunistisches Land, das sich vom Mutterland des Kommunismus, Rußland, emanzipiert hat, dem es vorwirft, den internationalen Klassenkampf aufgegeben zu haben. In wenigen Jahrzehnten wird dieses China eine Milliarde Einwohner zählen. Nichts spricht dagegen, daß diese Menschen, die im Laufe einer vieltausendjährigen Geschichte Erstaunliches vollbracht haben, sich nicht auch das Wissen um die Techniken dieses Jahrhunderts verschaffen könnten. Welchen Gebrauch China davon machen wird, können wir nicht ahnen. Welches Ausmaß an Selbstbehauptungswillen dieses Volk zu entwickeln vermag, hat es auf Maos Langem Marsch gezeigt. Welches Ausmaß nationaler Kraft asiatische Nationen, die das kommunistische Evangelium angenommen haben, zu entfalten vermögen, zeigt der Krieg in Vietnam, von dessen Ausgang es vielleicht abhängen wird, ob ganz Ostasien dem kommunistischen Staatensystem zuwachsen wird oder ob es seinen politischen Standort vielleicht anderswo suchen wird.*

*Dazu gilt es noch eine Anmerkung zu machen. Die politische Doktrin des Marxismus-Leninismus ist in immer steigendem Maße zu einem Faktor geworden, der die Landkarte der Erde verändern konnte. Man könnte es für eine Ironie der Geschichte halten, daß dies Hand in Hand mit Thesen geschah, die ein erklärter Gegner alles dessen, was Marxismus heißt, der amerikanische Präsident Woodrow Wilson nämlich, in die Welt gesetzt hat. Die liberal-humanitäre These des Amerikaners, daß es ein Unrecht sei, fremde Völker in kolonialer Unterwerfung zu halten, vereinigte sich mit der marxistischen Vorstellung von dem notwendigen Klassenkampf der proletarischen Nationen gegen ihre kolonialistischen Ausbeuter, und daraus erwuchsen in den Kolonialgebieten nationale Befreiungsbewegungen mit Aufständen revolutionären Charakters, denen schließlich die öffentliche Meinung innerhalb der sogenannten Mutterländer nicht standzuhalten vermochte, zumal nachdem Großbritannien seine Herrschaft über Indien aufgegeben hatte. Ghandis gewaltloser Befreiungskampf hat der Welt ein großes Beispiel gegeben.*

*So sind nunmehr wieder eine Menge neuer Staaten entstanden, von denen viele erst versuchen müssen, mit sich selber fertig zu werden. Die meisten sind darauf angewiesen, daß ihnen die Industrienationen helfen, sich zu modernisieren und lebensfähig zu machen. Diese Entwicklungshilfe wird von den Ostblockstaaten gegeben und wird von den »westlichen« Staaten gespendet – nicht nur aus der Erkenntnis der Notwendigkeit für alle und aus Gründen der Menschlichkeit, sondern auch, um auf die politischen Entscheidungen dieser neuen Staatenwelt Einfluß zu nehmen.*

*Diese neuen Staaten haben in ihrer Gesamtheit ein Bewußtsein davon erhalten, welche Bedeutung sie für den Lauf der Welt haben können, wenn sie sich als »Dritte Welt« zwischen den beiden großen Blöcken behaupten. Sie wissen, was es für jeden dieser Blöcke wert ist, daß sie in dem Wettbewerb der beiden zumindest neutral bleiben. Diesen Neutralismus weiß man auch in der in Blöcken zusammengefaßten Welt zu schätzen. So wird manche Entwicklungshilfe gespendet, um den politischen Einfluß auszugleichen, den sich die andere Seite durch ihre Hilfeleistung verschaffen konnte. Doch mag dem sein wie ihm wolle, ein großer Teil der Entwicklungshilfe wird ausschließlich gegeben, um zu verhindern, daß Menschen verhungern. So vereinigen sich moralisches Bewußtsein von der wechselseitigen Verpflichtung der Völker und wohlverstandene Staatsräson zu einem weltweiten Feldzug gegen Hunger und Armut. Das Beispiel dafür haben unmittelbar nach dem Krieg die Vereinigten Staaten gegeben, als sie den Marshallplan ins Leben riefen, der so vielen Völkern, auch uns Deutschen, die Möglichkeit gab, die elementarsten Folgen des Weltkrieges aus eigener Kraft zu überwinden. Daß die Völker des Ostblocks die Marshallplanhilfe nicht annehmen durften, hat nicht wenig dazu beigetragen, den Graben zwischen Ost und West zu vertiefen.*

*In den Jahren nach dem ersten Weltkrieg haben großherzige, einsichtige und ihrer Verantwortung für die Zukunft bewußte Menschen versucht, ihre Völker davon zu überzeugen, daß den ewigen Rivalitäten und Kriegen der europäischen Völker ein Ende gesetzt werden könne, wenn sie sich im Zeichen Europas zusammenschlössen. Zwei Namen müssen hier besonders genannt werden: Aristide Briand und Gustav Stresemann. Sie haben ihr Ziel nicht erreicht. Nach dem zweiten Weltkrieg stellte sich das Problem aufs neue.*

*Nicht nur einige Staatsmänner europäischer Länder, auch deren öffentliche Meinung gaben sich Rechenschaft darüber, wie sehr Europa abgesunken war, nicht nur an politischer Macht, nicht nur an Produktivkraft, sondern auch an Geltung in der Welt und sich selber gegenüber. Während die »Europäer« früherer Zeiten bei ihrer Zielsetzung in erster Linie von dem Gedanken getrieben waren, ein für alle Male Kriege zwischen europäischen Staaten unmöglich zu machen, kam nunmehr zusätzlich und immer wirksamer der Gedanke hinzu, die europäischen Staaten könnten einzeln ihre Rolle in der Welt nicht mehr behaupten, ja sie könnten nicht einmal hoffen, als Staaten zu überleben, wenn sie nicht insgesamt alle ihre Kräfte in einem festen Bunde zusammenfaßten. Es war ein Franzose, Robert Schuman, und ein Brite, Winston Churchill, die den Anstoß zum Handeln gaben, und sie fanden sofort in Deutschland ein Echo. Robert Schuman ist der Vater des Planes, die Montanindustrien der sechs westeuropäischen Festlandstaaten einer supranationalen Behörde zu unterstellen, und Winston Churchill gab den Anstoß zur Gründung des Europarates in Straßburg, dessen Ziel sein sollte, »einen stärkeren Zusammenschluß zwischen den Mitgliedsländern herbeizuführen sowie die Ideale und Grundsätze, die ihr gemeinsames Erbe darstellen, zu schützen und zu fördern, aber auch ihren wirtschaftlichen und sozialen Fortschritt zu begünstigen«. Zwar war die politische Vereinigung Europas damit noch nicht vollzogen, aber mit dem Europarat wurde eine Tribüne errichtet, von der herab die Sprecher der Mitgliedstaaten mit der Stimme Europas sprachen. Hier begegnen sich in regelmäßigen Abständen verantwortliche Parlamentarier der europäischen Staaten, und diese Begegnungen ließen unmerklich auch in nationalen Angelegenheiten ein europäisches Verantwortungsbewußtsein keimen und wachsen.*

*Andere europäische Zusammenschlüsse folgten – freilich vorläufig nur im Rahmen der sechs westeuropäischen Kontinentalstaaten: die Westeuropäische Union, die die Aufnahme der Bundesrepublik in das atlantische Verteidigungsbündnis möglich machte; EURATOM, eine supra-*

*nationale Behörde zur Förderung und Überwachung der atomaren Forschung für friedliche Zwecke; schließlich die Europäische Wirtschaftsgemeinschaft, durch die sechs europäische Kernstaaten im Laufe weniger Jahre eine echte Gemeinschaft des Wirtschaftens geschaffen haben werden, in der es keine isolierte Wirtschaftspolitik der Mitgliedstaaten mehr wird geben können. Heute schon hat sich der Binnenhandel der Gemeinschaft verdreifacht; ihre Produktion ist seit ihrer Gründung vor zehn Jahren um 55 Prozent gestiegen (gegen 45 Prozent in den USA und 35 Prozent in Großbritannien).*

*Doch damit darf es nicht genug sein. Aus dieser Wirtschaftsgemeinschaft muß eine politische Gemeinschaft werden, und diese Gemeinschaft wird durch den Beitritt weiterer Staaten ergänzt werden müssen. Das wird noch viel politische Anstrengungen nötig machen – auch auf den Wegen des Guten fällt einem nichts in den Schoß. Wenn dies gelingt – und viel spricht dafür, daß es trotz gewisser Widerstände gelingen wird –, dann wird Europa vielleicht wieder im Gefüge der Weltpolitik an die Stelle rücken, die ihm als der Mutter der Weltzeit der Moderne gebührt. Europa hat dort mehr als nur eine Vergangenheit einzubringen.*

Carlo Schmid

# Zwischen zwei Weltkriegen

## Lenin auf der Reise nach Rußland

*Nadeschda Krupskaja*

Die Geschichte unserer modernen Zeit beginnt nicht erst mit den Friedensschlüssen des ersten Weltkrieges. Der wesentliche Auftakt setzte mit der bolschewistischen Revolution in Rußland ein. Der unglückliche Verlauf des Krieges und zunehmende innerpolitische Schwierigkeiten trieben Rußland schon zu Beginn des Jahres 1917 unaufhaltsam in eine Katastrophe. Am 15. März 1917 dankte Zar Nikolaus II. ab. Die Republik wurde ausgerufen, aber auch die neue provisorische Regierung vermochte den inneren Zerfall nicht mehr aufzuhalten. Wie in Petrograd so übernahmen auch in den anderen größeren Städten Sowjets (= Räte) der Arbeiter und Soldaten die Macht. Sie strebten gegenüber den großbürgerlichen Elementen in der neuen Regierung eine proletarische soziale Revolution an. Um ihre Agitation zu erleichtern und ihre Macht noch zu stärken, entschloß sich die deutsche Oberste Heeresleitung die in der Schweiz im Exil lebenden Führer der Bolschewiken, einer kleinen radikalen Partei, nach Rußland zurückzuschicken. Zwei Tage nach der Kriegserklärung der Vereinigten Staaten an Deutschland bestiegen am 8. April 1917 in Zürich dreißig Emigranten, an ihrer Spitze Wladimir Iljitsch Lenin, die deutschen Eisenbahnwagen, die sie über Deutschland, Schweden und Finnland nach Petrograd brachten, wo sie am 16. April eintrafen. Schon einen Tag später hielt Lenin dort eine programmatische Rede über die Aufgaben des Proletariats in der gegenwärtigen Situation. Zwar versuchte die Regierung den bolschewistischen Einfluß einzudämmen, aber die rote Revolution war nicht mehr aufzuhalten; bis Anfang November 1917 ging die Macht in die Hände Lenins und der Bolschewiken über. Der folgende Bericht von der denkwürdigen Reise durch Deutschland und der Ankunft in Petrograd stammt aus der Feder von Nadeschda Krupskaja, der Gattin Lenins, die ihn auf seinen schweren Wegen – in die Verbannung und 1900 in die Emigration – begleitet hatte.

Als aus Bern der Brief mit der Mitteilung eintraf, daß die Verhandlungen Plattens günstig ausgegangen waren, daß nur das Protokoll zu unterzeichnen war und wir dann nach Rußland fahren konnten, wollte Iljitsch sofort aufbrechen: »Wir fahren mit dem ersten Zug nach Bern!« Bis zur Abfahrt blieben noch zwei Stunden. In diesen zwei Stunden mußten wir also unseren ganzen »Haushalt« liquidieren, mit der Wirtin abrechnen, die Bücher in die Bibliothek zurückbringen, packen usw. »Fahre allein, ich komme morgen nach.« Aber davon wollte Iljitsch nichts hören: »Nein, wir fahren zusammen.« Und schließlich wurde alles in diesen zwei Stunden erledigt: Briefe vernichtet, Bücher verpackt, die notwendigen Kleidungsstücke und Sachen ausgesucht und der ganze Haushalt aufgelöst. Wir fuhren mit dem ersten Zug nach Bern.

Die nach Rußland reisenden Genossen trafen sich im Berner Volkshaus: wir, Sinowjews, Ussijewitschs, Inès Armand, Safarows, Olga Rawitsch, Abramowitsch aus La Chaux-de-Fonds, Grebelskaja, Charitonow, Rosenblum, Boizow, Micha Zchakaja, Marienhofs, Sokolnikow. Als angeblicher Russe fuhr auch Radek mit. Insgesamt waren wir 30 Personen, den vierjährigen krausköpfigen Robert, das Söhnchen einer Bundistin, das mit uns fuhr, nicht mitgerechnet. Fritz Platten begleitete uns.

Die »Vaterlandsverteidiger« erhoben damals ein wüstes Geschrei über die Reise der Bolschewiki durch Deutschland. Die deutsche Regierung ging natürlich, als sie die Durchreiseerlaubnis erteilte, von dem Gedanken aus, daß eine Revolution das größte Unglück für ein Land sei und daß die bolschewistischen internationalistischen Emigranten, die mit ihrer Genehmigung Deutschland passierten, der Entfaltung der Revolution in Rußland förderlich sein würden. Gewiß hielten es die Bolschewiki für ihre Pflicht, in Rußland revolutionäre Agitation zu entfalten, die siegreiche proletarische Revolution war das Ziel ihrer Tätigkeit, und was die bürgerliche deutsche Regierung dachte, interessierte sie sehr wenig. Sie wußten, daß die »Vaterlandsverteidiger« sie mit Schmutz überschütten würden, daß aber die Massen schließlich doch mit ihnen gehen würden. Damals, am 27. März, wagten nur die Bolschewiki diese Reise, einen Monat später jedoch benutzten über 200 andere Emigranten, darunter

Martow und andere Menschewiki, ebenfalls den Weg durch Deutschland.

Weder nach unserem Gepäck noch nach Pässen wurde gefragt, als wir den Zug bestiegen. Lenin hatte sich ganz in sich selbst zurückgezogen, seine Gedanken weilten schon in Rußland. Unterwegs wurde mehr von Kleinigkeiten gesprochen. Durch den ganzen Wagen klang die vergnügte Stimme des kleinen Robert, der Sokolnikow gegenüber besondere Sympathien bezeugte und mit den weiblichen Mitreisenden keine Unterhaltung führen wollte. Die Deutschen bemühten sich zu zeigen, daß bei ihnen an allem Überfluß herrsche. Man servierte uns ein ausgezeichnetes Mittagessen, wie wir Emigranten es keineswegs gewöhnt waren. Wenn wir zu den Fenstern hinaussahen, fiel uns die völlige Abwesenheit erwachsener Männer auf, nur Frauen, Jugendliche und Kinder waren auf den Bahnhöfen, auf den Feldern und in den Straßen der Städte zu sehen. An dieses Bild mußte ich später in den ersten Petrograder Tagen häufig zurückdenken, wo es von Soldaten wimmelte, die alle Straßenbahnen überfüllten.

In Berlin wurde unser Zug auf ein Reservegleis geleitet. In der Nähe von Berlin bestiegen irgendwelche deutsche Sozialdemokraten ein Extraabteil. Niemand von unseren Genossen sprach mit ihnen, nur der kleine Robert schaute neugierig in ihr Abteil hinein und fragte sie auf französisch: »Was tut der Kondukteur?« Ich weiß nicht, ob die Deutschen dem kleinen Robert antworteten, was der Kondukteur tue; jedenfalls gelang es ihnen nicht, den Bolschewiki ihre Fragen vorzulegen. Am 31. März passierten wir die schwedische Grenze. In Stockholm wurden wir von den schwedischen sozialdemokratischen Abgeordneten Lindhagen, Carleson, Ström, Ture Nerman und anderen empfangen. Im Saal hing eine rote Fahne, und es wurde eine Versammlung abgehalten. Ich besinne mich nicht recht auf Stockholm – die Gedanken waren schon zu sehr in Rußland. Platten und Radek gestattete die provisorische Regierung nicht die Einreise. Den Bolschewiki gegenüber getraute sie sich das nicht. Auf finnischen Schlitten fuhren wir aus Schweden nach Finnland. Alles war schon so lieb und vertraut: die schlechten Dritteklassewagen, die russischen Soldaten – wunderbar schön erschien uns das alles. Robert saß bald auf dem Arm irgendeines älteren Soldaten, umklammerte mit seinen kleinen Ärmchen dessen Hals, stammelte irgend etwas auf französisch und aß »Pascha«[1], mit der ihn der Soldat fütterte. Wir umdrängten alle die Fenster. Auf den Stationen, die wir passierten, standen die Soldaten in Gruppen beisammen. Ussijewitsch steckte den Kopf zum Fenster hinaus. »Es lebe die Weltrevolution!« rief er. Die Soldaten blickten ihn verwundert an. Ein sehr blasser Leutnant ging einige Male an uns vorüber, und als Iljitsch mit mir in den benachbarten leeren Waggon hinüberging, setzte er sich zu uns und begann sich mit Iljitsch zu unterhalten. Der Leutnant teilte den Standpunkt der »Vaterlandsverteidiger«. Wladimir Iljitsch verteidigte seine Ansichten – auch er war außerordentlich bleich. Nach und nach kamen immer mehr Soldaten in den Waggon, bis er ganz voll war. Die Soldaten kletterten auf die Bänke, um denjenigen besser zu sehen und zu hören, der in einer Sprache, die ihnen so verständlich war, gegen den Raubkrieg sprach. Und von Minute zu Minute wurde der Ausdruck ihrer Gesichter gespannter.

In Beloostrow[2] empfingen uns Lenins Schwester Maria Iljinitschna, Schljapnikow, die Genossin Stal und andere Genossen. Auch Arbeiterinnen waren dabei. Die Genossin Stal redete mir zu, ihnen einige Worte zur Begrüßung zu sagen, aber mir war die Kehle wie zugeschnürt vor Aufregung. Wir fuhren gemeinsam weiter. Lenin fragte, ob man uns bei unserer Ankunft verhaften würde; die Genossen lächelten bei dieser Frage. Bald kamen wir in Petrograd an.

Die Petrograder Massen – Arbeiter, Soldaten, Matrosen – waren gekommen, um ihren Führer zu empfangen. Viele uns nahestehende Genossen waren darunter, unter anderen Tschugurin, ein ehemaliger Schüler der Parteischule in Longjumeau, mit einer breiten roten Schärpe über der Schulter; sein Gesicht war feucht von Tränen. Rundherum ein wogendes Menschenmeer.

Wer keine Revolution erlebt hat, kann sich keinen Begriff machen von ihrer majestätischen feierlichen Schön-

[1] Pascha – Süße Osterspeise aus Weißkäse
[2] Beloostrow – Grenzstation zwischen Rußland und Finnland

heit. Rote Fahnen, eine Ehrenkompanie Kronstädter Matrosen, die Scheinwerfer der Peter-Pauls-Festung, die den Weg vom Finnländischen Bahnhof bis zum Palais der Krzesinska beleuchteten, Panzerautos, lange Ketten von Arbeitern und Arbeiterinnen längs des Weges.

Als offizielle Vertreter des Petrograder Sowjets der Arbeiter- und Soldatendeputierten waren Tschcheïdse und Skobelew zum Bahnhof gekommen. Die Genossen führten Lenin in die Zarengemächer auf dem Bahnhof, wo ihn Tschcheïdse und Skobelew erwarteten. Als Lenin auf den Bahnsteig hinaustrat, trat ein Hauptmann auf ihn zu und rapportierte in militärischer Haltung irgend etwas. Lenin, dem das unerwartet kam, war etwas verwirrt und legte die Hand salutierend an die Mütze. Auf dem Bahnsteig stand eine Ehrenwache, an der Lenin und unsere ganze Emigrantengruppe vorüberschritten. Dann stiegen wir in bereitstehende Autos. Lenin stellte man auf ein Panzerauto und fuhr ihn zum Palais der Krzesinska. »Es lebe die sozialistische Weltrevolution!« rief Lenin in die ihn umgebende vieltausendköpfige Menge hinein.

Den Anbruch dieser Revolution spürte Lenin bereits voll und ganz. Man brachte uns in das Palais der Krzesinska, wo damals das Zentralkomitee und das Petrograder Komitee untergebracht waren. Im oberen Stockwerk setzten wir uns zum Tee zusammen; die Petrograder wollten Begrüßungsreden halten, aber Lenin brachte das Gespräch auf das, was ihn am meisten interessierte: auf die anzuwendende Taktik. Vor dem Hause stand eine tausendköpfige Menge von Arbeitern und Soldaten. Lenin mußte vom Balkon aus zu ihnen sprechen. Der Eindruck von diesem Empfang, von diesen durch die Revolution in Bewegung geratenen Massen übertönte alles andere.

Dann fuhren wir nach Hause, zu den Unsrigen, zu Lenins Schwester Anna Iljinitschna und ihrem Mann Mark Timofejewitsch. Maria Iljinitschna lebte mit ihnen zusammen. Sie wohnten auf der sogenannten »Petrograder Seite«[1] in der Schirokaja-Straße. Ein Zimmer für uns war hergerichtet. Der kleine Junge von Anna

[1] Stadtteil von Petrograd am rechten Ufer der Newa.

Iljinitschna, Gora, hatte zum Empfang in unserem Zimmer die Losung angebracht: »Proletarier aller Länder, vereinigt euch!« Wladimir Iljitsch und ich redeten in dieser Nacht fast nichts miteinander – wir hatten keine Worte, um das auszudrücken, was wir empfanden.

Es war keine Minute zu verlieren. Kaum war Lenin am nächsten Morgen aufgestanden, als auch schon Genossen kamen, um ihn zu einer Beratung der bolschewistischen Fraktion auf der Gesamtrussischen Konferenz der Sowjets der Arbeiter- und Soldatendeputierten zu holen. Die Konferenz wurde im Taurischen Palais, irgendwo in einem oberen Stockwerk, abgehalten. Lenin legte in etwa einem Dutzend Thesen seine Ansichten darüber dar, was in diesem Augenblick getan werden mußte. In diesen Thesen gab er eine Einschätzung der Lage, nannte klar und deutlich die Ziele, denen man zustreben, und die Wege, die man einschlagen mußte, um sie zu verwirklichen. Die Unsrigen waren im ersten Augenblick fast etwas verwirrt. Vielen schien es, daß Lenin die Fragen zu scharf formulierte, daß es noch zu früh war, von einer sozialistischen Revolution zu sprechen.

Unten hielten die Menschewiki eine Sitzung ab. Ein Genosse von ihnen kam herauf und bestand darauf, daß Lenin auf einer gemeinsamen Sitzung der menschewistischen und bolschewistischen Delegierten dasselbe Referat halten sollte. Die Versammlung der Bolschewiki beschloß, daß Lenin auf einer gemeinsamen Versammlung aller Sozialdemokraten das Referat wiederholen sollte. Diese Versammlung fand unten im großen Saal des Taurischen Palais statt. Das erste, was mir in die Augen fiel, war der im Präsidium sitzende Goldenberg (Meschkowski). Er war in der Revolution von 1905 ein standhafter Bolschewik, einer unserer nächsten Kampfgenossen gewesen. Jetzt war er Plechanow gefolgt und ins Lager der »Vaterlandsverteidiger« übergegangen. Lenin sprach etwa zwei Stunden. Goldenberg trat gegen ihn auf und sprach mit außerordentlicher Schärfe; er sagte, daß Lenin das Banner des Bürgerkriegs in den Reihen der revolutionären Demokratie aufgepflanzt habe. Es wurde klar, wie weit sich unsere Wege getrennt hatten. Ich erinnere mich noch an die Rede der Genossin Kollontai, die leidenschaftlich für die Thesen Lenins eintrat.

Plechanow nannte in seiner Zeitung »Jedinstwo« (Die Einheit) die Thesen Lenins »Fieberphantasien«.

Die Thesen Lenins wurden drei Tage später, am 7. April, in der »Prawda« veröffentlicht. Schon am folgenden Tag erschien in der »Prawda« ein Artikel Kamenews »Unsere Differenzen«, in dem er von diesen Thesen abrückte. In dem Artikel Kamenews wurde gesagt, daß die Thesen Lenins dessen Privatmeinung ausdrückten, die weder die »Prawda« noch das Büro des Zentralkomitees teilten. Die bolschewistischen Delegierten der Konferenz, der Lenin seine Thesen vorgelegt hatte, hätten nicht diese, sondern die Thesen des Büros des Zentralkomitees angenommen. Er erklärte, die »Prawda« beharre auf ihrem früheren Standpunkt.

Nun begann der Kampf innerhalb der bolschewistischen Organisation. Er dauerte nicht lange. Eine Woche später fand die Petrograder Stadtkonferenz der Bolschewiki statt, die sich auf den Standpunkt Lenins stellte. Die Konferenz dauerte acht Tage (vom 14. bis 22. April); in diesen Tagen fanden eine Reihe wichtiger Ereignisse statt, die bewiesen, wie recht Lenin hatte.

## Deutschland wird Republik

*Philipp Scheidemann*

Die verzweifelten deutschen Anstrengungen im Frühjahr 1918, mit den im Osten freigewordenen Truppen eine Entscheidung im Westen herbeizuführen, blieben erfolglos. Die Kräfte des deutschen Heeres waren erschöpft, und am 14. August 1918 mußte Ludendorff im Kronrat von Spa zugeben, daß der Krieg nicht mehr auf militärischem Wege beendet werden könne. Die katastrophale Lage an der Front blieb nicht ohne Auswirkung auf die Heimat. Am 3. Oktober 1918 hatte die deutsche Regierung ein Waffenstillstandsangebot an den amerikanischen Präsidenten Wilson gesandt, einen Monat später kam es zum Aufstand deutscher Matrosen in Kiel. Die Revolution verbreitete sich rasch über viele große Städte; überall wurden Arbeiter- und Soldatenräte gebildet, und fast kampflos lösten sich die alten Gewalten auf. Vergeblich versuchte die deutsche Reichsregierung unter Prinz Max von Baden, Kaiser Wilhelm II. rechtzeitig zur Abdankung zu bewegen. In München wurde durch Kurt Eisner bereits in der Nacht vom 7. zum 8. November die Republik ausgerufen. In Berlin erklärte am 9. November mittags der Reichskanzler Max von Baden den Rücktritt des Kaisers und übergab das Kanzleramt an Friedrich Ebert (SPD). Als Karl Liebknecht daraufhin mit einer Schar seiner Anhänger in Deutschland eine Räterepublik nach russischem Muster errichten wollte, kam ihm Philipp Scheidemann (SPD) gerade noch zuvor und proklamierte gegen fünfzehn Uhr vom Balkon des Reichstages aus die deutsche Republik. Morsch brachen alle damals in Deutschland bestehenden Monarchien protestlos zusammen. Klassisch wurde der Ausspruch des sächsischen Königs: »Macht euch euren Dreck alleene!« Scheidemann hat die dramatischen Stunden des 9. November 1918 in seinen Erinnerungen beschrieben und auch phonographisch festgehalten.

Die Nacht zum 9. November war schlaflos gewesen, sie kam mir endlos vor. Obwohl ich sehr spät zu Bett gekommen war, stand ich morgens um 6 Uhr schon wieder marschbereit da. Mit meiner Frau besprach ich die Situation. Nach dem Genuß eines undefinierbaren »deutschen Tees« und trockenen Brotes rief ich in der Reichskanzlei an, es war kaum 7 Uhr: »Ist der Kaiser zurückgetreten?«

»Noch nicht, aber wir erwarten die Nachricht seines Rücktrittes jeden Augenblick!« – »Ich will noch eine Stunde warten, ist er dann noch nicht gegangen, dann gehe ich!«

Um keine Zeit zu verlieren, fuhr ich sofort in den Reichstag, um immer wieder in der Reichskanzlei anzurufen. Im Reichstag ging es schon lebhaft zu. Allerlei wenig vertrauenerweckende Gestalten trieben sich in den Wandelgängen herum. Gegen 9 Uhr rief ich die Reichskanzlei wiederum an. – »Noch nicht! – Vielleicht mittags!« – »Solange brauche ich zu meiner Entschließung nicht. Bitte, sagen Sie dem Reichskanzler, daß ich mein Amt hiermit niederlege. In einer Viertelstunde haben Sie die Meldung meines Rücktritts auch schriftlich dort... Ich soll nichts übereilen? Bitte, man soll vor allem auch nichts verzögern, bis es zu spät ist!«

Ein Eilbote brachte meine Rücktrittsmeldung für den Reichskanzler in die Wilhelmstraße: »Ich beehre mich mitzuteilen, daß ich mein Amt als Staatssekretär hiermit niederlege.« Das Kabinett war zu dieser Stunde schon versammelt.

Nun war ich wieder frei! Frei, nachdem ich, mehr als vier Wochen lang, Tag für Tag menschliche Unzulänglichkeit, Unzuverlässigkeit und Unentschlossenheit in schier unausdenkbarem Maße hatte beobachten müssen. Im Sitzungssaal der Fraktion hatten sich schon vor 9 Uhr zahlreiche Abgeordnete eingefunden, ebenso die Mitglieder des Fraktions- und Parteivorstandes, Vertrauensmänner der Berliner Organisation und eine Abordnung der Berliner Betriebsobleute. Nachrichten liefen ein, die sich zum Teil erheblich widersprachen. An einer Kaserne sollte es zwischen Arbeitern und Soldaten zu Kämpfen gekommen sein, von anderen Kasernen wurde gemeldet, daß die Soldaten, als habe es sich um die selbstverständlichste Sache der Welt gehandelt, ohne weiteres zu den Arbeitern übergegangen seien. In manchen Schriften werden Heldenszenen geschildert, die an die Berichte des braven Soldaten Schwejk erinnern. Vielleicht eignen diese Schilderungen sich als Vorwürfe für später zu malende Revolutionsbilder, an denen unsere Enkel und Enkelkinder sich einmal ergötzen. Historische Bedeutung haben sie nicht. Es wäre unrecht, die Tätigkeit irgendeines Mannes, der damals sich in den Dienst der revolutionären Bewegung gestellt hat, verkleinern zu wollen, töricht aber sind die Versuche, die Arbeit einzelner auf Kosten der anderen ins Riesenhafte steigern zu wollen.

Als die Beratungen der sozialdemokratischen Vertrauensmänner im Reichstag begannen, hatte der Generalstreik bereits eingesetzt. Ungeheure Massen marschierten dem Stadtinnern zu. Ganze Truppenteile, so »die absolut zuverlässigen Jäger«, dann die in der Alexanderkaserne liegenden Truppen, ebenso die für die revolutionäre Bewegung äußerst wichtigen Kraftfahrer hatten sich bereits der Sozialdemokratischen Partei zur Verfügung gestellt. Gegen Mittag hatte der Kommandierende General v. Linsingen ein Schießverbot herausgegeben. Die Mitglieder des Parteivorstandes und der Fraktionsleitung hatten in einer Besprechung sich dahin geeinigt, sofort mit den Unabhängigen in Verbindung zu treten. Wir boten den Unabhängigen an, gemeinsam mit uns die Regierung zu übernehmen. Ledebour nahm das nur »zur Kenntnis«, zum Entsetzen seiner beiden Freunde. In unserer Vertrauensmännersitzung wurde sofort auch über diese bemerkenswerte Besprechung mit den Unabhängigen berichtet. Ebert sagte:

»Die Unabhängigen haben keinerlei positive Zusagen gegeben. Sie berufen sich darauf, daß ihr Vorstand nicht vollzählig beisammen ist. Es sollen jetzt sofort Verhandlungen mit den Arbeiter- und Soldatenräten gepflogen und dann die Regierung aufgefordert werden, uns die Macht zu übergeben. Geschieht das nicht, soll die Aktion weitergeführt werden.«

Die Unabhängigen, die uns bis 12 Uhr mittags vertröstet hatten, konnten nicht Wort halten, weil sie unter sich vollkommen uneins waren. Während Ebert anderweitig beschäftigt war, traf ich vom Reichstag aus mancherlei Anordnungen. Heute muß ich über manche der von mir getroffenen Bestimmungen herzlich lachen. Ununterbrochen stellte ich zunächst Passierscheine aus. Dann ernannte ich auf mancherlei Anregungen hin den einen zum Beigeordneten für dieses, den anderen zum Beigeordneten für jenes Amt. Auf der Treppe des Reichstages vom Obergeschoß zum Hauptgeschoß lief der Kollege Göhre mir in den Weg, als gerade andere mich bestürmten, dem Kriegsminister einen sozialdemokratischen Vertrauensmann zur Seite zu geben, der »aufpassen« müsse, damit nichts gegen uns geschehe. »Hallo, Göhre, das trifft sich ausgezeichnet, Sie sind doch Leutnant! Gehn Sie gleich in das Kriegsministerium, wo Sie alles, was hinausgeht, kontrollieren und gegenzeichnen müssen, wenn es Gültigkeit haben soll.« – Göhre: »Ich bin gern bereit, aber gerade für den Posten wird es besser sein, wenn ich meine Uniform anziehe!« – »Gut, ziehen Sie Ihre Uniform an.« – Der Abgeordnete Max Cohen, der im Krieg ebenso wie Konrad Hänisch einige Tage als Soldat eingekleidet war, als untauglich jedoch wieder zur Entlassung kam, trat hinzu mit dem Bemerken, daß er auch eine Uniform besitze. – »Gut, gehen Sie heim und ziehen auch Sie Ihre Uniform an.« Zwei Stunden später traten Göhre und Cohen, die beide in Vororten an der Wannseebahn wohnten, in Uniform an. Göhre war sehr verstimmt: man hatte ihm die Achselstücke abgerissen.

Werfen wir schnell einen Blick in die Wilhelmstraße, wo dem Reichskanzler nun eine Hiobsbotschaft nach der andern überbracht wurde. Er klammerte sich immer noch an törichte Hoffnungen: Wenn jetzt der Kaiser telegrafieren würde, daß er zurücktrete, so könnte vielleicht noch alles anders kommen! Dabei waren schon im Zentrum Berlins viele hunderttausend Arbeiter aufmarschiert, denen der Rücktritt des Kaisers jetzt vollkommen gleichgültig geworden war; sie verlangten jetzt mehr: »Gleich darauf kam die Schreckensnachricht, welche die Grundlage aller Zuversicht brach. Die Naumburger Jäger sind zu den Aufständischen übergegangen.« Jedoch am Grabe noch pflanzt er die Hoffnung auf! Von Stunde zu Stunde hofft der Prinz – –. Er selbst telegrafierte und ließ unausgesetzt nach Spa telefonieren. Die Antworten waren immer die gleichen: »Wir sollten noch etwas warten und dergleichen mehr!«

Gegen Mittag des 9. November, fast zugleich mit Herausgabe der Nachricht, daß der Kaiser und der Kronprinz verzichtet hätten, wurde offiziell verkündet, daß ein Schießverbot für das Militär erlassen sei.

Ebert blieb in der Reichskanzlei, wir anderen eilten in den Reichstag, wo unsere Freunde versammelt waren. Ich berichtete kurz über die Geschehnisse des Vormittags. Die Versammlung stimmte dem Vorschlag zu, sofort ein Plakat herstellen zu lassen, durch das aufgefordert werden soll, die Versorgung der Bevölkerung mit Lebensmitteln nicht zu gefährden. Die Bevölkerung möge sich geschlossen hinter die SPD stellen.

In dieser Stunde hatte Ebert in der Reichskanzlei mit einer Deputation der Unabhängigen, die aus Dr. Oskar Cohn, Vogtherr und Dittmann bestand, verhandelt. Herr v. Payer soll, wie Prinz Max berichtet, auf Wunsch Eberts zugezogen worden sein. Das erscheint durchaus glaublich, denn der Prinz könnte sonst über die Besprechung kaum berichten. Er schildert sie wie folgt:

»Ebert eröffnete den Herren ›ziemlich schroff‹ und ›von oben herab‹, daß die Sozialdemokratische Partei entschlossen sei, die Regierung zu übernehmen. Er forderte als Reichskanzler die Unabhängigen zur Erklärung auf, ob sie in die Regierung eintreten wollten und wie sie sich zu der etwaigen Beteiligung weiterer Parteien an der Regierung stellen würden. Die Herren wiesen ›recht kleinlaut‹ darauf hin, daß sie ohne Rücksprache mit ihren Freunden überhaupt keine Erklärung abgeben könnten, lehnten aber nicht grundsätzlich ab.«

Am 9. November 1918 glich der Reichstag schon in den Morgenstunden einem großen Heerlager. Arbeiter und Soldaten gingen ein und aus. Viele trugen Waffen. Mit Ebert, der nun auch aus der Reichskanzlei in den Reichtstag gekommen war, und anderen Freunden saß ich hungrig im Speisesaal. Es gab wieder nur eine dünne Wassersuppe ... Da stürmte ein Haufen von Arbeitern und Soldaten in den Saal, gerade auf unseren Tisch zu.

Fünfzig Menschen schrien zugleich: »Scheidemann, kommen Sie gleich mit!« – »Philipp, du mußt herauskommen und reden!«

Ich wehrte ab – wieviel hatte ich schon reden müssen!

»Du mußt! Du mußt, wenn Unheil verhütet werden soll!« – »Draußen stehen Zehntausende, die verlangen, daß Sie reden.« – »Jawohl, Scheidemann, komm schnell, vom Schloßbalkon aus redet Liebknecht ...!«

»Na, wenn schon!«

»Nein, nein, kommen Sie mit!« – »Du mußt reden!«

Dutzende redeten auf mich ein, bis ich mit ihnen ging.

Die große Wandelhalle zeigte ein dramatisch bewegtes Bild. Gewehre waren in Pyramiden zusammengestellt. Vom Hof herauf hörte man Pferdegetrappel und Gewieher. In der Halle schienen tausend durcheinanderjagende Menschen gleichzeitig zu reden und zu schreien.

Wir gingen eiligen Schritts dem Lesesaal zu. Von einem Fenster aus wollte ich zu den Massen sprechen.

Links und rechts von mir redeten meine Begleiter auf mich ein, um mich über die Vorgänge auf der Straße zu unterrichten. Zwischen dem Schloß und dem Reichstag, so wurde versichert, bewegten sich ungeheure Menschenmassen hin und her.

»Liebknecht will die Sowjetrepublik ausrufen –!«

Nun sah ich die Situation klar vor Augen. Ich kannte seine Forderung: »Alle Macht den Arbeiter- und Soldatenräten!«

Deutschland also eine russische Provinz, eine Sowjet-Filiale? Nein! Tausendmal nein!

Kein Zweifel: Wer jetzt die Massen vom Schloß her »bolschewistisch« oder vom Reichstag zum Schloß hin »sozialdemokratisch« in Bewegung bringt, der hat gesiegt!

Ich sah den russischen Wahnsinn vor mir, die Ablösung der zaristischen Schreckensherrschaft durch die bolschewistische. »Nein! Nein! Nur nicht auch das noch in Deutschland nach all dem anderen Elend –!«

Schon stand ich im Fenster. Viele Tausende von Armen reckten sich, um Hüte und Mützen zu schwenken. Mächtig hallten die Zurufe der Massen mir entgegen. Dann wurde es still.

Ich sprach nur wenige Sätze, die mit großem Beifall aufgenommen wurden:

»Arbeiter und Soldaten!

Furchtbar waren die vier Kriegsjahre. Grauenhaft waren die Opfer, die das Volk an Gut und Blut hat bringen müssen. Der unglückselige Krieg ist zu Ende. Das Morden ist vorbei. Die Folgen des Kriegs, Not und Elend, werden noch viele Jahre lang auf uns lasten. Die Niederlage, die wir unter allen Umständen verhüten wollten, ist uns nicht erspart geblieben, weil unsere Verständigungsvorschläge sabotiert wurden, wir selbst wurden verhöhnt und verleumdet.

Die Feinde des werktätigen Volkes, die wirklichen ›inneren Feinde‹, die Deutschlands Zusammenbruch verschuldet haben, sind still und unsichtbar geworden. Das waren die Daheimkrieger, die ihre Eroberungsforderungen bis zum gestrigen Tag ebenso aufrechterhielten, wie sie den verbissensten Kampf gegen jede Reform der Verfassung und besonders des schändlichen preußischen Wahlsystems geführt haben. Diese Volksfeinde sind hoffentlich für immer erledigt. Der Kaiser hat abgedankt. Er und seine Freunde sind verschwunden. Über sie alle hat das Volk auf der ganzen Linie gesiegt!

Der Prinz Max von Baden hat sein Reichskanzleramt dem Abgeordneten Ebert übergeben. Unser Freund wird eine Arbeiterregierung bilden, der alle sozialistischen Parteien angehören werden. Die neue Regierung darf nicht gestört werden in ihrer Arbeit für den Frieden, in der Sorge um Brot und Arbeit.

Arbeiter und Soldaten! Seid euch der geschichtlichen

Bedeutung dieses Tages bewußt. Unerhörtes ist geschehen. Große und unübersehbare Arbeit steht uns bevor.

Alles für das Volk, alles durch das Volk! Nichts darf geschehen, was der Arbeiterbewegung zur Unehre gereicht.

Seid einig, treu und pflichtbewußt!

Das Alte und Morsche, die Monarchie ist zusammengebrochen. Es lebe das Neue! Es lebe die Deutsche Republik!«

Schier endloser Jubel ertönte. Dann setzten sich die Massen in Bewegung nach dem Schloß. Die bolschewistische Welle, die an diesem Tag unser Vaterland bedrohte, war gebrochen! Die Deutsche Republik war in den Köpfen und Herzen der Massen lebendig geworden.

Sofort nach meiner Rede war ich wieder in den Speisesaal des Reichstags zurückgegangen, um den Rest meiner Wassersuppe zu retten. – Die Szene, die sich dann abspielte, habe ich niemals auch nur mit einem Wort erwähnt, würde auch darüber geschwiegen haben, wenn nicht Pfarrer Felden in seinem Ebertbuch darüber berichtet hätte. Einige Arbeiter und Soldaten, die den jetzt nur ganz schwach besetzten Saal mit mir betreten hatten, waren wirklich »hochgestimmt«, um einmal mit dem Prinzen Max zu reden, und schrien in den Saal: »Scheidemann hat die Republik ausgerufen!« Sehen wir uns nun zunächst an, was Felden, der nur von Ebert selbst oder einem seiner intimsten Freunde über die Szene informiert sein kann, in seinem Buch schreibt:

»Ebert ist entsetzt und ruft dem Freund zu: Das war unrecht. Über die zukünftige Staatsform wird die Konstituante zu bestimmen haben!«

So friedlich-freundlich, wie die Szene sich nach dieser Darstellung ausnimmt, war sie leider nicht. Ebert war vor Zorn dunkelrot im Gesicht geworden, als er von meinem Verhalten hörte. Er schlug mit der Faust auf den Tisch und schrie mich an: »Ist das wahr?« Als ich ihm antwortete, daß »es« nicht nur wahr, sondern selbstverständlich gewesen sei, machte er mir eine Szene, bei der ich wie vor einem Rätsel stand. »Du hast kein Recht, die Republik auszurufen! Was aus Deutschland wird, ob Republik oder was sonst, das entscheidet eine Konstituante!« Wie konnte ein so kluger Mensch die Situation derart falsch einschätzen, daß er selbst am 9. November noch von Regentschaft, Stellvertretung, Reichsverweser und anderem total erledigtem monarchischem Gerümpel sprach! Jetzt, viele Jahre nach jenem bedeutsamen Tag, verstehe ich das Verhalten Eberts besser, denn jetzt liegen mancherlei Bücher und sonstige Berichte vor, aus denen zu ersehen ist, daß damals vertrauliche Gespräche über Monarchie, Republik, Stellvertretung des Kaisers usw., von denen ich keine Kenntnis hatte, stattgefunden haben. Ebert fühlte sich deshalb wohl bis zu einem gewissen Grad gebunden. Für die Sozialdemokratische Partei und mich bestand eine solche Bindung nicht.

## Friedensverhandlungen in Versailles

*Robert Lansing*

Im Januar 1919 nahmen in Paris die Vertreter von siebenundzwanzig Siegernationen des ersten Weltkrieges die Beratungen auf. Grundlage der Verhandlungen über einen »gerechten und dauerhaften Frieden« sollten die vierzehn Punkte sein, in denen Wilson, der Präsident der Vereinigten Staaten, zu Beginn des Jahres 1918 die Kriegsziele zusammengefaßt hatte. Die Besiegten wurden zu den Verhandlungen überhaupt nicht hinzugezogen. Von vornherein konnten die Sieger aber über wichtige Fragen keine Einigung erzielen. Darüber hinaus behinderten die zahlreichen kleinen Nationen, die alle ihre Sonderinteressen vertraten, den Fortgang der Beratungen. Wilsons ursprüngliche Absicht, den Friedensvertrag in »öffentlicher Diplomatie« verhandeln zu lassen, wurde gerade von ihm selbst zunichte gemacht. Robert Lansing, der amerikanische Außenminister von 1915 bis 1920, schilderte in seinen Erinnerungen, wie sich der Präsident immer mehr in Geheimverhandlungen verstrickte. Ursprünglich sollte der aus den Vertretern der zehn Großmächte gebildete »Oberste Rat« die wichtigsten Entscheidungen treffen, aber unter dem Einfluß von Wilson verlagerte sich das Schwergewicht auf die »Großen Vier« – USA, Frankreich, England, Italien –, bis schließlich die Beratungen ganz in geheimen Gesprächen der »Großen Drei« – Wilson, Clemenceau, Lloyd George – einmündeten. Wilson gelang es dabei nicht, seine Ideen durchzusetzen, sondern er mußte sich den Sonderinteressen der anderen Beteiligten beugen. Für Deutschland war dann das Ergebnis ein Diktat der Siegermächte, auf das es keinen Einfluß nehmen konnte. Die deutsche Delegation erfuhr den Vertragstext erst bei der Übergabe am 7. Mai 1919 in Versailles und konnte auf ihren Einspruch hin nur einige begrenzte Abänderungen erzielen. Die Annahme des Vertrages wurde durch ein Ultimatum der Siegermächte an Deutschland erzwungen; schon am 28. Juli 1919 erfolgte die Unterzeichnung in Versailles.

Vertrauliche persönliche Besprechungen waren bis zu einem gewissen Grad unvermeidlich und notwendig, aber die Führung der ganzen Verhandlung durch eine kleine, hinter verschlossenen Türen tagende Gruppe und die Umhüllung der Vorgänge mit dem Schleier des Geheimnisses und der Ungewißheit machten einen sehr unglücklichen Eindruck auf jene, die nicht den geheimen Kollegien angehörten.

Anfangs gab es keinen Rat der Staatsoberhäupter (sog. »Rat der Vier«); in Wirklichkeit wurde dieser vor Ende März 1919 nicht als organisierte Körperschaft anerkannt. Bis zu diesem Zeitpunkt war die leitende Körperschaft der Konferenz der selbstkonstituierte Rat der Zehn, bestehend aus dem Präsidenten und dem englischen, französischen und italienischen Premierminister mit ihren Sekretären oder Ministern des Auswärtigen, und zwei japanischen Delegierten von Gesandtenrang. Dieser Rat bestand aus den gleichen Mitgliedern wie der »Oberste Kriegsrat«, der die Waffenstillstände, ihre Erzwingung und andere militärische Angelegenheiten unter sich hatte. Er nahm eine beherrschende Stellung gegenüber den Verhandlungen und Beschlüssen der Konferenz ein, obwohl die Körperschaft der Delegierten ihn niemals dazu bestallt hatte. Als sich später der Rat der Vier bildete, war dieser ebenfalls ohne Mandat von seiten der Konferenz. Er erteilte sich selber die Vollmacht und übte sie aus wie von Rechts wegen.

Vom Zeitpunkt seiner Ankunft in Paris an besprach sich Präsident Wilson fast täglich mit den leitenden fremden Staatsmännern. Es hätte keinen Wert, Vermutungen anzustellen über das, was bei diesen Besprechungen vor sich ging, da der Präsident den amerikanischen Delegierten nur selten Mitteilung von den Zusammenkünften machte oder ihnen, mit Ausnahme etwa von Oberst House, die Gegenstände der Besprechung namhaft machte.

Die Einführung dieser persönlichen und heimlichen Verhandlungsmethode ist wahrscheinlich der Meinung des Präsidenten zu verdanken, daß er auf diese Art seinen persönlichen Einfluß wirksamer zugunsten der Annahme des Bundes anwenden könnte. Es ist nicht unwahrscheinlich, daß diese Meinung nicht ganz ungerechtfertigt war. In Oberst House fand er einen Helfer bei dieser Methode, da des Obersten enge Bekanntschaft mit den hauptsächlichen Staatsmännern der alliierten Mächte während früherer Besuche in Europa, die er als persönlicher Gesandter des Präsidenten gemacht, ein Vorteil war, den er als Vermittler zwischen dem Präsidenten und jenen, mit denen letzterer zu verhandeln wünschte, nutzbar machen konnte. Wilson verließ sich auf Oberst House in bezug auf dessen Kenntnis der Ansichten und Temperamente der Männer, mit denen er zu verhandeln hatte. Es ist begreiflich, daß er eine Methode übernahm, die der Oberst vorher als erfolgreich erkannt hatte, und daß er des letzteren Rat und Beistand im Zusammenhang mit den geheimen Konferenzen suchte, die gewöhnlich in der Wohnung des Präsidenten stattfanden.

Wilson befolgte diese Methode, die Themen der Verhandlung anzupacken, um so bereitwilliger, als er von Natur und mit Vorliebe die Heimlichkeit pflegte. Er hat stets eine private Besprechung, mit wem auch immer, vorgezogen. Bei seiner Führung der Vollzugsangelegenheiten der Regierung vermied er so viel wie möglich allgemeine Besprechungen. Er redete viel von »gemeinsamer Beratschlagung«, zeigte aber keine Lust, diese in Wirklichkeit zu üben. Ebenso handelte er in bezug auf auswärtige Angelegenheiten. In Paris trat dieser Charakterzug, über den man sich in Washington oft geäußert hatte, deutlicher oder wenigstens auffälliger hervor.

Von dem Zeitpunkt an, da der Präsident in Paris ankam, bis zur Zeit, da die Kommission für den Völkerbund ihren Bericht ablieferte – das heißt vom 14. Dezember 1918 bis zum 14. Februar 1919 –, wurden die Verhandlungen über den Bund mit der größten Heimlichkeit geführt. Oberst House, der Mitarbeiter des Präsidenten beim Feststellen der Bundessatzung, wenn nicht, wie viele glaubten, der wirkliche Urheber, war der einzige Amerikaner, mit dem Wilson sich häufig besprach und dem er den Fortschritt mitteilte, den er in seinen Besprechungen mit fremden Staatsmännern machte; vielen dieser Konferenzen wohnte auch der Oberst bei. Allerdings hielt der Präsident auch mit allen amerikanischen Bevollmächtigten eine gelegentliche Konferenz ab, aber diese Sitzungen waren ihrer Natur nach zufällig und oberflächlich und hatten ganz offensichtlich nicht den Zweck, Rat und Meinung der Mitglieder einzuholen. Es fehlte der Freimut, der zwischen dem obersten vollziehenden Beamten und seinen erwählten Vertretern und Ratgebern hätte gang und gäbe sein müssen. Man hatte den Eindruck, daß er die Konferenzen veranstaltete, um den »amour propre« der Mitglieder zu befriedigen, nicht aber aus einem persönlichen Wunsch nach einer Aussprache.

Die Folge war, daß die amerikanischen Bevollmächtigten, mit Ausnahme des Obersten House, in fast völliger Unkenntnis der vorläufigen Verhandlungen erhalten wurden und darauf angewiesen waren, sich soviel Informationen wie ihnen möglich von den Delegierten anderer Mächte zu holen, die in der begreiflichen Annahme, daß die Amerikaner das volle Vertrauen des Präsidenten besaßen, sich ganz offen äußerten.

Aber abgesehen von der Verlegenheit, die den amerikanischen Bevollmächtigten aus der Heimlichkeit, womit der Präsident seinen Verkehr mit den fremden Staatsmännern umgab, erwachsen mußte, und der wenig beneidenswerten Lage, in die sie dadurch gerieten, waren seine geheimen Verhandlungen Schuld daran, daß die Mehrheit der Delegierten bei der Konferenz und das breitere Publikum vollständig das Vertrauen in die Wahrhaftigkeit seiner Neigung zu »offener Diplomatie« verlor, die er so bedingungslos im ersten seiner vierzehn Punkte verkündet hatte. Hätte diese Heimlichkeitspolitik mit den einleitenden Besprechungen über die Organisierung der Konferenz oder auch nur bei den Erörterungen vor dem Zusammentritt der Kommission für den Völkerbund aufgehört, so wären ohne Zweifel Kritik und Klage verstummt, aber mit dem Fortschreiten der Verhandlungen nahm die

Heimlichkeit in den Besprechungen der führenden Männer nur noch zu statt ab, und sie gipfelte dann zuletzt in der Organisierung des Rates der Vier, dem mächtigsten und verschlossensten Kollegium von allen, die den Pariser Verhandlungen vorstanden. Hinter verschlossenen Türen sprachen diese vier Männer, die über die Politik der Vereinigten Staaten, Großbritanniens, Frankreichs und Italiens die Kontrolle ausübten, das Endurteil über die Menge der Artikel, die in die Friedensverträge kamen, hielten aber ihre Entscheidungen geheim, außer vor dem Komitee, das die Artikel aufsetzte.

Die Organisation des Rates der Vier und das Geheimnis, in das dessen Beratungen gehüllt waren, hob in einer Art, die gar nicht stärker hätte sein können, die Heimlichkeit hervor, in der Schlichtungen vollzogen und Kompromisse bewirkt wurden. Sie lenkte auch die Aufmerksamkeit auf die Tatsache, daß die vier Großmächte die Festsetzung der Friedensbedingungen selbstherrlich in die Hand genommen hatten, daß sie unter den versammelten Nationen ein Primat ausübten und daß sie die Absicht hatten, ihre Autorität anerkannt zu sehen. Diese außerordentliche Geheimtuerei und Selbstherrlichkeit des Rates der Vier erregte Staunen und Klagen in der gesamten Körperschaft der Konferenz und veranlaßte eine mannigfaltige Kritik in der Presse und bei den Bevölkerungen vieler Länder.

Die öffentliche Kritik war weit verbreitet und nahm sich kein Blatt vor den Mund, und nach den Ausdrücken, die gebraucht wurden, ist es unverkennbar, daß eine allgemeine Unzufriedenheit mit der Art, in der die Verhandlungen geführt wurden, im Volk herrschte. Der Rat der Vier bekam in der Presse den Namen »die Olympischen« und man äußerte viel über die »dichte Wolke des Geheimnisses«, die ihn vor der beunruhigten Menge verbarg, und über die Heimlichkeit, die seine Beratungen verhüllte. Die Zeitungen und Korrespondenten in Paris führten offen Klage, und die zur Konferenz Delegierten zeigten etwas vorsichtiger ihre Erbitterung über die Paschawirtschaft der führenden Staatsmänner der Großmächte und die von ihnen angewandten Geheimmethoden. Es war eine betrübende und bedrückende Zeit.

Wenn man auf die Pariser Verhandlungen von Dezember 1918 bis Juni 1919 zurückblickt, ist die für sie charakteristische Heimlichkeit geradezu auffallend. Jedermann schien im Flüsterton zu sprechen und niemals etwas wirklich Wichtiges zu sagen, außer unter vier Augen. Die öffentlichen Sitzungen der Konferenz waren vorher arrangiert. Sie waren förmlich und oberflächlich. Die Abmachungen und Geschäfte kamen hinter verschlossenen Türen zustande. Diese Heimlichkeit begann mit dem Austausch der Ansichten über den Völkerbund, darauf folgte die Errichtung des Rates der Zehn, dessen Zusammenkünfte als geheim gedacht waren. Dann kamen die Geheimsitzungen der Kommission für den Bund und die zahllosen informellen Unterredungen des Präsidenten mit einem oder mehreren Premierministern der alliierten Mächte, deren Ergebnis den amerikanischen Bevollmächtigten nicht mitgeteilt wurde. Später, nach Wilsons Rückkehr aus den Vereinigten Staaten, führte die Unzufriedenheit mit dem Rat der Zehn und der Veröffentlichung einiger seiner Schritte zu der Bildung des Rates der Vier, mit dem Erfolg, daß die Heimlichkeit der Verhandlungen nunmehr so gut wie ununterbrochen war. Fügt man zu diesem kurzen Überblick über die zunehmende Heimlichkeit bei den herrschenden Körperschaften der Friedenskonferenz die fortwährenden Intrigen und persönlichen Tauschgeschäfte hinzu, das Schließen von politischen Kartellen – in Amerika »logrolling« genannt –, so läßt sich von alledem wenig Rühmliches sagen, und viele werden es verurteilen.

In Anbetracht der häufigen und nachdrücklichen Erklärungen zugunsten »offener Diplomatie« und der volkstümlichen Auslegung der Redensart: »Offene Vereinbarungen, die offen zustande kommen«, war die Wirkung der heimlichen Methoden der führenden Unterhändler in Paris die, daß das öffentliche Vertrauen zu diesen Staatsmännern zerstört wurde und man sie beschuldigte, eine Politik zu machen, die sie selbst verdammt und von sich gewiesen hatten.

Ich beabsichtige nicht und wünsche auch nicht, einem einzelnen Menschen die Schuld an dieser Verewigung alter und in Mißkredit geratener Methoden zuzuschieben. Das wäre ungerecht, zumal mehr als einer den alten Weg vorzog und die Verantwortlichkeit für dessen Fortsetzung teilen muß. Aber ich sah ein, als die Heimlichkeit immer undurchdringlicher wurde und der Präsident dieser Methode schweigend zustimmte oder wenigstens kein Mißvergnügen daran zeigte, daß in dieser Frage, wie in anderen, unsere Urteile auseinandergingen, unsere Anschauungen unvereinbar waren. Da meine Opposition gegen die Methode, die Verhandlungen zu führen, offenkundig war, kann ich nur annehmen, daß dieser entschiedene Zwiespalt die Beziehungen zwischen mir und Wilson wesentlich beeinflußte.

Die Aufmerksamkeit der Delegierten der Friedenskonferenz, die kleinere Nationen vertraten, wurde bald der Tatsache zugewandt, daß ihnen die Kenntnis der Vertragsbedingungen vorenthalten wurde, die von den Hauptmitgliedern der Delegierten der fünf Großmächte formuliert wurden. Ohne Zweifel vertrauten sie zunächst darauf, daß die Geheimpolitik nicht über die informellen Zusammenkünfte, die der Organisierung und Konstituierung der Konferenz notwendigerweise vorausgingen, hinaus fortgesetzt werden würde; als aber die Tage zu Wochen, die Wochen zu Monaten wurden und die Informationen bezüglich der positiven Verhandlungen für sie immer magerer und dürftiger wurden, konnten sie vor der Tatsache nicht länger die Augen verschließen, daß ihre nationalen Bestrebungen und Rechte durch die Führer der Großmächte anerkannt oder abgelehnt werden sollten, ohne daß die Delegierten der wesentlich dabei interessierten Nationen zustimmten.

Mit Ausnahme einiger weniger von diesen Delegierten, denen es gelungen war, sich persönliche Beziehungen zu den »Großen Vier« oder einigen davon zu schaffen, erregte die Verheimlichung der Erörterungen und Entscheidungen bezüglich der Vertragspunkte bei allen Erstaunen und Empörung. Es war klar, daß es ein »diktierter Friede« und nicht ein »verhandelter Friede« werden sollte, ein Friede, den die Großmächte nicht nur dem Feind, sondern auch ihren Kriegsgenossen diktierten. Einige der Delegierten verurteilten offen die unredlichen Methoden, die im Schwange waren, die Mehrzahl aber hielt den Mund. Doch kann nicht bezweifelt werden, daß die Delegierten als Ganzes tatsächlich einstimmig die Heimlichkeit des Vorgehens mißbilligten, ja solche

Mißbilligung war sogar unter den Delegierten der Großmächte zu finden. Die kleineren Nationen duldeten sie, weil es unpolitisch und unnütz schien, sich dem gemeinsamen Willen der herrschenden Oligarchie zu widersetzen. Natürlich fühlten die Delegierten der minder einflußreichen Staaten, daß ihre Länder in den Friedensbedingungen dafür büßen würden, wenn sie offen die Behandlung, die ihnen widerfuhr, als Verletzung der Würde der Vertreter unabhängiger Regierungen verurteilten. Jedenfalls wurde kein formeller Protest dagegen laut, daß ihnen die Information, die ihnen zukam, vorenthalten wurde, was sie und ihre Länder in eine untergeordnete Lage versetzte.

Der Höhepunkt der Geheimnispolitik gegenüber der Mehrheit der Delegierten wurde am Vorabend der Übergabe des Friedensvertrags an die Vertreter Deutschlands erreicht, die dieses Ereignis in Versailles erwarteten. Aufgrund eines Beschlusses des Rates der Staatsoberhäupter, der drei Wochen vorher gefaßt worden war, legte man der Vollsitzung der Konferenz über die Friedenspräliminarien am Tag vor der Übergabe des vollen Textes des Vertrages an die Deutschen nur einen Auszug oder eine kurze Zusammenfassung des Vertrages vor. Die Delegierten der kleinen kriegführenden Völker durften den eigentlichen Text des Dokumentes nicht prüfen, bevor ihre besiegten Gegner ihn gesehen hatten. Völker, die im Krieg tapfer gekämpft und Höllenqualen gelitten hatten, wurden, was die genaue Kenntnis der Friedensbedingungen anbelangte, nicht aufmerksamer behandelt als ihre Feinde. Was man als Grund für die praktische Notwendigkeit, daß eine kleine Gruppe sich mit den Fragen beschäftige und die Abmachungen bestimme, anführen mochte, scheint nicht hinreichend, um die Anwendung der Geheimmethode auf jene Delegierten zu rechtfertigen, die in der Konferenz für die Friedenspräliminarien saßen. Es ist nicht zu scharf ausgedrückt, wenn man sagt: es war eine Vergewaltigung der gleichen Rechte unabhängiger und souveräner Staaten und würde unter weniger kritischen Umständen von den Bevollmächtigten der kleineren Nationen als Beleidigung empfunden worden sein. Sogar innerhalb der Delegationen der Großmächte wurden Stimmen gegen diese Behandlung Verbündeter laut.

Während der ersten Jahre der neuen Weimarer Republik herrschte zwischen Deutschland und der Sowjetunion ein gespanntes Verhältnis. Die Reichsregierung und die Regierungen der Länder mußten mehrfach kommunistische Aufstände niederwerfen, die von der Sowjetunion gefördert worden waren. Lenin hatte deutlich genug ausgesprochen, daß es zu den Hauptzielen der sowjetischen Außenpolitik gegenüber den sogenannten bürgerlichen Staaten gehörte, die zwischen ihnen bestehenden Spannungen auszunutzen. Er wollte zugleich verhindern, daß sich Deutschland zu eng an das westliche Lager anschloß. Offizielle diplomatische Beziehungen zwischen der Sowjetunion und Deutschland bestanden nicht, doch kam es vielfach zu praktischen Berührungen. Auch die Pflege des Handels mit Rußland wurde zu einem Hauptanliegen deutscher Politik. Das Auswärtige Amt bemühte sich, die zwischen den beiden Ländern schwebenden finanziellen und wirtschaftlichen Fragen vertraglich zu regeln und die diplomatischen Beziehungen wiederaufzunehmen. Eine günstige Gelegenheit dazu bot sich, als eine sowjetische Delegation auf der Durchreise zu einer Wirtschaftskonferenz in Genua in Berlin Station machte. Hier scheint der deutsche Außenminister Rathenau mit den Russen einen Vertrag vorbereitet zu haben. Die Konferenz von Genua erbrachte in der Frage der Reparationsleistungen keine Einigung mit den Westmächten. Das isolierte Deutschland näherte sich daher dem ebenfalls isoliert stehenden Rußland und schloß am 17. April 1922 in Rapallo (Provinz Genua) mit ihm einen Sondervertrag auf der Grundlage gegenseitiger Gleichberechtigung, der vor allem wirtschaftliche Zusammenarbeit vorsah und damit auf Jahre hinaus geregelte Beziehungen zwischen den beiden Mächten schuf. Die folgenden Erinnerungen stammen aus der Feder eines Mannes, der sich selbst als »im zweiten Glied stehend« betrachtete und als junger Beamter im Auswärtigen Amt am Zustandekommen des Vertragswerkes mitwirkte.

Zu Beginn des Jahres 1922 beschäftigte sich die Ostabteilung des Auswärtigen Amtes mit der Frage, wie die Lücken und Mängel der beiden mit der Sowjet-Regierung geschlossenen Abkommen ergänzt und verbessert werden könnten.

Solange nur diese beiden Abkommen das Verhältnis zwischen den zwei Ländern regelten, war die Sowjet-

Regierung von Deutschland nicht de jure anerkannt, und es bestanden noch keine vollwertigen diplomatischen Beziehungen. Für den Handelsverkehr war noch keine Meistbegünstigung eingeführt. Man war noch nicht zu einer Verständigung über die beiderseitigen Kriegskosten und Kriegsschäden gelangt. Die erheblichen deutschen Vermögenswerte, die der russischen Sozialisierung zum Opfer gefallen waren, stellten noch eine offene Frage dar. In Maltzans Augen war aber am bedenklichsten, daß der Artikel 116 des Versailler Vertrages noch Gültigkeit besaß. Dieser bestimmte in seinem dritten Absatz: »Die alliierten und assoziierten Mächte behalten ausdrücklich die Rechte Rußlands vor, von Deutschland alle Wiederherstellungen und Wiedergutmachungen zu erhalten, die den Grundsätzen des gegenwärtigen Vertrags entsprechen.« Infolgedessen konnte sich Rußland jederzeit in die Front der Reparationsgläubiger einreihen und dadurch dem unter der Wiedergutmachungslast zusammenbrechenden deutschen Volk den Gnadenstoß versetzen.

Maltzan vertrat den Standpunkt, daß es taktisch richtig wäre, sich über diese Frage mit den Russen zu verständigen, bevor die für Frühjahr 1922 vorgesehene internationale Konferenz in Genua, die das europäische Gesamtproblem behandeln sollte, ihre Tagung beginne. Er hatte deutsch-russische Sonderbesprechungen in Berlin im Auge und dachte, die Leitung auf deutscher Seite in die Hände des Gesandten Nadolny zu legen, der von seinem Stockholmer Posten jederzeit abkömmlich war und als einer der besten Kenner Rußlands galt. Im Auftrag Maltzans verständigte ich Nadolny hiervon in einem Privatschreiben. Dieser war nicht abgeneigt, sich der ihm zugedachten Aufgabe zu unterziehen. Auch er hielt es für ratsam, mit den deutsch-russischen Besprechungen nicht bis Genua zu warten, denn man könne vorher nie wissen, was in einer derartigen Konferenz herauskomme und ob die Russen uns dann noch ebenso brauchten wie heute. Man wäre jetzt wahrscheinlich in der Lage, mit ihnen die nötigen wirtschaftlichen und rechtlichen Abmachungen zu treffen, ohne feste politische Bindungen einzugehen oder gar sich den Russen zu verkaufen.

Aber Ende Januar 1922 nahm die Angelegenheit eine neue Wendung. Radek, der manchmal geheim zur Schürung revolutionärer Bewegungen und manchmal offen als Vertrauensmann des Kreml in Deutschland aufgetaucht war, traf in Berlin ein und nahm vertrauliche Besprechungen mit Maltzan auf. Die Absicht Radeks war, uns in freundschaftlicher Weise davon zu verständigen, daß die französische Politik Verbindung mit dem Kreml aufgenommen hätte. Die Franzosen böten der Sowjet-Regierung die de jure-Anerkennung und Kredite an. Aber sie verlangten, daß die Sowjets den Versailler Vertrag indossierten und die Rechte aus Artikel 116 in Anspruch nähmen. Die Franzosen hätten durchblicken lassen, sie wären sogar bereit, Polen fallen zu lassen, wenn Rußland dafür eine klare Frontstellung gegen Deutschland bezöge.

Es lag nun nahe anzunehmen, daß die Bolschewiken durch derartiges Vorbringen ihre taktische Position für die deutsch-russischen Besprechungen verbessern wollten. Ein von der stärksten Kontinentalmacht umworbenes Rußland, das nach seinem Belieben zwischen Deutschland und Frankreich optieren konnte, war ein viel kräftigerer Verhandlungsgegner als ein isoliertes Rußland.

Aber zur gleichen Zeit trafen im Auswärtigen Amt auch aus anderen Kanälen Informationen ein, welche die Möglichkeit einer Schwenkung der französischen Politik in Richtung auf Moskau bestätigten. Maltzan nahm daraufhin die Ausführungen Radeks ernst und veranlaßte den in Berlin auf Urlaub weilenden deutschen Vertreter, Wiedenfeld, und den Großindustriellen Stinnes in Moskau an einer solchen Besprechung mit Radek teilzunehmen. Auch sie gewannen den Eindruck, daß der mit allen Wassern gewaschene Bolschewik in diesem Fall nicht bluffe. Wenn man eine derartige französische Initiative als wahr unterstellte, so konnte man bei Untersuchung der neuen Lage davon ausgehen, daß die deutsche Industrie den Russen für ihren Wiederaufbau an sich wertvollere Dienste zu leisten vermochte als die französische. Aber auf der anderen Seite war ebenso unbestreitbar, daß sich die Franzosen, wenn sie mit Kreditangeboten operierten, auf ein Gebiet begaben, auf dem sie uns unbedingt überlegen waren. Leider kannten wir die russischen Finanzen nicht genügend, um beurteilen zu können, wie weit das Kreditangebot ein Trumpf war, der wirklich stach.

Hierzu kam aber noch ein militärisches Moment. Die

Sowjet-Regierung machte nach Niederschlagung der Interventionen ein Stadium militärischer Erschöpfung durch und glaubte ihren Nachbarn Polen und Rumänien nicht trauen zu dürfen. Wenn indessen ein engeres Band sich zwischen Moskau und Paris knüpfte, so mußte dies zur natürlichen Folge haben, daß Warschau und Bukarest ihre Haltung gegenüber der Sowjet-Regierung irgendwie anglichen.

Mitte Februar 1922 tauchten mit Krassin und Rakowski zwei weitere hohe Würdenträger aus der Hierarchie des Kreml in Berlin auf.

Im Februar 1922 ging die Leitung der deutschen Außenpolitik in die Hand von Walther Rathenau über. Er stand in dem Ruf, über eine umfassende Bildung zu verfügen, hochintelligent zu sein und eine ungewöhnliche Rednergabe zu besitzen. Als Hauptdebetposten seines Charakters wurde seine Eitelkeit betrachtet. Für uns in der Ostabteilung war es die große Frage, ob sich Rathenau, der Rußland aus eigener Anschauung kannte und für den Bolschewismus als politisches und soziales Phänomen ein starkes wissenschaftliches Interesse aufbrachte, persönlich in die Ostpolitik einschalten würde und einen neuen Kurs zu steuern beabsichtigte. Aber es stellte sich bald heraus, daß er den Akzent seiner Tätigkeit auf die Erfüllungspolitik legte und sich daher hauptsächlich mit den Problemen des Versailler Vertrags und unserem Verhältnis zu dessen Signatarmächten beschäftigte. In Ostfragen ließ er Maltzan schalten und walten wie bisher. Maltzan leistete dafür laufend Abzahlungen auf die Rathenau belastende Hypothek der Eitelkeit, ohne sie je amortisieren zu wollen.

Das Bild, das der Untergebene von Rathenau gewann, sah etwas anders aus als das, welches von seinen Bewunderern gezeichnet wurde. Hochbegabt, wie er war, konnte er auch als ein Meister im Entwerfen von Projekten gelten und lange, interessante Ideen-Ketten schmieden. Aber die Gebilde seiner Kombinationsgabe wurden manchmal unwirklich. Seine Sprache legte Stelzen an und verstieg sich in Künsteleien. Ich hatte mir redlich Mühe gegeben, seine Bücher über wirtschaftliche Fragen zu begreifen, aber ohne Erfolg. Darauf fragte ich einmal den Ministerialdirektor Wallroth, der als früherer Syndikus einer Handelskammer zu unseren besten Fachleuten auf wirtschaftlichem Gebiete gehörte: »Verstehen Sie eigentlich die Bücher unseres Ministers?« Darauf erwiderte Herr Wallroth mit treuherzigem Lächeln: »Nein, die gehen über meinen Verstand.«

Ein Jurist aus der Rechtsabteilung des Auswärtigen Amts hatte einmal Rathenau über einen juristischen Fall Vortrag zu halten. Er legte das Problem mit klaren Worten dar und kam zu einer ebenso klaren Lösung. Aber während des Vortrags merkte er, daß sein Chef überhaupt nicht zuhörte. Als der Vortrag beendet war, führte Rathenau seine Hand mit Imperatorengeste an die Stirn und erklärte diktatorisch: »Der Fall liegt folgendermaßen...« und dann entwickelte er einen sehr geistreichen, aber rechtlich unhaltbaren Gedankengang. Der arme Jurist aber hatte die schwierige Aufgabe, die Geistesblitze seines Ministers in durchführbare Erlasse umzuwandeln. In derartigen Fällen mußte Rathenau ein bürokratischer Transformator angeschaltet werden.

Der reiche Geist Rathenaus produzierte fast täglich eigene Ideen, aber sie bekamen selten die Zeit auszureifen, sondern wurden häufig vor ihrer Realisierung durch neue Gedankengänge verdrängt. So fehlte Rathenau die Eigenschaft, sein Ziel beständig im Auge zu behalten und hartnäckig zu verfolgen. Sein Vater fand dafür ein bezeichnendes Gleichnis. Er verglich seinen Sohn mit einem Baum, der mehr Blüten als Früchte hervorbringe.

Je mehr der Termin der Genua-Konferenz heranrückte, desto intensiver wurden die Vorarbeiten im Auswärtigen Amt. Aber der Schwerpunkt lag bei den Abteilungen, die sich mit der Reparationsfrage und den übrigen Problemen des Versailler Vertrages befaßten. Der Außenminister selbst war ein Freund großer Konferenzen, auf denen er sein Licht als Redner weithin leuchten lassen konnte. Optimistische Kreise im Auswärtigen Amt gaben sich der Hoffnung hin, daß es diesmal gelingen würde, das furchtbare Reparationsproblem, unter dessen Last Deutschland zusammenzubrechen drohte, einer großzügigen und gesunden Regelung zuzuführen. Aber es wirkte in diesen Kreisen wie ein kühler Wasserstrahl, als Lloyd George einem deutschen Diplomaten erklärte, er ginge auf die Konferenz ohne festes Programm.

Nicht weniger als neunundzwanzig europäische Staaten

wurden eingeladen. Darunter befand sich neben neutralen Ländern zum erstenmal die bisher nicht anerkannte Sowjetunion. Wir legten uns die Frage vor, wie sich wohl die bolschewistischen Vertreter in diesem Milieu ausnehmen würden, und kommentierten belustigt die Nachricht, daß die russischen Delegierten in Riga auf der Durchreise Station machen wollten, um sich von bürgerlichen Schneidern bürgerliche Fracks anfertigen zu lassen. Das war eine Konzession auf gesellschaftlichem Gebiet, die wir nicht erwartet hatten. Sie stand im Gegensatz zu dem Rat, den Rathenau einmal Radek gegeben hatte: »Ihr Bolschewiken müßt euch kleiden wie die Arbeiter und nicht wie die Bourgeois.« Von deutscher Seite wurde ein zahlreicher Stab zusammengestellt, an dessen Spitze der Reichskanzler Wirth und der Außenminister Rathenau standen. Maltzan, der natürlich dazu gehörte, sagte mir: »Ich muß nach Genua mitgehen. Aber Sie bleiben hier und halten mich telephonisch auf dem laufenden über alle Vorgänge in Berlin, insbesondere über die Resonanz, die die einzelnen Etappen der Konferenz hier finden.«

Am 10. April 1922 fand in Genua die Eröffnung statt. Zum erstenmal trafen nicht nur die Vertreter der Signatarmächte des Versailler Vertrages und der Neutralen mit den Bolschewiken persönlich zusammen, sondern auch die Probleme des Westens stießen auf die Fragen des Ostens. Naturgemäß standen die Probleme des Westens, vor allem die Reparationen, im Vordergrund, und von ihrer Behandlung hing in erster Linie der Erfolg der Konferenz ab. Aber nichtsdestoweniger wurde den Ostfragen ebenfalls ein starkes Interesse entgegengebracht, insbesondere auch deshalb, weil sich viele Regierungen hierüber noch kein eigenes Urteil gebildet hatten.

Im Auswärtigen Amt lief seit Beginn der Konferenz jeden Tag ein Strom von Telegrammen aus Genua ein. Sie beschäftigten sich anfangs mit den ersten Eindrücken, die unsere Delegierten von der Stimmung gewonnen hatten, den Vorbesprechungen, die von ihnen mit den Delegierten anderer Staaten geführt wurden, und den Formalitäten, die den Anfang jeder großen Konferenz ausmachen. Dann folgten aber Drahtberichte wichtigeren Inhalts. Sie besagten, daß die französischen Delegierten sehr unversöhnlich aufträten. Sie hätten augenscheinlich von Poincaré eine scharf begrenzte Marschroute erhalten und lehnten es ab, die Friedensverträge, insbesondere Reparationen und Entwaffnung, überhaupt zum Gegenstand der Diskussion zu machen. Ebenso bemerkenswert war die Meldung, daß Deutschland aus der wichtigen Unterkommission ausgeschlossen wurde, in der die russische Frage vom wirtschaftlichen Gesichtspunkt untersucht werden sollte.

In deutschen Augen war das ein unbefriedigender Auftakt für die Konferenz, die ihr hohes Ziel nur erreichen konnte, wenn Verständnis und Nachgiebigkeit von allen Seiten gezeigt wurden.

Als ich am Montag, dem 17. April, morgens ins Amt kam, fand ich trotz der frühen Stunde die Mitglieder der Ostabteilung um den Gesandten Rauscher versammelt, der einen Stoß von Telegrammen in der Hand hielt. Er kam gerade vom Reichspräsidenten Ebert, dem er in dieser Zeit jeden Tag die eingelaufenen Telegramme und die Pressemeldungen vortrug. Mit erhobener Stimme verlas er uns die Drahtberichte aus Genua, die in der Nacht eingelaufen waren. Aus ihnen ergab sich, daß unsere Delegation die Besprechungen, die seit Monaten mit den Russen in Berlin geplant, aber nie zur Ausführung gekommen waren, in Rapallo aufgenommen und im Eiltempo durchgeführt hatte. Im Verlauf eines Tages war es zum Abschluß eines deutsch-russischen Vertrages gekommen, der von Rathenau und Tschitscherin gezeichnet wurde, natürlich aber noch der Ratifizierung durch den deutschen Reichstag bedurfte.

Herr Rauscher machte ein besorgtes Gesicht, als er uns dies aus den Drahtberichten vortrug, denen man anmerkte, daß sie schnell hingeworfen waren. Er betonte, der Reichspräsident sei keineswegs zufrieden und vertrete die Auffassung, daß die Delegation über ihre Vollmachten hinausgegangen sei und daß er vorher hätte befragt werden müssen. Abgesehen davon sei das Echo in der internationalen Presse mehr als unfreundlich. Man beschuldige Deutschland, hinter dem Rücken der anderen Konferenzteilnehmer mit Rußland konspiriert zu haben, bezeichne Deutschland als mauvais coucheur, und es fehle nicht die Andeutung, daß hinter dem veröffentlichten Text ein geheimes Militärabkommen sich verberge.

Wir machten uns darauf sofort an das Studium der einzelnen Artikel des Abkommens, die in den Telegrammen wiedergegeben waren.

Das Abkommen begann damit, daß die Auseinandersetzung zwischen dem Deutschen Reich und der Sowjet-Regierung über die Fragen aus der Zeit des Kriegszustandes auf folgender Grundlage geregelt werden solle: Die Kriegskosten, Kriegsschäden und die Aufwendungen für Kriegsgefangene wurden durch beiderseitigen Verzicht aus dem Weg geräumt, und die öffentlichen und privaten Rechtsbeziehungen sollten nach dem Prinzip der Gegenseitigkeit geregelt werden.

Im zweiten Artikel verzichtete Deutschland auf die Ansprüche, die sich aus der Anwendung der Gesetze der Sowjet-Regierung auf deutsche Rechte ergaben, aber nur unter der Voraussetzung, daß die Sowjet-Regierung auch ähnliche Ansprüche dritter Staaten nicht befriedige.

Nach dem folgenden Artikel sollten die diplomatischen und konsularischen Beziehungen zwischen beiden Ländern wieder aufgenommen werden.

Artikel 4 legte dem beiderseitigen Handels- und Wirtschaftsverkehr die Meistbegünstigung zugrunde, enthielt aber die Einschränkung, daß dies sich nicht auf die Vorrechte beziehe, die von der Sowjet-Regierung einer Sowjet-Republik oder einem Staat gewährt würden, der früher Bestandteil des ehemaligen Russischen Reiches gewesen war.

Im nächsten Artikel sicherten die beiden Regierungen sich zu, den beiderseitigen wirtschaftlichen Bedürfnissen in wohlwollendem Geist entgegenzukommen. Sollte diese Frage auf internationaler Basis grundsätzlich geregelt werden, so würden die beiden Regierungen in vorherigen Gedankenaustausch eintreten. Außerdem erklärte sich die Deutsche Regierung bereit, gewisse von Privatfirmen beabsichtigte Vereinbarungen nach Möglichkeit zu unterstützen.

Der sechste und letzte Artikel enthielt Bestimmungen über den Termin des Inkrafttretens.

Das war nun nicht das Ei des Kolumbus, das man am Ufer des Mittelländischen Meeres plötzlich entdeckt hatte, sondern die Zusammenfassung der Differenzpunkte, die uns seit langem beschäftigt hatten. Das Nachgeben war auf beiden Seiten wohl im allgemeinen gleich groß. Der Verzicht auf Kriegskosten und Kriegsschäden war auf russischer Seite größer, da er die Aufgabe des Artikels 116 enthielt. Aber dafür verzichtete Deutschland außerdem auf allen Schadenersatz, der seinen Staatsangehörigen durch die Sozialisierungsmaßnahmen der Bolschewiken erwachsen war. Es handelte sich um Millionenwerte, die damit aufgegeben wurden, wenn auch die Bedingung hinzugefügt war, daß die Sowjet-Regierung derartige Ansprüche von seiten anderer Staaten ebenfalls ablehne.

Interessanter als der Inhalt des Vertrages waren die Begleitumstände, unter denen er zustandegekommen war.

Der deutschen Delegation waren von verschiedenen Seiten Nachrichten zugegangen, die besagten, daß die Entente-Mächte mit den Russen verhandelten, um sie gleich zu Beginn der Konferenz in ihr Lager hinüberzuziehen. Es würde von den Russen Anerkennung des Versailler Vertrages einschließlich des Artikels 116 verlangt, und die französische Delegation spekuliere darauf, sich die russischen Forderungen aus Artikel 116 gegen Deutschland zedieren zu lassen, als teilweisen Ersatz für die der Zaristischen Regierung in Paris gegebenen Anleihen. Es verlautete, daß die Russen hiergegen wenig Widerstand leisteten und daß mit einer Verständigung zwischen Entente und Sowjet-Regierung auf dieser Basis gerechnet werden müsse.

Diese Meldungen lösten tiefen Pessimismus im Lager der deutschen Delegation aus, die voraussah, in völliger Isolierung die Konferenz bestehen zu müssen. Daher bedeutete es für Maltzan eine große und angenehme Überraschung, als Tschitscherin ihn in der Nacht vom 15. auf den 16. April 1922 telefonisch anrief und ihm vorschlug, am kommenden Tag vertraulich deutsch-russische Sonderbesprechungen in Rapallo aufzunehmen. Als alter Praktikus zeigte Maltzan zunächst kein Empressement, sondern bemerkte kühl: »Morgen ist Sonntag, und ich muß zur Kirche gehen.« Aber als Tschitscherin auf seinem Vorschlag beharrte, ließ Maltzan sich herbei, seine religiösen Pflichten diesmal hinter seine politischen Aufgaben zurückzustellen. Er nahm daraufhin für die Deutsche Delegation an.

Um dann Rathenau für die Idee zu gewinnen, suchte er

ihn trotz der nächtlichen Stunde in seinem Hotelzimmer auf. Der Außenminister des Deutschen Reichs lag nicht im Bett, sondern ging in tiefe Gedanken versunken von einem Ende seines Zimmers zum anderen mit langen Schritten auf und ab. Als Maltzan bei ihm eindrang, fragte Rathenau: »Bringen Sie mir mein Todesurteil?« Maltzan antwortete: »Nein, eine viel bessere Nachricht. Die Russen wollen mit uns verhandeln.« Als Rathenau sich langsam von seiner Überraschung erholt hatte, erwiderte er: »Ich werde zunächst mit Lloyd George darüber sprechen.« Das war aber nicht im Sinne Maltzans. Er wandte sich gegen diese Idee und bezeichnete sie als Vertrauensmißbrauch gegenüber Tschitscherin. Mit seinem stärkeren Willen setzte er sich durch, und Rathenau gab nach. Dann mußte noch der Reichskanzler Wirth gefragt werden, aber dieser erklärte ohne weiteres sein Einverständnis.

Am nächsten Tag fanden dann in Rapallo im geheimen die deutsch-russischen Besprechungen statt. Sie verliefen nicht ohne Meinungsverschiedenheiten, aber nach der Lunch-Pause war man so weit, daß der Text von beiden Seiten angenommen und gezeichnet wurde.

## Marsch auf Rom *Italo Balbo*

Benito Mussolini (1883–1945), der Begründer der faschistischen Bewegung in Italien, gehörte ursprünglich der linksradikalen Opposition an, wurde aber zu Beginn des ersten Weltkrieges zum Nationalisten, der sich für den Anschluß seines Landes an die Entente-Mächte und den Kriegseintritt gegen Deutschland einsetzte. Als Kriegsteilnehmer schwer verwundet, gründete er nach seiner Entlassung im Jahre 1919 den sogenannten »Fascio di combattimento«, einen »Kampfbund«, der nationalistische Interessen in Italien vertrat. Im Kampf gegen die italienischen Kommunisten gewann seine Bewegung einen mächtigen Auftrieb. Mussolini organisierte sie zu einem Wehrverband ehemaliger Frontkämpfer um. Er selbst trat als »Duce« (= Führer) an ihre Spitze und bekämpfte den linksradikalen Terror in Italien mit einem entsprechenden Gegenterror. In seinem Vorgehen verband er dabei nationale und soziale Forderungen und prägte selbst die Formel: Faschismus = Nationalismus + Sozialismus. Seine Partei wuchs bald auf 300 000

Mitglieder an. 1921 wurde Mussolini als Abgeordneter in das Parlament gewählt, und die bürgerlichen Regierungen versuchten ihn zu einer Koalitionsregierung zu bewegen. Er aber setzte zusammen mit seinen Anhängern alles auf eine Karte und organisierte im Oktober 1922 einen Staatsstreich. Auf einem Parteikongreß in Neapel beschloß er den »Marsch auf Rom«.
Die Einzelheiten dieses Unternehmens schildert in einer aus der Sicht des Siegers heraus erwachsenen etwas überheblichen Art einer der engsten Mitarbeiter und Anhänger Mussolinis, der spätere Luftfahrtminister und Gouverneur von Libyen, Italo Balbo (1896–1940). Die Regierung verlor die Nerven und wagte es nicht, Gegenmaßnahmen zu ergreifen. König Viktor Emanuel III. beauftragte Mussolini am 31. Oktober 1922 mit der Regierungsbildung. Nach der kommunistischen Revolution in Rußland hatte eine zweite große totalitäre Partei in einem europäischen Land die Macht an sich gerissen.

Heute abend Zusammenkunft im Hotel Vesuvio unter dem Vorsitz Mussolinis. Ich führe wieder Protokoll, aber nehme nur einige wenige Bemerkungen im Telegrammstil auf. Anwesend sind die drei Generalkommandanten, der Generalsekretär der Partei Bianchi und die stellvertretenden Sekretäre Teruzzi, Bastianini und Starace.

Mussolini gibt den Plan bekannt: Die politischen Stellen der Partei treten ihre Machtbefugnisse um Mitternacht vom 26. zum 27. Oktober ab. Im gleichen Augenblick beginnt das Vier-Männer-Kollegium seine Arbeit. Alle ohne Ausnahme haben den von dieser Stelle ausgegebenen Befehlen nachzukommen.

Es wird folgende Frage zur Diskussion gestellt: Soll man zuerst mobilisieren und die in Frage kommenden Faschisten zu den Versammlungsplätzen ihrer Kolonnen in Marsch setzen, oder soll man vor dem Abmarsch der einzelnen Gruppen die Städte mit ihren öffentlichen Ämtern besetzen? Mussolini ist der Ansicht, daß beide Dinge gleichzeitig geschehen müssen.

Ziel der Bewegung: Die Eroberung der Macht mit einem Ministerium, in dem wenigstens sechs Minister von uns die wichtigsten Ressorts vertreten.

De Bono, De Vecchi und ich glauben, daß man zur sofortigen Mobilmachung schreiten muß, um dann die

Aktion gründlich durchzuführen. Es wird beschlossen, für Freitag, den 27., die getarnte Mobilmachung anzuordnen. Dann am 28. losschlagen gegen die Teilziele, wie z. B. Präfekturen und Polizeipräsidien, Eisenbahnstationen, Post- und Telegrafengebäude, Sendestationen, Zeitungen, antifaschistische Verbände und Arbeitskammern.

Sofort nach der Besetzung der Städte, und zwar noch am gleichen Tag, sollen die Kampfgruppen sich zu den für den Marsch auf Rom bestimmten Kolonnen auf den Weg machen: nach Santa Marinella, nach Monterotondo, nach Tivoli.

Dort, wo die Eroberung und Besetzung der Städte leicht und sicher vor sich geht, weil die ganze Bevölkerung faschistisch ist, werden nur ganz wenige Faschisten zur Bewachung der eroberten Stellungen zurückgelassen. Alles übrige wird zu den Aufmarschplätzen geschickt. Wo dagegen die Besetzung der Stadt nicht möglich oder in Frage gestellt ist, dort wird der Angriff auf die öffentlichen Dienststellen auch nicht eingeleitet, und man schickt alle Faschisten zu den Versammlungsplätzen der Kolonnen.

Der Aufmarschplan wird nach den in Mailand und Bordighera aufgestellten Richtlinien und unter dem Kommando der in Florenz ernannten Offiziere durchgeführt.

Am Morgen des 28. gleichzeitiger Aufbruch der drei Kolonnen gegen die Hauptstadt. An diesem gleichen Morgen, Sonnabend, den 28., wird der Aufruf des Vier-Männer-Kollegiums von Perugia aus, wo es seinen Sitz hat, veröffentlicht.

Wenn man einem bewaffneten Widerstand der Regierung begegnet, so soll bis zur Grenze des Möglichen ein Zusammenstoß mit Teilen des Heeres vermieden werden, denen gegenüber man nur Gefühle der Sympathie und der Achtung äußern soll. Auch soll eine den Abteilungen von seiten der Regimenter angebotene Hilfe nicht angenommen werden. Nur im Falle eines Konfliktes wird das Vier-Männer-Kollegium diese Eventualität in Erwägung ziehen. Diesbezüglich werden noch genaue Befehle ergehen. Schließlich soll vor keinem Widerstand zurückgewichen und Rom unter allen Umständen erreicht werden.

Bezüglich der Waffen haben die Viermänner bereits zwei oder drei Depots einzeln angeführt, die durch Handstreich genommen werden können. Außerdem sollen die Faschisten kleinere Abteilungen Gendarmen auf dem Land entwaffnen.

Besondere Aktionen sind für Mailand, Turin und Parma vorgesehen.

Von Sonnabend ab wird die Arbeit in ganz Italien eingestellt. Während der Tage des Aufstandes tragen alle Städte Flaggenschmuck. Besondere Befehle ergehen für die Grenzgebiete, wo die fremden Elemente genau beobachtet und durch Besetzung der Alpenpässe slawische Zuwanderungen verhindert werden müssen.

Ich gebe für meinen Teil noch bekannt, daß ich besondere Stoßtrupps organisiert habe, die sich in Rom festsetzen und im Falle, daß die Stadt dem Eindringen der Schwarzhemden Widerstand leistet, eine Panik hervorrufen werden.

Die Besprechung geht ohne jede Feierlichkeit mit einigen trockenen Sätzen Mussolinis zu Ende. Jeder geht schweigend, nach römischer Sitte grüßend, hinaus. Aber die Augen funkeln.

*26. Oktober, Rom*

Nach Piazza San Claudio, nahe beim Sitz der Parteileitung, habe ich jene Sturmtruppen zusammenberufen, deren Aufgabe es sein wird, im Fall einer Verteidigung bis zum äußersten durch die Regierungstruppen Terrorakte innerhalb der Stadt zu begehen. Es sind ihrer 250, in 25 Gruppen eingeteilt. Niemand kennt ihre Namen und ihre Bestimmung. Nicht einmal die Leiter des römischen Fascio. Sie sind mit Bomben und Sprengstoff versehen und haben vier Flammenwerfer zu ihrer Verfügung. Wenn nötig, sollen sie das Zentrum des Regierungswiderstandes angreifen, angefangen beim Palazzo Viminale. Ihr Auftreten muß gänzlich unerwartet und blitzartig erfolgen, Unordnung und Schrecken in die hohen und niederen Behördenstellen tragen, kurz, das Leben der Regierung in Rom schwierig und gefährlich machen. Sie müssen elegant gekleidet gehen, in den ersten Hotels wohnen und dürfen durchaus keinen Verdacht erregen.

Jede Gruppe hat ihren Treffpunkt, ihr Losungswort und ihre Verbindungen mit den Gruppen der Kameraden.

Bestimmte Punkte der Stadt müssen abwechselnd bewacht werden. Dazu gehört Geld.
Aber hier kämpft man um jeden Centesimo. Ich habe keinen Sou mehr zur Verfügung, trotzdem ich gestern zusammen mit De Bono und De Vecchi zur Finanzierung der Revolution eine Verpflichtung über drei Millionen Lire unterschrieben und an Civelli und Postiglione gegeben habe. Ich wende mich an diesen Geizhals Marinelli.

Endlich erhalten die Stürmergruppen das Geld zu ihrem Unterhalt in den verschiedenen Hotels, Pensionen und Privathäusern der Stadt (einige tausend Lire).

*26. Oktober, abends, Perugia*

Nachdem ich den Kameraden, die noch in Rom sind, die letzten Anordnungen gegeben habe, bin ich nachmittags nach Perugia gefahren. Es ist nicht leicht, der Wachsamkeit der Polizei ein Schnippchen zu schlagen. De Bono und ich wollten die Reise zusammen machen. Aber unsere beiden Bärte waren ein zu bequemes Erkennungszeichen. De Bono wird besonders scharf überwacht. Gerade in diesen Tagen hat ihn der Kriegsminister aufgefordert, entweder seinen Abschied aus der Armee einzureichen, und zwar mit einem Pensionierungsdatum, das vor der Zeit seiner Zugehörigkeit zum faschistischen Generalkommando liegt, oder aber sich der Entscheidung eines Disziplinargerichts zu unterwerfen. De Bono hat die letzte Lösung angenommen. In der Zwischenzeit aber läßt ihn das Polizeipräsidium nicht einen Augenblick aus den Augen. Wir sind jeder für sich zum Bahnhof gegangen und haben uns dann in einem direkten Abteil nach Terontola wieder getroffen. Ich glaube, daß es jetzt nicht mehr nötig ist, das Geheimnis über unsere Reise zu wahren. Schon morgen wird es ganz Italien wissen. Wir kommen in der Nacht in Perugia an und belegen die Zimmer, die Bastianini für uns im Hotel Brufani reserviert hat.

*27. Oktober, Perugia*

In Perugia sind alle Häupter des umbrischen Faschismus versammelt. Während De Bono und Bianchi zusammen mit Bastianini, Crespi, Sacco, Pighetti, Mastromattei, dem Konsul Graziani und den anderen die Besetzung der Präfektur von Perugia vorbereiten, die um Mitternacht stattfinden soll, gleichzeitig mit der Besetzung des Post- und Telegrafenamtes, der öffentlichen Gebäude, der Stadttore und der Straßen, die dorthin führen, halte ich Verbindung mit den anderen Zentralpunkten Italiens, von wo dauernd Nachrichten einlaufen. Ein Tag fieberhafter Erwartung und gründlicher Vorbereitung. Oben über die steilen Hänge der Hügel marschieren immer zahlreicher die Kampfabteilungen der benachbarten Städte und nehmen Quartier an den vorher bestimmten Punkten. Der Präfekt hat sich, umgeben von Polizei und Gendarmen, in seinem Palais verbarrikadiert. Perugia ist im wahren Sinne des Wortes von Schwarzhemden überschwemmt. Der Abend senkt sich über die sanften Täler Umbriens, das ganz in Bewegung ist. Schweigende Mobilmachung, vollständig in militärischem Stil.

Um 8 Uhr abends alarmierende Nachrichten aus der Toskana. In Pisa haben die Faschisten zu früh losgeschlagen. Es scheint, daß es infolge der Besetzung einer Kaserne zu schweren Zwischenfällen gekommen ist. Auch in Florenz ist die Lage infolge verfrühten Losschlagens der Abteilungen beunruhigend. Die Straße nach Florenz ist gesperrt. Es ist klar, daß nun sämtliche politischen und militärischen Behörden im Alarmzustand sind.

Es wird beschlossen, daß ich mich nach Florenz begebe, während De Bono und Bianchi sich weiter mit der bevorstehenden Aktion in Perugia beschäftigen. Mein Gesundheitszustand hat sich heute verschlechtert. Die Entzündung am rechten Ohr hat sich verschlimmert und verursacht mir heftige Schmerzen. Mein abgearbeiteter Organismus erliegt endlich den Folgen der schlaflosen Nächte und den Anstrengungen der letzten Tage. Aber das macht nichts. Der Marchese Marmini wird mich begleiten und den Wagen lenken. Die Maschine ist in ganz origineller Weise für die Verteidigung eingerichtet. Auf den Schutzblechen sind zwei Maschinengewehre montiert. Sowohl auf der einen wie auf der anderen Seite befindet sich ein auf künstlichem Sitz festgebundener Faschist, der die Aufgabe hat, das Maschinengewehr im Fall der Not zu bedienen. Bomben und Gewehre fehlen auch nicht. So umgeändert, stellt das Automobil einen Panzerwagen dar, der mit phantastischer Geschwindigkeit dahinsausen kann.

## Ruhrkrise

*Otto Gessler*

Im Jahre 1923 erreichte die Krise der ersten Nachkriegsjahre mit dem sogenannten Ruhrkampf einen Höhepunkt. Deutschland war mit den Reparationsleistungen geringfügig im Rückstand geblieben. Daraufhin erklärte der französische Staatspräsident Poincaré, daß es sich um absichtliche Verzögerungen handle. Gegen den Widerstand Englands setzte er eine Politik der »produktiven Pfänder« durch. Französische und belgische Truppen rückten im Ruhrgebiet ein. Die deutsche Reichsregierung unter Reichskanzler Cuno konnte nichts anderes unternehmen, als die Bevölkerung des Ruhrgebiets zum passiven Widerstand gegen dieses Vorgehen aufzufordern. Die deutsche Bevölkerung sah in dem französischen Vorgehen weniger wirtschaftliche Maßnahmen als vielmehr den Versuch, die durch den Friedensvertrag geregelte Rheinlandfrage im französischen Sinne gewaltsam zu ändern. So kam es rasch zu einer ernsten Zuspitzung der Lage. Bei Zusammenstößen zwischen französischen Truppen und der erregten deutschen Bevölkerung fanden Arbeiter den Tod. Auf deutscher Seite gingen daraufhin rechtsorientierte Gruppen zum aktiven Widerstand und zu Sabotageunternehmen über. Wirtschaftlich wurde die Ruhrbesetzung für Frankreich zu einem völligen Mißerfolg. Es konnte in den acht Monaten der Besatzung nur so viel Kohle abtransportiert werden wie in den ersten zehn Januartagen! Frankreich verlor in Europa an Ansehen. Für das deutsche Reich aber bedeutete der Ruhrkampf eine geradezu katastrophale finanzielle Belastung. Die Wirtschaft des Reiches stand vor dem völligen Zusammenbruch, deshalb trat die Regierung Cuno zurück. Die neue Reichsregierung unter Gustav Stresemann mußte am 26. September 1923 die Einstellung des passiven Widerstandes erklären. Otto Gessler, der Verfasser des nachfolgenden Berichts, gehörte beiden Kabinetten als Minister an und erlebte so die Ereignisse in einer führenden Position mit.

Die Bildung einer neuen Regierung machte angesichts des drohenden Sturmes ganz besondere Schwierigkeiten. Die Verhandlungen dauerten wochenlang und trugen nicht dazu bei, das Ansehen des Regimes zu fördern. Auf der Suche nach einem Marcus Curtius, der in den Abgrund springen sollte, wurde von Freunden auch meine Kandidatur betrieben. Der Reichspräsident sagte mir, er habe sich entschieden dagegen gewehrt, er könne seine letzte Reserve jetzt nicht verbrauchen lassen. Ich war Ebert dankbar. Abgesehen von allem anderen, hätte ich mich in diesen Tagen unter keinen Umständen von meinem Ressort getrennt. Jetzt kam die Zeit, in der meine Politik in der Bendlerstraße die Feuerprobe zu bestehen hatte. Schließlich gelang es dem Präsidenten, den Generaldirektor der Hamburg-Amerika-Linie, *Cuno*, der gute Beziehungen nach England und Amerika hatte, als Reichskanzler zu gewinnen.

Am 24. November 1922 stellten sich der neue Kanzler und seine Mitarbeiter als das »Kabinett der Persönlichkeiten« dem Reichstag vor. Staatssekretär der Reichskanzlei wurde der frühere Handelsminister, mein Freund Dr. Eduard Hamm.

Die Zeit drängte. Cuno eröffnete in den Weihnachtstagen den Abwehrkampf mit dem umfassend angelegten Vorschlag eines Reparations- und Sicherheitspaktes. Von Poincaré wurde jede Verhandlung abgelehnt, auch die Vermittlung der USA, um die sich Cuno bemüht hatte. Nicht umsonst standen seit 1921 die französischen Truppen an den Eingangspforten des Ruhrgebietes zum Sprung bereit. Poincaré beantragte in der Reparationskommission, die aus Vertretern Frankreichs, Englands, Italiens und Belgiens bestand, Deutschland des Säumnisses seiner Reparationsverpflichtungen für schuldig zu erklären. Es kam aber nur zu einem Minderheitsbeschluß; der englische Vertreter stimmte gegen den Antrag. Um sich herauszuhalten, räumten die Amerikaner ihre Zone in den letzten Dezembertagen 1922.

Am 7. Januar 1923 rückten fünf französische und eine belgische Division, mit den modernsten Waffen ausgerüstet, in das neue Sanktionsgebiet ein. Italien entsandte nur eine Ingenieurkommission. Poincaré teilte dazu der deutschen Regierung mit, daß es sich um keine militärische Aktion handle, sondern nur um eine Sendung von Ingenieuren und Beamten mit einem bestimmten Zweck. Nur die zu ihrem Schutz erforderlichen Truppen rückten in die Ruhr ein. Zugleich drohte er die strengsten Maßnahmen und Strafen an, wenn irgendein Widerstand geleistet würde. Der Führer der Truppen, General Degoutte – Verfasser der militärischen Klauseln des Versailler Vertrages –, proklamierte am 13. in Essen:

»Die Franzosen sind Träger des Rechts und kommen als Freunde der arbeitenden Bevölkerung.« Zugleich verhängte er den militärischen Ausnahmezustand und setzte Kriegsgerichte ein für jede Verletzung der Militärgesetze und seiner Anordnungen. Allenthalben schoben die militärischen Befehlshaber in ihren Aufrufen die Schuld auf Halsstarrigkeit und Säumnis der Berliner Regierung und auf den Egoismus der »Junker und Kapitalisten«. Es sollten zugleich separatistische Instinkte und die Klassengegensätze in den Dienst des Unternehmens gestellt werden. Kein Vorwurf wurde Deutschland erspart. Für später war den Separatisten im Rheinland und, wie der Prozeß Fuchs-Machhaus in München zeigte, dem Partikularismus und dem Nationalismus in Bayern eine aktive Rolle im deutschen Verfall zugedacht.

Die französische Presse verfiel in den rohesten Ton der Kriegspropaganda. Hilfeleistung leistete ihr nur der »Föderalist« und Pazifist Wilhelm Foerster, der den Einmarsch entschuldigte, weil Deutschland nicht bereue. Diese Reue hätte, um Foerster zu genügen, in der Selbstauflösung Deutschlands im Sinne der französischen Richelieu-Politik bestehen müssen.

Zunächst hatte dieser Täuschungsversuch keinen Erfolg. Die betroffene Bevölkerung stellte sich mit dem ganzen Volk und allen seinen Parteien in die Einheitsfront der Abwehr, des passiven Widerstandes. Der Geist von 1914 wehte wieder über das Land in Nord und Süd. Jedermann fühlte: Diesmal geht es um das Ganze. Nichts dient der moralischen Erneuerung eines im Kern noch gesunden Volkes mehr als der Übermut der Sieger. Was noch fehlte, um die Kampfstimmung zum Haß zu steigern, wurde durch das Betragen der fremden Besatzungsmacht rasch erreicht. Schon nach wenigen Tagen wurden nicht nur zahlreiche Industrielle verhaftet und von den Militärgerichten zu langen Freiheitsstrafen verurteilt, es floß auch Arbeiterblut. In Essen wurden bei einer Demonstration 13 Menschen getötet und 28 schwer verletzt, darunter Frauen und Kinder. Die viel gerühmte Kunst der Franzosen für psychologische Einfühlung hat jedenfalls bei der Bevölkerung im Ruhrgebiet gänzlich versagt.

Reichskanzler Cuno und sein Außenminister v. Rosenberg mochten am Anfang bescheidene Hoffnungen auf England und USA gesetzt haben. Ich habe mir darüber nie Illusionen gemacht.

So blieb die Lage auch während des ganzen ersten halben Jahres, aber drohend stellte sich für den Weiterschauenden die Frage: Wie wird es, wenn sich die Waage sichtbar zugunsten Poincarés neigt? Daß wir die bisherigen Kampfmethoden schon wegen der finanziellen Belastung über den Oktober hinaus nicht durchhalten konnten, darüber bestand für uns kein Zweifel. Deshalb machte Cuno sowohl im Mai wie im Juni noch einmal Vermittlungsvorschläge. Bei dem letzten war er von dem bekannten englischen Wirtschaftspolitiker Keynes beraten. Aber Poincaré lehnte alles ab. Schüchterne Versuche der englischen Diplomatie ließ er durch seinen Botschafter mit Forderungen beantworten, die einer vollständigen Kapitulation gleichkamen. Daß er auch an das letzte dachte, sollte ein Besuch deutlich machen, den Marschall Foch in Warschau und Prag im April machte, um sich von den Fortschritten beim Aufbau der polnischen und tschechischen Armee unter französischer Führung zu überzeugen, denn natürlich war der Friede »durch die Intrigen der Cuno-Regierung mit den Russen und Türken« bedroht.

Der Weltmeinung gegenüber begründete Poincaré die Besetzung damit, daß wegen des bösen Willens der deutschen Regierung das Ruhrpfand produktiver gemacht werden müsse. Deshalb erfolgte sofort nach dem Einmarsch die wirtschaftliche Abschnürung durch Ausdehnung der schon 1921 gezogenen Zonengrenze auf das neue Okkupationsgebiet und die Sperrung des Verkehrs.

Die deutsche Politik mußte darauf gerichtet sein, Poincarés Kriegsziel zu vereiteln. Statt daß das Pfand produktiv werde, sollte es vielmehr eine Belastung des französischen Budgets, der französischen Wirtschaft werden. Die Stillegung der Berg- und Hüttenwerke und des Verkehrs durch einen Generalstreik war das erste und, wie viele hofften, entscheidende Abwehrmittel. Insbesondere erwartete die Sozialdemokratie davon einen vollen Erfolg. »Alle Räder stehen still, wenn dein starker Arm es will« – war seit Generationen das siegesgewisse Kampflied des Proletariats. Einer der besonnensten obersten

Führer der Partei sagte mir: »Nach 14 Tagen werden die Franzosen fluchtartig das totenstill gewordene Land verlassen.« Aber wie immer folgte auf den Sturm der Begeisterung die Ernüchterung, sobald der Werktag die Probleme der passiven Resistenz zeigte, die Verwirrung der öffentlichen Verwaltung, die Stellung der Beamten, die Finanzwirtschaft, insbesondere die Erhebung von Steuern und Abgaben, die Behandlung der Verräter und vieles andere. Die Reichsregierung mußte zu all diesen Fragen Stellung nehmen durch Gesetz oder Anweisung. An der Meisterung dieser Riesenaufgabe arbeitete unermüdlich Staatssekretär Hamm, wohl der feinste Kopf und kundigste Fachmann im Kabinett, Tag und Nacht. Ihm galt in erster Linie die Frage, die später nach dem Studium der Akten der Verfasser des Werkes »Der Ruhrkampf« an mich stellte: »Wann haben die Herren eigentlich geschlafen?«

Ein Generalstreik kann erfahrungsgemäß für längere Zeit nur durchgehalten werden, wenn die Lebensnotwendigkeiten der Streikenden – im Ruhrgebiet ging es um Millionen – sichergestellt werden, praktisch also durch die Zahlung ausreichender Streikunterstützung. An sich schon schwer, wurde es wegen der rapid fortschreitenden Inflation schließlich unmöglich. Der Preis des Dollars stieg rasch in die Milliarden, und die Notenpresse kam schließlich nicht mehr mit. Auch die Kassen der Gewerkschaften wurden durch die Geldentwertung geleert. Die Franzosen beschlagnahmten nicht nur alle öffentlichen Gelder, sondern suchten auch die Geldtransporte aus dem unbesetzten Gebiet zu kapern. Dem Geldtransport und der Verteilung unterzogen sich die Gewerkschaften und ihre Führer unter der Leitung des Arbeitsministers Dr. Brauns mit großer Hingabe. Zahlreiche unbekannte Soldaten setzten dabei ihr Leben und ihre Freiheit aufs Spiel. Der Berliner Witz schuf für die Arbeitslosen an der Ruhr das Schlagwort: »Cuno-Rentner«.

Die Stillegung der Gruben und Hüttenwerke mußte ihre Ergänzung finden in der Lahmlegung des Verkehrs. Millionen Tonnen von Kohle und Koks lagen auf den Halden zur Abfuhr bereit. Dies zu verhindern war Aufgabe der Eisenbahnverwaltung, an deren Spitze als Reichsverkehrsminister der erste Chef des Feldeisenbahnwesens im Weltkrieg, General Groener, stand. Die Techniker waren darin einig, daß ihre Taktik beweglich bleiben müsse. Sollte Dauerwirkung erreicht werden, so mußten die Sabotagemaßnahmen elastisch in richtiger Reihenfolge durch andere ersetzt werden. Diese Taktik konnte erfolgreich nur von den Eisenbahndienststellen angewendet werden. Bei einem solchen Krieg im Dunkeln spielte aber bald auch wilde Sabotage eine große Rolle. Ihre Träger waren meistens Mitglieder der von der Reichsregierung verbotenen Kampfverbände. »Der gegen den Staat drohend erhobene Dolch sauste blutig herum« und fand ein Ziel im schnellen Stoß: die Franzosen. Der Schmelztiegel der Zeit glühte wieder auf. Kleine Sprengkolonnen und verwegene Einzelgänger führten an der Ruhr und gegen auflebende separatistische Bewegungen im Rheinland und in der Pfalz kühne Schläge. Aber die Sache hatte mehr als zwei Seiten. Entscheidend für den Ausgang des Kampfes waren sie keinesfalls, dagegen hielt sich die Militärdiktatur mit harten Sanktionen an die Nachbarn des Tatortes. Es wuchs zwar der Haß gegen die Franzosen, aber ein Teil davon übertrug sich auf die deutschen Täter. Bald sprach man von Denunziationen aus den eigenen Reihen, sogar der eigenen Polizei. Viele junge Leute kamen vor die französischen Militärgerichte und hielten nicht immer eine heroische Haltung durch. Auch blutige Opfer gab es. Leo Schlageter wurde von einem Militärgericht zum Tode verurteilt und am 26. Mai 1923 auf der Golzheimer Heide, bei Düsseldorf, erschossen. Die Nation hatte einen neuen Märtyrer, aber die Verhaftung wurde der staatsfeindlichen Propaganda der preußischen Polizei zur Last gelegt.

Gefährlicher war eine Aktion, die im Ruhrgebiet der verabschiedete General Watter mit dem Führer des Jungdeutschen Ordens, Mahraun, vorbereitete. Der Freikorpsführer Heinz, der Beratungen darüber beiwohnte, erzählt, daß Watter 40000 Mann aufstellen wollte. Heinz selbst war erschüttert über den Mangel an Wirklichkeitssinn des alten Generals. Er meinte, kaum 400 werde er zusammenbringen, bevor sein Plan zerschlagen werde. Mit diesem Plan verbanden sich Gerüchte über allerneueste moderne Waffen: Eine besondere Art von Strahlen – Todesstrahlen – sei entdeckt; durch Fernzündung könne man Menschen töten, alles sei bereit, nur die feige Reichsregierung zögere. Ich brachte einen aufgeregten Patrioten in Verlegenheit durch die Frage, ob die Franzosen schon Empfangsstationen in die Koppelschlösser ihrer Soldaten gelegt haben. Auch das Perpetuum mobile wurde für die nationale Verteidigung mancherorts in Deutschland erfunden und sollte in den Dienst der Vernichtung des Feindes gestellt werden. In der aufgeregten Zeit nahmen die Gerüchte immerhin einen solchen Umfang an, daß ich im Reichstag öffentlich vor »Verrückten« warnen mußte. Die Sache stockte aber schon deshalb, weil Watter und Mahraun sich angeblich über die Führung nicht einigen konnten.

Im Juli 1923 gab die Reichsregierung die Bilanz des ersten Halbjahres der Ruhrbesetzung bekannt. Danach lag im Ruhrgebiet eine Armee von 87000 Mann aller Waffengattungen, davon 80000 Franzosen; dazu kamen im alten besetzten Gebiet außerdem noch einmal 104000 Mann, ferner 10000 französische und 1000 belgische Eisenbahner. Durch den Terror der Besatzungstruppen büßten 92 Personen das Leben ein. 75714 Personen wurden von Haus und Hof vertrieben, davon 71000 ausgewiesen. Am meisten betroffen von den Ausweisungsbefehlen wurden die Beamten und Angestellten der Reichsbahn, 9000 mit fast 23000 Familienangehörigen. Die Beamten der Reichsfinanzverwaltung waren mit 1800 Haushaltungsvorständen und 5500 Familienangehörigen und die Beamten der preußischen Verwaltung mit 7200 Haushaltungsvorständen und 11000 Angehörigen an den Ausweisungen beteiligt. Außerdem wurden 4000 Zivilpersonen mit rund 8000 Familienangehörigen des Landes verwiesen. Allein im preußischen Einbruchsgebiet wurden 169 Schulen (mit 1537 Schulklassen und 50000 Schülern) beschlagnahmt. Der Erfolg der französisch-belgischen Besatzungsbehörde stand zu dem militärischen Aufwand in keinem Verhältnis. Vom 11. Januar bis 30. Juni wurden für Frankreich und Belgien insgesamt 478000 Tonnen Kohle und 500000 Tonnen Koks abgefahren, kaum das Doppelte von dem, was Deutschland vor der Ruhrbesetzung in den ersten Tagen des Monats Januar noch geleistet hatte.

Je mehr das Jahr fortschritt, um so mehr schien sich dennoch Poincarés Rechnung als richtig zu erweisen. Im Laufe des Sommers meldete die französische Regieverwaltung an der Ruhr größere Überschüsse, und die Verwaltung versprach, sie zu steigern. Im deutschen Wirtschaftskörper begann infolge der Inflation und der Abschnürung der Ruhr und des Rheinlandes der Kreislauf des Blutes zu stocken. Die Zahl der Arbeitslosen stieg rasch auf über 1½ Millionen und die der Kurzarbeiter auf eine halbe Million, also mit ihren Familien 8 bis 10 Millionen Menschen. Was am Montag noch 100 Millionen gekostet, forderte schließlich am Samstag schon 1 Milliarde. Die Versorgung der großen Städte, insbesondere von Berlin, wurde immer unzulänglicher. Überall gab es Hungerstreiks und Teuerungskrawalle; wohlhabende Leute wurden über Nacht zu Bettlern. Die Inflation wurde zum Kampf aller gegen alle und zehrte an der Moral. Sowohl der Nationalismus wie der Kommunismus nützten hemmungslos die Gunst der Stunde und vereinigten sich im Kampf gegen die Regierung. Es war, wie wenn alle bösen Geister losgelassen wären.

Ein kleines persönliches Erlebnis mag etwas zur Beleuchtung dieses Zustandes beitragen. Ich fuhr Ende Juli auf ein paar Tage ins Allgäu auf meinen Hof, um mich in der Heimat etwas umzusehen. Schon bei meiner Ankunft fand ich ein Telegramm des Kanzlers vor, das mich zurückrief. Meine Frau gab mir ein paar junge Hühner mit. In Berlin begab ich mich sofort in die Wilhelmstraße. Der Kanzler lud mich zum Abendessen ein. Es gab ein Stückchen Brot und etwas Hartwurst und einen sehr guten Hapag-Wein. Der Kanzler entschuldigte sich, seine Haushälterin sagte: »Morgen haben wir überhaupt nichts zu essen.« Ich lud ihn deshalb für den anderen Tag zu meinen Hühnern ein, sagte aber meiner auch sehr kritisch gewordenen Haushälterin nicht, wer zum Essen komme. Als Cuno wegging, meinte sie: »Es ist eine Schande, wie kann man zu einem solchen Essen den Reichskanzler einladen.« Sie war sehr erstaunt, als ich ihr sagte, er hätte im eigenen Haus heute überhaupt nichts zu essen gehabt.

Die Zurückberufung war übrigens wenig dringlich, aber Cuno und der Präsident meinten, es sei etwas ungemütlich in Berlin, wenn ich nicht da sei. Ich selbst hatte nicht das Gefühl, daß die Lage in Berlin bisher besonders unruhig war. An sich haben die großen Massen, wenn sie nicht zu Demonstrationen aufgeputscht werden, immer gute Haltung bewahrt. Die allgemeine Stimmung schien mir mehr auf fatalistische Resignation gegen ein unabwendbares Schicksal abgestellt zu sein. Außerdem hatte ich die Lehre des Sturms auf den Reichstag im Januar 1920 hinter mir.

Die bisherigen Methoden begannen sichtbar abzusacken, und es war Zeit, an andere oder an das Ende zu denken. Von außen war keine Hilfe zu erwarten. Die englische Presse nahm zwar gelegentlich scharf Stellung gegen die Gewaltmethoden des Shylock. Ebenso sprachen die Minister im Parlament ihre Bedenken aus, und der britische Kronanwalt nannte in einem Gutachten den Einmarsch in das Ruhrgebiet einen Rechtsbruch. Noch schärfer äußerte sich das englische Mitglied der Reparationskommission, Bradbury: »Seit den Tagen des trojanischen Pferdes ist das Holz zu keinem schändlicheren Geschäft verwendet worden.« Er meinte mit dem Holz die Telegraphenstangen, mit deren Lieferungen wir in Verzug geraten waren. Diese Äußerungen wurden »Zum Durchhalten« in unserer Presse stark unterstrichen. Die englische Regierung hielt es deshalb im August für angezeigt, durch ihre amtliche Zentralstelle der Presse mitzuteilen: »Wir haben durchaus nicht die Absicht, in Deutschland unbegründete Hoffnungen zu erwecken. Wir wissen, daß in der deutschen Öffentlichkeit solche Hoffnungen entstanden sind, und wir nehmen Veranlassung, auf diese Irrtümer hinzuweisen. In der englischen Presse ist mit aller Deutlichkeit der Wunsch ausgesprochen worden, daß sich Deutschland nicht an uns hängen möge. England hat durchaus nicht den Wunsch, sich hinter Deutschland zu stellen oder es in seinem Streit mit Frankreich zu decken. Es liegt nach unserer Meinung sowohl in deutschem wie englischem Interesse, daß in diesem Punkt keine Zweifel entstehen, denn das Gegenteil müßte zu Enttäuschungen in Deutschland führen und vielleicht das Gefühl der Bitterkeit, ja sogar des Hasses gegen England zur Folge haben.«

In der großen Politik hat der Wehrlose nicht nur kein

Recht, sondern auch keinen Freund. Zwischen England und Frankreich bestanden damals im nahen Orient, in der Türkei, in Griechenland und Ägypten, starke Spannungen: Frankreich hatte dabei wohl manches zu bieten. Jedenfalls konnte es dem englischen Plan für den Landweg nach Indien Schwierigkeiten machen.

Auch die USA sahen keinen Anlaß, von der Politik der Nichteinmischung in die europäischen Angelegenheiten abzugehen, die sie nach dem Krieg wieder aufgenommen hatten. Man empfand in Washington keine Verpflichtung, das Wort einzulösen, das Präsident Wilson mit den 14 Punkten dem wehrlos gemachten Deutschland gegeben hatte. Es blieb bei dem, was einer der früheren Präsidenten gesagt hat: »Wir haben Glück, daß unsere moralischen Grundsätze sich mit unseren materiellen Bedürfnissen immer in Übereinstimmung befinden.« Amerika brauchte zunächst Frieden, um die mächtige Stellung, die es im Weltkrieg sich im Reich des europäischen Handels geschaffen hat, zu sichern.

Papst Pius XI., der in einer Ansprache an die Kardinäle von Gerechtigkeit und Mäßigung im Völkerleben sprach, mußte sich von Poincaré eine schroffe Ablehnung wegen der »Einmischung« in weltliche Angelegenheiten gefallen lassen. Der schwedische Außenminister lehnte ebenfalls eine Vermittlung als einen »Akt der Kuppelei des Rechts mit dem Unrecht« ab.

Die Solidarität des Internationalen Proletariats trat ebensowenig in Erscheinung. Mich hatte schon in Nürnberg ein alter, erfahrener Gewerkschaftler darüber belehrt: »Wenn im Reich des internationalen Kapitalismus ein großer Streik ist, sammeln die deutschen Arbeiter 1 Million Mark, die Franzosen schicken eine Abordnung und die Engländer ein Sympathie-Telegramm.« Ich weiß nicht, ob es zu diesen Sympathiekundgebungen gekommen ist; aber ein schwedischer Gewerkschaftsführer durfte eine Studienreise durch das okkupierte Gebiet machen und fand, wie es in einem Bericht der schwedischen Presse hieß, dieses in sehr guter Ordnung. Die französische Propaganda machte damit ein großes Geschäft.

In der Heimat wurden die ersten Risse der Einheitsfront sichtbar. Nachdem die Hoffnungen auf die Wirkung des Generalstreiks und die internationale Solidarität gescheitert waren, wuchs bei der Sozialdemokratie die Überzeugung von der Aussichtslosigkeit des Kampfes. Ihre Presse begann im Bund mit einem Teil der großen Berliner Presse immer dringlicher die Aufnahme direkter Verhandlungen mit Frankreich zu fordern. Die Regierung wußte, daß jeder Versuch scheitern würde, weil Poincaré daran festhielt, zunächst bedingungslos das Ende des passiven Widerstandes zu fordern, um erst dann mit seinem politischen Ziel herauszurücken.

In der Rechtspresse wurden die Methode der Abwehr und die äußere Zurückhaltung der Regierung, ihre scheinbare Passivität, immer häßlicher kritisiert. Bei der Jugend in den Kampfverbänden ging die Parole um: Auf zum Kampf, wenn er auch das Chaos und das Ende bringt! Treitschke nennt das die Politik der Verzweiflung und der holden Täuschungen. Was schon Tacitus von unseren Vorfahren sagte, hat Heinrich von Kleist heroisch formuliert:

»Nicht Sieg ist's, den der Deutsche fordert,
Hilflos wie er schon am Abgrund steht,
Wenn der Krieg nur fackelgleich entlodert,
Wert der Leiche, die zu Grabe geht.«

In das Chaos sollte, so meinte man, auch Frankreich mit hineingezogen werden. Der französische Franken zeigte in der Tat schon gelegentlich Anfälle von Schwäche.

Auch ich habe mit der Frage der letzten Möglichkeiten gerungen und meine Gedanken gelegentlich mit meinen Kabinettskollegen Dr. Luther und Dr. Hamm besprochen, sie auch dem Reichspräsidenten vorgetragen, der sie schweigend zur Kenntnis nahm. Ich dachte z. B. daran, daß die Reichsregierung zum gegebenen Zeitpunkt ihre Tätigkeit mit einer würdigen Erklärung an die Welt einstellen solle, da weder sie noch andere unter den obwaltenden Verhältnissen irgendeine Verantwortung übernehmen könne.

Am 11. August erließ der Reichspräsident noch einen ernsten Aufruf zum Verfassungstag. Am Abend desselben Tages kündigte die sozialdemokratische Fraktion dem Kabinett das Vertrauen. Zugleich forderten die Kommunisten zum Generalstreik auf, dem zahlreiche

Betriebe in Berlin und anderen norddeutschen Städten Folge leisteten, so daß über Hamburg der Ausnahmezustand verhängt werden mußte.

Am 13. August trat Cuno zurück. Er stand vor einem nervösen Zusammenbruch. Einige Tage vorher kam er zu mir in die Bendlerstraße und sagte: »Lassen Sie mich hier ein paar Stunden still sitzen, ich habe das Gefühl, über mir stürze das Haus ein.« Er, wie übrigens sein Vorgänger Dr. Wirth, war beim Abgang völlig zermürbt. Aber noch war der Rücktritt des Kabinetts Cuno nicht das Ende.

Nun kam die große Stunde für Gustav Stresemann, von ihm seit 1920 heiß ersehnt – freilich nicht für die verzweifelte Lage, in der sie ihn jetzt rief. Wer jene Tage erlebt hat, kann nur mit großer Bewunderung an den Sohn der kleinbürgerlichen Berliner Familie denken, der in einer der schwärzesten Stunden deutscher Geschichte, in voller Kenntnis einer aussichtslosen Lage, umtobt von Verwünschungen und Bedrohungen einer hemmungslosen radikalen Presse, in glühender Vaterlandsliebe, in nie versiegendem Optimismus und unberührt durch das Schicksal Erzbergers und Rathenaus, es furchtlos übernahm, zu kapitulieren und den aussichtslos gewordenen Ruhrkampf abzubrechen. Denn darum handelte es sich. Einen anderen Ausweg gab es nicht mehr. Die Basis des »Kabinetts der Persönlichkeiten« war im Volk zu schmal geworden. Jetzt mußte die »Union sacrée« der Parteien der Großen Koalition kommen. Ihr einzig möglicher Kanzler war Stresemann, vielleicht der letzte, wie er sagte. Ich bin im weiteren Verlauf mehr als vier Jahre ihm im Kabinett gegenübergesessen, und wir haben manchen Strauß zusammen ausgefochten, als es um die Beendigung der Militärkontrolle ging, wie auch bei anderen Gelegenheiten. Ich sah, wie schlecht es um seine Gesundheit stand, wie mühsam er sich aufrecht hielt. Manchmal schien er zusammenzubrechen während der Verhandlungen, die oft mit großen Aufregungen für ihn verbunden waren. Aber er nahm irgendein Stimulans und richtete sich immer wieder auf.

Als er nach Locarno ging, wurde er von seinen deutschnationalen Kollegen im Kabinett mit hundert Fragen wie ein Schuljunge examiniert, so daß ich energisch zu seinen Gunsten intervenieren mußte: »Wir sind mit einem kranken Generalstabschef in den Ersten Weltkrieg gegangen, wollen Sie jetzt den Außenminister mit Ihren Eventualfragen zu Tode quälen, bevor er in die politische Schlacht zieht? Es wäre besser, er ginge vierzehn Tage zur Erholung in ein Sanatorium oder auf die Jagd.« Stresemann hat mir das nicht vergessen. Seine gesamte Amtszeit war ein Wettlauf zwischen dem großen Ziel, der Befreiung des Rheinlandes von der Fremdherrschaft, und der Erschöpfung seiner eigenen Lebensgeister. Er hat dieses Ziel erreicht und damit auch den Endsieg im Ruhrkampf erfochten. Das ist seine große historische Leistung. Aber bevor die Befreiungsglocken vom Kölner Dom über die freien Rheinlande erklangen, ist sein Herz stillgestanden.

## Gustav Stresemann — *Vincent d'Abernon*

Zu den bedeutendsten Politikern des deutschen Reiches nach dem ersten Weltkrieg gehörte Gustav Stresemann. Geboren im Jahre 1878, war er von 1902 bis 1918 Syndikus eines industriellen Verbandes und gehörte seit 1914 als Mitglied der nationalliberalen Partei dem Reichstag an. Während des ersten Weltkrieges vertrat er eine extrem nationale Politik der Annexion besetzten Gebietes. Nach dem Zusammenbruch von 1918 gründete er die Deutsche Volkspartei und lenkte als deren Vorsitzender in eine verantwortungsbewußte gemäßigte Politik ein. Im August 1923 wurde er Reichskanzler und gab einen Monat später den passiven Widerstand im Ruhrgebiet auf. Schon im November 1923 mußte er als Reichskanzler wieder zurücktreten, wirkte aber die folgenden Jahre als Reichsaußenminister. Er strebte eine Verständigung mit Frankreich an, wobei ihn auf französischer Seite Briand unterstützte und seinen Bestrebungen entgegenkam. Ergebnis dieser Annäherung waren die sogenannten Locarno-Verträge, in denen Deutschland die Westgrenze von 1925 als endgültig anerkannte. Als Folge der neuen Politik erreichte Stresemann 1926 die Aufnahme Deutschlands in den Völkerbund. Seine Friedens- und Ausgleichspolitik, die er gegen den dauernden Widerstand der Rechtsparteien in Deutschland durchsetzte, fand 1926 ihre sichtbare Anerkennung in der Verleihung des Friedensnobelpreises, den er gemeinsam mit seinem französischen Kollegen Briand erhielt. Er starb 1929, aufgerieben von der ungeheuren Last der Verantwortung und Arbeit. Sein Bild zeichnet der britische Botschafter in Berlin, Viscount d'Abernon, der mit Stresemann gemeinsam zu den eifrigsten Verfechtern einer Entspannungspolitik gehörte und auch die englisch-deutsche Annäherung förderte.

Meine eigentliche Freundschaft mit Stresemann begann im Jahre 1921. Ich hatte ihn schon vorher getroffen, aber wir tauschten damals nur die üblichen Höflichkeitsphrasen aus. Während einer der zahlreichen Krisen, die sich zwischen Berlin und den westlichen Hauptstädten in den auf Versailles folgenden Jahren abspielten, kam Stresemann in die britische Botschaft – als Vertreter einer wichtigen parlamentarischen Fraktion – mit vier Fragen, deren Beantwortung er verlangte. Diese Fragen waren so scharf und präzis gestellt, daß ich vollkommen unfähig war, sie selbst zu beantworten. Als ich ihm versprach, nach London zu telegrafieren, um Klarheit über die Ansichten der britischen Regierung zu bekommen, erwartete ich eigentlich von den offiziellen Stellen eine ausweichende Antwort oder eine zurückweisende Bemerkung, daß es sich mit dem diplomatischen Brauch kaum vertrage, so tiefschürfende Fragen zu stellen. Ein glücklicher Zufall wollte es jedoch, daß Curzon, der damals das Foreign Office leitete, das geschriebene und das gesprochene Wort ebensogut meisterte wie Stresemann und ebensowenig wie er die Neigung besaß, sich hinter Schweigen oder Ausflüchten zu verschanzen. Und so geschah es, daß wir eine bestimmte Antwort auf die vier Fragen bekamen und daß jener Vorfall der Ausgangspunkt meiner Freundschaft mit Stresemann wurde. Sobald er die Überzeugung gewann, daß wir in unserer Politik uns vom guten Glauben leiten ließen, sobald er erkannte, daß wir nicht versuchten, Deutschland in seiner unterdrückten Lage zu halten, sondern uns um die Sicherstellung des europäischen Friedens auf einer dauerhaften Basis mühten, wurde seine ganze Haltung von dem Wunsch nach freundschaftlicher Zusammenarbeit bestimmt. Es gehörte zu seiner offenen, jedem Zwang feindlichen Art, daß er die Situation unumwunden darlegte, seine eigenen Schwierigkeiten auseinandersetzte und rückhaltlos über den Ursprung seiner Zweifel oder seines

Zögerns sprach, sooft in ihm Zweifel auftauchten – obwohl er eigentlich sehr selten zögerte oder sich über etwas im unklaren war.

Die schwerste Entscheidung, die Stresemann wohl je zu fällen hatte, fiel im Herbst des Jahres 1923, als er den passiven Widerstand abbrechen mußte, mit dem Deutschland auf die französische Ruhrbesetzung geantwortet hatte. Die Notwendigkeit des Verzichts stand außer Frage; der passive Widerstand mußte abgebrochen werden; nicht, weil der Wille zur Abwehr sich als unzureichend erwiesen hatte, sondern weil einfach die Mittel ausgegangen waren. Das Papiergeld, mit dem die deutsche Regierung die Bergarbeiter vom 11. Januar 1923 bis zum September des gleichen Jahres unterstützt hatte, war derart im Kurs gefallen, daß es seinen Zweck nicht mehr erfüllen konnte. Deutschland war gezwungen, sich zu ergeben. Es fragte sich nur, ob es durch seine Unterwerfung eine Erleichterung der unhaltbaren Wirtschaftslage herbeiführen würde, die das gesamte industrielle Leben des Landes bedrohte. Stresemann, der damals Reichskanzler war, sah sich vor die Entscheidung gestellt – er faßte den Entschluß schweren Herzens, aber doch mit einer gewissen Hoffnung, daß sich alles zum Besten wenden werde. Er fand sich jedoch in seinen Erwartungen getäuscht. Poincaré blieb unerbittlich, Frankreich behielt nach wie vor die volle Herrschaft über die Ruhrindustrie. Die Enttäuschung in Deutschland war so groß, daß sie den Sturz des Stresemann-Kabinetts herbeiführte. Trotz des Fehlschlags seiner Politik behielt Stresemann das Außenministerium bei und blieb noch immer das einflußreichste Mitglied der Regierung. Obwohl es ihm nicht gelungen war, Poincaré zu Zugeständnissen zu bewegen, trat Stresemann auch jetzt noch für eine Verständigung zwischen Deutschland und Frankreich unter erfüllbaren Bedingungen ein; er wollte jedoch nicht mit Frankreich allein verhandeln, England sollte an allen Besprechungen teilnehmen; er wollte es um jeden Preis vermeiden, die Verbindung mit England durch ein Sichhinwegsetzen über englische Interessen zu gefährden.

Im Hinblick auf das Rheinland und die Pfalz erklärte Stresemann immer wieder, Deutschland sei bereit, auf jede Nutzbarmachung dieser Gebiete für militärische

Zwecke im Krieg oder Frieden zu verzichten – falls Frankreich eine entsprechende Verpflichtung eingehen würde.

In den ersten Monaten des Jahres 1925, als die Verhandlungen über den Friedensvertrag zum erstenmal praktisch in Angriff genommen wurden, fürchtete Stresemann, es würde schwieriger sein, mit dem damaligen französischen Ministerpräsidenten Herriot ein Abkommen zu schließen als mit Briand oder Loucheur, weil Herriot als Linksradikaler auf größeren Widerstand von rechts stoßen würde. Er sagte mir: »In Deutschland liegt der Fall ganz ähnlich. Ich kann mit den deutschnationalen Ministern, die ich endlich zum Eintritt in die Regierung bewogen habe, viel leichter ein annehmbares Abkommen mit den alliierten Mächten schließen, als es den Sozialisten gelingen würde. Niemand wollte mir glauben, daß ich nur aus Gründen der Verständigung die Mitwirkung der Deutschnationalen suchte; jetzt erst erkennt man, daß ich aufrichtig war, denn die Ereignisse haben mir recht gegeben. Ich konnte auf diese Weise viel mehr für die Sache der Verständigung tun als die Sozialisten, mit denen die Franzosen ständig weiter gegen mich intrigieren.«

Stresemann zweifelte nie daran, daß Deutschland mit allen seinen Kräften versuchen werde, den Dawesplan durchzuführen. Er maß eine große Bedeutung der amerikanischen Finanzhilfe zu und berücksichtigte besonders die Ratschläge amerikanischer Finanzleute. Man kann sagen, daß er in seiner Politik entschieden westlich und nicht östlich orientiert war. Er glaubte jedoch, daß es töricht für Deutschland wäre, die Verbindung mit Moskau fallenzulassen, falls es dafür nicht wirklich einen greifbaren und dauernden Gewinn im Westen davontragen sollte. Aber wenn die Weisen einst aus dem Morgenland kamen, müssen die Reichen, die Geld zu vergeben haben, jetzt im Abendland gesucht werden.

Im Hinblick auf Polen ist es fraglich, ob Stresemann so recht an die Möglichkeit einer Verständigung glaubte. Frankreichs Politik ging immer dahin, dem polnischen Bündnis zu vertrauen. Jedoch Polen zu unterstützen, bedeutete, sich Rußland unbedingt zu verfeinden, und Rußland würde bestimmt früher oder später einmal wieder als ein Faktor auf der europäischen Bühne auftauchen. In dieser Parteinahme für Polen sah er die wahre Ursache der Niederlage Napoleons, denn dessen Unterstützung der polnischen Befreiungsversuche trug ihm die Feindschaft der Mächte ein, die seinen Sturz herbeiführten. Ähnliche Argumente könnten auch heute geltend gemacht werden. Weder Rußland unter den heutigen Umständen noch Polen (zu irgendeiner Zeit) konnten ernsthaft als Bundesgenossen Deutschlands in Betracht kommen. In diesen Gedankengängen bewegte sich die Politik Stresemanns in den Jahren 1925/26. Ob er den hier entwickelten Ideen bis zu seinem Ende treu geblieben wäre, läßt sich nicht sagen. Sein rastlos bewegter Geist war dauernd in Entwicklung begriffen. Er hatte keine Spur von stahlharter Unwandelbarkeit. Seine große Anpassungsfähigkeit war allen Forderungen gewachsen.

Unter den Eigenschaften, die er in den nun folgenden Verhandlungen entwickelte, war wohl am bemerkenswertesten sein persönlicher Mut. Im Laufe des ganzen Jahres 1925 lief er dauernd Gefahr, einer Mörderkugel zum Opfer zu fallen, und es hätte sich damals wohl kaum eine Versicherungsgesellschaft gefunden, die das Risiko einer Lebenspolice für ihn übernommen hätte.

Stresemann begann seine Laufbahn als ein Student vom vollblütigen Typus des Mitglieds schlagender Verbindungen, als ein militanter und aggressiver Nationalist. Während des Krieges war er Befürworter der stärksten kriegerischen Maßnahmen – Gegner jeder Verpflichtung zur Wiedergabe Belgiens, Verfechter des Unterseebootkrieges und erbitterter Kritiker aller Verhandlungen, die zu einem seiner Ansicht nach verfrühten Frieden führen könnten. Diese Vergangenheit sicherte ihm eine ganz besondere Stellung bei den Deutschnationalen (der Partei, von der am meisten die Opposition gegen die Friedenspolitik zu fürchten war). Die von ihm vorgeschlagenen Maßnahmen mochten ihnen verhaßt sein. Seine Konzessionen konnten sie als gefährlich und entwürdigend bezeichnen, aber sie konnten ihn nicht mit der gleichen Heftigkeit angreifen, mit der sie dieselbe Politik bekämpft hätten, wenn ein sozialistischer oder katholischer Minister für sie verantwortlich gewesen wäre. Seine allgemeine Orientierung glich zu sehr der ihrigen. Er war dem Prinzip nicht untreu geworden. Es müssen zwingende Gründe sein, die einen solchen Mann auf den Weg der Verständigung geführt haben.

Die Beziehungen Stresemanns zu seinen früheren Freunden auf der Rechten und dem rechten Flügel des Zentrums waren sehr eigenartig und dauernd im Schwanken begriffen. Eine Zeitlang arbeitete er mit ihnen zusammen, und dann wurden sie wieder eine Zeitlang zu seinen heftigsten Gegnern. Obwohl er ihnen gefühlsmäßig in seiner Parteinahme für die Hohenzollern nahestand, wich er von ihnen ab in seiner Bereitschaft, Richtlinien zu verfolgen, die er als politisch notwendig betrachtete. Stresemann war bereit, mit jeder Partei zusammenzuarbeiten, die die Durchführung seiner Politik sicherte, mit den Deutschnationalen auf der einen oder den Sozialisten auf der anderen Seite. Er konnte weder bei den einen noch bei den anderen auf eine dauernde Unterstützung rechnen. Er fand sie nicht einmal bei den eigenen Leuten der Volkspartei, die in verschiedene Abteilungen und Unterabteilungen zerfiel. Um daher die erforderliche Mehrheit zur Durchführung der ihm notwendig scheinenden Maßnahmen zu bekommen, mußte er bei jeder Gelegenheit eine fast vom Zufall abhängige Mehrheit zusammenbringen, wie er sie gerade fand.

Was war das wesentliche Ziel seiner Politik? Die Beziehungen zwischen Deutschland und Frankreich auf eine Basis zu stellen, die die Befriedung Europas ermöglichen würde. Solange die Furcht vor einem deutschen Angriff in Frankreich vorhanden war, solange Deutschland die Gefahr einer bewaffneten Invasion Frankreichs lief, solange es durch eine Wiederholung des Ruhreinmarsches bedroht sein konnte, war jede großzügige Politik europäischer Befriedung unmöglich. Wenn die öffentliche Meinung in Deutschland und Frankreich nicht mehr durch die Gefahren beunruhigt wäre, die jedem Land von der anderen Seite des Rheins her drohen konnten, würde alles leichter werden. Das war das Ziel, das Stresemann am deutlichsten vorschwebte. Den ersten Schritt sah er klar vor sich. Sobald er einmal getan war, würde die internationale Politik ins Gleichgewicht kommen und manches andere noch in den Bereich des Möglichen rücken.

Es wurde als der Triumph der Stresemannschen Laufbahn bezeichnet, daß er nach dem Erfolg von Locarno die Revision des Dawesplanes in Den Haag durchsetzte. Ich habe immer Locarno für das weit bedeutendere der beiden Ergebnisse gehalten. Ich zweifelte sogar, ob es klug war, die Revision des Dawesplanes zu einem so frühen Zeitpunkt herbeizuführen, und meine Zweifel fanden sich durch die Tatsache bestärkt, daß die Verhandlungen über den Youngplan fraglos den Tod Stresemanns beschleunigt haben. Welche finanziellen Vorteile können den Verlust ausgleichen, den der Tod eines solchen Mannes für Deutschland und Europa bedeutet? Der Wert von Locarno dagegen erscheint mir unbestritten. Im Jahre 1925 änderte sich im Laufe von wenigen Wochen das europäische Barometer von Sturm auf Schönwetter, und während es seither von Zeit zu Zeit schwankte, ist es nie wieder auf das bedrohliche Niveau gesunken, auf dem es sich in den Jahren vor 1925 dauernd hielt.

Die letzten Lebensjahre Stresemanns waren durch Krankheit beschattet, die hauptsächlich der Überarbeitung im Interesse seines Landes und im Interesse des Friedens entsprang. Ein anderer wäre bei einem so zerrütteten Gesundheitszustand viele Monate vor der endgültigen Katastrophe zusammengebrochen, aber ihn hielten der unerschütterliche Wille und die starke Vitalität aufrecht.

Obwohl Stresemanns Leistungen letzten Endes die allgemeine Anerkennung fanden, dauerte es sehr lange, bis er das öffentliche Vertrauen gewann. Er war eigentlich einer derjenigen, die eher Bewunderung als Vertrauen erwecken. Seine Fähigkeit, sich Feinde zu machen, war ganz außerordentlich. Warum, läßt sich schwer sagen. Vielleicht war sein Geist zu beweglich, um den Eindruck der Zuverlässigkeit zu vermitteln. Vielleicht waren seine Ausdrucksmöglichkeiten zu gut und zu klingend, seine Äußerungen zu geistreich, um maßvoll und überlegt zu wirken.

Von Stresemann kann man nicht sagen, daß er die Vorteile seiner Mängel besaß, sondern daß es gerade seine guten Eigenschaften waren, geistige Beweglichkeit, Klarheit und Entschlossenheit, die ihm den unverdienten Ruf von Charakterfehlern einbrachten, von denen er vollkommen frei war – Voreiligkeit und Mangel an Überzeugung. Gerade der Mangel an Überzeugungskraft kann ihm am wenigsten zur Last gelegt werden, denn er hielt zäh an einem einmal errungenen Glauben fest, selbst wenn er nicht nur unbequem, sondern auch höchst gefährlich für ihn selbst war.

## Von Ebert zu Hindenburg *Theodor Heuss*

Im Februar 1925 starb Friedrich Ebert. Er war als sozialdemokratischer Politiker 1919 in Weimar zum ersten Präsidenten der neuen deutschen Republik gewählt worden, hatte stets eine Politik demokratischer Mäßigung vertreten und sich aufgerieben im Bemühen um eine gerechte Ordnung im neuen Deutschland. Die letzten Jahre seines Lebens waren überschattet gewesen von ungerechtfertigten Angriffen rechtsradikaler Kreise gegen seine Person. Als aussichtsreichste Kandidaten um das höchste Amt im Staate standen sich nun drei Männer gegenüber: der Zentrumsführer Marx als Sammelkandidat der republikanischen Parteien, der Kommunist Thälmann und als Kandidat der Rechten der greise Generalfeldmarschall Hindenburg. Erst im zweiten Wahlgang siegte Hindenburg mit 14,7 Millionen Stimmen vor Marx mit 13,7 Millionen und Thälmann mit 1,9 Millionen. Die Wahl Hindenburgs war bezeichnender Ausdruck des Bürgertums, geschichtliche Tradition mit der Gegenwart aufs engste zu verbinden. Theodor Heuss, der erste Präsident der Bundesrepublik nach dem zweiten Weltkrieg, schildert in seinen Erinnerungen die kritischen Tage des Übergangs.

Friedrich Ebert war von der Nationalversammlung im Februar 1919 zum Reichspräsidenten gewählt worden; diese Berufung wurde vom Reichstag bestätigt und zum 30. Juni 1925 befristet. Es ist ungewiß geblieben, ob er sich zu diesem Termin einer Volkswahl gestellt haben würde, vielleicht schwankten seine eigenen Überlegungen. Manche seiner Freunde rechneten damit, daß er in die eigentliche Parteiführung zurückkehren werde – 1922 hatte er die Vereinigung der »Mehrheitler« mit den »Unabhängigen« voll Unbehagen begleitet. Der Aufstieg in der Partei war spät, aber dann sehr rasch. Erst 1912 war er in den Reichstag gewählt, einige Jahre zuvor in den Parteivorstand. Dort, so konnte man sich heiter von seinen Vertrauten erzählen lassen, hatte er als Revolutionär gewirkt, denn er setzte durch, daß – Schreibmaschinen gekauft wurden. Die Patriarchen, die in diesem Gremium saßen (ich habe sie gekannt, die Richard Fischer und Molkenbuhr), hatten noch die Polizeipraxis aus der Ära des Sozialistengesetzes, der Haussuchungen und dergleichen, in den Knochen.

Als im Februar 1918 in Berlin, Vorspielen in Österreich folgend, ein wilder Munitionsstreik ausbrach, war Ebert, auf das Begehren der überraschten Gewerkschaften, selber in die »Streikleitung« eingetreten, um den Streik, was auch nach wenigen Tagen gelang, abzuwürgen. Wer diesen Vorgang in Berlin miterlebte, konnte sich über den Sinn dieser Entscheidung keinen Augenblick im unklaren sein. Jetzt, 1924, da das »Dolchstoß«-Geschwätz in schöner Blüte stand, kamen ein paar obskure Figuren auf den Gedanken, sich dieses Vorgangs zu erinnern und den Reichspräsidenten des »Landesverrats« zu bezichtigen. Er war sachlich gezwungen, um seiner Ehre und seines Amtes willen, Strafantrag zu stellen.

Damit begann eines der schmählichsten Kapitel der neueren deutschen Geschichte, an das man nach Jahrzehnten nur mit Bitterkeit zurückdenken kann. Der Prozeß spielte sich, fast zufällig, vor dem Magdeburger Amtsgericht ab; in der Gegend hatte ein Blättchen den Verleumdungsaufsatz abgedruckt. Die Prozeßführung war reich an skurrilen Sonderwegen, die nicht hierher gehören. Der Bursche erhielt seine drei Monate Gefängnis, aber die Urteilsbegründung, wiewohl der Vorgang von 1918 im Sinn des Klägers klargestellt war, enthielt die Bemerkung, daß Ebert, wie immer historisch und politisch seine Haltung beurteilt werden möge, formalrechtlich »Landesverrat« begangen habe. Das Urteil erfolgte am 21. Dezember.

Wir alle waren tief betroffen. Elly in ihrer impulsiven Art schrieb einen Brief an Ebert, sie könne das Weihnachtsfest nicht richtig feiern, wenn sie ihm nicht zuvor Respekt und Dank ausgesprochen habe – ich kenne diesen Brief nicht, doch entsinne ich mich des Vorgangs, weil Frau Louise Ebert Elly später erzählte, diese Bekundung von einem ihm fremden Menschen sei das erste Wort der Sympathie gewesen, das ihm, dem tief verletzten Mann, in die Hand kam. Gewiß Ungezählte folgten ihm, zumal auch von amtlichen Stellen und privaten Gruppen. Hans Delbrück, von Haus aus politisch ein konservativer Mann, dabei von tapferem und empfindlichem Rechtssinn, lud neben ein paar Freunden auch mich ein, seine herzlich gehaltene Erklärung für Ebert zu unterzeichnen. Damit, daß ich das tat, habe ich, wenn ich mich nicht täusche, das einzige Mal einen Schwur gebrochen, der lange zurücklag, nämlich mich nie mehr an einer publizistischen Sammelkundgebung für oder gegen einen Menschen, für oder gegen eine Aktion zu beteiligen. Dabei hatte ich ein paarmal in den Vorkriegsjahren mitgemacht. Es schmeichelte wohl der jugendlichen Eitelkeit, daß mein Name als Publizist gewichtig genommen wurde. Aber dann fand ich mich wiederholt in einem Kreis, der mir gar nicht paßte, zu dem ich selber nach meinem Empfinden auch nicht paßte, meist waren es die gleichen Namen, die da antraten – ich wußte und weiß, daß das als eine Form der Demokratie gilt, und meine konsequente Ablehnung ist oft nicht verstanden worden – das hat mich weiter nicht gestört.

Ich kann nicht von unserem persönlich vertrauten Verhältnis zu Ebert erzählen. Er kam regelmäßig zur Jahresfeier der »Hochschule für Politik«, und bei solcher Gelegenheit pflegten wir im befreundeten Kreis zusammenzubleiben. Aber sein staatsmännisches Wirken und der ernste Sinn seiner vaterländischen Pflichterfüllung hat mich von Anbeginn stark beeindruckt, so daß ich als Literat und als Redner, vor und nach der Hitlerzeit, öfter von ihm handelte, um ein Stück weit das auszugleichen, was seine Zeitgenossen ihm schuldig geblieben. Es war eine skandalfrohe Zeit. Sollte es nicht auch gelingen, den Reichspräsidenten in einen Prozeß hineinzuzerren, der über die in Teilen fragwürdige Geschäftspraxis einiger russisch-jüdischer Kaufleute geführt und, wie sich später ergab, aufgebauscht wurde? Ebert, unter diesen Dingen leidend, versäumte, frühzeitig die ärztliche Behandlung aufzusuchen; am 28. Februar 1925 erlag er einer Darmoperation. Ich glaube, in diesem Augenblick spürte die Mehrheit des deutschen Volkes, was es mit diesem Mann verloren hatte. Wilhelm Marx, wiederholt Reichskanzler und Justizminister, hat gewiß neben eigenen Erfahrungen mit lässigen Urteilen auch an dieses Magdeburger Urteil gedacht, als er das bittere Wort sprach (17. Februar 1926), er werde nie mehr in diesem Staat einen Strafantrag wegen Beleidigung stellen. Diese skeptische Meinung habe ich mir selber in späteren Jahren als Lehre dienen lassen.

Wer nun sollte Ebert folgen? Aus den Reihen der Bayerischen Volkspartei kam, nach meiner Erinnerung, die Anregung, sich auf den Wehrminister Otto Gessler zu einigen; der war wohl in Württemberg geboren, hatte aber seine wesentliche, zumal die kommunalpolitische Laufbahn in Bayern zurückgelegt, war mild katholisch. Er hatte sich in den Abrüstungsverhandlungen mit der alliierten Kontrollkommission, ein höchst schwieriges Geschäft bei den innerdeutschen Verbandswiderständen, mit einer ruhigen Hand bewährt. Die Absicht scheiterte am Widerstand Stresemanns, der mit der These widersprach, daß das Amt, das dieser Mann jetzt verwalte, als Provokation gegenüber dem Ausland wirke. Ob diese These von Stresemann wirklich geglaubt wurde, lasse ich dahingestellt; sie erschien mir schon damals künstlich arrangiert und hat meine menschlichen Vorbehalte gegenüber dem Außenminister nur verstärkt.

Die Verständigung zwischen den Parteiführungen scheiterte; immerhin gelang es Stresemanns Bemühung, die Deutschnationalen für seinen Kandidaten zu gewinnen, den ehemaligen Oberbürgermeister von Duisburg, Dr. Jarres, einen angesehenen Verwaltungsfachmann, der auch als Reichsinnenminister einmal eingesprungen war. Alle Parteien stellten ihre eigenen Kandidaten auf – damit war von Anbeginn deutlich, daß ein zweiter Wahlgang notwendig sein würde. Die Demokraten präsentierten den badischen Staatspräsidenten und Kultusminister Professor Willy Hellpach, einen einfallsreichen Schriftsteller und höchst begabten Redner, der es aber, worum ich ihn auf Wunsch der Fraktion schließlich gebeten hatte, ablehnte, bei seinen Programmreden auch einiges zu den konkreten Sorgen des Volkes zu sagen. An den Schlußziffern bleibt das Bemerkenswerte, daß der General Ludendorff, den die Nationalsozialisten nominiert hatten, am schlechtesten, fast kläglich, abschnitt.

Die Verfassung bot die Möglichkeit, im zweiten Wahlgang einen Kandidatenwechsel vorzunehmen. Jetzt sahen die Deutschnationalen ihre Chance; der Feldmarschall von Hindenburg wurde als möglicher Nachfolger Eberts entdeckt. Es heißt, daß der alte Herr in Hannover selbst wenig Lust zeigte. Doch sei es dem Großadmiral von Tirpitz gelungen, ihm eine Zusage abzuringen – ob er wohl, was vor einem Jahr mißglückt war, die Betrauung mit dem Reichskanzleramt erwartete –, Stresemann war überspielt; seine Einwände gegen Gessler, mit dem Blick auf das Ausland begründet, mußten jetzt fast als lächerlich erscheinen. Die Kandidatur wirkte in dem Sinn alarmierend, daß die »Weimarer Koalition« zusammenrückte und sich auf den Zentrumsabgeordneten Marx einigte. Auch Ludendorff resignierte – nur die Kommunisten blieben bei ihrem Thälmann. Und vielleicht gab eben dies den Ausschlag, daß Hindenburg gewählt wurde! Aber diese These, der Feldmarschall habe seine Wahl eigentlich den Kommunisten zu danken, ist doch wohl zu einfach. Es mag sein, daß die Kommunisten, die mit einer Katastrophe rechneten, den politisch unerfahrenen alten Soldaten lieber an dieser Stelle sahen als einen betont kirchlichen Mann, für den sie die »Parole« nicht ausgeben konnten. Doch ohne die neue Kandidatur des Thälmann wäre vermutlich der Ausgang der Wahl anders gelaufen – denn jedermann wußte, daß Hindenburg in seiner seelischen Substanz Monarchist war.

Das Notizbuch sagt, wie ich im März und April als Wahlprediger durch das Land gerast bin: Schwerin, Aachen, Neiße, eine Gruppe mitteldeutscher und heimischer Städte. Natürlich haben sich die Erinnerungen verwischt, man sagt ja immer ungefähr das gleiche. Einiges blieb haften. So dies: als ich in Stuttgart mit dem Zentrumsführer Eugen Bolz in die Liederhalle fuhr, um neben Marx zu reden, sagte Bolz mit seiner herrlichen Unbefangenheit: diese Kandidatur sei aus verschiedenen Gründen der größte Unsinn. Ich konnte ihm nur antworten, er möchte sich eine andere Gelegenheit, mich zu belehren, aussuchen, ich setze jetzt meinen Namen bei dem evangelischen Volksteil ein. Doch blieb er bei seinem Einwand, und vielleicht hatte er nach der damaligen Seelenlage recht.

Der Ausgang, für den die relative Mehrheit galt, brachte am 26. April 1925 diese Ziffern: Hindenburg 14,6, Marx 13,7, Thälmann 1,9 Millionen Stimmen. Der bald achtundsiebzigjährige Soldat hatte, was auch niemand von ihm erwartete, keine Werbereden gehalten. »Man« wählte nicht eine politische Persönlichkeit, sondern den Mythos siegreicher Feldzüge. Der Ausgang des Krieges, die Niederlage, vor deren Erkenntnis er nicht ausgewichen war, fiel bei der Entscheidung der deutschen Mehrheit nicht mehr ins Gewicht.

Der Beginn von Hindenburgs Amtsführung bedeutete freilich für den engeren Kreis seiner eigentlichen Wahlmacher eine ziemlich herbe Enttäuschung; er holte keinen von ihnen zu näherer Mitarbeit. Die Bindung an den Eid bewahrte ihn vor aller politischen Versuchung, die »man« ihm wohl zugemutet hatte. Er behielt Eberts Staatssekretär, den geschäftskundigen Otto Meissner, um ihn später an Hitler zu vererben, eine höchst dauerhafte Figur in der neueren deutschen Geschichte, der eigentlich nur den wesentlichen Mangel hatte, menschlich und geistig ganz uninteressant zu sein, immer gefällig und jovial, gelegentlich ohne Taktlosigkeit schwadronierend, der Burschenschafter aus dem deutschen Bilderbuch, ein treuer Diener seines Herrn, freibleibend, wer dieser Herr sei. Es ist möglich, daß der Ehrgeiz seiner Frau ihn so standhaft machte. Ich hatte mit dem Mann, der in der elsässischen Verwaltung groß geworden, bis 1933 nette Beziehungen. Die andere Figur habe ich, wiederholt zu Empfängen geladen, bei denen aber mit dem Präsidenten nur ein paar konventionelle Sprüche getauscht wurden, mit Bewußtsein nie kennengelernt. Das war der Sohn Oscar, den Hindenburg, verständlicherweise, als »Adjutant« gewählt hatte. Ob er die politische Rolle gespielt hat, die manche später vermuteten, kann ich aus Eigenem nicht sagen. Man hat im allgemeinen mit geringem Respekt von ihm gesprochen. Das mag aber in den späteren Jahren an dem Bedürfnis gelegen haben, nach unseligen Einflüssen auf den alten, bald sehr alten Herrn zu suchen.

## Gandhis Salzmarsch *Pandit Nehru*

Zu den großen Vorkämpfern für die Freiheit Indiens von englischer Kolonialherrschaft gehörte Mahatma Gandhi (1869 bis 1948). Er entstammte der Hindukaste, studierte Rechtswissenschaften in England und ging als Vierundzwanzigjähriger 1893 nach Südafrika, wo er zum politischen Führer der dort lebenden Inder wurde. 1914 kehrte er nach Indien zurück, um hier den passiven, gewaltlosen Widerstand der Inder gegen die Engländer zu proklamieren. Darüber hinaus regte er den Boykott englischer Waren an. Im März 1922 wurde er verhaftet und zu sechs Jahren Gefängnis verurteilt, wegen seiner angegriffenen Gesundheit aber schon eineinhalb Jahre später entlassen. Der Westen hat Gandhi weitgehend als Politiker angesehen, er war aber zugleich auch einer der großen Erzieher seines Volkes. Durchdrungen von dem Wunsch, Indien einen ebenbürtigen Platz unter den großen modernen Kulturnationen der Welt zu sichern, versuchte er das Land in seinen Anschauungen zu modernisieren. So widmete er sich in den Jahren nach seiner Entlassung aus dem Gefängnis der Überwindung sozialer und religiöser Schranken und dem Aufbau des indischen Dorfes. 1930 wurde er politisch erneut tätig und regte den berühmten »Marsch zum Meer« an, mit dem er das britische Salzmonopol brechen wollte. Einer seiner engsten Mitarbeiter, der spätere erste Ministerpräsident des neuen Indien, Pandit Nehru, schildert in seiner Autobiographie Zweck und Verlauf dieses »Salzmarsches«. Die Protestaktion führte zur erneuten Verhaftung Gandhis, doch ließen ihn die britischen Behörden bald wieder frei. Gandhi erreichte sein Ziel, die Unabhängigkeit Indiens, im Jahre 1947. Von dieser Zeit an versuchte er, die blutigen Unruhen zwischen Hindus und Moslems in dem neuen Staat zu verhindern, aber schon ein Jahr später, am 30. Januar 1948, starb er unter den Kugeln eines fanatischen Hindus.

Als der zivile Ungehorsam seinen Anfang nahm und die Atmosphäre elektrisierte, wandten sich unsere Gedanken zurück zu der Bewegung von 1921/22, die damals nach Chauri Chaura so plötzlich eingestellt wurde. Das Land war jetzt disziplinierter, die Einsicht in die Natur des Kampfes klarer. Seine Technik hatte man bis zu einem gewissen Grad begriffen, aber noch wichtiger war, von Gandhis Standpunkt aus, daß die Massen verstanden, wie schrecklich ernst es ihm mit der Gewaltlosigkeit war. Darüber konnte jetzt kein Zweifel bestehen im Gegensatz zu der Ansicht vieler Leute vor zehn Jahren. Trotz allem: Wie konnten wir sicher sein, daß nicht in irgendeiner Ortschaft, unvermittelt oder als Ergebnis einer Intrige, Gewalttätigkeiten ausbrechen würden? Und falls sich ein solcher Vorfall ereignete, welches würde die Wirkung auf unsere Bewegung sein? Würde sie ebenso plötzlich wieder eingestellt werden wie zuvor?

Gandhi dachte über diese Frage wahrscheinlich auch in seiner Weise nach, obwohl das Problem, das ihm, soweit ich es aus Gesprächsfetzen erfassen konnte, anscheinend Sorge machte, anders gestellt war.

Die gewaltlose Methode zur Erreichung einer Wendung zum Besseren war für ihn die einzig richtige und, wenn sie unbeirrt verfolgt wurde, auch unfehlbare Methode. Die große Frage, die in der Luft hing, hieß jetzt – wie? Wie sollten wir beginnen? Welche Form des zivilen Ungehorsams sollten wir aufnehmen, die wirkungsvoll, den Umständen angepaßt und für die Massen leicht faßlich war? Da gab der Mahatma den Fingerzeig.

Salz wurde plötzlich zu einem geheimnisvollen Wort, einem Wort der Macht. Die Salzsteuer wurde angegriffen, die Salzgesetze mußten gebrochen werden. Wir waren verblüfft und konnten uns die Rolle des Salzes in einem nationalen Kampf nicht ganz vorstellen. Eine andere überraschende Entwicklung bedeutete uns Gandhis Verkündigung seiner »Elf Punkte«. Was bedeutete in einem Zeitpunkt, wo wir an Unabhängigkeit dachten, eine Liste etlicher politischer und sozialer Reformen, die an sich sicher gut waren? Dachte Gandhi an das gleiche wie wir, wenn er diesen Ausdruck gebrauchte, oder sprach er eine andere Sprache? Wir hatten keine Zeit für Auseinandersetzungen; die Ereignisse waren ins Rollen gekommen. Die politischen bewegten sich in Indien vor unseren Augen Tag um Tag, und, von uns zu jener Zeit kaum bemerkt, bewegten sie sich in der ganzen Welt rasch und hielten sie im Zwang einer schrecklichen Depression. Die Preise fielen; die Städter begrüßten es als ein Zeichen kommenden Überflusses, aber die Landwirte und Pächter erfüllte diese Wahrnehmung mit Angst.

Dann kam Gandhis Briefwechsel mit dem Vizekönig und der Beginn des Dandi-Salzmarsches von der Ashrama, der Einsiedelei zu Sabarmati aus. Als die Bevölkerung die Schicksale der marschierenden Kolonne von Pilgern von Tag zu Tag verfolgte, stieg das Fieber im Land. In Ahmedabad wurde eine Zusammenkunft des Allindischen Kongreßausschusses abgehalten, um endgültige Beschlüsse für den Kampf zu fassen, der nun unmittelbar bevorstand. Der Führer im Streit war nicht zugegen, denn er marschierte mit seiner Pilgerschar schon dem Meer zu und weigerte sich zurückzukommen. Der Ausschuß des Allindischen Kongresses beriet, was im Falle von Verhaftungen getan werden sollte. Dem Präsidenten wurden große Vollmachten erteilt, falls der Ausschuß nicht zusammentreten konnte, damit er an Stelle der Verhafteten neue Mitglieder für ihn und einen Nachfolger für sich selbst mit den gleichen Machtbefugnissen bestimme. Gleiche Vollmachten wurden von den Provinzial- und Ortskongreßausschüssen ihren Vorsitzenden erteilt.

So wurde ein Regime ins Leben gerufen, in dem sogenannte »Diktatoren« den Ton angaben und den Kampf für den Kongreß überwachten. Staatssekretäre für Indien, Vizekönige und Gouverneure haben vor Entsetzen die Hände gerungen und ausgerufen, wie lasterhaft und ehrlos der Kongreß geworden sei, weil er an Diktaturen glaube. Sie, diese Herren, seien natürlich überzeugte Anhänger der Demokratie. Gelgentlich hat auch die gemäßigte Presse in Indien uns die Tugenden der Demokratie gepredigt. Wir hörten uns all dies stillschweigend (weil wir im Gefängnis saßen) und in maßlosem Staunen an. Schamlose Heuchelei konnte kaum weiter getrieben werden. Es gab ein Indien, das zwangsweise von einer absoluten Diktatur, mit Verfügungen und mit Unterdrückung der bürgerlichen Freiheit regiert wurde, und doch redeten unsere Machthaber salbungsvoll von Demokratie. Wo in Indien fiel normalerweise nur ein Schatten von Demokratie? Es war ohne Zweifel für die britische Regierung natürlich, ihre Macht und ihre wohlerworbenen Rechte in Indien zu verteidigen und diejenigen zu unterdrücken, die diese Macht herauszufordern suchten. Aber ihre Behauptung, daß all dies demokratische Methode sei, war wert, zur Bewunderung und zum Nachsinnen für künftige Geschlechter aufgezeichnet zu werden.

Der Kongreß mußte sich mit einer Lage vertraut machen, in der normale Tätigkeit für ihn unmöglich wurde; wo er zu einer ungesetzlichen Organisation erklärt und seine Ausschüsse weder für Beratungen noch für irgendeine Tätigkeit zusammentreten konnten, außer im geheimen. Geheimnistuerei wurde von uns nicht bejaht, da wir unseren Kampf vollkommen offen zu führen wünschten, um auf diese Weise unsere Stimme und Einfluß bei den Massen zur Geltung zu bringen. Aber selbst Arbeit im geheimen brachte uns nicht weit. Alle unsere führenden Männer und Frauen, die im Zentrum, in den Provinzen und in den örtlichen Bezirken, würden bestimmt verhaftet. Wer sollte dann führen? Uns blieb nur übrig, nach dem Muster einer Armee im Kampf, Anordnungen zu treffen, neue Befehlshaber zu ernennen für den Fall, daß die alten ausfielen. Wir konnten uns nicht auf dem Schlachtfeld niedersetzen und Ausschußsitzungen abhalten. Tatsächlich geschah das, aber unvermeidlich ergab sich daraus, daß der gesamte Ausschuß gleichzeitig verhaftet wurde. Wir hatten nicht einmal den Vorteil eines Generalstabes, der wohlbehalten hinter den Linien saß, oder eines Ministerkabinetts in noch größerer Sicherheit irgendwo. Unsere Generalstäbler und Minister mußten sich nach der ganzen Natur unseres Kampfes in den vorgeschobensten und gefährlichsten Stellungen halten, und sie wurden in seinen frühen Stadien verhaftet und weggeführt. Und welches waren die Machtbefugnisse, die wir unseren »Diktatoren« übertrugen? Es war eine Ehre für sie, als Symbole der nationalen Entschlossenheit zur Weiterführung des Kampfes herausgestellt zu werden, aber ihre wirkliche Autorität diente in erster Linie dazu, sich selbst ins Gefängnis zu »diktieren«. Sie konnten ihre Befugnisse ja überhaupt nur ausüben, wenn der Ausschuß, dem sie angehörten, aus Gründen höherer Gewalt nicht zusammentreten konnte. Tagte ein Ausschuß, so verlor der »Diktator« seine persönliche Regierungsgewalt. Er oder sie konnten keine grundlegenden Fragen oder Prinzipien anpacken; dem »Diktator« war nur gestattet, in untergeordnete oder oberflächliche Phasen der Bewegung einzugreifen. Kongreß-»Diktatorschaften« bedeuteten wirklich Sprungbretter ins Gefängnis. Von Tag zu Tag setzte sich dieser Prozeß fort, neue Personen nahmen den Platz jener ein, die außer Gefecht gesetzt worden waren.

Und so verabschiedeten wir uns, nachdem wir unsere endgültigen Vorbereitungen getroffen hatten, von unseren Kameraden des Allindischen Kongreßausschusses in Ahmedabad, denn keiner wußte, wann und wie wir uns je wieder treffen würden. Wir eilten zurück auf unsere

Posten, um die örtlichen Vorbereitungen in Übereinstimmung mit den neuen Richtlinien des Allindischen Kongreßausschusses abzuschließen.

Auf unserem Rückweg suchten Vater und ich Gandhi auf. Er war mit seiner Pilgerschar in Jambusar, und dort verbrachten wir ein paar Stunden mit ihm. Dann sahen wir ihn mit seinen Gefährten nach dem nächsten Halt auf dem Weg zum Salzmeer abmarschieren. So sah ich ihn zuletzt, den Stab in der Hand, an der Spitze seiner Gefolgschaft schreitend, mit festem Schritt und friedlicher, unverzagter Miene. Es war ein bewegender Anblick. In Jambusar hatte mein Vater nach Rücksprache mit Gandhi beschlossen, sein altes Haus in Allahabad der Nation zum Geschenk zu machen und ihm den neuen Namen Swaraj Bhawan zu geben. Bei seiner Ankunft in Allahabad machte er die entsprechende Ankündigung und übertrug in der Tat den Kongreßleuten die Verwaltung. Ein Teil des großen Hauses wurde in ein Spital umgewandelt. Vater hatte zu jenem Zeitpunkt keine Gelegenheit, die gesetzlich vorgeschriebene Form zu erfüllen. Anderthalb Jahre später errichtete ich in Übereinstimmung mit seinen Wünschen eine Treuhänderschaft über diesen Besitz.

Der April kam und Gandhi näherte sich dem Meer. Wir warteten auf das Stichwort für den Beginn des zivilen Ungehorsams, den Angriff auf die Salzgesetze. Seit Monaten hatten wir unsere Freiwilligen eingeübt und Kamala und Krishna (meine Frau und meine Schwester) hatten sich beide angeschlossen und zu diesem Zwecke Männerkleidung angelegt. Die Freiwilligen trugen selbstverständlich keine Waffen, nicht einmal Stöcke. Der Zweck ihrer Ausbildung war, sie für ihre Arbeit tüchtiger zu machen, sie zu lehren, mit großen Menschenmassen umzugehen. Der 6. April war der erste Tag der Nationalen Woche, die alljährlich zum Andenken an die Geschehnisse des Jahres 1919 gefeiert wurde, vom Tag des Satygraha bis zum Jallianwala Bagh. An diesem Tag brach Gandhi zum erstenmal die Salzgesetze am Strand von Dandi. Drei oder vier Tage später wurde allen Kongreßorganisationen die Erlaubnis erteilt, das gleiche zu tun und den zivilen Ungehorsam in sämtlichen Bezirken zu beginnen.

Es schien, als sei plötzlich eine Feder entsichert worden. Über das ganze Land hinweg, in Stadt und Dorf, wurde die Salzgewinnung Tagesgespräch. Viele sonderbare Notbehelfe benutzten die Menschen, um Salz zu gewinnen. Wir wußten herzlich wenig davon und so lasen wir darüber nach, wo wir konnten, und gaben Flugblätter mit Hinweisen heraus; wir sammelten Töpfe und Pfannen, und schließlich gelang es uns, irgendein ungesundes Zeug zu produzieren, das wir im Triumph zeigten und oft zu Phantasiepreisen versteigerten. Unwesentlich, ob das Zeug gut oder schlecht war, die Hauptsache schien, daß wir eine Verletzung des verhaßten Salzgesetzes begingen. Dies gelang uns, obwohl die Qualität unseres Salzes sehr geringwertig war. Als wir die überschäumende Begeisterung sahen und merkten, wie die Art, Salz herzustellen, sich gleich einem Präriefeuer verbreitete, fühlten wir uns ein wenig beschämt und verlegen, daß wir die Wirksamkeit dieser Methode angezweifelt hatten, als Gandhi sie zuerst vorschlug. Wir staunten über die unglaubliche Fertigkeit dieses Mannes, die Menge zu beeindrucken und sie zu organisiertem Handeln zu bringen.

Ich wurde am 14. April verhaftet, als ich mich anschickte, den Zug nach Raipur in den Zentralprovinzen zu besteigen, wo ich einer Konferenz beiwohnen wollte. Noch am gleichen Tag wurde mir im Gefängnis der Prozeß gemacht, und man verurteilte mich auf Grund des Salzgesetzes zu sechs Monaten Gefängnis. In Erwartung meiner Verhaftung hatte ich (auf Grund der neuen mir vom Allindischen Kongreßausschuß übertragenen Vollmachten) Gandhi zum Kongreß-Präsidenten in meiner Abwesenheit bestimmt. Da ich indessen seine Weigerung fürchtete, hatte ich als zweiten meinen Vater ernannt. Wie ich voraussetzte, lehnte Gandhi ab, und so wurde Vater geschäftsführender Präsident des Kongresses. Er befand sich in schlechter gesundheitlicher Verfassung, nichtsdestoweniger warf er sich mit großer Tatkraft in den Kampf. Während dieser Anfangsmonate war seine kraftvolle Führung und sein nachdrückliches Bestehen auf Disziplin von ungeheurem Nutzen für die Bewegung. Sie zog großen Nutzen daraus, aber es ging auf Kosten des Restes von Gesundheit und körperlicher Tauglichkeit, der dem Vater geblieben war.

Es waren Tage voll erregender Neuigkeiten: Umzüge und Angriffe mit Knüppeln und Schußwaffen, häufige

Streiks, um bekanntgewordene Verhaftungen zu feiern, und besondere Gedenktage, wie der Peshawar-Tag, Garhwali-Tag und so weiter. Zunächst einmal war der Boykott von fremdem Tuch und allen britischen Waren so gut wie vollständig. Als ich erfuhr, daß meine betagte Mutter und meine Schwestern ganz selbstverständlich unter der heißen Sommersonne Streikposten vor Geschäften mit fremden Tuchen stellten, war ich außerordentlich bewegt. Kamala tat dasselbe und noch etwas anderes. Sie warf sich selbst mit einer überraschenden Energie und Entschlossenheit in die Bewegung in Stadt und Bezirk Allahabad. Ich hatte doch geglaubt, sie schon seit vielen Jahren genau zu kennen. Sie vergaß ihren schwachen Gesundheitszustand und eilte den ganzen Tag in der Sonnenhitze umher. Ihr Organisationstalent war bemerkenswert. Ich hörte im Gefängnis darüber nichts Bestimmtes. Später, als mein Vater sich mir dort zugesellte, erfuhr ich, wie sehr er selbst Kamalas Tätigkeit, und besonders ihr Organisationstalent, geschätzt hatte. Es war ihm durchaus nicht recht gewesen, daß meine Mutter und die jungen Frauen in der heißen Sonne auf den Straßen waren, aber er ließ sie mit gelegentlichen Einwendungen gewähren.

Wahrscheinlich hatten die allgemeine Erregung und der zivile Ungehorsam für ein paar Tage oder Wochen bei einigen Leuten den Glauben erweckt, die letzten Tage der britischen Macht seien angebrochen, und dieser Glaube hatte einen Teil der indischen Armee beeinflußt. Bald wurde es offenbar, daß in der unmittelbaren Zukunft nichts Derartiges geschehen würde, und da gab es denn in der Armee auch keinen Ungehorsam mehr. Man sorgte auch dafür, daß sie nicht in zwiespältige Lagen geriet.

## Entlassung *Heinrich Brüning*

Am 1. April 1930 wurde der Zentrumsabgeordnete Heinrich Brüning in Deutschland zum Reichskanzler ernannt. Er übernahm eine geradezu unlösbar erscheinende Aufgabe. Aber er war entschlossen, die Wirtschaftskrise mit allen ihm zu Gebote stehenden Mitteln zu überwinden oder zumindest einzudämmen. Dazu brachte er, ein persönlich ungemein lauterer Charakter, die besten Voraussetzungen mit, da er sich schon als Abgeordneter bei Finanz- und Wirtschaftsfragen hervorgetan hatte. Jetzt scheute er auch vor unpopulären Maßnahmen nicht zurück und sah sich zu Steuererhöhungen, Kürzungen der Beamtengehälter und Herabsetzung der Arbeitslosenentschädigung gezwungen, lauter Maßnahmen, die als »Hungernotverordnung« heftig angegriffen wurden. Als durch die Wahlen vom Herbst 1930 die Nationalsozialisten einhundertsieben Sitze im Reichstag errangen, erkannten die verfassungstreuen Parteien den Ernst der Lage und nahmen weitere Notverordnungen Brünings hin. Dieser forderte zugleich auch Aufhebung der Reparationen, doch erreichte Deutschland nur, daß sich die Gläubigermächte auf Anregung des amerikanischen Präsidenten Hoover hin zu einem einjährigen Aufschub aller Zahlungen bereit erklärten. Im Mai 1931 mußte die österreichische Kreditanstalt geschlossen werden. Diese Bankkatastrophe griff auch auf die deutschen Kreditinstitute über und führte zur vorübergehenden Schließung aller deutschen Banken. Zu einem Zeitpunkt, da die Lage nur durch energische Maßnahmen zu meistern gewesen wäre, entließ der greise Reichspräsident Hindenburg, der die Situation infolge seines Alters nicht mehr übersah und unter den Einfluß reaktionärer ostpreußischer Junkerkreise geraten war, plötzlich den Kanzler. Brüning hat in einem Brief über diese folgenschwere Entlassung selbst berichtet.

Während seines Aufenthalts in Dietramszell im August 1931, und sogar schon vorher, war Hindenburg darüber informiert worden, daß gewisse Persönlichkeiten französischen und polnischen Ursprungs sich Hitler genähert hätten mit dem Wink, daß eine Einbeziehung der Nazipartei in die Regierung Deutschlands Stellung bei internationalen Verhandlungen bessern könnte. Das machte augenscheinlich einen so tiefen Eindruck auf Hindenburg, daß er mich drängte, mit Hugenberg und Hitler zu sprechen. Meine Unterhaltung mit ihnen endete, wie es zu erwarten war, negativ. Ich richtete an jeden die Frage, ob er sich öffentlich verbürgen würde, im Frühling 1932, wenn die Amtszeit des Präsidenten ablief, seine Wiederwahl zu unterstützen. Keiner von beiden war gewillt, sich zu binden. Der Präsident wurde von einem Mittelsmann überredet, ich hätte mit voller Absicht auf der Unterstützung seiner Wiederwahl bestanden, um der Rechten eine Teilnahme an der Regierung unmöglich zu machen.

Aus diesem Grund unterbrach ich meine Reise zu einer politischen Versammlung in Stuttgart, um die Generale v. Hammerstein und v. Schleicher in Wildbad zu besuchen. Ich bat sie, mir offen zu sagen, ob sich in ihrer Meinung über die Regierungsteilnahme der Nazis oder der Nationalisten etwas geändert hätte. Beide versicherten mir, daß, wenn General von dem Busche nach Dietramszell zu seinem nächsten regelmäßigen Bericht über die Reichswehr bei Hindenburg als Oberkommandierendem kommen würde, er den Präsidenten informieren würde, daß sie von irgendeinem Regierungswechsel ernste Gefahren erwarteten und daß sie nicht willens sein würden, die Verantwortung für die Armee unter einer Regierung zu behalten, die in wachsendem Maße von der Nazipartei beeinflußt werden könnte.

Wir besprachen auch das geplante Harzburger Treffen, das, wie alle Veranstaltungen Hitlers, den Laufbahnen anderer Diktatoren nachgeahmt war. Ich erwartete, daß das Harzburger Treffen nur psychologische Verwirrungen hervorrufen würde, und infolge der Informationen, die ich regelmäßig von führenden Persönlichkeiten in der Nazi- und den nationalistischen Parteien, ebenso wie im Stahlhelm, erhielt, war ich sicher, daß diese Gruppen sich in Harzburg nicht würden einigen können. Zwischen den beiden Generalen und mir bestand volles Einverständnis, daß, falls die Nazis Mussolinis Marsch von Neapel nach Rom nachahmen sollten, die Reichswehr mit ihnen fertig werden würde. Denn technisch ist nichts leichter, als eine große Menschenmenge zu bezwingen, die nur teilweise ausgebildet und bewaffnet und von einem mehrtägigen Marsch ermüdet ist. Wir erwarteten auch, daß wir schließlich Hindenburgs Zustimmung zur sofortigen Unterdrückung der Nazipartei bekommen würden, falls die Nazis zum offenen Aufruhr schreiten würden.

Dies bringt mich zum springenden Punkt: Hindenburg wollte die Nazipartei nicht in der Regierung haben; aber er wollte auch nicht, daß Militär- und Polizeikräfte eingesetzt würden, um die Nazipartei zu unterdrücken, außer unter den schon angeführten Bedingungen. Das ergab eine äußerst schwierige Lage für die Reichswehr sowohl wie für die Regierung. Obwohl die Generale v. Hammerstein und v. Schleicher mit der unmittelbaren Wirkung des Berichts des Generals von dem Busche an Hindenburg zufrieden waren, war zwei Wochen später General v. Schleicher wieder nervös geworden aus zwei Gründen: wegen der Beeinflussungen, die auf den Präsidenten in Dietramszell und später in Berlin ausgeübt waren, und wegen seiner eigenen Stellung. Glücklicherweise waren Hindenburgs außerverfassungsmäßige Berater unter sich geteilt. Eine Gruppe zielte auf eine Regierung ohne Nazipartei, gleich der später unter Herrn von Papen eingesetzten, die diktatorisch vorgehen und die politischen Parteien auflösen sollte. Andere wollten eine neue Regierung haben, die die Nazis einschließen sollte. Die letztere Gruppe hatte unter ihren Mitgliedern eine Anzahl von Bankiers, die einen besonderen, indirekten Druck auf den Präsidenten nach seiner Rückkehr nach Berlin ausübten. Zum mindesten einer von ihnen hatte, wie man wußte, seit Oktober 1928 großzügig die Fonds der Nazis und der Parteien der Nationalisten mit Geld unterstützt. Er starb kurz nachdem die Nazis an die Macht gekommen waren. Das Finanzieren der Nazipartei, teilweise von Menschen, von denen man es am wenigsten erwartet hätte, daß sie sie unterstützen würden, ist ein Kapitel für sich. Ich habe niemals öffentlich darüber gesprochen, aber im Interesse Deutschlands könnte es notwendig werden, es zu tun und aufzudecken, wie dieselben Bankiers im Herbst 1930 den Botschafter Sackett gegen meine Regierung zugunsten der Nazipartei zu beeinflussen suchten.

Die Lage wurde dadurch verschlechtert, daß der Präsident kurz nach seiner Rückkehr nach Berlin im September 1931 einen geistigen Zusammenbruch erlitt, der zehn Tage anhielt. Zwei Tage, ehe dieses geschah, hatte ich dem Präsidenten nachdrücklich klargemacht, daß, falls er eine Änderung in der Regierung wünschte, er zwischen den Alternativen wählen müßte, entweder die Nazipartei mit Gewalt zu unterdrücken, oder eine neue Regierung zu bilden, die die Nazis einschließen müßte, wobei selbstverständlich einer solchen Regierung das Recht der Reichstagsauflösung vor dem normalen Ablauf der Wahlperiode im Jahre 1934 zu verweigern wäre. Ich sagte ihm, daß, falls die Nazis die Verantwortung in einer Koalitionsregierung übernähmen, die wachsende Arbeitslosigkeit und die äußeren Schwierigkeiten, die man im Winter 1931/32 erwarten mußte, sie eines großen Teils ihrer Anziehungskraft im Volk berauben würden. Ich sagte ihm ferner, daß es zweifelhaft wäre, ob eine Regierung, die die Nazis einschlösse, den sonst zu erwartenden Erfolg in den in den nächsten acht Monaten zu führenden Reparations- und Abrüstungsverhandlungen erreichen würde. Ich warnte ihn davor, daß die Stimmungswähler, die Hitler unterstützt hätten, nicht zu den gemäßigten Parteien zurückkehren würden, wenn sie von ihm enttäuscht wären, und eher zur Kommunistischen Partei hinüberschwenken könnten. (Tatsächlich erhöhten die Kommunisten in den beiden Wahlen des Jahres 1932 die Stärke ihrer Reichstagsfraktion beinahe um ein Drittel.) Ich selbst war natürlich nicht willens, an einem Kabinett teilzunehmen, das die Nazis einschloß.

Wie ich erwartete, reagierte Hindenburg heftig gegen den Vorschlag, die Nazis in eine Koalitionsregierung mit hineinzunehmen. Er wiederholte immer wieder, der österreichische Gefreite sollte niemals in die Regierung eintreten, solange er im Amt bliebe. Er lehnte es damals auch ab, irgendeinen Plan zur gewaltsamen Unterdrükkung der Nazipartei zuzulassen. Während der zweistündigen Unterredung wurde es mir immer mehr klar, daß die geistigen Fähigkeiten des Präsidenten im Abnehmen begriffen waren. Am folgenden Tag war das noch ausgesprochener. Ich sagte ihm schließlich, daß ich, wenn er keine der ihm vorgetragenen Alternativen annehmen würde, meinen Rücktritt anbieten müßte, es sei denn, daß er willens wäre, der Fortsetzung der Politik der bestehenden Regierung, die vom bestehenden Reichstag gebilligt würde, uneingeschränkte Unterstützung zu gewähren. Ich wollte nicht dem Harzburger Treffen, das auf den 11. Oktober angesetzt war, ohne die definitive Zusage der Rückendeckung des Präsidenten entgegentreten. Darauf folgte ein geistiger Zusammenbruch mit der Aussicht einer Präsidentenwahl auf dem Höhepunkt der finanziellen, wirtschaftlichen und innerpolitischen Krise.

Zum erstenmal drohte die verfassungsmäßige Bestimmung der Präsidentenwahl durch Volksabstimmung jede Aussicht auf politische Stabilität zu zerstören und den Weg entweder dem Bürgerkrieg oder einer totalitären Regierung zu öffnen. Das war das Resultat der Übernahme einer fremden politischen Einrichtung, für die es in der deutschen Überlieferung keine Grundlage gab.

Unter diesen Bedingungen mußte ich die Veröffentlichung der Vierten Notverordnung, die schließlich im Dezember 1931 herauskam, aufschieben. Die innerpolitische Lage wurde im allerkritischsten Moment durch die Krankheit des Präsidenten, die wir sorgfältig geheimhalten mußten, über den Haufen geworfen. Wenn sie allgemein bekanntgeworden wäre, hätte die ganze psychologische Grundlage für den Erfolg lebensnotwendiger wirtschaftlicher Maßnahmen zerstört und das militärische und politische Programm, das lange gegen den Harzburger Angriff vorbereitet worden war, hätte nicht durchgeführt werden können. In den verworrenen Tagen nach dem Zusammenbruch des Präsidenten und vor dem Harzburger Treffen machten die Generale Groener und v. Schleicher einen verzweifelten, aber erfolgreichen Versuch, die Situation zu retten. Unter ihrem Druck erklärte sich Hindenburg schließlich bereit, die bestehende Regierung und ihre Politik zu stützen. Der einzige Kompromiß, der gefordert wurde, war die Opferung von Dr. Curtius und Dr. Wirth.

Ich setzte nicht das ganze Kabinett von dem in Kenntnis, was sich zutrug, wegen der Gefahr, daß irgendein Gerücht ein erneutes Abheben der Einlagen aus den Banken und Sparkassen bewirken oder die Verhandlungen in Basel im Comité der Sachverständigen für Reparationen und in dem Comité ausländischer Kreditoren über das Stillhalteabkommen für Auslandsanleihen stören könnte. Häufig besprach ich meine Befürchtungen für die Zukunft mit Vizekanzler Dietrich, mit Dr. Hilferding von der SPD und mit Dr. Kaas von der Zentrumspartei, wie auch mit Dr. Pünder in der Reichskanzlei und mit Dr. von Bülow im Auswärtigen Amt und mit einigen anderen diskreten Mitgliedern der die Regierung stützenden Parteien.

Solange Reichspräsident Hindenburgs Verstand nicht umwölkt und solange es mir möglich war, bei ihm Zutritt zu haben, war er niemals willens, die Macht den Nazis zu überlassen. Sein Geist war nicht klar am Morgen des 30. Mai 1932, als er in mich drang, ein Kabinett aus der Rechten zu bilden, was ich natürlich ablehnte. Hindenburg wiederholte, was er vor einigen Wochen gesagt hatte, als nach einer äußerst tumultuarischen Szene die preußische

Polizei die Nazis aus dem Reichstag entfernt hatte, daß für ihn die Duldung des Einsatzes von Polizei gegen eine einzelne große Partei im Reichtstag selbst eine Verletzung seines Eides bedeuten würde, die Verfassung zu schützen. Er bestand darauf, daß neue Reichstagswahlen angesetzt würden, und er wiederholte die Botschaft, die er mir vor drei Tagen durch Meißner geschickt hatte, daß Hitler und Hugenberg Mittelsmännern von ihm versprochen hätten, sie würden mich vorbehaltlos als Kanzler stützen. Ich erklärte, ich könnte mich auf keinerlei Versprechen Hitlers verlassen. Hierauf erklärte der Präsident, er würde seine Unterschrift unter jede Maßnahme, die von meiner Regierung vorgeschlagen würde, verweigern, wenn sie nicht durch die drei normalen Lesungen im Reichstag gegangen wäre. Die Taktik der Nazis, in enger Zusammenarbeit mit den Kommunisten, jede fortlaufende Diskussion im Reichstag zu verhindern, machte natürlich jede normale Abstimmung unmöglich.

Beim Verweigern seiner Unterschrift unter weitere Erlasse bezog sich der Präsident nicht speziell auf einen vorgeschlagenen Erlaß, der, außer daß er ein großes Programm für öffentliche Arbeiten vorsah, auch die Liquidation jener großen Güter vollendet hätte, die von ihren Besitzern, selbst mit einer Regierungshilfe, nicht mit Nutzen bewirtschaftet werden konnten. Ich brauchte auch die Unterschrift des Präsidenten, die er bis dahin starr verweigert hatte, noch für einen Erlaß, der die Entscheidung der Länderkonferenz von 1930 verwirklichte, Preußen in seine Provinzen aufzuteilen und die Kontrolle der Gerichts- und Polizeiverwaltung von Norddeutschland dem Reich zu übertragen für den Fall, daß die Nazis nach den preußischen Wahlen im Frühling 1932 intransigent in ihren Forderungen auf Posten in der preußischen Regierung sein sollten. Ich hatte es den Nazis schon lange klargemacht, daß, welche Majorität sie auch immer bei den preußischen Wahlen gewinnen könnten, ich niemals meine Zustimmung geben würde zu einer Kontrolle der preußischen Gerichte und der Polizei durch sie. Die finanzielle Grundlage für eine solchen Schritt war unauffällig in der Ersten Notverordnung vom Dezember 1930 gelegt worden, durch Verfügungen, die bis zum Mai 1932 wenig öffentliche Aufmerksamkeit erregten.

Ich informierte den Präsidenten über Unstimmigkeiten in der Nazipartei, in der Göring, Goebbels und Strasser in voller Revolte gegen Hitler und im Streit miteinander waren, in der Befürchtung, daß sie, falls Hitlers unversöhnliche Politik noch zwei weitere Wochen fortgesetzt würde, jede Chance verlieren würden, an die Regierung zu kommen. Die Situation in der Nazipartei war wieder ganz die gleiche im Januar 1933, als es dem Kanzler v. Schleicher endgültig unmöglich gemacht wurde, wie es mir acht Monate vorher unmöglich gemacht worden war, ungestört mit Präsident Hindenburg zu sprechen.

Diejenigen, die Hindenburgs letzte Entscheidung beeinflußten, wußten so gut wie ich, daß ich, wenn diese Annahme rechtzeitig käme, seine Haltung wieder ändern könnte, wie ich es fast jede Woche seit Januar 1932 hatte tun müssen, um die Regierung im Amt zu halten. Mr. Gibsons Nachricht war mir, wie gesagt, durch den amerikanischen Botschafter am frühen Morgen des 31. Mai gebracht worden, eine Stunde vor dem für meine Unterredung mit dem Reichspräsidenten festgesetzten Termin. In Kenntnis hiervon gelang es Personen in der Umgebung des Reichspräsidenten, obgleich sie nicht eine offizielle Stellung hatten, meinen Empfang bis wenige Minuten vor der Mittagsstunde zurückzustellen, zu der der Präsident wie üblich das Aufziehen der Marinewache am 31. Mai, dem Skagerrak-Tag, abnahm. Ich hatte tatsächlich nur drei und eine halbe Minute Zeit, mit ihm zu sprechen, und das konnte natürlich nur erfolglos enden, da er mich stärker als vorher drängte, eine Rechtsregierung zu bilden.

## 30. Januar 1933 — *Joseph Goebbels*

Nach dem Hitlerputsch vom November 1923 in München hatte die NSDAP (Nationalsozialistische Deutsche Arbeiterpartei) ständig an Boden gewonnen. Die schwierige innerpolitische Lage, ausgelöst durch die Weltwirtschaftskrise, leistete vor allem gegen Ende der zwanziger Jahre ihren Ideen Vorschub und führte ihr immer neue Anhänger zu. Deutschnationale und der Frontkämpferbund des Stahlhelms entschlossen sich 1931 zu einem Zusammengehen mit den Nationalsozialisten in der Harzburger Front. Bei den Präsidentschaftswahlen von 1932, bei denen sich Hitler als Gegenkandidat Hindenburgs aufstellen ließ, konnte er bereits fast siebenunddreißig Prozent der Stimmen auf sich vereinigen. Im Juli 1932 errang die NSDAP bei den Reichstagswahlen zweihundertdreißig Sitze und stellte als stärkste Partei mit Göring den Reichstagspräsidenten. Nach dem Sturz Brünings versuchte Hindenburg es noch mit Papen und General von Schleicher als Reichskanzlern. Letzterer versuchte, den Kampf gegen die Nationalsozialisten aufzunehmen, wurde aber durch eine Intrige Papens gestürzt und machte so den Weg frei zur Berufung Hitlers. Am 30. Januar 1933 wurde dieser von Hindenburg zum Reichskanzler ernannt. Die Nationalsozialisten waren am Ziel ihrer Wünsche. Einer der engsten Anhänger Hitlers, der Gauleiter von Berlin und spätere Reichspropagandaminister Goebbels, einer der fähigsten und gefährlichsten Demagogen des Nationalsozialismus, schildert den Triumph dieser Stunde. Sein Augenzeugenbericht ist zugleich ein Musterbeispiel für die nationalsozialistische Berichterstattung, mit der in den folgenden zwölf Jahren systematisch das Volk aufgeputscht und die öffentliche Meinung beeinflußt wurde. Er darf daher in unserer Sammlung nicht fehlen.

29. Januar 1933

Der Führer steckt in ewigen Verhandlungen. Ich stoße ein letztes Mal in einem Aufsatz unter dem Titel »Endlich reiner Tisch!« vor.

Nachmittags, als wir mit dem Führer beim Kaffee sitzen, kommt Göring plötzlich herein und teilt mit, daß alles perfekt sei. Am morgigen Tag werde der Führer mit der Kanzlerschaft betraut. Eine unserer Hauptbedingungen ist, daß der Reichstag aufgelöst wird; denn mit seiner jetzigen Zusammensetzung kann der Führer nicht arbeiten. Die Deutschnationalen sträuben sich dagegen mit Händen und Füßen. Ihre Motive sind allzu durchsichtig. Das ist gewiß Görings schönste Stunde. Und mit Recht. Er hat in monate-, ja man kann wohl sagen, jahrelangen, aufreibenden Verhandlungen für den Führer den Boden diplomatisch und geschickt vorbereitet. Seine Umsicht, seine Nervenkraft, vor allem aber seine Charakterfestigkeit und Treue zum Führer waren dabei echt, stark und bewundernswert. Seine Züge haben sich versteinert, als ihm mitten im schwersten Kampf die geliebte Frau durch den grausamen Tod von der Seite gerissen wurde. Aber er hat nicht einen Augenblick gewankt. Ernst und fest ist er seinen Weg weitergegangen, dem Führer ein unerschütterlich ergebener Schildknappe.

Wie oft haben wir in den vergangenen Jahren zusammengesessen und uns aneinander aufgerichtet! Wie oft haben wir uns gemeinsam erhoben und gestärkt in der Liebe zum Führer und in der unermüdlichen Arbeit für die gemeinsame Sache! So verschieden auch manchmal unsere Wirkungskreise waren, in Achtung und Respekt vor Persönlichkeit und Leistung des anderen sind wir treue Kameraden geworden, die keine Not und keine Krise jemals trennen könnte.

Dieser aufrechte Soldat mit dem Kinderherzen ist sich selber treu geblieben; und nun steht er vor seinem Führer und bringt ihm die glücklichste Botschaft seines Lebens. Wir sagen lange Zeit nichts; und dann erheben wir uns und reichen einander die Hände.

Ein wortloser Schwur dem Führer: Wie bisher, so soll es bleiben! Die Welt wird in uns und an uns ein leuchtendes Beispiel der Treue zum Führer und der edelsten Kameradschaft, die Männer verbinden kann, erleben.

Das soll ein Wort sein!

In einer Unterredung mit dem Führer wird festgelegt, daß ich bis zur Beendigung des Wahlkampfes frei vom Amt bleibe, um unbehindert die Agitation durchführen zu können. Ich habe also alle Gelegenheit, eine letzte, große Probe zu liefern.

Wir sitzen zu Hause am Reichskanzlerplatz und sind eben im Begriff, zum Reit- und Fahrturnier in die Ausstellungshallen zu fahren, da kommt die Meldung, daß von der Gegenseite ein letzter, gefährlicher Streich geplant sei. Nun aber heißt es, Nerven bewahren. Man weiß nicht, ob das Drohung oder Ernst oder Kinderei ist. Ich orientiere gleich den Führer und Göring, die im Nebenzimmer warten. Göring verständigt Herrn v. Papen. Nichts wird unterlassen, um den morgigen Tag sicherzustellen.

Wir sitzen bis 5 Uhr nachts, sind bereit und überlegen. Der Führer geht wieder mit langen Schritten durchs Zimmer auf und ab. Ein paar Stunden Schlaf, und dann steht die Entscheidung vor der Tür.

Die große Stunde ist da!

30. Januar 1933

Es ist fast wie ein Traum. Die Wilhelmstraße gehört uns. Der Führer arbeitet bereits in der Reichskanzlei. Wir stehen oben am Fenster, und Hunderttausende und Hunderttausende von Menschen ziehen im lodernden Schein der Fackeln am greisen Reichspräsidenten und jungen Kanzler vorbei und rufen ihnen ihre Dankbarkeit und ihren Jubel zu. Mittags saßen wir alle im Kaiserhof und warteten. Der Führer war beim Reichspräsidenten. Eine unbeschreibliche Spannung nahm uns fast den Atem. Draußen standen die Menschen zwischen Kaiserhof und Reichskanzlei und schwiegen und harrten. Wie wird es drinnen?

Unsere Herzen werden hin und her gerissen zwischen Zweifel, Hoffnung, Glück und Mutlosigkeit. Wir sind zu oft enttäuscht worden, um uneingeschränkt an das große Wunder glauben zu können.

Ununterbrochen beobachten wir von einem Fenster aus den Ausgang zur Reichskanzlei. Hier muß der Führer herauskommen. Man wird es seinem Gesicht ansehen können, ob es gelungen ist.

Peinigende Stunde des Wartens. Endlich biegt ein Wagen um die Ecke des Eingangs. Die Massen rufen und grüßen. Sie scheinen zu ahnen, daß die große Wendung bevorsteht oder gar schon eingetreten ist.

Der Führer kommt!

Einige Minuten später ist er bei uns im Zimmer. Er sagt nichts, und wir alle sagen auch nichts. Aber seine Augen stehen voll Wasser. Es ist so weit!

Der Führer ist zum Kanzler berufen. Er hat bereits in die Hand des Reichspräsidenten seinen Eid abgelegt. Die große Entscheidung ist gefallen. Deutschland steht vor seiner historischen Wende.

Wir alle sind stumm vor Ergriffenheit. Jeder drückt dem Führer die Hand, und es ist, als würde unser alter Treuebund hier aufs neue beschlossen.

Wunderbar, wie einfach der Führer in seiner Größe und wie groß er in seiner Einfachheit ist.

Draußen toben die Massen vor dem Kaiserhof. Mittlerweile ist Hitlers Berufung überall bekanntgeworden. Aus den Tausenden werden Zehntausende. Ein unendlicher Menschenstrom ergießt sich in die Wilhelmstraße.

Wir gehen gleich wieder an die Arbeit. Der Reichstag wird aufgelöst. Es hat schwere Mühe gekostet, unsere Kabinettspartner dahin zu bringen. In vier Wochen finden die Neuwahlen statt. Das Kabinett wird sich noch am heutigen Tag in einer Proklamation an das deutsche Volk wenden.

Ich fahre zum Gaubüro und verkünde dort in einer feierlichen Stille die Neuwerdung der Dinge. Alle sind ganz erschüttert und aufs tiefste ergriffen. In diesem Saal, in dem wir so manche Nervenprobe bestehen mußten, herrscht großes Schweigen wie in einer Kirche.

Nun liegt die Etappe des Kampfes um die Macht hinter uns; nun müssen wir weiterarbeiten, um die Macht zu behaupten.

Im Kaiserhof bespricht sich der Führer bereits mit dem neuen Reichswehrminister v. Blomberg. Die Arbeit der Regierung beginnt.

Der weitere Tag verläuft wie ein Traum. Alles mutet an, als wäre es ein Märchen. Langsam sinkt der Abend auf die Reichshauptstadt herab. Um 7 Uhr gleicht Berlin einem aufgescheuchten Ameisenhaufen.

Und dann beginnt der Fackelzug, endlos, von 7 Uhr abends bis 1 Uhr nachts marschieren unten an der Reichskanzlei die Menschen vorbei. SA-Männer, SS-Männer, Hitler-Jugend, Zivilisten, Männer, Frauen, Väter, die ihre Kinder auf dem Arm tragen und zum Fenster des Führers emporheben. Es herrscht ein unbeschreiblicher Jubel. Wenige Meter von der Reichskanzlei entfernt steht der Reichspräsident an seinem Fenster, eine ragende Heldengestalt, ehrwürdig und von mythischem Zauber umwittert. Mit dem Spazierstock schlägt er hin und wieder zu den Rhythmen der Militärmärsche den Takt. Hunderttausende und Hunderttausende ziehen im ewigen Gleichschritt unten an den Fenstern vorbei!

Das ist der Aufbruch der Nation!

Deutschland ist erwacht!

In einer spontanen Explosion bekennt sich das Volk zur Revolution der Deutschen.

Es ist unbeschreiblich, was in unseren Herzen vor sich geht. Man möchte weinen und lachen.

Immer neue Menschen kommen und jubeln und rufen.

Vor der Reichskanzlei auf dem Wilhelmsplatz sitzen

Hunderte von Jungens in den Bäumen und schmettern dem Führer ihre Sprechchöre entgegen.

Sein Volk jubelt ihm zu.

Der Rundfunk überträgt zum erstenmal eine Kundgebung des deutschen Volkes. Wir sprechen zum erstenmal über alle deutschen Sender. Ich kann dabei nur sagen, daß wir maßlos glücklich sind, und daß wir weiterarbeiten wollen.

Als sich weit nach Mitternacht der Zug seinem Ende zuneigt, stehen noch immer Zehntausende von Menschen vor der Reichskanzlei und singen das Horst-Wessel-Lied. Ich rede kurz zu den Massen und schließe mit einem Heil auf Hindenburg und auf den Führer. In einem sinnlosen Taumel der Begeisterung geht diese Nacht des großen Wunders zu Ende.

## Wirtschaftskrise und New Deal in den USA

*Frances Perkins*

Die große Wirtschaftskrise im Jahre 1929 hatte das gesamte Wirtschaftsleben der Erde erfaßt. In den Industriestaaten der Welt gab es ungefähr 30 Millionen Arbeitslose. In dieser Zeit tiefster Depression mußte überall die Staatsgewalt helfend eingreifen. In England kam es zur Bildung einer nationalen Koalition, in Deutschland mußte Brüning seine Notverordnungen erlassen (S. 88), in den USA verzögerte Präsident Hoover aber den Einsatz staatlicher Abwehrmittel. Im Wahlkampf versprach der demokratische Kandidat, Franklin D. Roosevelt, dem Volk einen »New Deal«, Reformen zur Überwindung der Wirtschaftskrise. Er wurde im November 1932 mit beachtlicher Mehrheit gewählt und leitete sofort eine Reihe von Maßnahmen zur Bekämpfung der Krise ein. Die Arbeitslosigkeit sollte durch einen freiwilligen Arbeitsdienst bekämpft, die Industrie durch entsprechende Unterstützungsmaßnahmen belebt werden. Staatliche Preisgarantien und Steuerung der Landwirtschaft waren genauso vorgesehen wie stärkere Rechtsstellung für die Arbeiterorganisationen. Mit diesen Maßnahmen, über die F. Perkins, der einzige weibliche Minister im Kabinett Roosevelts, in ihren Erinnerungen berichtet, griff der amerikanische Staat erstmals stark in das Wirtschaftsleben ein. 1935 wurden einige New-Deal-Gesetze als verfassungswidrig vom Obersten Gerichtshof wieder aufgehoben, ein Teil aber konnte sich halten, und mit ihnen näherte sich Roosevelt einer staatlichen Wirtschaftskontrolle und Einflußnahme auf die sozialen Verhältnisse.

Es ist heute schwer, die Atmosphäre des Jahres 1933 wieder erstehen zu lassen und die Schrecken ins Gedächtnis zurückzurufen, die Armut und lange Arbeitslosigkeit hervorgerufen hatten. Die Geldmittel vieler Staaten und örtlicher Einrichtungen waren aufgebraucht. Die gesetzlich zugelassene Verschuldungsgrenze vieler Staaten war erreicht; sie konnten weitere Mittel nicht mehr aufbringen, nicht einmal mehr für die so dringend nötigen Unterstützungen. Die Lage war sowohl in den Städten als auch Kreisen und Staaten verzweifelt. Die öffentlichen Wohlfahrtsstellen waren am Ende ihrer Kräfte, und besondere Komitees, die von den Gouverneuren, Bürgermeistern und Gemeindevertretern ernannt waren, hatten sowohl ihre Vorstellungskräfte als auch ihre Mittel erschöpft. Es gab lediglich noch eine Stelle, zu der sich alle Gedanken wandten: die Bundesregierung und ihr Besteuerungsrecht.

Ungeachtet aller Pläne, die die Roosevelt-Regierung im Hinblick auf eine Wiederbelebung des normalen wirtschaftlichen Lebens aufstellen mochte, blieb die dringende Notwendigkeit, den Arbeitslosen schnellstens Hilfe zukommen zu lassen. Während des demokratischen Wahlfeldzuges hatte Roosevelt diese Notwendigkeit ganz besonders unterstrichen: Grundtendenz des Wahlfeldzuges war das Versprechen, die herrschende Not sofort zu beheben.

Seit dem Herbst des Jahres 1929 war die Arbeitslosigkeit ständig gestiegen. Als Roosevelt im März des Jahres 1933 sein Amt übernahm, hatte sie ihren Höhepunkt erreicht. Bis heute hat noch niemand die genaue Zahl der Arbeitslosen und Bedürftigen ermittelt. Die jetzt zur Verfügung stehenden statistischen Angaben würden eine verhältnismäßig zutreffende Beantwortung dieser Fragen ermöglichen, sie bestanden aber seinerzeit noch nicht. Die Schätzungen über die Zahl der damals Arbeitslosen schwanken zwischen 13300000 und 17900000. Die richtige Zahl liegt wohl zwischen beiden; die Zahl der akuten Notfälle erreichte etwa 75 Prozent der Arbeitslosen.

Im Staat Pennsylvania standen dank der vorhandenen guten Statistiken von Gouverneur Gifford Pinchot verhältnismäßig genaue Zahlen zur Verfügung. Er hatte errechnet, daß es in diesem Staat mehr als 1 500 000 Arbeitslose gab, und hinzugefügt, diese Zahl schlösse die im Zeitraum von Juli 1932 bis März 1933 eingetretene Erhöhung der Arbeitslosigkeit von 28 Prozent in sich ein. Er wies darauf hin, daß 30 Prozent der noch Arbeitenden in Pennsylvania nur zu 50 Prozent oder weniger beschäftigt seien und daß nur zwei von fünf arbeitsfähigen Menschen volle Beschäftigung bei voller Bezahlung hätten.

Gouverneur Pinchot wandte sich an die Bundesregierung um Hilfe. Er verlangte 45 000 000 Dollar und fügte hinzu, daß mit diesem Betrag die Bedürftigen Pennsylvanias nur sechs Monate lang auf der Grundlage des Existenzminimums ernährt werden könnten.

In Illinois war die Lage vielleicht noch schlechter; auch in anderen Staaten war sie verzweifelt, und zwar im direkten Verhältnis zur Abhängigkeit der Gemeinden von der einheimischen industriellen Produktion, die die Lohnempfänger und ihre Familien in die Lage versetzte, Brot und Butter zu bezahlen.

Als die Roosevelt-Administration ihre Arbeit begann, hatten die Arbeitslosen gerade ihren dritten strengen Winter hinter sich seit der Erklärung Präsident Hoovers im Sommer 1930, daß die »Depression vorüber« sei. Das Nationaleinkommen von jährlich 81 000 000 000 Dollar war auf 39 000 000 000 Dollar zurückgegangen. Im ganzen Land schlossen die Banken ihre Pforten. Notstandsküchen mußten aus Mangel an Mitteln stillgelegt werden. Hungermärsche gehörten zur Tagesordnung. Hungeraufrufe waren alltäglich. Die Verbrechen, die aus Mangel an Nahrung, Kleidung und anderen Lebensbedürfnissen entstanden, waren im Ansteigen.

In den ländlichen Gegenden gab es Unsicherheit und Schreckenstaten, als die an sich ruhigen und besonnenen Bauersleute mit Gewalt sich dem Zwangsverkauf ihrer Güter wegen verfallener Hypotheken widersetzten. Die Zunahme an kleineren Diebstählen war erschreckend.

Ein so geachteter Mann wie Dan Williard, Präsident der Baltimore & Ohio Eisenbahngesellschaft, sagte auf einer öffentlichen Versammlung: »Wenn ein Mann stiehlt, dessen Familie hungert, so kann ich ihm das nicht verdenken. Ich glaube, ich würde dasselbe tun.«

Als Franklin Roosevelt und seine Verwaltung im März 1933 in Washington antraten, war der New Deal keineswegs ein feststehender Plan mit Form und Inhalt. Er war nichts mehr als eine glückliche Phrase, die Roosevelt während der Wahlkampagne gemünzt hatte, und sein Wert war vor allem psychologischer Art. Er vermittelte den Menschen ein positives Gefühl. In jener furchtbaren Depression brauchten sie etwas, um hoffnungsvoll in die Zukunft zu schauen.

Wie Roosevelt es definierte, bedeutete New Deal, daß dem vergessenen Mann, dem kleinen Mann, dem Mann, den niemand kennt, jetzt bessere Spielkarten zugeteilt werden sollten. Trotzdem war der Gedanke keineswegs klar umrissen; er war allgemein gehalten, aber doch lebendig. Roosevelt stand ihm aufrichtig und mit tiefstem Gefühl gegenüber. Er war sich klar darüber, daß die Leiden der Depression mit besonderer Wucht jene Menschen getroffen hatten, die sie am wenigsten ertragen konnten. Er wußte, auch die Reichen waren schwer getroffen worden, doch ihnen war zum mindesten etwas geblieben. Aber der kleine Händler, der kleine Hausbesitzer, der Bauer, der seinen Boden selber bestellte, und der Lohnempfänger – diese Menschen waren verzweifelt. Für Roosevelt waren sie die wichtigsten Bürger der Vereinigten Staaten, sowohl zahlenmäßig als auch in ihrer Bedeutung zur Erhaltung der Ideale amerikanischer Demokratie.

Die Phrase New Deal, die so vielen Menschen Mut gab, war nicht mehr als eine Erklärung der einzuschlagenden Politik. Sie drückte eine neue Haltung und keineswegs ein festgelegtes Programm aus. Als Roosevelt in Washington eintraf, hatte er noch kein Programm.

Die Auffassung, daß dem New Deal eine im vorhinein festgelegte Theorie zugrunde lag, ist lächerlich. Die Gestalt, die diese Bestrebungen schließlich annahmen, war weder in Roosevelts Gedanken noch in den Kreisen der Demokratischen Partei oder in den Auffassungen irgendwelcher Teilnehmer der Wahlkampagne des Jahres 1932 klar und fest umrissen. Es hatten keine vorangehenden Besprechungen mit den Parteiführern stattgefunden, um Einzelheiten auszuarbeiten oder um zu irgendwelchen Vereinbarungen zu gelangen.

Die allgemeine Lage war aber Roosevelt sowie seinen Anhängern und seiner Partei klar. Er vertrat die humanitäre Richtung. Sein grundlegender Gedanke war: die gesamten Kräfte der Nation sollten und konnten darauf gerichtet werden, das Leben des einfachen Mannes zu verbessern. Dieser Grundsatz war im Jahre 1933 von der Mehrzahl der führenden Kreise der Demokratischen Partei anerkannt worden. Wenn auch niemand genau sagen konnte, inwieweit das anläßlich der Wahlkampagne für Smith im Jahre 1928 aufgestellte Wahlprogramm hinfort das Denken der Demokratischen Partei bestimmte, so war es im Jahre 1933 klar, daß diese Partei eine Mission den benachteiligten Menschen des Landes gegenüber zu erfüllen hatte. Sogar die altmodischen Demokraten des Südens hatten sich dieser Auffassung – als Idee – angeschlossen.

Ich kann mich noch genau auf ein Ereignis in den ersten Monaten der Rooseveltschen Verwaltung entsinnen. Dem Kabinett lag eine bestimmte Frage vor, und der Präsident erkundigte sich nach der Stellungnahme der Anwesenden. John Garner, der Vizepräsident, der am Ende des Tisches neben mir saß, meldete sich:

»Herr Präsident«, sagte er, »wir haben während der Wahlkampagne die Versprechung gegeben, daß wir für die ärmeren Menschen etwas unternehmen würden; ich bin der Meinung, daß wir diese Versprechungen jetzt erfüllen müssen.«

Das führte dazu, daß Garner in einer Kabinettssitzung dem Gedanken einer sofortigen bundesstaatlichen Hilfsaktion zustimmte. Postminister Jim Farley, ein Politiker der Praxis, betonte ständig die Notwendigkeit eines Programms öffentlicher Arbeiten sowie andere Maßnahmen, um den »ärmeren Menschen« zu helfen. Der Kriegsminister und frühere Gouverneur von Utah, George Dern, der die Meinung der Demokraten im westlichen Teil des Landes vertrat, drängte nach der gleichen Richtung.

Derartige Ratschläge von stockkonservativen Männern

wie Garner und Dern bedeuteten außerordentlich viel für Roosevelt, der sozusagen links vom Zentrum saß und zu den Jüngeren der Partei gehörte, die sich vor allem eine Förderung der sozialen Gerechtigkeit zum Ziel gesetzt hatten. Indessen, auch er tastete sich noch immer vor, und er war sich noch über vieles nicht endgültig klar, aber eine Reihe fundamentaler Gedanken stand ihm bereits klar im Sinn.

Er hatte seine eigenen Gedanken über die Verantwortung der Parteien. Er war sich völlig klar über das Zweiparteiensystem, unter dem die amerikanische Demokratie gedeiht, er war sich aber auch darüber klar, daß innerhalb jeder Partei eine größere Einheit bestehen müßte. Er wies auf die Schwäche hin, mit der die Demokraten ihre Wahlkampagnen führten, weil sie kein einheitliches Programm hatten. Das Wahlprogramm war wohl da, es wurde aber weder von den Wählern noch von den Kandidaten, nachdem sie gewählt waren, allzu ernst genommen. Er war der Meinung, daß die Nöte des Landes durch Besprechungen zwischen den politischen Führern im Kongreß und in den Staaten unter Hinzuziehung des Präsidenten allmählich zutage treten würden. Er glaubte daran, daß ein Parteiprogramm ausgearbeitet werden müßte, dem auch die Mehrzahl der Mitglieder folgen könnte. Oft sagte er, ein Verfahren müsse ausgearbeitet werden, um die in den Wahlzeiten im Wähler erweckte Begeisterung und politische Intelligenz auch nach den Wahlen lebendig zu erhalten. Dann hätten wir, das war seine Meinung, eine demokratische Repräsentation des Volkswillens dem Kongreß gegenüber.

Doch das waren Anregungen, wie man vorgehen sollte, und keineswegs ein Gesamtschema zum New Deal. Es ist wichtig, zu wiederholen, daß der New Deal kein Plan, nicht einmal ein Übereinkommen, bestimmt aber keinerlei Verschwörung war, wie uns später vorgeworfen wurde. Die meisten der Programme, die später als New Deal bekannt wurden, erwuchsen aus der Notlage, der Roosevelt gegenüberstand, als er sein Amt im tiefsten Punkt der Depression übernahm.

Ohne Zweifel stimmte er mit seinen Kabinettsmitgliedern über die einzuschlagende allgemeine Politik und über die zu unternehmenden ersten Schritte überein. Zunächst und vor allem mußten wir aber mit Rettungsmaßnahmen beginnen. (Es war klar, daß Roosevelt der Plan einer fiskalischen Kontrolle vorschwebte. Ich bin auch ziemlich sicher, daß er mit Henry Wallace bezüglich seines landwirtschaftlichen Anpassungsprogramms übereinstimmte, das auch eine der Hilfsmaßnahmen darstellte.) Es gab aber keinen einheitlichen Gesamtplan. Hierfür hatten wir weder Zeit noch eine entsprechende Organisation. Aus diesen notwendigen und aus der Lage sich ergebenden Hilfsmaßnahmen entstand der New Deal. Die intellektuelle und auch geistige Note aller Maßnahmen war durch Roosevelts Haltung bedingt, daß es vor allem auf die Menschen ankam.

Die Regierungsprogramme, die dieser geistigen Haltung Wirklichkeit verliehen, entwickelten sich und paßten ineinander aufgrund der Erfordernisse der Lage, die auch das schließliche Schema des New Deal schufen. Die Aktion ging nicht von einem zentralen Plan aus, sondern es stand der Mensch im Mittelpunkt aller Überlegungen.

Trotzdem hatte sich der New Deal bis zum Sommer des Jahres 1933 bereits von einer allgemeinen Idee zu verschiedenen praktischen Aktionsprogrammen entwikkelt. In diesen wenigen ersten Monaten schenkte Roosevelt seine ganze Aufmerksamkeit, sein einfühlendes Verständnis und sein intuitives und positives Eingehen einem ziemlich umfassenden Programm.

Als erstes gab es ein allgemeines Hilfsprogramm.

Das Civilian Conservation Corps wurde ins Leben gerufen.

Die Reconstruction Finance Corporation erhielt Anweisungen von Roosevelt, ihre Satzungen aufzulockern, um kleinen Unternehmen und auch solchen Betrieben, die die Möglichkeit zur Einstellung von Arbeitskräften hatten, Kredite zu gewähren.

Die Home Owners' Loan Corporation wurde gebildet, um die kleinen Grundstücksbesitzer zu retten.

Der Kampf für ein wirkliches öffentliches Arbeitsbeschaffungsprogramm wurde gewonnen und der United States Employment Service neu aufgezogen.

Das Agricultural Adjustment Program wurde erlassen, um die Landwirte und Bauern vor dem Ruin zu bewahren.

Der »NRA« (National Recovery Act) war ein neuer, lebendiger und geistreicher Schritt zur Wiederbelebung der Industrie und zur Überwindung der Arbeitslosigkeit.

Es gab auch eine sehr energische fiskalische Politik. Die Banken wurden geschlossen, reorganisiert und wieder geöffnet. Ein Gesetz zur Versicherung der Bankeinlagen wurde geschaffen, um die Einzahlungen des einzelnen zu schützen.

In diesen ersten Monaten der Rooseveltschen Administration gab es noch viele andere Aktionen, über die ich persönlich nur wenig sagen kann. So wurde die Securities and Exchange Bill zum Schutz der Investierenden erlassen. Der Plan zur Erschließung der Wasserkraft des Tennessee-Tales wurde entwickelt und führte zu einer außerordentlich starken Nutzung der Kraftquellen in der Landwirtschaft, der Urbarmachung und Besiedlung.

Hervorgehoben muß auch noch werden, daß unsere internationalen Beziehungen mit der übrigen Welt in diesen ersten Monaten belebt wurden. Ramsay MacDonald aus Großbritannien, Edouard Herriot aus Frankreich und viele andere wurden ins Weiße Haus zur Besprechung der wirtschaftlichen Fragen der Welt eingeladen. Das führte zu dem Weltwirtschaftlichen Kongreß, der in diesem Jahr in London abgehalten wurde. Aus einer Reihe von Gründen, über die Eingeweihtere berichten mögen, war dieser Kongreß ein Fehlschlag.

Die Beschäftigung mit diesen Fragen gab uns aber unser Interesse an internationalen Fragen zurück und erweckte unser Verantwortungsbewußtsein. Unser Volk fing an, über seine Grenzen hinauszuschauen und festzustellen, daß die Depression in der ganzen Welt herrschte und daß gegenseitige Hilfe vielleicht Erfolg versprechen könnte.

## Putsch in Österreich *Amtlicher Bericht*

Nach dem Zusammenbruch von 1918 hatte sich die österreichische Nationalversammlung eine Verfassung gegeben, die einen Anschluß »Deutsch-Österreichs« an das Deutsche Reich vorsah. Der Friedensvertrag von St. Germain verweigerte

Österreich das Selbstbestimmungsrecht und den Anschluß und zwang es unter wirtschaftlich besonders ungünstigen Verhältnissen zur Eigenstaatlichkeit. Die Jahre zwischen 1920 und 1932 waren wie in Deutschland gekennzeichnet durch innerpolitische Schwierigkeiten und wirtschaftliche Not. Die im März 1931 veröffentlichten Pläne einer Zollunion mit Deutschland stießen auf den heftigsten Widerstand Frankreichs. Schon wenige Wochen später offenbarte der Zusammenbruch der Österreichischen Kredit-Anstalt die hoffnungslose Finanzlage des Landes. Ein Jahr später übernahm Engelbert Dollfuß das Bundeskanzleramt. Es gelang ihm, eine Völkerbundsanleihe zu erhalten. Unter Anlehnung an Italien bekämpfte er nachdrücklich die Anschlußpläne an Deutschland. Um der nationalsozialistischen Bewegung zu begegnen, schaltete er durch einen Staatsstreich das Parlament aus und stützte sich in seiner »Austrofaschistischen Diktatur« auf die an Stelle der Parteien getretene »Vaterländische Front«. Im Februar 1934 kam es zu blutigen Straßenkämpfen in verschiedenen Städten des Landes und im Juli zu einem nationalsozialistischen Putsch, in dessen Verlauf Dollfuß ermordet wurde. Der folgende amtliche Bericht über die dramatischen Ereignisse basiert auf den polizeilichen Ermittlungen und den Aussagen der Beteiligten. Mussolini verhinderte damals ein Eingreifen des Deutschen Reiches zugunsten der Nationalsozialisten, indem er demonstrativ Truppen am Brenner zusammenzog. Der Aufstand wurde niedergeschlagen. Das Amt des Bundeskanzlers übernahm Dr. Schuschnigg, der es bis zum erzwungenen Anschluß Österreichs an Deutschland im Jahre 1938 innehatte.

Um ungefähr 12 Uhr 10 Minuten ergab sich nach der bisherigen Darstellung folgende Situation: Der Bundeskanzler, Bundesminister Fey und Staatssekretär Karwinsky befanden sich im Arbeitszimmer des Bundeskanzlers, die übrigen Minister und Staatssekretäre in ihren Ministerien oder auf dem Weg dahin. Staatssekretär Zehner hatte den Auftrag, das Bundesheer bereitzustellen. Im Bundeskanzleramt und in dessen nächster Umgebung herrschte vollkommene Ruhe und Ordnung. Bei der Turnhalle in der Siebensterngasse standen die Kriminalbeamten Pflug und Marek als Beobachter. Bei der Polizeidirektion war an diesem Tag noch keinerlei Anzeige eingelaufen.

Der Kriminalbeamte Marek hat zwischen 12 Uhr 10 Minuten und 12 Uhr 30 Minuten dreimal an Major

Wrabel telefonisch berichtet. Die erste Meldung (12 Uhr 10 Minuten) sprach von einem regen Zuzug uniformierter Heeresangehöriger und Wachbeamter sowie von Burschen in Zivil in die Turnhalle in der Siebensterngasse. Die zweite Meldung (12 Uhr 15 Minuten) berichtete über eine Verstärkung dieses Zuzuges. Beim Eingang zur Turnhalle war ein Lastauto vorgefahren, junge Männer luden Kisten, Säcke und sonstige Kolli auf. Kurz nach 12 Uhr 30 Minuten kam die dritte und letzte Meldung Mareks, daß vier weitere Lastkraftwagen bei der Turnhalle vorgefahren seien. Marek wurde kurz darauf in der Breitegasse von aufrührerischen Sicherheitswachleuten festgenommen und später gezwungen, die Fahrt in das Bundeskanzleramt mitzumachen. Die Meldungen Mareks gab Major Wrabel unverzüglich dem Bundeskanzler Dr. Dollfuß bekannt, der sich in Gesellschaft des Bundesministers Fey und des Staatssekretärs Karwinsky befand.

Um 12 Uhr 15 Minuten hatte Staatssekretär Karwinsky den Polizeipräsidenten Dr. Seydl angerufen und ihm den Auftrag erteilt, sofort ein Auto mit Kriminalbeamten unter Führung eines Konzeptsbeamten in die Siebensterngasse zu entsenden. Weiter ordnete Staatssekretär Karwinsky an, daß für eine erhöhte Sicherheit der Gebäude des Bundeskanzleramtes am Ballhausplatz und in der Herrengasse zu sorgen sei. Nach dem Einlangen der zweiten Meldung Mareks (siehe oben!) rief Staatssekretär Karwinsky zum zweitenmal den Polizeipräsidenten an und fragte, ob seine Aufträge schon durchgeführt worden seien. Es war jetzt 12 Uhr 25 Minuten bis 12 Uhr 30 Minuten. Polizeipräsident Seydl erwiderte nun, daß unmittelbar vor seinem ersten Gespräch mit Karwinsky eine verläßliche Konfidentennachricht eingelangt sei, die darauf schließen lasse, daß auf dem Michaelerplatz ein schwerer Anschlag gegen den Bundeskanzler Dr. Dollfuß vorbereitet werde. Die Polizeidirektion habe ihren ganzen Apparat auf den Michaelerplatz eingestellt. Staatssekretär Karwinsky hielt dem Polizeipräsidenten vor, daß trotzdem noch ausreichende Mittel zur Durchführung seiner Aufträge vorhanden sein müßten, und trieb ihn zur Eile an.

Nach der dritten Meldung Mareks verlangte Staatssekretär Karwinsky neuerdings den Polizeipräsidenten zum Telefon, ließ sich, da dieser nicht sofort erreichbar war, mit dem Chef der staatspolitischen Abteilung verbinden und erteilte diesem den Auftrag, sofort einen Zug der Alarmabteilung in die Siebensterngasse zu entsenden, um die dort Versammelten festzunehmen. Ein weiterer Zug der Alarmabteilung hätte sofort zum Bundeskanzleramt abzugehen. Dieses Gespräch fand um etwa 12 Uhr 35 Minuten statt.

Im Anschluß daran berief der Staatssekretär den mit der Leitung des Sicherheitsdienstes im Gebäude des Kanzleramtes betrauten Kriminalbeamten, Bezirksinspektor Göbel, zu sich und teilte ihm mit, daß mit der Möglichkeit eines Anschlages gegen das Gebäude zu rechnen sei. Er beauftragte ihn, die beim Tor Dienst machenden Organe hierüber zu unterrichten und für die Sicherung des Tores zu sorgen.

Während nun der Michaelerplatz aufgrund der erwähnten Konfidentennachricht gesichert wurde, fuhr um etwa 12 Uhr 40 Minuten Polizeirat Dr. Karl Penn mit Kriminalbeamten zur Turnhalle in der Siebensterngasse; gleichzeitig alarmierte Generalinspektor Manda einen Teil der Bereitschaft in der Marokkanerkaserne unter Kommando des Stabshauptmanns Harus als Verstärkung des Wachzimmers in der Hofburg. Polizeikommissär Dr. Springer wurde im Beiwagen eines Motorrades zum Bundeskanzleramt dirigiert, mit dem Auftrag, die Umgebung des Ballhausplatzes abzustreifen.

Während so der Sicherheitsapparat allmählich zu funktionieren begann, waren noch vier Lastautos bei der Turnhalle in der Siebensterngasse vorgefahren. Als sich Polizeirat Dr. Penn mit seinen Kriminalbeamten der Turnhalle näherte, fuhren von dort gerade acht Lastkraftwagen stadtwärts. Auf den Wagen standen je zehn bis fünfzehn Mann in militärischer Uniform, auf dem ersten Wagen auch acht bis neun Mann in der Uniform der Sicherheitswache und ein Mann in der Uniform eines Majors des Bundesheeres. Polizeirat Dr. Penn und die Kriminalbeamten hatten den Eindruck, daß es sich um eine Abteilung des Bundesheeres handle, die rasch mit Kraftwagen irgendwo eingesetzt werden soll. Erst bei einer Nachschau in der Turnhalle gewannen Dr. Penn und die Kriminalbeamten die Überzeugung, daß der Transport mit einer gesetzwidrigen Aktion in Zusammenhang stehen müsse. Inzwischen waren aber die Lastkraftwagen längst außer Sicht. Der mit unzulänglichen Mitteln unternommene Versuch, den Handstreich schon an seinem Ausgangspunkt aufzufangen, war mißglückt.

Polizeikommissär Dr. Springer hatte indessen auftragsgemäß die Umgebung des Ballhausplatzes mit dem Motorrad abpatrouilliert und nichts Verdächtiges wahrgenommen. Er begab sich in die Toreinfahrt des Bundeskanzleramtes und fragte einen diensttuenden Kriminalbeamten, ob vielleicht dort irgendwelche besondere Wahrnehmungen vorliegen. Der Kriminalbeamte verneinte. In diesem Augenblick – es war 12 Uhr 53 Minuten – fuhren die Aufrührer mit vier Lastkraftwagen durch das Tor und überwältigten die Wache. Zur Schließung des Tores, wie sie Inspektor Göbel in Durchführung des ihm erteilten Auftrages bereits angeordnet hatte, ist es nicht mehr gekommen, da um 12 Uhr 50 Minuten die normale Wachablösung, wie täglich vom Minoritenplatz kommend, durch das Tor einmarschierte. Unmittelbar nach ihr zogen von der Löwelstraße her die Wagen mit den Aufrührern in das Tor ein.

Die Aufrührer sind um 12 Uhr 53 Minuten in das Bundeskanzleramt eingedrungen. Die Entwaffnung und Gefangennahme der Militärwache und der diensttuenden Polizei- und Kriminalbeamten erfolgte sehr rasch. Die Militärwache wurde eben abgelöst. Der Kommandant der alten und der Kommandant der neuen Wache erledigten eben die Formalitäten der Ablösung. Plötzlich stürmten acht Terroristen mit vorgehaltenem Revolver in das Wachzimmer. Die beiden Vizeleutnants hatten ihre Pistolen nicht geladen und konnten daher keinen Widerstand leisten. Auch die Gewehre der Wachmannschaft waren ungeladen. Ehe die Leute einen richtigen Überblick über die Situation gewinnen konnten – die Anführer der Rebellen trugen Offiziersuniform –, waren sie gefangengenommen. Die Frage, warum die Wache die Gewehre nicht geladen hatte, ist mit dem Umstand zu erklären, daß sie nicht als Sicherheits-, sondern als Ehrenwache fungierte und nur die beiden Ehrenposten beim Tor am Ballhausplatz aufzustellen hatte. Die Ehrenwachen ziehen instruktionsgemäß mit ungeladenen Waffen auf. Die Überwältigung der Polizeibeamten und Kriminalbeamten konnte leicht vonstatten gehen, weil sie einzeln auf die labyrinthartigen Gänge des Hauses am Ballhausplatz verteilt waren und jeweils einer bewaffneten, schußbereiten Übermacht gegenüberstanden. Die Aufrührer befanden sich übrigens im Besitz genauer Pläne des Bundeskanzleramtes, die schon vor mehreren Monaten hergestellt worden sind.

Während die eine Gruppe der Aufrührer die Wache überwältigte, stürmte eine andere Gruppe in die Arbeitsräume des Bundeskanzlers. Bundeskanzler Dr. Dollfuß hatte sich im Augenblick des Eindringens der Aufrührer in seinem Arbeitszimmer befunden. Nun begab er sich mit Bundesminister Fey und Staatssekretär Karwinsky in den Säulensaal, um sich über die Vorgänge Klarheit zu verschaffen. Minister Fey und einige andere Herren machten den Versuch, die in das Vorzimmer führende Tür des Säulenzimmers abzuriegeln. Sie stießen jedoch unmittelbar vor der Tür bereits mit den eindringenden Aufrührern zusammen, die in großer Überzahl waren und schußfertige Pistolen und Karabiner in den Händen hielten. Die im Säulenzimmer befindlichen Funktionäre und Angestellten wurden festgenommen und gezwungen, um einen runden Konferenztisch Platz zu nehmen.

Knapp vor dem Eindringen der Aufrührer in das Säulenzimmer hatte Staatssekretär Karwinsky den Gedanken gefaßt, Bundeskanzler Dr. Dollfuß in ein höheres Stockwerk zu führen und von dort in Sicherheit zu bringen. Mit den Worten: »Komm, Kanzler, in den dritten Stock, dort bist du sicher!« faßte er Dr. Dollfuß bei der Hand und eilte mit ihm in das Säulenzimmer, um durch die rückwärtigen Räume zu einer Nebentreppe zu gelangen. Der Türhüter Hedvicek, der den Plan gefaßt hatte, den Kanzler durch die Räume der Präsidentschaftskanzlei in das Staatsarchiv und von dort vielleicht ins Freie zu bringen, trat auf den Kanzler zu und ergriff ihn am Arm, worauf der Kanzler sich von Karwinsky losmachte und mit dem Türhüter in der Richtung gegen sein Arbeitszimmer zurückeilte. In diesem Augenblick drang die oben erwähnte Gruppe unter der Führung Holzwebers in das Säulenzimmer ein. An das Arbeitszimmer des Kanzlers grenzt – gegen den Ballhausplatz zu – das »Eckzimmer«, an dieses der »Kongreßsaal« mit dem Balkon auf den Ballhausplatz. Der Türhüter Hedvicek hatte eben die Verbindungstür zwischen dem Eckzimmer und dem Kongreßsaal erreicht und wollte sie öffnen, als ein Trupp von Aufrührern durch eine auf den Stiegengang führende Tür in das Eckzimmer einbrach. Einer der Aufrührer, Otto Planetta, trat rasch auf den Bundeskanzler zu und feuerte, ohne ein Wort zu sagen, aus einer Pistole zwei Schüsse gegen ihn ab. Beide Schüsse trafen. Der Kanzler hob beide Hände gegen den Kopf, drehte sich ein wenig zur Seite und stürzte rücklings zu Boden. Er rief zweimal mit leiser Stimme »Hilfe!«, doch kümmerten sich die Aufrührer nicht darum. Der Türhüter Hedvicek wurde mit vorgehaltener Schußwaffe gezwungen, die Hände zu erheben und sich mit dem Gesicht zur Wand zu stellen. Nach etwa zehn Minuten wurde er von einer Gruppe der Terroristen in das Säulenzimmer geführt und dort ebenfalls gefangengesetzt. Staatssekretär Karwinsky wurde nach seiner Trennung vom Kanzler im anstoßenden Sekretärszimmer festgenommen und später ebenfalls in das Säulenzimmer geführt. Staatssekretär Ing. Tauschitz wurde in einem anderen Raum festgehalten.

Die tödliche Verwundung des Kanzlers muß nach dem geschilderten Sachverhalt wenige Minuten nach 13 Uhr erfolgt sein. Für die Zeit bis 13 Uhr 45 Minuten fehlen sichere Angaben über die Vorgänge im Eckzimmer in der unmittelbaren Umgebung des sterbenden Kanzlers. Es ist jedoch mit einer an Sicherheit grenzenden Wahrscheinlichkeit anzunehmen, daß die Aufrührer dem Kanzler eine bewaffnete Erhebung des Bundesheeres und der Exekutive vortäuschten und ihm von einer Übernahme der Staatsgewalt durch Dr. Rintelen in ähnlicher Weise Mitteilung machten, wie es durch den Rundfunk und sonst im Gebäude des Bundeskanzleramtes geschehen ist.

Um 13 Uhr 45 Minuten übernahmen die von den Aufrührern ebenfalls gefangengenommenen Polizeioberwachleute Johann Greifeneder und Rudolf Messinger die Pflege des verwundeten Kanzlers, der inzwischen bewußtlos geworden war. Nach einiger Zeit gelang es den beiden Polizeibeamten, den Kanzler wieder zum Bewußtsein zu bringen. Er erkundigte sich nach dem Befinden der anderen Minister und verlangte den Minister Dr. Schuschnigg zu sprechen. Nach einiger Zeit kam einer der Anführer der Putschisten. Der Kanzler wiederholte diesem gegenüber seinen Wunsch, den Bundesminister Dr. Schuschnigg zu sehen. Ein Aufrührer antwortete, daß Dr. Schuschnigg nicht hier sei, und entfernte sich. Mehrmals hatte der Kanzler die Bitte ausgesprochen, man möge einen Priester und einen Arzt holen oder ihn in ein Spital bringen. Diese Bitten blieben unerfüllt.

Nach einiger Zeit – die Stunde ist nicht genau festzustellen – führte Holzweber (genannt »Hauptmann Friedrich«) den Bundesminister Fey unter scharfer Bewachung zum Bundeskanzler. Der Minister hatte bis dahin, so wie die anderen im Säulenzimmer eingeschlossenen Herren, von dem Schicksal des Kanzlers nichts Bestimmtes gewußt. Er fand ihn nun zu seinem Entsetzen schwer verwundet vor. Der Kanzler lag auf einem Diwan, bis zur halben Brusthöhe mit einem Möbelüberwurf zugedeckt; auf die zwei Halswunden hatte man einen Wattebausch gegeben, auf Kopf und Stirn einen nassen Umschlag.

Die nun folgende Unterredung zwischen dem Kanzler und Bundesminister Fey gestaltete sich schwierig. Der Kanzler sprach leise, so daß sich Fey mehrmals über ihn beugen mußte, um ihn zu verstehen. Über den Inhalt des Gespräches gibt Bundesminister Fey nach seiner Erinnerung folgende Darstellung:

»Der Kanzler klagte darüber, daß er sich nicht bewegen könne. Dann dankte er mir für meine Mitarbeit und bat mich, man möge für seine Familie sorgen. Falls dies nicht mehr möglich sei, möge Mussolini für seine Frau und seine Kinder sorgen. Dann fragte er nach den anderen Herren, insbesondere nach Minister Dr. Schuschnigg, der ihn vertreten soll. Dann sagte der Kanzler, daß jedes weitere Blutvergießen vermieden werden möge. Ich tröstete Dr. Dollfuß und versprach ihm, daß alles nach seinen Wünschen geschehen werde. Inzwischen drängte die Eskorte auf Abkürzung des Gespräches und forderte den Kanzler nachdrücklich auf, zu sagen, was er noch zu sagen habe. Hierauf wiederholte der Kanzler, daß er kein Blutvergießen wünsche und daß Dr. Rintelen Frieden machen soll. Ich wollte noch weitere Erklärungen des Kanzlers haben und verlangte auch, daß ein Arzt geholt werden soll, wurde aber abgeführt. Was den Namen Rintelen betrifft, so hatte ich nach dem Benehmen der Aufrührer den Eindruck, daß sie vor meiner Unterredung den sterbenden Kanzler in dieser Richtung beeinflußt haben.« Die Aufrührer Josef Fleischer und Franz Felber, die sich zu jener Zeit ebenfalls im Eckzimmer befanden, geben an, daß der Bundeskanzler gesagt habe, Rintelen solle Kanzler werden. Minister Fey erklärt hierzu, daß von einer Übernahme der Kanzlerschaft durch Rintelen nicht die Rede gewesen sei, sondern lediglich vom Friedenschließen. Die im Zimmer anwesenden Polizeiwachebeamten Greifeneder und Messinger, die den Kanzler betreuten, geben gleichfalls an, daß sie die von den Aufrührern angegebene Äußerung des Kanzlers über Rintelen nicht gehört hatten, obwohl sie sich andauernd in seiner unmittelbaren Nähe befanden.

Wie immer die letzten politischen Äußerungen des Bundeskanzlers Dr. Dollfuß gelautet haben mögen – es ist gewiß, daß er keinen Überblick über die Situation haben konnte. Er muß in seiner Sterbestunde unter dem furchtbaren Eindruck gestanden sein, daß sich das Bundesheer und die Polizei gegen ihn und seine Regierung erhoben haben; er sah den Tod vor Augen und mußte dabei annehmen, daß sein Lebenswerk zusammengebrochen sei.

Nach dem Gespräch mit Bundesminister Fey blieben die Wachebeamten Greifeneder und Messinger weiter beim Kanzler und leisteten ihm die letzten Liebesdienste. Der Kanzler, der immer schwächer wurde, dankte ihnen und sagte: »Kinder, ihr seid so lieb zu mir, warum sind die anderen nicht auch so? Ich habe ja nur den Frieden haben wollen, wir haben nie angegriffen, wir mußten uns immer wehren, der Herrgott soll ihnen vergeben.« Die letzten Worte des Kanzlers waren ein Gruß an seine Frau und an seine Kinder.

Es dürfte 15 Uhr 45 Minuten nachmittags gewesen sein, als Österreichs großer Kanzler Dr. Dollfuß seine Seele aushauchte. Er hat zweidreiviertel Stunden gelitten, ohne daß die Mordbuben daran dachten, Priester und Arzt an den Sterbenden herankommen zu lassen. In der Verweigerung des priesterlichen Beistandes ist ein Akt besonderer Roheit zu sehen, da den Mördern die tiefe Religiosität des Kanzlers bekannt sein mußte. In der

Tatsache aber, daß ihm auch der ärztliche Beistand verweigert wurde, liegt der letzte Beweis dafür, daß der Mord im Plan der Aufrührer lag. Wäre die Verwundung des Kanzlers nur einem unglücklichen Zufall oder der Eigenmächtigkeit eines einzelnen zuzuschreiben gewesen, dann hätten die anderen Aufrührer wenigstens den Versuch unternommen, das Leben des Bundeskanzlers Dr. Dollfuß zu retten.

## Der lange Marsch

*Chinesischer Soldat*

In China waren die Jahre nach dem ersten Weltkrieg bis 1926 gekennzeichnet durch die Spaltung in Nord- und Südchina. Nach dem Tod Sun Yat-sens, des »Vaters des modernen Chinas«, der im Süden des Landes regierte, unternahm Tschiang Kai-schek von 1926 an seine Feldzüge zur Einigung des Landes. 1928 gelang ihm die Einnahme Pekings, und seine Regierung fand internationale Anerkennung. 1934 eröffnete er den Feldzug gegen die kommunistischen Südprovinzen. Mao Tse-tung, der Führer der chinesischen Kommunisten, wich mit seinen Anhängern auf dem legendär gewordenen »langen Marsch« quer durch China nach Nordwesten aus, wo er in der Provinz Yenan einen neuen kommunistischen Staat begründete. Über diesen Marsch ist viel geschrieben worden. Unser abenteuerlich anmutender Bericht stammt aus der Feder eines jungen, einfachen Rotarmisten. Er ist ganz im Stil der Kommunisten gehalten und dient wie die meisten Aussagen dieser Zeit der Verherrlichung Maos. Als es 1937 zum chinesisch-japanischen Krieg kam, hielt Mao gegenüber Tschiang Kai-schek einen Burgfrieden ein. Gleich nach Kriegsende ging er aber gegen ihn vor und verdrängte ihn vom chinesischen Festland. 1949 wurde Mao zum Vorsitzenden des Zentralrates der chinesischen Volksrepublik ausgerufen.

Im Herbst 1935 durchquerte ich mit der 4. Frontarmee, der Roten, dreimal die menschenleeren Steppen- und Sumpfgebiete, die sich zwischen Maoerhkai und Shangpaotso über Hunderte von Li erstrecken. Das endlose Meer von Gras und Morästen machte auf mich einen Eindruck, den ich nie vergessen werde. Ich war damals erst vierzehn Jahre alt.

Der Marsch begann Ende August 1935. Die Truppen fluteten auf die flache grüne Ebene zu. In den Reihen des 267. Regiments der 89. Division gab es eine Gruppe von »Toddlers« – Jugendliche, die einer Propagandagruppe unter der politischen Abteilung des Regiments angehörten. Sie alle waren noch keine zwanzig Jahre alt. Unsere Untergruppe von fünf Mann, die gerade vor dem Marsch aufgestellt worden war, bestand aus Chaokang, unserem Anführer, der zwei Jahre älter war als ich und zugleich der Älteste in der Untergruppe. Für sein Alter war er sehr groß, sah aus wie ein Erwachsener und verhielt sich stets anständig zu uns. Alle schätzten ihn hoch und besprachen sich gern mit ihm. Der jüngste in unserer Untergruppe war Hou teng nang, erst zwölf Jahre alt. Er war klein, aber kräftig, lief wie ein junger Tiger, neigte aber dazu, häufig zu stolpern. Deshalb nannte ich ihn »Kleiner Ball«, und der Name wurde bald in der ganzen Untergruppe bekannt. Er nahm ihn mit philosophischer Ruhe hin.

Trotz unserer Jugend waren wir alle sehr ehrgeizig. Ein paar Tage, bevor wir in diese unwirtliche Gegend kamen, übertrug unser Anführer jedem eine Aufgabe. Er ließ mich und zwei andere auf die Suche nach Lebensmitteln gehen, während »Kleiner Ball« Wache stehen sollte. Wegen der Lügenpropaganda der Feinde und weil die verheerenden Kämpfe wieder begannen, waren alle Tibeter aus der Umgebung unseres Lagers geflohen. So gab es nirgends genug Chinko (Gebirgsgerste) und Buchweizen. Das Getreide, das wir für diesen Tag zusammenbringen konnten, reichte nicht, unseren Hunger zu stillen. Aber woher sollte man das Fehlende nehmen? Beim Abmarsch waren für unsere Untergruppe nur ein paar Körner übriggeblieben, die wir in einen Sack aus Ochsenhaut abgefüllt hatten.

Das Signalhorn rief. Die »Roten Streiter« begannen vorwärts zu marschieren. Unser Anführer trug den kostbaren Sack selbst. »Keiner darf ohne die Erlaubnis des Gruppenführers auch nur ein einziges Korn essen!« sagte er.

Und was uns andere betraf, so schulterte einer ein Bündel Brennholz, der andere schleppte ein Zelt aus Leinenfetzen, ich hatte eine Trommel und einen Gong auf dem Rücken, und »Kleiner Ball« trug einen zerbeulten, rußgeschwärzten Kessel zum Kochen von Suppen und Wasser. Auf dem Kopf hatte jeder einen zerlumpten breitrandigen Bambushut. Von ferne haben wir wohl einen höchst komischen Anblick geboten, wenn wir wie eine Reihe von Pilzen unter der Sonne dahinwankten. Die Kleider, die wir trugen, hatten wir meist den reichen Landbesitzern abgenommen, und sie befanden sich alle schon in einem höchst beklagenswerten Zustand des Zerfalls. Lediglich einen Vorteil hatten wir: Wurden wir geholt, um eine Vorstellung zu geben, brauchten wir uns um die Kostüme keine Sorgen zu machen. Ich trug die schwarze Jacke eines Gutsbesitzers ohne einen Ärmel, unser Anführer trug ein weites Gewand, das ihm um den ganzen Körper schlotterte, und »Kleiner Ball« hatte eine rote Mädchenbluse übergezogen, die mit gelben Blumen gemustert war.

Man darf wohl sagen, daß wir von dem Augenblick an, wo wir das Sumpfgebiet betraten, mit leerem Magen marschierten. Denn wie konnten fünf Mann sieben oder acht Tage lang mit nur einem kleinen Säckchen voll kohlschwarzen Korns den Marsch bestehen? Sobald wir ein Lager aufschlugen, wurde die Arbeit unter die einzelnen Mitglieder verteilt. »Kleiner Ball« sollte den Koch abgeben, seine Aufgabe war es, Feuer zu machen und Wasser zu kochen. Die übrigen zerstreuten sich, um nach Wildgemüse zu suchen, wildem Sellerie und ein paar anderen Pflanzen, die alle hervorragend schmeckten. Aber selbst diese primitive Nahrung war nur schwer zu erlangen, denn die Truppen vor uns hatten alles sorgfältig abgesucht, und wir mußten oft ein Li oder auch mehr laufen, um eine Handvoll zusammenzubringen. Dabei hieß es bei jedem Schritt auf der Hut zu sein, denn bei der geringsten Unachtsamkeit konnten wir in den Sumpf geraten. Um dieser Gefahr zu entgehen, faßten wir uns beim Laufen gegenseitig bei den Händen oder hielten uns an einer Stange fest.

Wenn wir das Wildgemüse zum Lager gebracht hatten, mühte sich jeder geschäftig, es zu waschen und zu brühen. War das »Gemüse« dann gargekocht, nahm der Anführer den Chingko und den Buchweizen aus seinem Säckchen und ließ die Körner in das Wasser fallen, wobei er jedes einzelne zählte, als handle es sich um Silbermünzen. Dann saßen wir ums Feuer und aßen, plauderten und lachten.

»Das ist Chingko mit Rindfleisch gedämpft!«

»Nein, es ist Schalotte mit Chingko gekocht.«

So kommentierten wir das Essen, und schließlich meinte der Anführer: »Ihr habt alle unrecht. Es ist ein Phantasiekuchen. Seht, der Chingko, das sind die Datteln, und der Buchweizen, das sind die Lotossamen.«

»Phantasiekuchen, wirklich!« erwiderten alle vergnügt und verschlangen das Zeug, ohne auf den bitteren Geschmack des Wildgemüses zu achten.

Obwohl es nun Mitte August war, konnte in dem Sumpfgebiet das Wetter jede Stunde am Tag umschlagen. So ballte sich hin und wieder eine Wolkenwand am Himmel zusammen, die strahlende Sonne verschwand plötzlich, und Wind und Regen peitschten über die weite Fläche. Noch schlimmer war es in der Nacht. Der sternenübersäte Himmel zeigte sich nur vorübergehend den Blicken. Im Nu konnte es Regen, Hagel oder sogar Schnee geben.

Wir mußten nicht nur mit dem Hunger, sondern auch mit den Elementen kämpfen. Hunger, Kälte und Müdigkeit stellten den revolutionären Willen eines jeden Roten Kämpfers auf eine harte Probe.

Eines Abends, als die Sonne eben langsam hinter dem Horizont versank, beschlossen wir unser Lager aufzuschlagen. Der Rauch des Feuers stieg empor, die Luft war still. Als wir etwas Suppe von den wilden Kräutern gegessen hatten, die unsere Stimmung wieder etwas hob, machten wir uns auf den Weg, um einen Lagerplatz zu finden. Wir entdeckten an einem Bach eine Gruppe niedriger Weiden. Der Anführer war hocherfreut. »Schaut, Kameraden!« sagte er. »Heute nacht brauchen wir nicht hingekauert zu schlafen. Wir werden uns ein paar Ruten beschaffen, die Tücher darüberbreiten und ein Zelt zusammenbauen. Das wird dann ein schönes großes Bett für uns alle geben.«

Ein guter Gedanke, dachte ich und machte noch einen Vorschlag: »Es wäre vielleicht noch bequemer, wenn wir Gras unter die Tücher legten.«

Im Handumdrehen hatten wir so das Zelt gerichtet.

»Heute nacht schlafen wir in einem Haus«, witzelte »Kleiner Ball«.

Wir streckten uns auf unserem Bett aus und schliefen wie ein Wurf Ferkel. Aber wir sollten diesen ungewohnten Komfort nicht lange genießen. Um Mitternacht erwachte ich, weil ich fror. Als ich mich setzte, konnte ich durch die Ritze eine dicke Wolkendecke sehen, die den ganzen Himmel verdeckte. Ein Sturm stand bevor! Dann hörte man von ferne das Heulen des Windes, und fast im gleichen Augenblick stürzten sich Wind und Regen auf uns.

Meine vier Kumpel erhoben sich aus ihrem süßen Schlaf. »Pech«, sagte unser Anführer, »daß es gerade jetzt regnet!«

Eine wilde Bö riß das Dach unseres »Hauses« – das zerschlissene Zelt – hinweg. Unter diesen Umständen konnten wir nichts anderes tun, als uns Rücken an Rücken zusammenzukauern, um uns gegenseitig etwas zu wärmen. Der Regen und Hagelkörner so groß wie Datteln prasselten auf uns herab. Wir waren bald bis auf die Haut durchnäßt. Die Bambushüte boten nur einen kümmerlichen Schutz gegen die Hagelkörner. Unsere Zähne klapperten, und wir standen von Zeit zu Zeit auf und stampften mit den Füßen, sonst wären wir Gefahr gelaufen, überhaupt nicht mehr aufzustehen.

Regen und Sturm hielten mit voller Gewalt bis zur Morgendämmerung an. Als sie allmählich nachließen, setzten wir uns in Bewegung, holten das Zelt wieder ein und richteten unsere tropfnassen Sachen. Nachdem wir Kräutersuppe gegessen hatten, machten wir uns wieder auf den Weg.

Der lange Marsch, Hunger und Kälte stellten jeden auf eine harte Probe. Dazu kam, daß unser Vorrat an Korn erschöpft war. Andere Kameraden hatten auch nicht mehr viel gesammelt, und eßbare wilde Kräuter und Gras waren kaum zu finden.

Doch trotz all dieser Schwierigkeiten und Mühseligkeiten wurden die Pausen der Entspannung immer lebendiger und abwechslungsreicher. Wir schnallten die Gürtel enger und schleppten unsere müden Leiber weiter, aber wir plauderten dabei, sangen, extemporierten Lieder, Balladen und alles mögliche andere.

Eines Tages stießen wir auf eine Kompanie Soldaten,

die ihr Lager an einem sanften Abhang aufgeschlagen hatte. Sie empfingen uns Jungen mit großem Beifall. Am Abend wurde ein fröhliches Beisammensein abgehalten. Wir saßen warm und behaglich in einem Kreis um ein Feuer, das in der Mitte auf einem großen Holzstoß brannte.

Wir sangen und tanzten, und als wir endeten, brachen die Krieger in lautes Gelächter aus und schüttelten uns die Hände. Ein kräftiger Bursche nahm den »Kleinen Ball« auf die Seite, kramte lang in seiner Tasche und brachte schließlich eine Handvoll Chingko hervor. »Nimm dies, kleiner Bruder«, sagte er und drängte »Kleinen Ball«, die Gabe zu nehmen. Aber wie konnte das »Kleiner Ball« tun?

»Was ißt denn dann du?«

»Laß das meine Sache sein, ich kann es für ein paar Tage auch so aushalten!«

So mußte »Kleiner Ball« also das Geschenk annehmen.

Ohne auf eine besondere Anweisung zu warten, begannen die Soldaten aus voller Kehle zu singen:

»Drei große Aufgaben soll die Rote Armee haben:
Den Imperialismus stürzen;
den Feudalismus durch die Agrarreform auslöschen;
die politische Macht des Proletariats errichten.
Jeder nach seinem Vermögen,
jeder nach seinem Bedarf!«

Der nächtliche Gesang ließ die Ebene erzittern. Wieder im Lager, übergab »Kleiner Ball« den Chingko unserem Anführer, und wir kochten daraus einen herzhaften Trank aus verdünnter Chingkosuppe. Dann befestigten wir das Zelt und schliefen aneinandergelehnt ein.

## Wehrpflicht und Rheinlandbefreiung

*Friedrich Hoßbach*

Durch den Versailler Friedensvertrag war die militärische Stärke des Deutschen Reiches auf ein Berufsheer von hunderttausend Mann beschränkt worden, eine Luftwaffe war ganz verboten, die Marine besaß nur wenige kleinere Einheiten. Vom Augenblick der Machtübernahme an arbeiteten die Nationalsozialisten auf eine Wiedereinführung der allgemeinen Wehrpflicht und damit verbunden auf eine umfassende Wiederaufrüstung hin. Hitler hatte von seinen Vorgängern im Kanzleramt den Anspruch auf Rüstungsgleichheit übernommen. Als seine Forderungen nicht erfüllt wurden, trat er 1933 aus der Abrüstungskonferenz und dem Völkerbund aus. Die Wiederaufrüstung Englands und die Erhöhung der Dienstzeit in Frankreich gaben ihm den äußeren Vorwand, 1935 den Wiederaufbau der deutschen Luftwaffe und die Wiedereinführung der allgemeinen Wehrpflicht öffentlich anzukündigen. Da eine befürchtete Reaktion vor allem der Westmächte ausblieb und diese durch den Abessinienkrieg politisch anderweitig festgelegt waren, konnte sich Hitler am 7. März 1936 zu einem weiteren überraschenden Schritt entschließen: Er kündigte die Locarno-Verträge und besetzte schlagartig die entmilitarisierte Zone des Rheinlands. Obwohl Frankreich an einen Einmarsch im Rheinland dachte, unterblieb auch diesmal eine Reaktion des Westens. Diese nachgiebige Haltung bestärkte Hitler nur in seinen weiteren Plänen. Der Bericht über die beiden Aktionen stammt von einem Mann aus Hitlers Umgebung. Hoßbach war von 1934 bis 1938 »Adjutant der Wehrmacht beim Führer und Reichskanzler und zugleich Abteilungschef im Generalstab des Heeres« und daher aufs engste mit den Problemen vertraut. Er berichtet darüber aus seiner Sicht in dem Buch »Zwischen Wehrmacht und Hitler« u. a.:

Die wichtigsten, die Wehrmacht unmittelbar berührenden Ereignisse waren die Wiedergewinnung der Wehrhoheit und die Besetzung der sogenannten entmilitarisierten Zone. Diese umfaßte das linksrheinische Gebiet und auf dem rechten Rheinufer eine Zone von 50 Kilometer Breite, in der aufgrund des Versailler Vertrages Befestigungsvorbereitungen nicht durchgeführt werden durften. Die Wiedergewinnung der Wehrhoheit und die Besetzung der entmilitarisierten Zone stellten die Souveränität des Reiches wieder her und wurden als nationale Notwendigkeit vom deutschen Volk lebhaft begrüßt. Der Abrüstung Deutschlands nach 1918 war die Umwelt nicht gefolgt! Deutschland lag in der Mitte hochgerüsteter Staaten wehrlos und politisch ohnmächtig.

Beide Vorgänge vollzog die Reichsregierung aus eigener Machtvollkommenheit in Abänderung der Bestimmungen des Versailler Friedens vom 28. Juni 1919. Es waren an sich Fragen innerdeutscher Art, aber von solcher politischen Bedeutung, daß sie nicht ohne Wirkung auf das Ausland bleiben konnten. Insbesondere die Rheinlandbesetzung rief Frankreich auf den Plan und veranlaßte es zu militärischen Maßnahmen gegen Deutschland, während Englands gemäßigte Haltung zur Vermeidung eines kriegerischen Konfliktes beitrug, den Deutschland nicht herbeiführen wollte und den es durchzuhalten auch in keiner Weise in der Lage gewesen wäre. Schloß mit diesen beiden, innerhalb der Reichsgrenzen bleibenden Vorgängen die Periode der Schaffung vollendeter Tatsachen ohne Verhandlung mit dem Ausland ab und blieb es bei der Entschlossenheit der Regierung, über die Wahrung der deutschen Ehre und der Freiheit des Reiches nicht hinauszugehen und insbesondere in der nationalen deutschen Rüstung nicht ein Instrument kriegerischen Angriffs, sondern der Verteidigung zu sehen und damit der Erhaltung des Friedens zu dienen, so war eine längere Zeit des Friedenszustandes zu erhoffen.

### *Die Wiedergewinnung der Wehrhoheit*

Am 13. März 1935 abends wurde ich in meiner Wohnung in Berlin von München aus durch den Arzt Hitlers, Dr. Brandt, angerufen, der mir den Auftrag übermittelte, noch am gleichen Abend zwecks Besprechung beim Führer abzureisen. Ich erreichte München am 14. März früh, begab mich in das Hotel »Vier Jahreszeiten« und stellte fest, daß Hitler und seine Begleitung noch schliefen. Ich ließ Dr. Brandt wecken, um den Zeitpunkt der Unterredung zu erfahren, der, wie ich nun hörte, nicht vor 12 Uhr zu erwarten war. Aus den Bemerkungen Hitlers glaubte der Arzt entnommen zu haben, daß der Anlaß der Besprechung sich auf die Allgemeine Wehrpflicht bezöge. Bis zur Besprechung blieben mir noch einige Stunden, die ich dazu benutzte, meine Gedanken in Ruhe auf das vermutete Thema einzustellen. Stichwortartig schrieb ich meine Überlegungen nieder, deren Hauptforderung die Vermeidung eines Krieges war.

Gegen Mittag wurde ich für etwa zwei Stunden von Hitler empfangen. Er machte mich mit seiner Absicht bekannt, die Wiedereinführung der Wehrpflicht zu verkünden und gleichzeitig den zukünftigen Rahmen des Heeres gesetzlich festzulegen, und gab eine Schilderung der außenpolitischen Lage. Der Zeitpunkt der Veröffentlichung sollte von dem Ablauf der französischen Kammersitzung, in der die Verlängerung der Dienstpflicht zur Debatte stand, abhängig gemacht werden. Vorbehaltlich der Zustimmung des Reichskriegsministers und des Oberbefehlshabers des Heeres nannte ich 12 Korpskommandos und 36 Divisionen als die von der Heeresleitung für die Zukunft angestrebte endgültige Heeresorganisation, in deren im Vergleich zu den Nachbarstaaten geringer Stärke der Defensivzweck Ausdruck fand. Die Festlegung der Anzahl der Korpskommandos und der Divisionen geschah sodann nicht eigenmächtig durch den Führer, sondern nach Vorschlag der militärischen Ratgeber. Die Begrenzung des Heeres auf 12 Korpskommandos und 36 Divisionen, wie sie im Gesetz für den Aufbau der Wehrmacht vom 16. März 1935 erfolgte, sollte ein Ziel, nicht den damals tatsächlich erreichten Rüstungsstand darstellen und die durchsichtige, störende Tarnung der bereits laufenden Aufrüstungsvorhaben beseitigen. Diese waren auf die Dauer nicht geheimzuhalten und gaben im In- und Ausland zu übertriebenen Vorstellungen von unserer militärischen Stärke Anlaß. Vom Standpunkt der Landesverteidigung aus waren die Einführung der Wehrpflicht und die öffentliche Festlegung des Heeresrahmens eine Notwendigkeit, die zu erfüllen wünschenswert war, wenn es die politische Lage gestattete und ein Krieg vermieden wurde. Diese Gedanken sprach ich Hitler gegenüber aus. Nach dem gemeinsamen Essen im Hotel »Vier Jahreszeiten« wurde eine Autofahrt in die Umgebung Münchens unternommen, wobei ein Café in Tegernsee aufgesucht wurde. Bei unfreundlichem, regnerischem Wetter erfolgte gegen Abend die Rückfahrt ins Hotel. Hitler äußerte die Absicht, mich so lange in München zu behalten, bis er selbst zur Verkündung seiner politischen Absichten nach Berlin führe. Demgegenüber bat ich dringend den Kriegsminister und die anderen verantwortlichen Männer, die er zur Sicherstellung der Geheimhaltung nicht orientiert wissen wollte, über seine Pläne unterrichten zu dürfen. Der Bitte gab er nach und beauftragte mich, eine Besprechung mit einigen Reichsministern für den 15. März zu veranlassen. Am 14. März abends trat ich die Eisenbahnrückfahrt nach Berlin an, brachte im Abteil das Gehörte zu Papier und unterrichtete am 15. März meine Vorgesetzten, insonderheit den Reichskriegsminister. Dieser nahm die Nachrichten aus Sorge um die Wirkung im Ausland zunächst mit Entsetzen auf und gab seiner Besorgnis auch in dem am 15. März abends zusammengetretenen kleinen Ministerrat deutlich Ausdruck. Gegenäußerungen Ribbentrops wies Blomberg mit den Worten: »Das ist ja alles dummes Zeug, was Sie sagen«, scharf zurück. Und Ribbentrop steckte diese drastische Zurechtweisung stillschweigend ein. Die Sorgen Blombergs wurden von den anderen Ministern nicht geteilt. Die Sitzung unter Leitung Hitlers ging in Sachlichkeit vor sich. Jeder der Anwesenden hatte die Möglichkeit zu freier Meinungsäußerung; Blomberg hielt seine Bedenken vor allem hinsichtlich der Verkündung der Wehrpflicht auch bei und nach Schluß der Sitzung aufrecht. Es entstand die merkwürdige Situation, daß der verantwortliche Soldat in der Person Blombergs die im Interesse der Wehrmacht gelegenen Vorschläge Hitlers aus politischen Gründen ablehnte, während die Zivilminister zustimmten. Die Schärfe und Leidenschaftlichkeit, mit der Blomberg seinen Standpunkt vertrat, hätte imponierend wirken können, wenn nicht zu erwarten gewesen wäre, daß er letzten Endes doch nachgab. Anschließend bat mich Hitler, ihm Unterlagen für die Proklamation an das Deutsche Volk zu besorgen. Nach etwa eineinhalbstündiger Nachtarbeit war das Material im Kriegsministerium zusammengestellt, und ich brachte es Hitler in die Reichskanzlei. Er fing sofort an, Stichworte aufzuschreiben, und hat in wenigen Stunden gegen Morgen die »Proklamation der Reichsregierung an das Deutsche Volk vom 16. März 1935« selbst ausgearbeitet. Im Laufe des Vormittags des 16. März wurden Blomberg und Fritsch nacheinander durch Hitler empfangen. Der Kriegsminister hatte seine Bedenken inzwischen fallengelassen. Fritsch wies eindringlich darauf hin, daß die Durchführung des Gesetzes erst im Laufe einiger Jahre zu verwirklichen sei und eine Überstürzung der Aufrüstung vermieden werden müsse.

Während eines der wiederholten Aufenthalte in Bayern, fern seiner amtlichen Berater, hatte Hitler den Entschluß zur Regelung der Rheinlandfrage gefaßt. Mit dieser Absicht kehrte er über Schwerin, wo er an dem Begräbnis des Landesgruppenleiters Gustloff teilgenommen hatte, am 12. Februar 1936 für einige Stunden nach Berlin zurück und begab sich noch am gleichen Abend zur Winterolympiade nach Garmisch-Partenkirchen. Er benutzte den kurzen Aufenthalt in der Reichshauptstadt zu Besprechungen und empfing auch den General von Fritsch. Dieser sah vom Standpunkt der Landesverteidigung die Wiedereinbeziehung der Rheinlande in die Militärhoheit als eine Notwendigkeit an.

Ohne die uneingeschränkte Souveränität an Rhein und Ruhr gab es keine Sicherheit für Deutschland. Der General lehnte daher die Absichten Hitlers nicht grundsätzlich ab, unterließ es aber auch nicht, darauf hinzuweisen, daß das Risiko eines Krieges aus diesem Anlaß keinesfalls eingegangen werden dürfe – eine Auffassung, der Hitler zustimmte. Der Reichskriegsminister wurde durch Hitler am folgenden Tag in Garmisch-Partenkirchen unterrichtet. Den deutschen Botschafter in Rom, von Hassell, ließ er auf dem Luftweg herbeiholen und empfing ihn am 14. Februar 1936 in seiner Münchner Privatwohnung zu einer längeren Audienz unter vier Augen. Er legte auf diese Aussprache besonderen Wert, weil er persönlich den Botschafter mit seinen Absichten im Rheinland bekanntmachen, ihn wegen der Zusammenarbeit Deutschlands und Italiens instruieren und das Urteil Hassells über die voraussichtliche Haltung der italienischen Regierung hören wollte. Hitler war von dem Ergebnis der Besprechung befriedigt, er hatte Hassell eine wichtige Rolle in der politischen Vorbereitung der Rheinlandbesetzung zugedacht.

Die militärischen Vorbereitungen wurden durch das Oberkommando des Heeres angeordnet. Die Wiederherstellung der vollen Souveränität des Reiches in der entmilitarisierten Zone war Sinn der Rheinlandbesetzung. Die Wiederbelegung ehemaliger Garnisonen stellte eine Maßnahme auf deutschem Boden dar. Es handelte sich nicht um einen Aufmarsch an der Grenze zu kriegerischen Gewalttaten, sondern um eine Verschiebung von Truppen in ein zum Reich gehöriges Gebiet, das schutzloses Grenzland war.

Die zur Durchführung bestimmten Truppen sollten in einer Transportbewegung von etwa 90 Zügen gefahren werden. Die Zurücknahme dieser Truppen hinter den Rhein war beabsichtigt, falls Frankreich zu Offensivmaßnahmen greifen sollte.

Irrtümliche Auffassung oder unzutreffende Orientierung der Berliner politischen Stellen ließ am 5. März 1936, am Tag vor dem Anlaufen der militärischen Transporte, Demarchen Englands und Frankreichs möglich erscheinen. Vom Tirpitzufer herbeigerufen, fand ich Hitler in erregtem Gespräch mit Ribbentrop in der Reichskanzlei; er orientierte mich über mutmaßliche Schritte der beiden Westmächte und knüpfte daran die Frage, ob die Ausführung der militärischen Bewegung noch angehalten werden könne bzw. bis zu welchem Zeitpunkt er sich spätestens entscheiden müsse, um deren Anhalten noch möglich zu machen. Die erste Frage bejahte ich, die zweite bedurfte der Klärung. Die Beunruhigung Hitlers stellte sich indes bald als unbegründet heraus.

Eine weitere Spannung ergab sich, als der Kriegsminister einige Tage nach dem Einrücken der Truppen die sofortige Räumung von Aachen, Trier und Saarbrücken verlangte, weil er den Beginn von Feindseligkeiten von seiten Frankreichs befürchtete. Er ließ mich an dem fraglichen Tag dreimal zu sich kommen und steigerte von einem zum anderen Male die Dringlichkeit seiner Forderung. Die Dienststellen des Oberkommandos des Heeres sahen die Lage wesentlich ruhiger an. Blomberg aber äußerte den Wunsch, die Zurücknahme der drei Garnisonen persönlich Hitler vorzutragen, und übergab mir in großer Nervosität ein gemeinsam verfaßtes Telegramm unserer Wehrmachtattachés aus London zu eiliger Übergabe an den Führer. Ich begab mich in die Reichskanzlei und übergab das Telegramm Hitler, der es ungelesen in seine Rocktasche steckte; er hatte von dem Inhalt, wie sich später herausstellte, bereits durch Göring Kenntnis und war durch diesen gegen die Wehrmachtattachés voreingenommen worden. Blomberg war bei seinem Eintreffen in der Reichskanzlei zuversichtlicher und erbat das Telegramm zurück. Nach seiner Besprechung mit Hitler traten die von ihm ursprünglich gewünschten Änderungen in der Besetzung Aachens, Triers und Saarbrückens nicht ein. Hitler sprach von den schwachen Nerven des Ministers! Das Telegramm der drei Attachés hat zu unliebsamen Weiterungen geführt. Die Offiziere hatten über eine nach ihrer Auffassung in London eingetretene Zuspitzung der Lage berichtet. Um dem Bericht Nachdruck zu verleihen, war ein gemeinsamer, von allen dreien unterschriebener Text gewählt. An der Gemeinsamkeit des Schrittes und an dem als Beeinflussungsversuch der Reichspolitik angesehenen alarmierenden Warnruf nahm Hitler Anstoß. Die Folge war eine Zurechtweisung der Attachés durch den Reichskriegsminister von Blomberg, die bedenklich war und im Gegensatz zur Auffassung des Generalstabes des Heeres erfolgte. Mochten Form und Inhalt dieses Telegramms auch anfechtbar sein, so bedeutete nach Ansicht des Chefs des Generalstabes, General Beck, doch jede Einengung der freien Meinungsäußerung eine Gefahr für die zukünftige Berichterstattung.

## Besuch im Konzentrationslager

*Carl J. Burckhardt*

Schon gleich nach der Machtübernahme am 30. Januar 1933 begannen die Nationalsozialisten, ihre politischen Gegner rigoros auszuschalten. Der Reichstagsbrand und die daran geknüpfte Behauptung von einem angeblich kommunistischen Putschversuch waren das Signal zur Verhaftung vieler tausend Menschen, deren Ablehnung des Regimes den neuen Machthabern bekannt war. Sie wurden willkürlich in den sogenannten Konzentrationslagern untergebracht. Diese Lager gehörten bald zu den gefürchtetsten Einrichtungen des Nationalsozialismus. Zwangsarbeit, härteste Strafen, Quälereien aller Art und natürlich schlechte Verpflegung bildeten die Ursachen für die hohe Sterblichkeit der Inhaftierten. 1939 bestanden in Dachau, Buchenwald und Sachsenhausen drei große Konzentrationslager, daneben gab es noch drei kleinere, alle unter der Verwaltung der Geheimen Staatspolizei. Die Zahl von 21 400 Häftlingen zu Kriegsbeginn und die Zahl der Lager stiegen während des Krieges sprunghaft an. Im März 1944 gab es zweiundzwanzig KZs (davon fünfzehn in Deutschland). Im Zuge der sogenannten »Endlösung der Judenfrage« wurden in diesen Lagern – vor allem in dem berüchtigten Auschwitz – die jüdischen Häftlinge systematisch umgebracht. Härteste Schweigegebote verhinderten, daß der deutschen Bevölkerung das volle Ausmaß der KZ-Greuel bekannt wurde. Nur ganz selten gelang in den Friedensjahren einem Ausländer der Besuch eines solchen Lagers. Wenn wir den Bericht des Schweizer Gelehrten und Politikers C. J. Burckhardt über seinen Besuch im KZ Esterwegen und seine erschütternde Begegnung mit Carl von Ossietzky lesen, der als Schriftsteller und Herausgeber der »Weltbühne« ein unermüdlicher Mahner für den Frieden gewesen war und während seines KZ-Aufenthaltes 1935 den Friedensnobelpreis verliehen bekam, müssen wir uns immer vor Augen halten, daß dieses Lager noch zu den Musterlagern gehörte! Das volle Ausmaß des Schreckens wird vielleicht erst in den Aussagen des Lagerkommandanten von Auschwitz deutlich.

Als ich in Berlin eintraf, wurde mir vom Deutschen Roten Kreuz ein Programm für den Besuch bestimmter Lager vorgelegt. Es war vorgesehen, daß ich mich im Verlauf meiner Besuche mit den Häftlingen in Gegenwart des Lagerkommandanten und seiner Untergebenen unterhalten könne. Auch der mich begleitende SS-Offizier sollte dabei sein. Ich erklärte eine unter solchen Umständen stattfindende Inspektion von vornherein für sinnlos und verlangte, im letzten Augenblick den Namen eines Lagers zu nennen, um mich unverweilt dorthin zu verfügen und mit den Häftlingen zeugenlos zu sprechen. Diese Mitteilung löste beim Stab des Herzogs von Coburg und bei ihm selbst große Bedenken, ja ausgesprochene Bestürzung aus. Sofort wurde eingewendet: »Auf diese Weise verliert das Internationale Komitee jede Aktionsmöglichkeit für den Ernstfall.« Ich beharrte auf meinem Standpunkt und erklärte, da das Komitee keinerlei Publizität zulasse, würde ich im Falle einer Ablehnung meines Vorschlags einfach wieder nach Genf zurückfahren. Damals war der Leiter der Konzentrationslager der noch junge Obergruppenführer Heydrich, der sich während der Röhm-Affäre hervorgetan hatte.

Nach langem Hin und Her wurde beschlossen, Heydrich mit mir zu einem Diner einzuladen, wo ich dann Gelegenheit haben würde, seine unvermeidliche Ablehnung und deren Begründung zu erfahren.

Das Abendessen fand statt, Heydrich hatte angenommen, vor seinem Erscheinen war jedermann erwartungsvoll gespannt, gedrückt, nur gedämpft wurde gesprochen. Dann sprang die Flügeltür auf, Heydrich erschien in der ersten schwarzen Uniform, die ich aus der Nähe zu sehen bekam, schlank, blond, mit zwei vollkommen verschieden gearteten Hälften des scharfen, blassen, asymmetrischen Gesichtes, aus welchem Mongolenaugen hervorblickten. Zackig und wiederum weich und morbid betrat dieser berühmte Henker den Salon des Herzogs.

Bei Tisch hatte ich Heydrich zu meiner Linken. Seine Hände fielen mir auf, präraffaelitische Lilienhände, zum hinauszögernden Würgen geschaffen. Der Polizeigewaltige begann sein Gespräch mit einer Äußerung über Heinrich von Kleist, aber sowohl Michael Kohlhaas als den Prinzen von Homburg fand er bedenklich. Dann wechselte er das Thema und griff frontal an: »In Ihrem kleinen Land, da sind die Freimaurer Meister, das muß anders werden, sonst sind auch Sie verloren.«

»Was für Wirkungen schreiben Sie dieser Gesellschaft zu?« fragte ich.

»Die Freimaurer«, erwiderte er, »sind das Instrument der jüdischen Rache, zuhinterst in ihren Tempeln steht ein Galgen vor einem schwarzen Vorhang, der das Allerheiligste verhüllt, nur den höchsten Eingeweihten ist es zugänglich, hinter dem Vorhang steht nur noch das eine Wort ›Jahve‹, der eine Name, das sagt genug.« Und dann sich ereifernd: »Falls das millenare Werk des Führers mißlingen sollte, falls wir zugrunde gehen, dann wird alles sich enthüllen, dann werden Triumphe, Orgien der Grausamkeit gefeiert werden, neben denen die Strenge Adolf Hitlers sehr maßvoll erscheinen wird.«

Ich hatte das Gefühl, einen Abstürzenden zu sehen, der nach dem überhängenden nassen Fels greift.

Nachdem die Tafel aufgehoben war, sagte mir der Obergruppenführer kalt: »Wir haben nicht vom Gegenstand Ihres Besuches gesprochen, gehen wir hinüber!«

Wieder die ängstliche Verwandlung aller anderen zu Nebenfiguren, Schweigen, beflissenes Lächeln, Zur-Seite-

Treten. Dann waren wir in des Herzogs Arbeitszimmer allein. Ein blitzschneller Blick Heydrichs nach rechts und links, auf die Vorhänge – Gewohnheit –, dann schaute er mich zum erstenmal eine Sekunde lang an. Es schauen mich zwei Personen gleichzeitig an, sagte ich mir, und diese Feststellung war von einem abwehrenden Gefühl begleitet; nur das eine Mal hat Heydrich mir in das Gesicht geschaut, im Bruchteil einer Sekunde.

»Sie wollen«, begann er, »Konzentrationslager besuchen! Wir können alles zeigen, es geht aber nicht an, daß Sie unvorbereitet, ohne Führung und Erklärung, die Häftlinge sprechen. Unter diesen Leuten sind gefährliche Verbrecher, Agenten, Propagandisten. Sie werden Ihnen die Ohren vollschwätzen und nachher werden sie sich groß tun mit angeblichen Aussprüchen von Ihnen.« (Wie oft sollte ich dies später erleben, aber nicht in Konzentrationslagern!) »Was hat man davon«, so fuhr er fort, »wenn keinerlei Kontrolle, keine Zeugen vorhanden sind, zeugenlose Gespräche sind immer gefährlich, heute besonders. Sie müssen nicht vergessen, wir kämpfen, der Führer kämpft gegen den Weltfeind. Es geht darum, nicht nur Deutschland wieder gesund zu kriegen, wir müssen die Welt vor ihrem geistigen und moralischen Untergang retten, das hat man bei Ihnen noch nicht verstanden. Also, es geht nicht, die Antwort des Herrn Reichsführers ist negativ. Besuchen Sie die Lager, die wir Ihnen vorschlagen.«

Ich antwortete: »Der Herr Reichsführer Himmler ist nicht in Berlin. Sie treffen ihn aber, wie ich höre, morgen. Wollen Sie ihm von mir folgendes sagen: Wenn dasjenige wahr ist, was gerüchtweise über die Behandlung politischer Häftlinge in Deutschland verlautet, dann muß ein Besuch der Lager in der Weise erfolgen, wie es mir vorgeschlagen wird. Wenn die Gerüchte dagegen unbegründet sind, dann in der Art, um welche ich nachgesucht habe. Der Bericht über die Feststellungen, die zu machen ich in der Lage sein werde, wird nur an die Regierung des Landes gerichtet, dessen Staatsangehörige interniert sind. Das genügt; ich warte in Berlin so lange, bis Sie mir die Antwort zugestellt haben, fällt sie wiederum negativ aus, fahre ich zurück; im Falle, daß Ihr Standpunkt sich ändern sollte, besuche ich in der erwähnten Weise das

Lager, das ich bezeichnen werde, und außerdem sodann die mir von Ihnen vorgeschlagenen Lager.«

Wir erhoben uns gleichzeitig. Heydrich stellte sich vor mich hin, und, indem er über meine linke Schulter schaute, sagte er gepreßt: »Man hält uns für Bluthunde im Ausland, ist es nicht so?« Und dann: »Es ist fast zu hart für den einzelnen, aber hart wie Granit müssen wir sein, sonst geht das Werk unseres Führers zugrunde, viel später wird man uns danken für das, was wir auf uns genommen haben.«

Gleich darauf verließ Heydrich die Herrengesellschaft, ein junger böser Todesgott.

Am übernächsten Tag nach der Begegnung beim Herzog von Coburg schickte mir Heydrich nachmittags um 3 Uhr einen Mann ins Hotel, der mich in das berüchtigte Prinz-Albrecht-Palais, den Sitz der Gestapo, abholte. Unbewegliche schwarze Wachen standen auf den Treppenstufen, sie schienen keiner Mutter Söhne mehr zu sein, aus der Saat von Ares' Zähnen mußten sie hervorgegangen sein.

Amtsräume der nationalsozialistischen Größen waren alle gleich. Rechts stand der gewaltige Schreibtisch wie im Palazzo Venezia, links an der Wand ein runder Tisch mit Deckchen, um den Tisch zwei Fauteuils und das Kanapee an der Wand, Überreste »der guten Stube«. Heydrich teilte mir mit, daß der Reichsführer SS meinem Verlangen Folge gegeben habe und daß meine Reise in der von mir vorgeschlagenen Weise stattfinden könne. Dann forderte er mich als Gastgeber auf, »sein Museum zu besuchen«. Ich glaubte, es handle sich um ein Kriminalmuseum.

Wir betraten einen Saal, in welchem lauter gläserne Schaukästen standen wie für die mineralogische Sammlung eines Provinzmuseums. Die Schaukästen enthielten handschriftlich geführte Listen, Namenslisten, über jedem Kasten war eine nationale Fahne angebracht. »Das sind die Listen der Logenbrüder aller Länder«, erläuterte Heydrich, »vielleicht interessiert Sie die Schweiz.« Da ich erklärte, kein Interesse zu haben, öffnete er die Tür zu einem zweiten schwarz drapierten Raum, in welchem vorerst völlige Dunkelheit herrschte, er war fensterlos. Heydrich schaltete ein violettes Licht ein, langsam traten allerlei Kultgegenstände der Maurer aus dem Schatten hervor. Leichenblaß in dem fahlen Schein, durchschritt Heydrich den Raum, redend über die Weltverschwörung, die Grade der Einweihung und die, natürlich an der Spitze der Hierarchie, okkult das Ganze zur Zerstörung allen Lebens leitenden Juden. Es folgten niedrige enge Räume, immer düsterer, die man nur gebückt durchschritt, mit Totengerippen, die, automatisch bewegt, einen mit ihren Knochenhänden an den Schultern faßten.

Bevor wir die aus allen Freimaurerlogen Deutschlands zusammengeplünderte Dekoration verließen, öffnete der Obergruppenführer noch einen schmalen Raum, der hell erleuchtet war, und von der Wand strömte mir aus drei gerahmten Manuskripten, wie Trost, Goethes vertraute Handschrift entgegen. »Goethe als Lügner« stand über den gerahmten Manuskripten, und ich las zuerst zwei kurze Briefe; im ersten teilte Goethe seine Zugehörigkeit zu einer Rosenkreuzergesellschaft mit, im zweiten, bei Anlaß seines Aufnahmegesuches in eine Loge, versicherte er eidesstattlich, nie einer Geheimgesellschaft angehört zu haben. Dann waren drei weitere Briefe vorhanden. Im ersten versprach Goethe Frau von Stein, sie am späten Nachmittag aufzusuchen, im zweiten teilte er einem vorübergehend in Weimar weilenden Reisenden mit, daß er ihn um jene selbe Zeit nicht empfangen könne, da er sich zu einer Persönlichkeit, deren Name mir entfallen ist, verfügen müsse, und diesem Betreffenden schreibt er in einem dritten Billet, er sei durch das Kommen des Reisenden daran verhindert, seiner Einladung zu folgen.

Am nächsten Morgen wurde ich von einem Beamten namens Tamaschke, der den humoristischen Titel »Sturmbannführer« führte, in früher Stunde aufs Tempelhofer Feld abgeholt. Eine Polizeimaschine stand auf dem Flugplatz bereit, und ich erklärte, mich nach Esterwegen begeben zu wollen. Der Sturmbannführer telefonierte mit verschiedenen Stellen, aber in so kurzer Zeit war in Esterwegen nichts eingreifend zu ändern. Wir landeten bei Wilhelmshaven, dort erwartete uns ein Wagen, der uns hinaus ins Moor führte. Aus dem Bodennebel, als wir uns unserm Ziel auf einem Dammweg näherten, tauchten die Umrisse eines römischen Castrums auf, Wassergräben um ein gewaltiges Rechteck, vier Türme, mit Maschinengewehren in den Schießscharten bestückt, Starkstrom-geladene Stacheldrahtumzäunung, das Rechteck abgeteilt, nach dem Eingang eine Art Villenviertel für die Wachmannschaften; ein Weiher, ein kleiner, von den Häftlingen angelegter Berg oder besser Hügel mit Bergform, mit Blumen und Sträuchern bepflanzt, im zweiten, größeren Teil des Rechtecks die Baracken der Häftlinge, Küche, Lazarett, Latrinen und die Verhörräume. Das Übliche, man hat es inzwischen hundertfältig gesehen und erlitten.

Der Lagerkommandant namens Loritz, Unteroffizier im Ersten Weltkrieg, war von Beruf ein Schlächter aus Bayern. Brueghel. Höflichkeitszeremonien ohne Ende, zuerst kasernenhofartig, dann unterwürfig. Die anderen sind mir entfallen, ich sehe sie nicht mehr vor mir, außer einem jungen Mann von fataler Eleganz, dem Lagerarzt. Die Herren wollten mir früh am Morgen ein Glas deutschen Sekt anbieten; nachdem ich abgelehnt hatte, betraten wir als finstere, gereizte Gruppe das eigentliche Konzentrationslager.

Zuerst hörte man nur das Gebrüll der Meldungen. Ich unterschied unter den Häftlingen drei Sorten, die einen, denen die Buchstaben BV (Berufsverbrecher) aufgenäht waren, die anderen, deren schlotternde Sträflingsjoppen den Buchstaben P, das ist politische Verbrecher, trugen, und endlich diejenigen, die durch eine gelbe, runde Scheibe gekennzeichnet waren.

Ich sprach mit einer ganzen Anzahl von Häftlingen zeugenlos. Die Lagergewaltigen, wenn ich sie aufforderte, zurückzutreten, gehorchten verlegen, fast knirschend, um den angsterfüllt auf sie einredenden Tamaschke geschart. Einer der ersten Sträflinge, die ich ansprach, ein hochgewachsener, furchtloser Mann, lehnte seinen Besen an die Wand und stellte sich vor: »Heilmann, preußischer Staatsminister, Sozialdemokrat und Jude.« Was er verlangte, war das Unmögliche, die Normen des Rechtsstaates, ein Verhör, einen Verteidiger, ein Urteil. Seit eineinhalb Jahren war er hier, keine Anklage wurde gegen ihn erhoben, kein Verhör fand statt. Gelegenheit zur Verteidigung wurde ihm nicht gegeben. Er klagte nicht, er verlangte scharf, eindringlich, daß ihm zu seinem Recht verholfen werde. Auf meine Frage, wie die Behandlung sei, ging er kaum ein und sagte nur wegwerfend: »hundsföttisch.« Er wollte keine sentimentalen Töne hören. »Ich verlange mein Recht«, sagte er, »es ist Ihre Pflicht, sobald Sie draußen sind, sich dafür einzusetzen.«

Ich besitze Aufzeichnungen über das Gespräch mit einem Sterbenden im Lazarett. Ich unterhielt mich mit einem blutjungen Katholiken, der an Krücken ging wegen eines Oberschenkelbruchs. »Mißhandlung?« »Nein, Krach!« »Mit wem?« »Mit dem Bettnachbarn.« »Was ist das für einer?« »Ein BV, zwei Morde.« Bettnachbar eines noch nicht zwanzigjährigen, der verhaftet wurde, weil er zur Kirche ging.

Mit 24 Häftlingen habe ich an dem Vormittag ohne Zeugen gesprochen. Ich wollte Zeit gewinnen, möglichst viele Eindrücke sammeln, die Arbeitsgruppen sehen, die aus dem Moor zurückkehrten. Der Lagerkommandant sagte: »Der Führer will keine Arbeitskraft ungenützt lassen, in allen Gefängnissen der Systemzeit verschimmelten alte Verbrecher, lebenslängliche, die mußten herangeholt, einsatzbereit gemacht werden.«

Der kritische Augenblick meines Besuches trat um 3 Uhr nachmittags ein. Wir hatten auf mein Begehren in der Kantine der Sträflinge etwas zu uns genommen, dann haben wir weiter besichtigt. Um 3 Uhr nachmittags, mitten auf dem großen Freiplatz zwischen den Baracken, sagte ich zu dem Kommandanten, Standartenführer Loritz: »Jetzt wünsche ich Herrn von Ossietzky zu sehen und zeugenlos mit ihm zu sprechen, den Hamburger Pazifisten und Schriftsteller Ossietzky, den Nobelpreisträger.«

Die Umstehenden nahmen eine fast drohende Haltung ein, Loritz, hochrot im Gesicht, preßte hervor: »Wen wollen Sie sehen? Wer ist das?«

»Sie wissen es genau!«

»Kein Häftling dieses Namens ist hier.«

»Doch, er ist hier, falls er noch lebt. Wir wollen keine Zeit verlieren«, dann lauter, »falls er nicht mehr lebt, mache ich Sie persönlich verantwortlich.«

Jetzt schrie Loritz: »Unmöglich, ausgeschlossen.«

Tamaschke, der Verzweiflung nahe, versuchte auf mich einzureden. Nun, ein einziges Mal, entschloß ich mich auch zu dem Kasernenhofton:

»Was ist das für eine verdammte Schweinerei, daß hier Befehle nicht durchgehen. Sie kennen Ihren Befehl, ich sehe die Häftlinge, die ich zu sehen wünsche, und spreche mit ihnen, Sie wissen, um was es geht.«

Mehr brauchte der Unteroffizier nicht. Schon lief einer aus dem Gefolge in die hinterste Baracke. Dann standen wir schweigend, wieder schaute ich auf die Armbanduhr, drei Minuten, fünf, zehn.

Nach zehn Minuten kamen zwei SS-Leute, die einen kleinen Mann mehr schleppten und trugen als heranführten.

Ein zitterndes, totenblasses Etwas, ein Wesen, das gefühllos zu sein schien, ein Auge verschwollen, die Zähne anscheinend eingeschlagen, er schleppte ein gebrochenes, schlecht ausgeheiltes Bein.

Ich ging ihm entgegen, reichte ihm die Hand, die er nicht ergriff.

»Melden!« schrie Loritz.

Ein unartikulierter, leiser Laut kam aus der Kehle des Gemarterten.

Ich zu Loritz: »Zurück!«

»Herr von Ossietzky«, sprach ich ihn an, »ich bringe Ihnen die Grüße Ihrer Freunde, ich bin der Vertreter des Internationalen Komitees vom Roten Kreuz, ich bin hier, um Ihnen, soweit uns dies möglich ist, zu helfen.«

Nichts. Vor mir, gerade noch lebend, stand ein Mensch, der an der äußersten Grenze des Tragbaren angelangt war.

Kein Wort der Erwiderung.

Ich trat näher. Jetzt füllte sich das noch sehende Auge mit Tränen, lispelnd unter Schluchzen sagte er:

»Danke, sagen Sie den Freunden, ich sei am Ende, es ist bald vorüber, bald aus, das ist gut.« Und dann noch ganz leise: »Danke, ich habe einmal Nachrichten erhalten, meine Frau war einmal hier; ich wollte den Frieden.« Dann kam wieder das Zittern. Ossietzky verneigte sich leicht in der Mitte des weiten, leeren Lagerplatzes und machte eine Bewegung, als wolle er militärische Stellung annehmen, um sich abzumelden. Dann ging er, das eine Bein nachschleppend, mühsam Schritt vor Schritt zu seiner Baracke zurück.

Diesem Vorgang folgte der Besuch des Arrestraumes.

Darüber versuchte ich in Berlin durch einen Mittelsmann der englischen Botschaft Meldung zu machen; ein einziger Häftling wurde mir gezeigt in einem Käfig, wie mir gesagt wurde, ein englischer Spion.

Es war inzwischen 5.30 Uhr geworden, ich mußte Zeit gewinnen, um die Moorarbeiter bei ihrer Rückkehr zu sehen. So sprach ich wieder viele Häftlinge an. Die meisten hatten Angst, sie meldeten sich und antworteten dann kurz und ausweichend, Essen gut, Behandlung nicht zu klagen.

Loritz und der Arzt versuchten zum Aufbruch zu mahnen. Und nun kamen endlich diejenigen, die ich erwartet hatte: dreißig Mann etwa, wie eine Gruppe von lauter Ossietzkys, Krüppel aus dem Dunkel auftauchend im Licht der Bogenlampen, ein fast unglaublicher Regiefehler. Ich nehme an, es handelte sich um Kommunisten.

Später, nachdem unser Bericht an die Reichsregierung, ein zweiter Bericht an eine in diesem Zusammenhang besonders wichtige Mittlerpersönlichkeit abgegangen war, erfuhr ich, Loritz sei selbst als Häftling in ein Konzentrationslager eingeliefert worden. Mir wurde gesagt: »Aufgrund Ihres Rapports!« Das wird wohl stimmen, aber jedenfalls deswegen, weil aus meinem Bericht hervorging, daß Loritz einen Regiefehler begangen hatte. Es wurden von mir zwei Berichte geschrieben, ein knapper offizieller, der durch das Deutsche Rote Kreuz an den Reichsführer Himmler, und ein anderer, der durch die Vermittlung eines großen Arztes an Adolf Hitler ging, von dem damals noch viele Gegner des Regimes sagten: »Er weiß nichts von diesen grauenhaften Vorgängen.«

Vier Jahre später erzählte mir Hans Heinrich Lammers, der Chef der Reichskanzlei, Hitler habe ihn einmal mitten in der Nacht gerufen und habe ihn gefragt: »Haben wir in der Reichskanzlei eine Ausgabe der gesammelten Werke Friedrich Schillers?« Lammers habe dies nicht gewußt. »Schauen Sie nach«, habe der Führer ihm gesagt, »und falls die Bücher vorhanden sind, suchen Sie mir den Aufsatz über den – Verbrecher aus verlorener Ehre –«, diesen Aufsatz hatte ich in meinem Spezialbericht erwähnt. Hitler habe dann den Text des großen, freien und reinen Geistes aufmerksam gelesen, habe sich aber nicht geäußert. Ossietzky wurde bald nach meiner Reise entlassen, starb aber kurz nach seiner Befreiung. Die Berufsverbrecher wurden für kurze Zeit von den sogenannten politischen Verbrechern getrennt.

Mir schien damals, was in Deutschland geschehe, sei unser aller Sache, und auch ich neigte noch dazu, anzunehmen – nicht mehr lange –, es geschähen Dinge, von denen die oberste Führung nichts wisse.

## Im Abessinienkrieg *Rodolfo Graziani*

Nach dem ersten Weltkrieg gehörte Abessinien zu den ganz wenigen selbständigen Staaten Afrikas. Schon 1895 hatten die Italiener erstmals versucht, das Land zu annektieren, waren aber bei Adua (1896) geschlagen worden. Obgleich Italien wie auch Abessinien Völkerbundsmitglieder waren, griff Mussolini trotzdem 1935 das Land an und eroberte es innerhalb eines Jahres. Der Völkerbund, den der Negus von Abessinien, Haile Selassie, um Unterstützung anrief, verhängte zwar Sanktionen, die sich jedoch weitgehend auf das Verbot der Ausfuhr von Waffen und Munition nach Italien beschränkten. Mussolini wollte nun das Schlagwort vom neuen »Imperium Romanum« verwirklichen und proklamierte 1936 ein Kaiserreich Äthiopien in Personalunion mit dem Königreich Italien. Diese Eroberungspolitik führte zu einer weitgehenden Entfremdung zwischen Italien und den Westmächten, dafür aber zu einer stärkeren Annäherung an das nationalsozialistische Deutschland, da ihm Hitler bei seinen Eroberungsplänen bewußt entgegengekommen war. Als der Völkerbund die Anerkennung des neuen Kaiserreiches verweigerte, trat Italien, wie schon vorher Deutschland und Japan, aus diesem Gremium aus. Über die Eroberung Äthiopiens haben die maßgeblich beteiligten Heerführer de Bono und Graziani recht trockene Rechenschaftsberichte abgegeben, für deren selbstherrlichen Ton die folgenden Seiten als Beweis dienen sollen.

Die Eroberung von Gorrahei und Gabredarre sollte nicht Selbstzweck sein. Schon am 2. November waren die Richtlinien der politischen Zielsetzung und der vorzunehmenden Verteilung festgelegt worden. Aufgrund dieser Richtlinien war man bestrebt, dem Sektor Schebeli-Ogaden Sicherheit und Autonomie zu verleihen, damit das Kommando der Obersten Heeresleitung alle Tätigkeit sofort auf einen anderen Bereich verlegen könnte, und zwar auf den Sektor von Giuba, auf den immer stärker die Drohung einer Invasion zukam.

Am 9. fasse ich diese Richtlinien und die anderen, während meines Aufenthalts in Gorrahei mündlich gegebenen Anweisungen zusammen. Sie zielen darauf ab, aus dem System Gorrahei–Gabredarre ein zweckmäßig ausgestattetes Versorgungszentrum für die weitere Entfaltung der Operationen in Richtung auf Harar zu machen.

Ein politischer Kommissar, der im Augenblick der Leiter der politischen Abteilung der Regierung ist, soll die Verbindungen herbeiführen, sei es mit den Stämmen des Gebiets (von denen ein Teil sich unterworfen hat, während ein anderer von den Abessiniern gezwungen wurde zurückzuweichen), sei es mit der Regierung von Somaliland und den ihr unterstehenden eingeborenen Bevölkerungsteilen, um Begünstigungen und ähnliche Vorkommnisse zu vermeiden.

Das taktische Kommando des Bereichs muß in Gorrahei bis zur Festlegung der militärischen Organisation bleiben.

Im Bereich von Faf verbleibt die 1. arabisch-somalische Gruppe (in Gorrahei oder in Gabredarre) zur beweglichen Verteidigung des eroberten Gebiets und für die Arbeiten der Verteidigungseinrichtungen. In den Sektor Ogaden – außer der bereits an Ort und Stelle befindlichen 5. Gruppe – rückt wieder die 3. Gruppe mit Sitz in Uarder ein. Im Bereich Schebeli muß die Verteidigungsorganisation von Callafo in Angriff genommen werden, indem dorthin die gesamte 4. Gruppe verlegt wird, und genauso ist in Mustahil–Dagnerei mit der 2. Gruppe zu verfahren.

In der Nähe von Ferfer muß die 2. A.S.-Gruppe in Bereitschaft gehalten werden als bewegliche Reservemasse für eventuelle kontraoffensive Aktionen (notfalls wird dem Bereichskommando eine Autoabteilung als bewegliche Einheit überlassen), und schließlich müssen alle verfügbaren Kräfte sich wieder nach Belet Uen begeben, wo bereits das Füsilierbataillon und die Artilleriegruppe der »Peloritana« festgelegt wurden und wohin noch zwei einheimische Maschinengewehrschützenbataillone verlegt werden, so daß von jenem Augenblick an Belet Uen eine Besatzungsmacht erhält, die ausschließlich den Einheimischen anvertraut ist.

Außer der Sicherheitsleistung bei Offensivaktionen, aus dem Bereich von Fafan, soll uns diese in der Tiefe gestaffelte Verteilung in die Lage versetzen, zu gegebener Zeit dem eventuellen Einfall längs des Schebeli zu begegnen, seitens der Kontingente des Bale, die der Gouverneur jenes Gebiets, Beienè Merid, zwischen Imi und Ghigner zusammengestellt hat, um die Aktion des Ras Destà Damtu zu unterstützen.

In Gorrahei muß ein Flugfeld von 1500 auf 1500 Meter hergerichtet werden, geeignet für die Bewegung ganzer Staffeln, deren Aktionsmöglichkeiten nunmehr gewaltig gewachsen sind. Der Platz ist nach und nach mit Material, Mitteln und Anlagen auszustatten. Zur Sicherung der Anlagen und des dort zu errichtenden Wasserversorgungszentrums wird eine Untergruppe dort bleiben.

Für die Nachschubvorbereitungen muß das Bereichskommando Gabredarre zu einem Versorgungsknotenpunkt machen, der dazu bestimmt ist, Widerstand bis zum äußersten zu leisten, und zwar mit Bereitschaftsstellungen in Gräben oder unter der Erde für eine Kompanie und eine oder zwei Artillerieabteilungen, mit Schuppen, Lagern, Hallen und so weiter, so daß zu gegebener Zeit die Ausstattung dort untergebracht werden kann, welche benötigt wird für die Kolonnen, die für die Operationen auf Harar bestimmt sind. Ebenso ein Wasserversorgungszentrum mit Anlagen und Behältern für den Bedarf von 25000 bis 30000 Mann, welche Zahl für die geplanten Operationen erforderlich gewesen wäre.

Im Einvernehmen mit dem Pionierkommando muß der Bereichskommandant schließlich die Straße Gorrahei–Gabredarre längs der linken Seite des Fafan bauen sowie die Brücken in jeder dieser beiden Ortschaften, so daß der Durchgangsverkehr über den Wildbach bei beliebigen Witterungsbedingungen ermöglicht wird.

Die Intendantur muß beschleunigt den Nachschub für die neue Besatzung von Gabredarre organisieren, um dort unverzüglich 30 Tagesrationen für die gesamte 2. A.S.-Gruppe einzulagern.

Mit der Ausführung dieser Befehle wurde sofort begonnen, und von Mitte November an wurde die Durchführung eifrig vorangetrieben, so daß dem neuen und ausgedehnten Sektor Schebeli–Faf–Ogaden eine allen Bedürfnissen entsprechende politisch-militärische Organisation zuteil wurde. Diese Maßnahmen wurden ergänzt, indem der Unterbereich Ogaden dem Sonderkommissar für Migiurtinia, Oberstleutnant Bechis, anvertraut wurde, der seinen Sitz vom Kommissariat nach Uarder verlegte.

Die operative Phase kam zu einem Abschluß. Auch der Duce und die obersten Stellen hatten ihre Befriedigung geäußert.

»12914. Ich freue mich lebhaft mit Dir über die glänzende Operation auf Gorrahei. Deine Tätigkeit wird mit Befriedigung und Freude von Seiner Exzellenz dem Regierungschef verfolgt. Die Zukunft wird noch glänzender sein.
Herzlich LESSONA

Ich bestätigte dem General Frusci, daß der Sektor rein defensive Aufgaben habe, und daß er selbst für den eigenen Bedarf Vorkehrungen treffen müsse. Ich begab mich hierauf endgültig in den Bereich von Giuba.

Im Gebiet von Ogaden begannen gleichlaufend mit der militärischen Organisation die Unterwerfungen und Anwerbungen unter den unterworfenen Stämmen selbst. Der Olol Dinle, der in Callafo unter dem Oberbefehl des Obersten Bertello geblieben war, konnte durch Polizeieinsatz bei der Eingeborenenbevölkerung weitere 500 Eingeborene bei den Sciaveli anwerben.

In Gorrahei stellte sich am 8. der Sohn des verstorbenen Mullah, Abdi Kerim, der Anführer der Baheri, ein. Er nahm die Unterwerfung seines gesamten Verbands vor, händigte etwa tausend Gewehre aus und stellte einige hundert in unseren Dienst. Es ergaben sich die Gruppen Scekal Hassan, rer Elmi und rer Ogaden Micael. Alle äußerten sich bezüglich der Schwere der von den Abessiniern in Hamanlei erlittenen Niederlage und der Wirksamkeit der auf Dagabur vorgenommenen Bombardements.

Gleichlaufend mit der politisch-militärischen Organisation des eroberten Gebiets setzte die Organisation der Luftstreitkräfte ein, deren Tätigkeit vom Zentrum Gorrahei aus sich Bombardierungseinsätzen auf Dagabur und

Aufklärungseinsätzen über Giggiga und Harar (die nach dem Willen des Duce von Bombardierungen verschont werden sollten) zuwandte, um so unsere defensiven Vorhaben in diesem Bereich zu tarnen und den Degiac Nasibú über unsere Absichten im unklaren zu lassen.

Am 23. November vereinigte ich das Gebiet im Bereich zwischen Schebeli und Ogaden und bildete einen einzigen Sektor, für den General Frusci zuständig war, mit drei verschiedenen Untersektoren: »Schebeli« unter dem Befehl des Obersten Bertello, »Faf« unter Oberst Maletti und »Ogaden« unter Oberstleutnant Bechis.

Die von uns im Gebiet Ogaden erzielten Ergebnisse, mit den Operationen zur Frontverbesserung, mit der Eroberung von Gorrahei und den in Hamanlei zugefügten schweren Verlusten bei dem von Wehib Pascha organisierten Aufstandsversuch, hatten großen Einfluß auf die weiteren operativen Absichten der äthiopischen Heeresleitung an der Südfront.

Der vermutliche ursprüngliche Plan bestand darin, geballt von Hararghie längs der Linie Faf–Giarer tätig zu werden, und mit einer untergeordneten Streitmacht von Bale-Sidamo auf das Gebiet jenseits Giuba und eventuell längs der Schebeli.

Als Folge der erwähnten Ereignisse wurde das Konzept geändert. Die Bedrohung durch weitere Fortschritte unsererseits im Raum von Ogaden veranlaßte die Abessinier, in jenem Sektor in der Defensive zu bleiben und statt dessen Nachdruck auf die Offensive gegen die linke Seite unserer Aufstellung zu legen, um uns an der Flanke oder gar direkt im Rücken anzugreifen und uns von Mogadiscio abzuschneiden, sobald wir tief in das Gebiet von Ogaden eingedrungen wären. Ras Destà, der mit der eigenen Armee und mit dem Kontingent von Beienè Merid mit der Durchführung dieser Aktion beauftragt war, wurde ersucht, seine Bewegung zu beschleunigen. Nasibú traf Anstalten, um den Bereich Hararghiè und die am weitesten rückwärts liegenden Zentren des Ogaden (Harar–Giggiga–Dagabur) zur Verteidigung zu organisieren.

Erst Mitte Dezember, als die Armee des Ras Destà sich an der Grenze zwischen Giuba und Daua Parma festsetzte, faßte der äthiopische Generalstab, oder vielleicht der Kaiser selbst, den Gedanken, bei der Offensive auch die Ostarmee mitwirken zu lassen, somit eine einzige Aktion auf der ganzen Frontlänge zu planen. Und tatsächlich begann der Degiac Nasibú mit den sehr weit vorgeschobenen Sperranlagen auf beiden Seiten des Fafan und des Giarer (zwischen Sassabaneh–Bullaleh und Hamanlei) und versuchte mit seinen beweglichen Streitkräften nach Süden zu drücken, mit einem Vorstoß von Dukun auf Danan. Die von uns durchgeführte Präventivbesetzung von Danan (17. Dezember), die von uns in dem Sektor entfaltete Tätigkeit in der Luft und auf dem Land vereitelten die Bedrohung. Von diesem Zeitpunkt an bis Mitte März kümmerte sich die Armee des Degiac Nasibú um Arbeiten an Sperranlagen auf den mutmaßlichen Stoßrichtungen eines Vormarsches unsererseits. Ein weiterer Versuch wurde in Gianagobo abgebrochen, als die Streitkräfte von Somaliland die Offensivschlacht im Bereich von Ogaden einleiteten.

Die Besetzung von Gorrahei gestattete es uns, etwa 300 Kilometer in Feindesland vorzudringen, wodurch der äußerst gefährliche Einschnitt von Ferfer beseitigt wurde, und so unsere neue Front (Dolo–Gorrahei–Uarder) um einige hundert Kilometer zu verkürzen.

## Aufstand in Barcelona — *George Orwell*

Nachdem es in Spanien 1931 zum Sturz der Monarchie gekommen war, wurde das Land in den folgenden Jahren mehrfach von ernsten Unruhen erschüttert. Bei den Wahlen im Februar 1936 siegten die in der »Volksfront« zusammengeschlossenen Linksparteien (Republikaner, Sozialisten, Kommunisten, Anarchisten). Vier Monate später unternahm General Franco in Spanisch-Marokko eine Militärrevolte, die rasch auf das Mutterland übergriff. Während in Madrid eine Volksfrontregierung gebildet wurde, riefen die Anhänger Francos ihn zum Chef einer nationalspanischen Regierung aus. Die Folge davon war ein jahrelanger Bürgerkrieg, der anfangs bei annäherndem Gleichgewicht der Kräfte geführt wurde. Ein Versuch Englands und Frankreichs, die europäischen Staaten zur Nichteinmischung zu verpflichten, scheiterte. Während die spanische Linke Unterstützung aus den westeuropäischen Ländern, Amerika und der Sowjetunion fand, wurde Franco von Italien und bald auch von Deutschland unterstützt. So bildete Spanien ein kriegerisches Versuchsfeld, auf dem die verschiedensten Gruppen ihre neuen Waffen, vor allem Panzer und Flugzeuge, erproben konnten. Der folgende Bericht des bekannten englischen Schriftstellers George Orwell, der als Freiwilliger gegen das Franco-Regime kämpfte, zeigt deutlich, wie falsch die landläufige Meinung von einer »kommunistischen« und einer »nationalspanischen« Front war, beweist doch gerade der Aufstand in Barcelona, den Orwell als Augenzeuge miterlebte, die Differenziertheit und die inneren Spannungen auf seiten der Volksfront. Nach jahrelangen Kämpfen wurde dann im Frühjahr 1939 Katalonien von Franco erobert, am 28. März Madrid besetzt und damit der Bürgerkrieg beendet.

Es wird niemals möglich sein, eine vollständig genaue und unvoreingenommene Darstellung der Kämpfe in Barcelona zu erhalten, da die notwendigen Unterlagen nicht vorhanden sind. Zukünftige Historiker werden nichts außer einer Menge Anschuldigungen und Parteipropaganda haben, wonach sie sich richten können. Ich selbst habe zusätzlich zu dem, was ich mit meinen eigenen Augen gesehen habe oder was ich von Augenzeugen erfuhr, wenig Unterlagen, die ich für glaubwürdig halte. Ich kann jedoch einige der besonders schamlosen Lügen widerlegen und dazu beitragen, die Ereignisse in das richtige Licht zu rücken. Zunächst also, was geschah wirklich?

Schon seit einiger Zeit war es zu Spannungen in ganz Katalonien gekommen. Ich habe schon über die Auseinandersetzung zwischen Kommunisten und Anarchisten berichtet. Im Mai 1937 hatten die Dinge einen Punkt erreicht, an dem man einen heftigen Ausbruch als unvermeidlich ansehen mußte. Der unmittelbare Anlaß für die Reiberei war ein Befehl der Regierung, alle verborgenen Waffen abzuliefern. Dieser Befehl erfolgte gleichzeitig mit der Entscheidung, eine schwer bewaffnete, »unpolitische« Polizeimacht aufzubauen, von der die Gewerkschaftsmitglieder ausgeschlossen werden sollten. Die Bedeutung dieser Anordnung war jedem klar. Es war ebenso einleuchtend, daß der nächste Schritt darin bestehen werde, einige von der C.N.T.[1] kontrollierte Schlüsselindustrien zu übernehmen. Außerdem herrschte unter der Arbeiterklasse ein gewisser Verdruß über den wachsenden Gegensatz zwischen Wohlstand und Armut sowie das allgemeine, unbestimmte Gefühl, die Revolution sei sabotiert worden. Viele Leute waren angenehm überrascht, als es am 1. Mai keine Ausschreitungen gab. Am 3. Mai entschloß sich die Regierung, das Telefonamt zu übernehmen, das seit Kriegsbeginn hauptsächlich von Arbeitern der C.N.T. in Betrieb gehalten worden war. Man behauptete, es werde schlecht geleitet und amtliche Gespräche würden abgehört. Der Polizeichef Salas, der vielleicht seine Anweisungen überschritt, vielleicht aber auch nicht, entsandte drei Lastwagen mit bewaffneten Zivilgardisten, um das Gebäude zu besetzen, während die Straßen draußen von bewaffneter Polizei in Zivil gesäubert wurden. Zur gleichen Zeit etwa besetzten Trupps der Zivilgarde verschiedene andere Gebäude an strategischen Stellen. Was auch die wirklichen Absichten gewesen sein mögen, man glaubte allgemein, dies sei das Signal für einen Generalangriff der Zivilgardisten und der P.S.U.C.[2] (Kommunisten und Sozialisten) auf die C.N.T. In der Stadt verbreitete sich in Windeseile die Nachricht, daß man die Gebäude der Arbeiter angreife. Bewaffnete Anarchisten erschienen in den Straßen, die Arbeit wurde niedergelegt, und sofort brachen Kämpfe aus. In der Nacht und am nächsten Morgen wurden in der ganzen Stadt Barrikaden errichtet, und die Kämpfe gingen ununterbrochen bis zum Morgen des 6. Mai weiter. Auf beiden Seiten waren die Kämpfe aber hauptsächlich defensiv. Die Gebäude wurden zwar belagert, aber, soviel ich weiß, nicht gestürmt, und man setzte keine Artillerie ein. Grob gesprochen hielten die Streitkräfte der C.N.T.-F.A.I.[3] und P.O.U.M.[4] die Vorstädte der Arbeiterklasse und die bewaffneten Polizeikräfte sowie die

[1] Confederación National de Trabajadores = Gewerkschaft anarchistischer Richtung mit zwei Millionen Mitgliedern. Anm. d. Hrsg.

[2] Partido Socialista Unificado de Cataluña = Sozialistische Partei Kataloniens. Anm. d. Hrsg.

[3] Federación Anarquista Ibérica = Politisches Organ der CNT. Anm. d. Hrsg.

[4] Partida Obsero de Unificacíon Marxista = Arbeiterpartei der marxistischen Einigung. Anm. d. Hrsg.

P.S.U.C. die zentralgelegenen Teile der Stadt und die Regierungsviertel. Am 6. Mai kam es zu einem Waffenstillstand, aber die Kämpfe brachen bald wieder aus, wahrscheinlich wegen der voreiligen Versuche der Zivilgardisten, die Arbeiter der C.N.T. zu entwaffnen. Am nächsten Morgen aber verließen die Leute aus eigenem Antrieb die Barrikaden. Ungefähr bis zur Nacht des 5. Mai behielt die C.N.T. die Oberhand, und eine große Zahl Zivilgardisten hatte sich ergeben. Aber es gab keine allgemein anerkannte Führung und keinen festen Plan; ja, soweit man urteilen konnte, überhaupt keinen Plan außer der vagen Entschlossenheit, sich den Zivilgardisten zu widersetzen. Die Parteiführer der C.N.T. beschworen gemeinsam mit der Spitze der U.G.T. die Bevölkerung, an die Arbeit zurückzugehen; vor allem wurden die Lebensmittel knapp. Unter diesen Umständen war niemand von der Wichtigkeit der Streitpunkte genügend überzeugt, um weiterzukämpfen. Am Nachmittag des 7. Mai waren die Verhältnisse fast normal. An diesem Abend trafen sechstausend Sturmgardisten ein, die man von Valencia über das Meer geschickt hatte, und übernahmen die Kontrolle der Stadt. Die Regierung erließ den Befehl, alle Waffen abzuliefern, die sich nicht im Besitz der regulären Streitkräfte befanden, und während der nächsten Tage wurden große Waffenmengen beschlagnahmt. Offiziell wurden die Verluste während der Kämpfe mit vierhundert Toten und etwa tausend Verwundeten angegeben. Vierhundert Tote sind wahrscheinlich übertrieben, aber da es keine Möglichkeit gibt, die Wahrheit zu überprüfen, muß man diese Angabe als richtig hinnehmen.

Zweitens nun, was waren die Folgen der Kämpfe? Offensichtlich ist es unmöglich, mit einiger Sicherheit zu sagen, wozu sie führten. Es gibt keinen Beweis dafür, daß der Ausbruch der Unruhen irgendeinen direkten Einfluß auf den Verlauf des Krieges hatte, obwohl das der Fall gewesen wäre, wenn die Kämpfe noch länger gedauert hätten. Die Unruhen dienten als Entschuldigung, Katalonien unter die direkte Kontrolle Valencias zu bringen, die Auflösung der Milizeinheiten voranzutreiben, die P.O.U.M. zu unterdrücken, und ohne Zweifel hatten sie auch einen Einfluß auf den Sturz der Regierung Caballero. Aber wir können mit Sicherheit annehmen, daß diese

Dinge auf jeden Fall geschehen wären. Die eigentliche Frage lautet, ob die Arbeiter der C.N.T., als sie auf die Straße gingen, durch ihre Bereitschaft, aus diesem Anlaß zu kämpfen, etwas gewannen oder verloren. Nach meiner Meinung, einer reinen Mutmaßung, gewannen sie mehr, als sie verloren. Die Besetzung des Telefonamtes von Barcelona war nicht mehr als ein Zwischenfall in einer langen Kette von Ereignissen. Seit dem vorangegangenen Jahr hatte man die direkte Macht allmählich den Händen der Syndikate entrungen. Die allgemeine Tendenz lief nicht mehr auf eine Kontrolle durch die Arbeiterklasse hinaus, sondern zielte auf die Verwirklichung einer zentralisierten Kontrolle. Das mußte zum Staatskapitalismus oder möglicherweise zur Wiedereinführung des privaten Kapitalismus führen. Wahrscheinlich wurde diese Entwicklung durch den damaligen Widerstand verlangsamt. Ein Jahr nach Kriegsausbruch hatten die katalanischen Arbeiter viel von ihrer Macht verloren, aber vergleichsweise war ihre Stellung immer noch vorteilhaft. Sie wäre wahrscheinlich viel ungünstiger gewesen, hätten sie klar zu erkennen gegeben, daß sie sich auch gegenüber der größten Herausforderung ruhig verhalten würden. Es gibt Gelegenheiten, bei denen es sich besser bezahlt macht, zu kämpfen und geschlagen zu werden, als überhaupt nicht zu kämpfen.

Drittens aber, welche Absicht lag dem Ausbruch der Unruhen zugrunde, gab es überhaupt eine? War es ein coup d'Etat oder der Versuch einer Revolution? Zielte er tatsächlich auf den Sturz der Regierung? Hatte man vorher überhaupt irgendwelche Absprachen getroffen?

Es gibt zwei Gründe für meine Vermutung, daß keine der Parteien irgendwelche Vorbereitungen für umfangreiche Kämpfe getroffen hatte:

1. Keine der Parteien hatte vorher Truppen nach Barcelona gebracht. Die Kämpfe fanden nur zwischen den Leuten statt, die schon in Barcelona waren, hauptsächlich Zivilisten und Polizei.

2. Lebensmittel wurden fast sofort knapp. Jeder, der in Spanien gedient hat, weiß, daß die einzige Kriegshandlung, welche die Spanier wirklich gut bewerkstelligen, die Versorgung ihrer Truppen mit Lebensmitteln ist. Es ist sehr unwahrscheinlich, daß eine der Parteien ein- oder

zweiwöchige Straßenkämpfe und zusätzlich einen Generalstreik geplant hätte, ohne vorher genügend Lebensmittel gelagert zu haben.

Schließlich noch die Frage nach Recht oder Unrecht.

In der ausländischen antifaschistischen Presse wurde viel Staub aufgewirbelt, aber wie üblich schenkte man nur einer Seite des Falles Gehör. So wurden die Kämpfe in Barcelona als ein Aufstand illoyaler Anarchisten und Trotzkisten dargestellt, die »der spanischen Regierung in den Rücken fielen« und so weiter. So einfach war die Streitfrage aber nicht. Wenn man mit einem Todfeind Krieg führt, ist es zweifellos besser, sich nicht untereinander zu streiten. Man sollte sich jedoch daran erinnern, daß zu einem Streit zwei gehören und das Volk nicht beginnt, Barrikaden zu bauen, bevor es nicht der Ansicht ist, provoziert worden zu sein.

Natürlich hat die Aufforderung der Regierung an die Anarchisten, ihre Waffen abzuliefern, zu diesen Unruhen geführt. In der englischen Presse übersetzte man diese Tatsache in englische Begriffe. Das klang dann so: Man habe an der aragonischen Front verzweifelt Waffen benötigt und sie nicht dorthin senden können, da die unpatriotischen Anarchisten sie zurückhielten. Wer die Ereignisse so darstellt, übersieht die in Spanien tatsächlich herrschenden Zustände. Jeder wußte, daß sowohl die Anarchisten als auch die P.S.U.C. Waffen hamsterten, und als die Kämpfe in Barcelona ausbrachen, wurde das noch deutlicher, denn beide Seiten kamen nun mit großen Waffenmengen zum Vorschein. Die Anarchisten wußten sehr genau, daß, selbst wenn sie ihre Waffen ablieferten, die P.S.U.C. als wichtigste politische Macht in Katalonien immer noch ihre eigenen behalten würde. So geschah es tatsächlich, als die Kämpfe vorbei waren. Unterdessen sah man sogar in den Straßen große Waffenmengen, die an der Front bitter benötigt wurden, die aber für die »nichtpolitische« Polizeimacht in der Etappe zurückgehalten wurden. Alles wurde aber beherrscht von dem unüberbrückbaren Gegensatz zwischen Kommunisten und Anarchisten, der früher oder später zu einer Auseinandersetzung führen mußte. Die Kommunistische Partei Spaniens war seit Kriegsbeginn enorm an Zahl gewachsen und hatte den größten Teil der politischen

Macht an sich gerissen. Außerdem waren Tausende ausländischer Kommunisten nach Spanien gekommen, die offen verkündeten, sie wollten den Anarchismus »liquidieren«, sobald der Krieg gegen Franco gewonnen sei. Unter diesen Umständen konnte man kaum erwarten, daß die Anarchisten ihre Waffen und Munition ausliefern würden, die sie im Sommer 1936 in die Hände bekommen hatten.

## Münchner Konferenz *Ivone Kirkpatrick*

Der Anschluß Österreichs an das Deutsche Reich im März 1938 ermutigte Hitler, auch die Lösung der sudetendeutschen Frage in Angriff zu nehmen. In der Tschechoslowakei war es zu ernsten Spannungen zwischen der deutschen Bevölkerung in den Randgebieten und den Tschechen gekommen. Diese Spannungen wurden von seiten der Nationalsozialisten genutzt, um die sudetendeutsche Opposition in der sogenannten »Sudetendeutschen Partei« unter Führung Konrad Henleins zu fördern. Im »Karlsbader Programm« vom April 1938 forderte diese nicht nur die immer wieder vorenthaltene Gleichberechtigung und Autonomie für die Sudetendeutschen, sondern auch eine Revision der tschechischen Außenpolitik, Abkehr von Paris und Moskau und Annäherung an Berlin. Die schweren Zusammenstöße zwischen Tschechen und Sudetendeutschen mehrten sich. Auf dem Reichsparteitag im Herbst 1938 forderte Hitler das Selbstbestimmungsrecht für die Sudetendeutschen und damit die Möglichkeit eines Anschlusses an Deutschland. Als die tschechische Regierung daraufhin das Standrecht verkündete, drohte sich die Lage auf eine militärische Auseinandersetzung zuzuspitzen. Daraufhin flog der britische Premierminister Chamberlain zu einer Aussprache mit Hitler. Dieser aber forderte ultimativ die sofortige Räumung des Sudetenlandes. Um den Frieden zu retten, trafen sich am 29. September 1938 Chamberlain, der französische Ministerpräsident Daladier und Mussolini mit Hitler in München, und die vier Staatsmänner einigten sich auf die Abtretung des Sudetenlandes an Deutschland. Hitler betonte ausdrücklich, daß er keine weiteren territorialen Forderungen mehr erhebe, und doch konnte das rasche Nachgeben in München ihn nur in seinen weiteren Plänen ermutigen. Der Bericht über die Münchner Konferenz stammt von Sir Ivone Kirkpatrick, nach 1945 britischer Hochkommissar im besetzten Deutschland, der damals dem Stab der britischen Delegation angehörte.

Die Unterredung war für 12.15 Uhr angesetzt. In Hitlers Vorzimmer warteten viele hohe Beamte, alle offensichtlich bedrückt über den Gang der Ereignisse. Bodenschatz, der Verbindungsoffizier Görings zu Hitler, flüsterte Henderson zu, wir sollten fest bleiben, er wünsche uns Glück. Wir traten ein. In Hitlers Gesicht kündigte sich ein Gewitter an. Er bohrte seine Absätze in den Teppich und erklärte uns ein über das andere Mal, er habe von den Tschechoslowaken genug. »Ich werde die Tschechen zerschmettern!« schrie er. Man spürte, daß er darauf brannte, Prag zu bombardieren und Benesch fliehen zu sehen. Sir Horace Wilson fragte, ob er in bezug auf die Erklärung des Premiers irgendeine Botschaft nach London mitnehmen könnte. Hitler gab zurück, der Tschechoslowakei stünden nur zwei Wege offen: Annahme oder Ablehnung der deutschen Bedingungen. Und er weigerte sich entschieden, von dieser Ansicht abzugehen.

Sehr langsam und ruhig sagte Sir Wilson darauf, dann habe er eine Botschaft seines Premierministers zu überreichen. Wenn die Deutschen die Tschechoslowakei angreifen und die Franzosen in Erfüllung ihrer Bündnisverpflichtungen in einen Konflikt mit Deutschland verwickelt würden, sähe Großbritannien sich gezwungen, Frankreich zu unterstützen. Hitler antwortete ärgerlich, er könne diesen Beschluß nur zur Kenntnis nehmen. Wenn also Frankreich glaube, Deutschland angreifen zu müssen, dann fühle sich offenbar England ebenfalls verpflichtet, einen Akt der Aggression gegen Deutschland zu begehen. Wilson antwortete, Hitler habe den Sinn der Mitteilung völlig mißverstanden. Im Interesse der Geschichte müsse er sie deshalb wiederholen. Immer noch sehr langsam sprechend, wiederholte Wilson die Botschaft, während Hitler sichtlich in wachsende Erregung geriet; er rutschte auf seinem Stuhl hin und her, schlug sich aufs Knie und stampfte mit dem Absatz auf den Boden. Ehe noch die Übersetzung beendet war, bellte er wütend: »Es ist genau, wie ich es sagte. Wenn Frankreich Deutschland angreift, dann muß England Deutschland auch angreifen.« Und: »Wenn Frankreich losschlägt und England losschlägt, so kümmert mich das überhaupt nicht. Ich bin auf alle Möglichkeiten vorbereitet!« Ribbentrop nickte weise Zustimmung. Wilson, der sehr gequält aussah, sagte, offensichtlich verstehe der Kanzler die Mitteilung noch immer nicht, er müsse daher um Erlaubnis bitten, sie ein drittes Mal wiederholen zu dürfen. Diesmal sprang Hitler auf und schrie, er verstehe den Sinn der Botschaft nur zu gut. Sie bedeute, daß man binnen sechs Tagen miteinander im Krieg liegen werde. Daraufhin reichten wir kühl dem wütenden »Führer« die Hand und verließen den Raum. Als ich seine kurze, dicke Hand ergriff, fühlte ich mich tief erleichtert: Nun würde es Krieg geben, und ich brauchte ihn nie wieder zu sehen. In der Botschaft empfand man das gleiche, allgemein herrschte Befriedigung darüber, daß jetzt die Würfel gefallen waren.

Am gleichen Abend unterrichtete der Premier Dr. Benesch davon, daß es so aussehe, als würden die deutschen Truppen sogleich einmarschieren, wenn nicht die tschechoslowakische Regierung die deutschen Bedingungen sofort annähme. Bei diesem Stand der Dinge fühle sich die britische Regierung außerstande, Dr. Benesch einen Rat zu geben. Später lief noch ein weiterer Versuch an, Hitler für eine Einigung zu gewinnen. Um 23 Uhr wurde dem deutschen Staatssekretär eine Note übergeben, die einen Terminvorschlag für die Evakuierung der sudetendeutschen Gebiete enthielt. Er antwortete, der Plan sei bereits überholt, er glaube nicht an eine Möglichkeit, ihn noch anzunehmen. Während all dies geschah, wurde unsere Arbeit in der Botschaft gestört von dem Gerassel einer endlosen Kolonne motorisierter und gepanzerter Fahrzeuge, die mehr als drei Stunden lang durch die Wilhelmstraße in östlicher Richtung fuhr – die Elite des deutschen Heeres. Ich ging einen Augenblick hinaus, um sie mir anzusehen, und als ich wieder an meinem Schreibtisch saß, war ich tief beeindruckt und deprimiert. Die Berliner Bevölkerung stand verdrossen auf den Bürgersteigen und starrte auf die vorbeiziehenden Truppen; keine Spur von Begeisterung war zu erkennen. Freunde aus der Reichskanzlei erzählten mir später, daß Hitler, der das Schauspiel von einem Fenster aus verfolgt hatte, von der Gleichgültigkeit der Menge angewidert war.

Am 28. September hatte die britische Flotte mobilgemacht. In der Zwischenzeit herrschte in Berlin ein ständiges Kommen und Gehen. Mussolini war entsetzt von der Aussicht auf einen allgemeinen Krieg, für den er nicht vorbereitet war, und drängte Hitler zu einem Kompromiß. Göring und die deutschen Generale unternahmen ähnliche Schritte. Da gab Hitler nach. In letzter Minute wurde eine Massenkundgebung abgesagt. Am Morgen ließ Hitler den Botschafter wissen, daß er sich auf Mussolinis Bitten hin entschlossen habe, die Mobilmachung bis zum 29. September, 14 Uhr, zurückzustellen. In Telefonaten durch ganz Europa wurde dann ein Viermächtetreffen in München vorgeschlagen – es sollte am nächsten Tag beginnen – und angenommen. Noch am Abend brachen Henderson und ich auf.

Die Münchner Konferenz war in jeder Beziehung ein beklagenswertes Ereignis. Ich kann mich an keinerlei versöhnliche Einzelheiten erinnern. Sogar die Organisation war mangelhaft, denn in so kurzer Zeit war man natürlich nicht in der Lage, eine Versammlung dieser Größenordnung entsprechend vorzubereiten. Die Belastung des Telefonnetzes beispielsweise war so groß, daß eine Nachricht, mit dem Auto befördert, eher in unserem Büro im Hotel ankam als ein Telefonanruf. Der endgültige Zusammenbruch schien erreicht, als sich im Augenblick der Unterzeichnung des Abkommens herausstellte, daß das pompöse Tintenfaß leer war. Die Konferenz tagte im Führerbau. Chamberlain kam gegen Mittag mit dem Flugzeug an, kurz darauf Daladier mit der französischen Delegation. Mussolini traf mit der Bahn ein, von der Grenze an in Begleitung Hitlers. Die Sitzung begann kurz nach 13 Uhr. Zuvor hatte ich Gespräche mit Mitgliedern der französischen und italienischen Delegation geführt, von denen ich viele von Paris und Rom her kannte. Die Italiener waren entsetzt bei dem Gedanken, von Hitler in einen europäischen Krieg hineingezogen zu werden. Und die Franzosen einschließlich Daladier schienen entschlossen, ein Übereinkommen zustande zu bringen, koste es, was es wolle. Es war eine gepeinigte Schar von Männern, die sich nicht einmal zu schämen schienen, daß sie sich zur Liquidierung ihres eigenen Bundesgenossen zusammentaten. Die Nervenbelastung war so groß, daß bisweilen der Eindruck entstehen konnte, die

Tschechoslowakei selbst sei für das ganze Unheil verantwortlich, das über uns hereingebrochen war.

Unter diesen Umständen fiel es Hitler nicht schwer, sein Ziel zu erreichen. Von Anfang an stand fest, daß es keinen Krieg geben würde, und man verbrachte die Zeit damit, die verschiedenen Artikel des Protokolls zu diskutieren, zu entwerfen und abzuschreiben. Ich beobachtete Hitler ganz aus der Nähe, als er mit Göring das Gebäude verließ. Er war sichtlich in düsterster Stimmung und wütete über die ganze Angelegenheit. Um 2 Uhr nachts war das Protokoll zur Unterschrift fertig. Göring und Mussolini frohlockten, auf Himmlers schwammigem Fischgesicht erschien ein trübes Lächeln, aber Hitler blickte nach wie vor verdrossen und versuchte nicht einmal, den Widerwillen zu verbergen, mit dem er sich an dem Austausch konventioneller Höflichkeiten zum Abschluß der Verhandlungen beteiligte.

Nachdem das Abkommen unterzeichnet und die Konferenz beendet war, hatten wir die peinvolle Aufgabe, das Ergebnis der Konferenz der tschechoslowakischen Delegation zu übermitteln. Wir suchten Mastny, den tschechischen Gesandten in Berlin, auf und fanden ihn den Tränen nahe. Aber er zeigte Würde und Selbstbeherrschung im Angesicht der unnachgiebigen Haltung Daladiers, der unumwunden mitteilen ließ, Frankreich erwarte von der Tschechoslowakei, daß sie sich ohne weitere Umstände fügen werde. Chamberlain hingegen zeigte Verständnis und großes Mitgefühl. Ich könnte mir vorstellen, daß Daladiers offensichtliche Härte eher einem schlechten Gewissen als einer inneren Grausamkeit entsprang. Immerhin war die Tschechoslowakei Frankreichs Verbündeter, während wir ebenso wie die übrigen Völkerbundmitglieder keine besonderen vertraglichen Schutzverpflichtungen gegenüber diesem Land hatten. Ich hatte Daladier zuvor noch nicht gesehen, er machte mir den Eindruck eines schwachen, verwirrten Mannes. Er war gewiß kein Kriegsführer, und sein Auftreten in München hatte Hitler nur noch in dem Glauben bestärkt, daß Frankreich zur gegebenen Zeit ohne große Schwierigkeiten ausgeschaltet werden könnte. Hitler hatte für Frankreich nie viel übrig gehabt und immer den Hinweis verächtlich beiseite geschoben, den ihm der deutsche Botschafter in Paris und andere gaben: daß Frankreich die beste Armee der Welt habe. Ich erinnere mich, daß mir ein Deutscher einmal erzählte, wie Hitler im Wagnerschen Familienkreis in Bayreuth den militärischen Wert der verschiedenen europäischen Staaten erörterte. Den deutschen Soldaten stellte er an die erste Stelle, dann kamen Engländer und Polen; die Franzosen wurden nicht einmal erwähnt.

Nach dem Frühstück machte Chamberlain Hitler eine kurze Abschiedsvisite, dann kehrte er nach England zurück, wo er bei seiner Ankunft triumphierend mit dem berühmt gewordenen Dokument winkte.

## Säuberung in der Roten Armee

*General Gorbatow*

Schon 1935 kam es in der Sowjetunion zu großen Verhaftungswellen und Schauprozessen, mit denen Stalin seine politischen Gegner liquidierte, die man als »Trotzkisten« bezeichnete. 1937 ergriff die Säuberungswelle auch die Armee. Einer der angesehensten Heerführer, Marschall Tuchatschewskij, wurde zusammen mit anderen hohen Offizieren durch ein Sondergericht zum Tode verurteilt und hingerichtet. In weiteren Schauprozessen folgte die Verurteilung anderer Parteigrößen. Mit Tuchatschewskij waren auch Tausende andere höhere Offiziere verhaftet worden, unter ihnen der Verfasser dieses Berichtes, General Gorbatow. Er stammte aus einer einfachen Bauernfamilie und hatte sich in der Roten Reiterarmee Stufe um Stufe hochgedient. Seine ungemein interessante Aussage über Verhaftung und Verhöre ist ganz im Sinne der Entstalinisierungspolitik Chruschtschows abgefaßt, aber doch voll Sowjetpatriotismus. Seine spätere Freilassung verdankte er übrigens nicht so sehr seiner Standhaftigkeit, mit der er sich weigerte, die erzwungenen falschen Geständnisse zu unterschreiben, als vielmehr einer hohen Fürsprache. 1939 kam er nach Sibirien, 1941 wurde er rehabilitiert und gehörte zu den führenden Generalen des zweiten Weltkrieges.

Am 15. Oktober 1938 fuhr ich von Ossipowitschi nach Moskau, um die Gründe meiner Entlassung herauszufinden. Aber beim Volkskommissariat wurde ich nicht vorgelassen. Am nächsten Tag schickte ich meiner Frau ein Telegramm: »Die Situation wird geklärt«, und um 2 Uhr nachts klopfte es an die Tür meines Hotelzimmers im Zentralhaus der Roten Armee. Auf meine Frage antwortete eine Frauenstimme: »Ein Telegramm für Sie!« Offenbar von meiner Frau – dachte ich und öffnete die Tür. Aber ins Zimmer traten drei Uniformierte, und einer erklärte mich für verhaftet. Ich wollte den Haftbefehl sehen, er antwortete: »Sie sehen selbst, wer wir sind!«

Nach dieser Antwort begann der eine, von meinem Rock, der über dem Stuhl hing, die Orden abzureißen, der zweite schnitt die Rangabzeichen ab, und der dritte behielt mich, während ich mich anzog, fest im Auge. Sie nahmen mir mein Parteibuch, meinen Personalausweis und andere Dokumente ab. Unter Bewachung verließ ich das Hotel. Sie stießen mich in einen Personenwagen, und wir fuhren schweigend davon. Es ist schwer wiederzugeben, was ich empfand, als das Auto durch die leeren Straßen des schlafenden Moskau raste. Dann schloß sich hinter mir das massive Tor der Lubjanka und endlich auch die Zellentür. Ich erblickte einige Leute, begrüßte sie und hörte ihre im Chor gesprochene Antwort: »Guten Tag!«

Es waren ihrer sieben. Nach kurzem Schweigen sagte einer von ihnen: »Sie denken sicher, ich bin unschuldig und gerate in die Gesellschaft von Staatsverbrechern... Das ist aber falsch. Wir sind das genauso wenig wie Sie. Genieren Sie sich nicht, setzen Sie sich auf Ihre Pritsche und erzählen Sie uns, was sich in der Welt tut.«

Später erfuhr ich, daß sie vorher alle verantwortliche Funktionäre gewesen waren. Sie machten auf mich den Eindruck von ernsten und kultivierten Menschen. Ich war jedoch entsetzt, als ich erfuhr, daß sie bei den Verhören alle den größten Unsinn unterschrieben und die schlimmsten Verbrechen gestanden hatten, die sowohl sie wie andere begangen haben sollten. Die einen hatten es nach körperlichen »Einwirkungen« getan, die anderen, weil sie von den Berichten über die Folterungen eingeschüchtert waren.

Mir war das völlig unbegreiflich. Ich sagte: »Eure Aussagen werden doch nicht nur euch und denen, über die ihr solche lügnerischen Aussagen macht, Unglück bringen, sondern auch euren Familienangehörigen und Freunden! Und außerdem, ihr betrügt doch die Untersuchungsorgane und die Sowjetmacht.«

Aber das konnte sie nicht überzeugen. Einige vertraten die sonderbare Theorie, daß, je mehr Leute verhaftet würden, es sich um so schneller aufklären würde, daß alles ein für die Partei außerordentlich schädlicher Unsinn sei.

»Nein, ich gehe unter keinen Umständen euren Weg«, sagte ich, und da sie weiter versuchten, mir ihren Standpunkt klarzumachen, begann ich Mitleid zu haben und schließlich sogar Widerwillen gegen diese Feiglinge zu empfinden. Ich wurde so böse, daß ich sagte: »Mit euren falschen Aussagen habt ihr schon ein solches Verbrechen begangen, daß ihr zu Recht im Gefängnis sitzt.« Darauf hieß es ironisch: »Wir werden sehen, was du nach einer Woche sagst!«

Drei Tage ließ man mich in Ruhe, am vierten abends führte man mich dem Untersuchungsrichter vor. Er überprüfte erst meine biographischen Angaben, dann mußte ich mich ihm gegenübersetzen, er gab mir Papier und einen Federhalter und befahl: »Schreiben Sie alle Verbrechen auf, die Sie begangen haben.« – »Ich habe keine Verbrechen aufzuschreiben«, erwiderte ich. »Nichts zu schreiben?« fragte er. »Das sagen sie zuerst alle, dann denken sie gut nach, erinnern sich und schreiben. Du hast Zeit genug, wir brauchen uns nicht zu beeilen. Wer nichts zu schreiben hat, ist wieder frei. Also schreib.«

Er ging aus dem Zimmer. Stunden vergingen. Als der Untersuchungsrichter zurückkehrte und sah, daß ich nichts hingeschrieben hatte, fragte er verwundert: »Hast du nicht verstanden, was ich von dir verlangte? Bedenke bitte, daß wir keine Scherze machen. Also tu, was man dir sagt! Es ist für dich nicht günstig, wenn du es mit mir verdirbst.«

Wieder ging er aus dem Zimmer. Etwa nach einer Stunde – ich hatte noch immer nichts geschrieben – kam er wieder: »Du hast dich von Anfang an schlecht aufgeführt. Schade! Na, überleg es dir noch mal in der Zelle.«

Zwei Dutzend Soldaten führten mich zurück in die Zelle. Sobald sich die Tür hinter mir geschlossen hatte, wurde ich mit Fragen überschüttet.

Aus meinem Bericht ersahen sie, daß sich die Untersuchungsmethoden nicht gewandelt hatten. Ich müßte jetzt auf weitere Verhöre gefaßt sein, informierten sie mich, bei denen ich dann entweder doch schreiben oder nach Lefortowo gebracht würde.

Ihre Worte bestätigten sich. Vierundzwanzig Stunden später wiederholte sich ungefähr dasselbe, was ich beim ersten Verhör erlebt hatte. Am selben Tag wurde ich noch einmal kurz von einem höheren Beamten verhört.

Er verlangte von mir, endlich meine Angaben zu machen, und fing, als er mein entschlossenes »Nein« hörte, ebenfalls zu schimpfen an. Zum Schluß drohte er: »Du bist selbst dran schuld.«

Am nächsten Tag öffnete sich die Tür der Zelle, und der Posten fragte: »Wessen Name beginnt hier mit dem Buchstaben G?« Ich nannte meinen Namen. Da war allen klar, daß man mich in das Gefängnis Lefortowo bringen werde. Man bemitleidete mich, gab mir Ratschläge und alle guten Wünsche mit auf den Weg.

Ich mußte in einen schwarzen, fest verschlossenen Wagen steigen, hörte den Motor anspringen und das Tor zufallen. Straßenlärm drang von fern an mein Ohr. Dann hörte ich das Tor des Gefängnisses Lefortowo auf- und wieder zuschlagen. Schließlich fand ich mich in einer winzigen Zelle, die einstmals nur für einen Insassen gedacht war, jetzt saßen schon zwei da, aber drei Pritschen standen dicht aneinander in dem engen Raum.

Meine neuen Zellengenossen waren Brigadekommandeur B. und eine der wichtigsten Personen im Komitee des Volkskommissariats für Handel, K. Beide hatten schon allerhand Unsinn über sich und andere zu Protokoll gegeben und behaupteten, es gäbe eben keinen anderen Ausweg. Ihre Erzählungen jagten mir eine Gänsehaut über den Rücken. Ich konnte und wollte nicht glauben, daß es bei uns so etwas geben könnte.

Die Meinung meiner Zellengenossen war: Am besten gleich unterschreiben; wenn du es heute nicht tust, dann eben in einer Woche, und in einem halben Jahr ganz bestimmt. »Lieber sterbe ich«, erklärte ich, »als mich oder andere zu verleumden.« – »So dachten wir auch, als wir herkamen«, hieß es da.

Drei Tage vergingen, dann begannen die Verhöre.

Zuerst unterschieden sie sich nicht von denen in der Lubjanka, aber bald hatte sich der Untersuchungsrichter davon überzeugt, daß ich nicht schreiben würde, also brüllte er: »Du wirst schreiben; bei uns hat es noch niemand gegeben, und es wird niemand geben, der nicht schreibt.«

Ein viertes Mal wurde ich verhört, diesmal von einem höheren Beamten. Zuerst fragte er ruhig, ob ich denn bereits Vorstellungen habe, was ich zu gestehen bereit sei, ob ich alles gut durchdacht habe? Dann sagte er plötzlich zu dem Untersuchungsrichter: »Gut, ich bin mit Ihnen einverstanden!« und verließ das Zimmer.

Dieses Mal dauerte es eine lange Zeit. Als ich dann schließlich mit Mühe und Not meine Zelle erreichte, hörte ich von meinen Genossen: »Siehst du, aber das ist erst der Anfang.« Und Genosse B. schüttelte den Kopf: »War das alles denn nötig?«

Es gab fünf solcher Verhöre »mit physischer Einwirkung«. Zwei bis drei Tage vergingen jeweils dazwischen. Manchmal kam ich nur mit fremder Hilfe in die Zelle zurück. Dann ließ man mich fast drei Wochen in Ruhe.

Aber bald begann man mich wieder abzuholen, und wieder wurden es fünf Verhöre. Einmal erfuhr ich durch einen Zufall den Namen des »Untersuchungsrichters«: Stolbunskij. Ich weiß nicht, wo er sich jetzt aufhält. Sollte er noch leben, dann möchte ich gern, daß er diese Zeilen liest und spürt, wie sehr ich ihn verachte. Nicht nur jetzt, auch schon damals verachtete ich ihn, als ich in seinen Händen war. Ich glaube übrigens, daß er das sehr wohl wußte. Dem Untersuchungsrichter halfen zwei Dutzend Folterknechte bei seiner »Arbeit«. Noch heute habe ich Stolbunskijs Stimme im Ohr, wenn ich kraftlos und blutig geschlagen fortgetragen wurde: »Du wirst schon unterschreiben!« Diese Qualen hielt ich auch die zweite Serie von Verhören durch, aber als die dritte begann, wollte ich nichts als sterben. Einmal fragte mich Genosse B: »Überzeugt dich auch das noch nicht, daß deine Lage aussichtslos ist?« – »Nein«, erwiderte ich, »auch wenn ich sterbe, ich werde weiter nein sagen.« Schließlich ließ man mich in Ruhe und holte mich drei Monate lang zu keinem Verhör.

# Der Zweite Weltkrieg

## Kriegsausbruch in Frankreich *Georges Bonnet*

Schon im Herbst 1937 hatte Hitler in einer Besprechung mit den Spitzen der Wehrmacht und dem Reichsaußenminister geäußert, daß die Frage des Lebensraumes im Osten nur mit Gewalt gelöst werden könne. Die von der Welt ohne Widerspruch hingenommene Besetzung Österreichs, des Sudetenlandes und Böhmen-Mährens hatte ihn nur in seiner Überzeugung bestärkt. Da er damit rechnete, daß es ihm infolge der allgemeinen Aufrüstung in wenigen Jahren unmöglich sein würde, seine Pläne durch militärischen Druck zu verwirklichen, kam ihm der Nichtangriffspakt mit Rußland zustatten. Am gleichen Tag, an dem in einem geheimen Zusatzprotokoll zu diesem Vertrag Polen und die baltischen Staaten zwischen den beiden Mächten aufgeteilt worden waren, setzte er auch den Angriffstermin auf Polen fest. Polen seinerseits war, gestärkt durch eine englisch-französische Zusage, nicht mehr zum Nachgeben bereit und zog die Verhandlungen nur hinaus. Am 31. August 1939 gab Hitler den Angriffsbefehl für den 1. September. Ein Versuch Mussolinis, in letzter Minute zu vermitteln, scheiterte. Am 3. September erklärten auch England und Frankreich Deutschland den Krieg, nachdem ihre ultimative Forderung auf Zurückziehung der deutschen Truppen erfolglos geblieben war. Während der Chefdolmetscher des Auswärtigen Amtes in seinen Erinnerungen einen Bericht von der Reaktion Hitlers auf diese Kriegserklärung bringt, bietet die Erinnerung des französischen Außenministers Bonnet ein gutes Bild der entscheidenden Stunden auf seiten der Westmächte.

Am 2. September frühmorgens unterhielt ich mich mit dem Ministerpräsidenten über die diplomatische und militärische Lage, die sich während der Nacht nicht merklich geändert hatte. Über den italienischen Konferenzplan lag keinerlei Nachricht vor. Das französische Parlament sollte am Nachmittag zusammentreten. Gleich nach der Sitzung würde der französische Botschafter in Berlin Hitler unser Ultimatum überbringen. Ich fragte Daladier, wann es ablaufen solle. Der Generalstab wurde hierüber um seine Ansicht befragt. Er war der Meinung, daß die Feindseligkeiten frühestens Montag abend um 21 Uhr beginnen könnten, wenn die Bereitstellung unserer Armeen abgeschlossen sei. Ich nahm diesen technischen Hinweis zur Kenntnis, da er in den kommenden Stunden gewisse unserer Entscheidungen bestimmen sollte. Gegen 9 Uhr erschien der polnische Botschafter Lukasiewicz in großer Erregung im Quai d'Orsay. Er wartete ungeduldig auf das Eingreifen Frankreichs und fragte mich, ob wir in der am Vortag Ribbentrop übergebenen Note eine Frist vorgesehen hätten. Zwischen uns entwickelte sich das folgende Zwiegespräch: »Es ist keine Frist festgesetzt worden. Wir können nichts ohne die Ermächtigung der Kammern tun. Sie treten heute nachmittag zusammen, und sobald sie abgestimmt haben, können wir den französischen Botschafter beauftragen, unser Ultimatum an Deutschland zu überreichen.« – »Diese Frist ist zu lang! Polen befindet sich bereits seit sechsunddreißig Stunden im Krieg.«

Ich versprach Lukasiewicz, dem Ministerpräsidenten hierüber zu berichten, der als Minister der Landesverteidigung besser als irgendein anderer wissen müsse, ob es ihm möglich sei, ohne Gefahr das Eingreifen Frankreichs zu beschleunigen. Ich setzte hinzu, daß man die Frist vielleicht auf vierundzwanzig Stunden verkürzen könne. Lukasiewicz sagte, er wolle persönlich an Daladier schreiben, um ihm die Lage seines Landes auseinanderzusetzen[1], wozu ich ihn lebhaft ermunterte. Die gleichen Angaben machte ich Sir Eric Phipps. Ich bat ihn, seine

[1] Er erklärte ihm in seinem Brief: »Ich habe gefragt, wie das Ultimatum befristet werden solle. Georges Bonnet antwortete mir, daß es seiner Vermutung nach achtundvierzig Stunden betragen werde. Ich habe seine Aufmerksamkeit darauf gelenkt, daß aufgrund der französischen Verpflichtungen gegenüber Polen der Beistand im Angriffsfall sofort erfolgen müsse. Der Außenminister antwortete mir, er werde sich mit Ihnen, Herr Ministerpräsident, in Verbindung setzen, und es werde vielleicht möglich sein, die Frist für das Ultimatum auf vierundzwanzig Stunden herabzusetzen.«

Regierung um ihre Meinung über die Frist von achtundvierzig Stunden zu befragen, die unser Generalstab verlangte. Der Botschafter erklärte mir nachdrücklich, daß die öffentliche Meinung in Großbritannien beunruhigt sei, weil unsere beiden Länder sich noch nicht an Polens Seite im Krieg befänden.

Gewisse offizielle Kreise in Großbritannien wußten tatsächlich nichts von den kategorischen Vorschriften der französischen Verfassung, nach denen die Regierung vor die Kammern treten mußte, um sich hier die Billigung für ihre Außenpolitik zu holen. Chamberlain mußte zu dieser Frage an diesem Tag ein Kommuniqué veröffentlichen. Man glaubte noch immer, daß Hitler »bluffe« und daß er nach Eroberung Danzigs und des Polnischen Korridors Europa einen großzügigen Friedensvorschlag machen werde.

Ich empfing auch mehrere bedeutende Mitglieder der Kammer und des Senats. Ich sagte ihnen, daß wir die Abstimmung über die Kredite erwarteten, um unseren Bündnisverpflichtungen nachzukommen. Sie gaben mir zur Antwort, daß ihre Anhänger unbedingt der Regierung zustimmen würden. So schien am frühen Nachmittag des 2. September jede Hoffnung auf Frieden unwiederbringlich verloren. Ich war in meinem Arbeitszimmer des Quai d'Orsay, wo ich meine Akten für die Kammersitzung vorbereitete, als das Telefon läutete. Ungeduldig nahm ich den Hörer ab. Der Telefonist meldete: »Man verlangt sie aus Rom. Graf Ciano, der italienische Außenminister, ist am Apparat.« Einer meiner anwesenden Mitarbeiter ergriff einen zweiten Hörer und schrieb die wichtigsten Stellen unserer Unterhaltung mit. Wir verloren uns nicht in leeren Höflichkeitsbezeigungen. Ciano sagte zu mir: »Ich habe hier in meinem Arbeitszimmer die Botschafter Frankreichs und Großbritanniens. Ich hatte mit ihnen gerade eine Unterredung. Ihr Botschafter hat mir geraten, Sie direkt anzurufen. Denn es ist keine Zeit zu verlieren. Ich habe Ihnen wirklich eine wichtige Mitteilung zu machen. Ich habe rein informatorisch und ohne einen Druck auszuüben, unseren Plan einer Konferenz nach Berlin weitergegeben. Attolico hat mich von Ribbentrops Antwort unterrichtet. Hitler hat von der Mitteilung Kenntnis genommen. Er ist nicht abgeneigt, dem

Plan näherzutreten. Doch liegen ihm zwei Noten vor, eine französische und eine britische, die ihm gestern abend überreicht worden sind. Wenn diese Noten einen ultimativen Charakter haben, wird er den Regierungen in London und Paris mit einem kategorischen Nein antworten, und der Plan wird fallengelassen. Ribbentrop wünscht andererseits zu wissen, ob Deutschland annehmen darf, daß ihm für die Beantwortung dieser beiden Noten bis morgen mittag Zeit bleibt. Ich bitte Sie also, mich zu ermächtigen, diese beiden Fragen Ribbentrops zu beantworten. Sir Percy Loraine hat mir die Zusicherung gegeben, daß in den Augen der britischen Regierung die gestern in Berlin übergebene Note keinen ultimativen Charakter habe. Ich möchte die Antwort der französischen Regierung erfahren. Ich setze hinzu, daß Polen zu der Konferenz eingeladen wird.« Ich erwiderte: »Die gestern abend in der Wilhelmstraße übergebene Note hat keinen ultimativen Charakter, da noch keine Abstimmung in der französischen Kammer erfolgt ist. Was den Kriegseintritt Frankreichs betrifft, so bin ich persönlich bereit, ihn bis zum 3. September mittags zu verschieben. Doch muß ich zuerst die britische Regierung und den Ministerpräsidenten um ihre Ansicht befragen. Ich werde Sie wieder anrufen und Ihnen den endgültigen Beschluß der französischen Regierung mitteilen.«

Ciano hat dieses Gespräch in seinem Tagebuch geschildert: »Auf Drängen Frankreichs prüften wir in Berlin die Aussichten für eine Konferenz. Entgegen meiner Voraussicht lehnte Hitler diesen Vorschlag nicht in Bausch und Bogen ab. Ich unterrichtete den Duce und rief die Botschafter Frankreichs und Großbritanniens zu mir. Dann telefonierte ich persönlich mit Lord Halifax und Bonnet. Ich stellte fest, daß mein Gespräch mit Bonnet, dem Tonfall seiner Stimme und den gesprochenen Worten nach, in Paris die größte Befriedigung hervorgerufen hatte.« Es ist wahr, daß die unerwartete Nachricht von der Einwilligung Hitlers in eine Konferenz in mir eine schwache Hoffnung geweckt hatte. Ich befand mich in der grausamen Unruhe, die aus der Eventualität eines Krieges gegen Deutschland entsprang, ohne daß wir mit der russischen Unterstützung rechnen konnten. Und wie gering auch meiner Ansicht nach die Aussichten auf ein

Aufhören der Feindseligkeiten waren, so wollte ich diese doch mit allen meinen Kräften fördern, falls hierzu noch Zeit war. Ich eilte zu Daladier, der mit mir einig war und das Ultimatum erst am Sonntag abschicken wollte. Er sagte noch einmal zu mir, daß in jedem Falle die Feindseligkeiten erst in der Nacht vom 4. zum 5. September eröffnet werden könnten. Es wurde festgelegt, daß ich mich unmittelbar mit der britischen Regierung in Verbindung setzen sollte, damit eine gemeinsame Haltung zustande käme, und daß ich den Kammersitzungen nicht beiwohnen würde.

In Eile kehrte ich in den Quai d'Orsay zurück und bekam nacheinander und direkt Corbin und Lord Halifax ans Telefon, denen ich eine Zusammenfassung meines Gespräches mit Ciano gab. Lord Halifax hatte im gleichen Sinne eine Mitteilung vom italienischen Minister bekommen, doch hatte er ihn persönlich wissen lassen, daß die Vorstellung einer Konferenz unmöglich sei, solange die deutschen Truppen einen Teil des polnischen Hoheitsgebietes besetzt hielten. Zuerst müsse dieses geräumt werden. Ciano hatte geantwortet, daß eine solche Bedingung für Hitler unannehmbar sein werde, der im Höchstfall in einen Waffenstillstand einwilligen werde, wobei die Truppen in ihren jetzigen Stellungen stehenbleiben würden.

Ich legte Lord Halifax die Frage vor, ob er in jedem Fall damit einverstanden sei, daß die Übergabe des Ultimatums morgen mittag erfolge, wobei der Zeitpunkt für die Eröffnung der Feindseligkeiten auf Montagabend festgesetzt werde, wie unser Generalstab gewünscht hatte. Der Staatssekretär des Auswärtigen antwortete mir, daß er schon von Sir Eric Phipps eine Mitteilung empfangen habe, in der von diesem letzten französischen Anliegen die Rede war, das ebenfalls dem britischen Kabinettsrat vorgelegt werden solle.

Ich verließ den Quai d'Orsay, um Daladier Bericht zu erstatten. Die Kammer hatte soeben ihre Sitzung beendet. Sie hatte die Botschaft des Präsidenten der Republik gehört, der Frankreichs Treue zu seinen Verpflichtungen betonte, sowie die Erklärung des Regierungschefs, die jeden Zweifel ausschloß. »Es ist Zeit«, hatte er zum Schluß gesagt, »den Angriffshandlungen und gewaltsamen Unternehmungen ein Ende zu setzen. Wenn wir es noch vermögen – und wir werden es bis zum Schluß versuchen –, durch friedliche Lösungen; durch den Gebrauch unserer Stärke, wenn jede Moral und zugleich jeder Schimmer von Vernunft bei den Angreifern verschwunden ist. Würden wir unsere Verpflichtungen nicht einhalten, würden wir zulassen, daß Polen von Deutschland zerschlagen wird, dann wüßten wir in einigen Monaten – möglicherweise in einigen Wochen – nicht, was wir Frankreich sagen sollten, falls es wieder darum ginge, dem Angreifer entgegenzutreten.« Die Kammer hatte einstimmig die geforderten 90 Milliarden Kredite bewilligt. Als ich eintraf, fand ich mehrere Abgeordnete vor, die sich schon zu ihrem Gestellungsort begaben. Alle waren der Ansicht, daß ihre Abstimmung der Regierung die Ermächtigung verschafft habe, den letzten Entschluß zu fassen.

Gegen 17 Uhr rief mich Lord Halifax wieder an, um mir die Entscheidung seiner Regierung mitzuteilen. Sir Alexander Cadogan diktierte mir die folgende Antwort: »Das britische Kabinett hat einstimmig beschlossen. Es ist der Meinung, daß es den Konferenzplan Mussolinis nur unter einer vorhergehenden Bedingung annehmen kann. Die deutschen Truppen müssen unverzüglich aus dem polnischen Hoheitsgebiet zurückgezogen werden. Die britische Regierung hat andererseits beschlossen, Hitler bis heute um Mitternacht Zeit zu lassen, seine Truppen aus Polen zurückzunehmen. Verstreicht diese Frist, dann wird Großbritannien die Feindseligkeiten eröffnen.«

Ich wies Lord Halifax darauf hin, daß das französische Kabinett seine Entscheidungen am Abend treffen werde, und teilte ihm mit, daß wir in Frankreich noch nicht die Evakuierung der großen Städte abgeschlossen hätten. Unsere sämtlichen Bahnhöfe seien mit Reisenden, die die Züge im Sturm nähmen, überfüllt. Und wir setzten sie leicht einem fürchterlichen Blutbad aus, wenn Bombenangriffe erfolgen würden. Ich hatte das Glück, daß ich meinen kleinen Sohn auf dem Land lassen konnte, doch dachte ich an die weniger glücklichen Eltern, die ihre Kinder noch bei sich in Paris hatten. Lord Halifax war sehr bewegt bei der Vorstellung der Gefahren, denen die französische Bevölkerung ausgesetzt sein konnte, und er versprach mir, dies bei seiner Regierung hervorzuheben. Kurze Zeit darauf, um 18.30 Uhr, unterrichtete er Ciano, daß Großbritannien die italienische Konferenz annehme, jedoch unter der Bedingung, daß die deutschen Truppen sich bis an die Reichsgrenzen zurückzögen. Mussolini erklärte sofort, daß er eine solche Forderung nicht an Deutschland richten könne. Inzwischen stimmte der Senat entsprechend dem einige Tage zuvor mit seinem Ausschuß für Auswärtige Angelegenheiten abgesprochenen Verfahren seinerseits einstimmig den von der Regierung geforderten Krediten zu. Laval, der einzige Redner, der in der Sitzung das Wort ergriff, verlangte nur, Italien zu schonen, um es in das französisch-britische Lager zu ziehen. Sobald die Parlamentsberatungen beendet waren, rief Daladier den Minsterrat zusammen. Ich legte die Besprechungen, die ich mit Ciano geführt hatte, dar und den Entschluß, den die britische Regierung soeben gefaßt hatte. Die Lage war klar. Infolge des deutschen Angriffes befand sich Polen im Verteidigungskrieg für sein Land, und Großbritannien hatte seinen Entschluß erklärt, die Feindseligkeiten ab Mitternacht zu eröffnen, falls Deutschland die von ihm besetzten Gebiete nicht räume. Die italienische Regierung hatte selbst ihren Konferenzplan fallengelassen. Frankreich mußte also seine Bündnisverpflichtungen gegenüber Großbritannien und Polen, die schon in der am Vortag Ribbentrop übergebenen Note unterstrichen worden waren, erfüllen. Und jetzt, da wir die günstige Abstimmung im Parlament erreicht hatten, blieb uns nur noch die Überreichung unseres Ultimatums an Hitler.

Hier war kein Zögern erlaubt. Wir hatten die Bemühungen vervielfältigt, um die Lösung des deutsch-polnischen Konfliktes durch eine Besprechung, einen Vergleich und eine Konferenz zu erleichtern. Wir waren gescheitert. Von nun an waren Unterschrift und Ehre Frankreichs verpfändet. Das gegebene Wort mußte gehalten werden.

Alles verlief ohne Diskussion. Man war sich ebenso spontan einig wie im vorausgehenden Ministerrat. Die Debatte drehte sich nur um einen Punkt: Sollte das Ultimatum nach dem britischen Vorschlag um Mitternacht übergeben werden oder mittags, wie ich es im Lauf des Tages für gut befunden hatte, um dem Frieden diese kleine

Chance zu lassen? Daladier sprach sich für letztere Lösung aus, die vom Ministerrat bestätigt wurde, wobei dieser den Wunsch aussprach, die britische Regierung möchte sich unserem Verfahren anschließen.

Als die Sitzung um 20.30 Uhr beendet war, telefonierte ich nach meiner Rückkehr in den Quai d'Orsay mit Ciano. Ich bestätigte ihm, daß die Note vom 1. September keinen ultimativen Charakter trage, und unterrichtete ihn davon, daß wir bis zum nächsten Mittag mit der Eröffnung der Feindseligkeiten warten wollten. Doch nach Abstimmung mit der britischen Regierung wären wir der Auffassung, daß die Konferenz nicht unter dem Zeichen der Gewalt beginnen könne und daß zur Verwirklichung der Idee die deutschen Armeen zuvor die polnischen Gebiete räumen sollten. Ciano antwortete mir, daß er gegen 18 Uhr von Lord Halifax die Mitteilung empfangen habe, daß die britische Regierung diese Vorbedingung stelle. Doch sei er sicher, daß Hitler sie nicht annehmen werde. Er dankte mir lebhaft für meine Mitteilung, während ich ihm meinerseits die Anerkennung für seine Bemühungen aussprach. Dies war mein letztes Gespräch mit Ciano. –

## Winterkrieg in Finnland *Gustav Mannerheim*

Im Herbst 1939 schloß die Sowjetunion mit Estland, Lettland und Litauen Beistandspakte ab, die ihr Stützpunkte in den betreffenden Ländern einräumten, Verhandlungen mit Finnland dagegen blieben erfolglos. Daraufhin griff die Sowjetunion am 30. 11. 1939 Finnland an. Der Völkerbund verurteilte zwar das sowjetische Vorgehen, doch blieb es bei diesem Protest. Trotz zahlenmäßiger Überlegenheit der Russen konnten sich die finnischen Truppen halten. Sie hofften dabei, wie der Bericht des finnischen Oberkommandierenden, Marschall Mannerheim, beweist, auf die Hilfe der Westmächte. Jedoch die versprochenen Hilfen erwiesen sich als völlig unzureichend. So mußten die Finnen am 12. März 1940 in Moskau einen Friedensvertrag unterzeichnen, der Rußland die Karelische Landenge mit Wiborg und die Verpachtung von Hangö zubilligte. Bei Beginn des Rußlandfeldzuges schlossen sich die Finnen dem deutschen Vorgehen gegen Rußland an.

Frankreich hatte den Gedanken an die Aktion gegen Petsamo aufgegeben und diesen Plan dem Beschluß in Form einer späteren, von der Entwicklung des Tages abhängigen Programmnummer hinzugefügt. Das Hauptgewicht wurde nun darauf gelegt, daß Mitte März in der Gegend von Narvik eine Hilfsexpedition landen und nach Finnland dirigiert werden sollte, und zwar unter britischer Führung.

Ungefähr am 20. Februar empfing ich den britischen General Ling und Oberst Ganeval im Hauptquartier. Letzterer, der gerade aus Paris zurückgekehrt war, überbrachte einen Gruß des französischen Oberbefehlshabers General Gamelin. Dieser hielt Finnlands Lage für verzweifelt, meinte jedoch, wenn es den Westmächten gelänge, uns zu entsetzen, gäbe es vielleicht für unser Land eine Möglichkeit, in hartem, unter großen Opfern durchgeführtem Kampf eine befriedigende Abmachung zu erreichen. Weder General Ling noch Oberst Ganeval konnten mir jedoch detaillierte und exakte Angaben darüber machen, wie groß die Hilfstruppen wären, wann sie abgesandt würden, welche Aussichten dafür beständen, daß Schweden und Norwegen den Transit zuließen, noch vermochten sie andere mit der Expedition zusammenhängende Fragen zu beantworten. Sie ließen mich jedoch verstehen, daß Deutschlands Gegenmaßnahmen in Schweden und Norwegen die ersten Einheiten mit Beschlag belegen würden und daß die Finnlandhilfe erst in zweiter Linie rangieren würde.

Finnland war an einer Einbeziehung Schwedens und Norwegens in den Krieg der Großmächte nicht interessiert, weil damit der Weg für die materiellen Hilfssendungen der Westmächte und Schwedens versperrt würde und uns vielleicht auch das schwedisch-norwegische Freiwilligenkorps verlorenginge, das gerade eingesetzt werden sollte. Angesichts der bedrohlichen Lage auf der Karelischen Landenge konnte ich der Regierung nur den Rat geben, einen Kompromiß mit dem Kreml zu erstreben.

Am 21. Februar hatte der Außenminister sich mit der Bitte um Vermittlung an seinen schwedischen Kollegen, Minister Günther, gewandt. Die Antwort aus Moskau ging zwei Tage später ein. Die Mindestbedingungen der Sowjetunion betrafen, abgesehen von der Überlassung von Hangö, eine Zurücknahme der Grenze bis zu der im Frieden zu Nystad im Jahre 1721 gezogenen »Grenze Peters des Großen«. Dies bedeutete, daß der größte Teil von Karelien mit den Städten Wiborg, Sordavala und Kexholm aufgegeben werden mußte. Außerdem wurde zwischen der Sowjetunion, Finnland und Estland zum Schutz des Finnischen Meerbusens ein Verteidigungspakt gefordert. Die Bedingungen waren noch härter geworden.

Angesichts dieser erschütternden Forderungen erneuerte die finnische Regierung ihre Bitte um schwedische Waffenhilfe und um das Durchmarschrecht für das französisch-britische Expeditionskorps. Die Antwort lautete verneinend, das einzige, was Schweden tun könnte, wäre eine Verstärkung des Freiwilligenkorps. In bezug auf die Intervention der Westmächte teilte der britische Gesandte in Helsingfors, Mr. Vereker, mit, daß die Stärke der Truppen 20000 Mann betrüge und daß sie am 15. März zur Einschiffung bereit sein würden. Die Ankunft der Expedition konnte also frühestens in einem Monat stattfinden. Über das Transitproblem vermochte der Gesandte keinen klaren Bescheid zu geben. Es wäre, so erklärte er, Finnlands eigene Sache, eine zweckentsprechende Lösung in Stockholm und Oslo zustande zu bringen.

Trotz der unbeugsamen Haltung der schwedischen Regierung wurde beschlossen, daß der Außenminister Stockholm noch einmal besuchen und mit der schwedischen Regierung und dem Gesandten der Sowjetunion unterhandeln sollte. Am 27. Februar trafen Minister Tanner und Ministerpräsident Hansson zusammen. Dieser wiederholte, daß auf eine direkte schwedische militärische Intervention oder auf die Erlaubnis für den Durchmarsch der Truppen der Westmächte durch Schweden nicht zu rechnen wäre. »Deutschland hatte«, so erklärte der Ministerpräsident, »die schwedische Regierung direkt und offiziell wissen lassen, daß eine Übersendung regulärer schwedischer Truppen Schweden in den Krieg der Großmächte hineinziehen würde.« Er befürwortete einen sofortigen Friedensabschluß, trotz der harten Bedingungen, und gab zugleich seiner Bereitwilligkeit Ausdruck, Finnland finanziell beizuspringen.

Am 28. Februar erhielt ich wieder den Besuch des von vier Regierungsmitgliedern begleiteten Ministerpräsidenten. In der Zwischenzeit hatten wir nördlich des Ladoga und in Kuhmo große Erfolge errungen, während sich die Situation auf der Karelischen Landenge zugespitzt hatte. Ich forderte die anwesenden Generale auf, den Ministern ihre Ansicht über die Lage mitzuteilen. Nachdem alle ihre Erklärungen abgegeben hatten, stellte ich etwas erstaunt fest, daß sie mit einer einzigen Ausnahme auf ein Aushalten und eine Fortsetzung des Kampfes unter allen Umständen hinausliefen. Während sich die Minister zurückzogen, um miteinander zu beraten, benutzte ich die Gelegenheit, den Generalen die Gründe für meine Ansicht darzulegen, warum ein Friedensschluß jetzt erstrebt werden müßte – eine Ansicht, die bei mir zur Überzeugung geworden war. Meiner Meinung nach durften wir uns in unserem Urteil durch die Bitterkeit über die harten Bedingungen nicht beeinflussen lassen. Daß die Armee nicht geschlagen war, gab uns jetzt noch eine Möglichkeit, den Frieden zu erörtern. Sollte jedoch eine militärische Katastrophe eintreffen, hatten wir die Aussichten hierzu angesichts unserer erschöpften Kräfte verwirkt.

Nach einer kurzen Überlegung konnte ich der Regierungsabordnung mitteilen, daß innerhalb der Heeresleitung über die Notwendigkeit eines schnellen Friedensschlusses keine Meinungsverschiedenheiten herrschten. Am folgenden Tag, dem 29. Februar, beschloß die Regierung, die Friedensverhandlungen einzuleiten.

Da aus Paris und London Nachrichten eintrafen, daß die Expeditionsverbände verstärkt und die Wartezeit abgekürzt werden sollte, wurde dieser Beschluß nicht sofort ins Werk gesetzt. Nach dem, was Oberst Ganeval berichtete, konnten die ersten Kontingente Ende März eintreffen. Die Regierung, die hierin eine Möglichkeit zur Milderung der harten Bedingungen erblickte, beschloß, bei den Westmächten anzufragen, ob eine erste Truppe von 50000 Mann im März übersandt werden könnte und inwieweit die Möglichkeit bestände, sofort einhundert voll bemannte und ausgerüstete Bombenflugzeuge zu erhalten. Die zentrale Frage des Durchmarsches stand indessen immer noch hindernd im Weg. Daß die Westmächte in der zweiten Februarhälfte mitgeteilt hatten, sie würden das Problem selbst regeln, konnte eventuell dahin verstanden werden, daß Schweden und Norwegen bei Ankunft der Truppen in norwegischen Häfen vor ein Fait accompli gestellt werden würden. Soweit glaubte man jedoch nicht gehen zu können. Am 2. März unterrichteten die Westmächte nämlich die Regierungen von Schweden und von Norwegen davon, sie wären bereit, Finnland bewaffnete Hilfe zukommen zu lassen, wenn finnischerseits darum ersucht würde, und wollten ihrerseits ein formelles Ersuchen um das Durchmarschrecht einreichen. Im Hinblick darauf, daß Schweden und Norwegen einer heftigen deutschen Reaktion ausgesetzt werden könnten, verpflichteten sich die Regierungen der Westmächte, ihrem Schritt eine umfassende militärische Unterstützung beizugeben.

Ehe die finnische Regierung am 3. März die Ablehnung dieser Démarche durch Schweden und Norwegen erfuhr, war am gleichen Tag mitgeteilt worden, daß in der ersten Aprilhälfte 6000 Mann britische Truppen zu erwarten wären, wenn spätestens bis zum 5. März darum ersucht würde. Da dies früher gemachten Angaben widersprach, bat ich das Außenministerium, sich endgültigen Bescheid in der Angelegenheit zu verschaffen.

Währenddessen hatte die finnische Regierung über Stockholm mit Moskau Verbindung aufgenommen, um auf der Basis des Verbleibs der Städte Wiborg und Sordavala in finnischem Besitz zu verhandeln. Die am 5. März eintreffende Antwort bestand auf einer Auslieferung beider Städte; außerdem erklärte die Sowjetregierung, bei einer Hinauszögerung der Angelegenheit unsererseits die Bedingungen verschärfen und ihr Abkommen mit der Regierung Kuusinen erneuern zu wollen. Angesichts dieser Drohung wußte sich die Regierung keinen anderen Rat, als um Waffenstillstand und die Einleitung von Verhandlungen auf der Grundlage der russischen Bedingungen zu ersuchen. Am 6. März wurde das Waffenstillstandsgesuch abgelehnt und mitgeteilt, daß die Verhandlungen sofort in Moskau beginnen könnten, worauf die Regierung am gleichen Tag den Entschluß zur Absendung einer Friedensdelegation faßte. Zugleich ersuchte sie die Westmächte um die Verlängerung unserer Frist für das Hilfsgesuch um eine Woche – unser einziger Trumpf am Verhandlungstisch.

Die durch das Außenministerium erbetenen Angaben über die Hilfe der Westmächte trafen am 7. März ein. Sie waren von dem britischen Chef des Generalstabs formuliert und lauteten:

»Der erste Verband, bestehend aus einer französisch-britischen Division in unten genannter Zusammensetzung, fährt am 15. März nach Narvik ab:

| | | |
|---|---|---|
| 2½ | Brigaden französischer Alpenjäger | 8500 Mann |
| 2 | Bataillone aus der Fremdenlegion | 2000 Mann |
| 1 | polnisches Bataillon | 1000 Mann |
| 1 | britische Gardebrigade | 3500 Mann |
| 1 | britisches Skibataillon | 500 Mann |
| | | 15500 Mann |

Alle diese Truppen bestehen aus Elitemannschaften. Gleichzeitig gehen drei Bataillone Etappentruppen ab.

Der zweite Verband umfaßt drei britische Divisionen von je 14000 Mann.

Die Gesamtstärke der Verbände beträgt somit 57500 Mann.

Der erste Verband, dem die anderen folgen, sobald die Eisenbahnverbindungen es erlauben, wird voraussichtlich Ende März in Finnland eintreffen.«

Bei ihrem ersten Kontakt mit der Sowjetregierung am 8. März im Kreml mußte die Delegation feststellen, daß die jetzt vorgelegten Bedingungen mit den über Stockholm bekanntgegebenen nicht übereinstimmten. Über die bisherigen Forderungen hinaus wurde die Überlassung eines weitgestreckten Gebietes in den Gemeinden Salla und Kuusamo verlangt, außerdem sollte Finnland eine Eisenbahn von Kemijärvi bis zu der neuen Grenze bauen. Weiter wurde der finnische Teil der Fischerhalbinsel verlangt, der ebenfalls nicht in den durch das schwedische Außenministerium mitgeteilten Forderungen enthalten war.

Als die Delegation daran erinnerte, daß die Sowjetregierung dem Vermittler versichert hatte, in Nordfinnland würden keine territorialen Forderungen gestellt, wurden ausweichende Antworten gegeben – unter anderem deutete Molotow an, daß das Versäumte auf Madame Kollontays schlechtes Gedächtnis zurückzuführen sei! In Wirklichkeit hatte der Sowjetregierung wohl daran gelegen, die Reaktion zu vermeiden, die die Forderung zum

Bau der Eisenbahn im Norden ausgelöst haben würde, denn Schwedens Einstellung zu dem Konflikt wäre dadurch zweifellos beeinflußt worden. Das Eisenbahnprojekt bedeutete eine direkte Bedrohung Schwedens, weil seine Verwirklichung eine strategische Ausfallslinie gegen Skandinavien schaffen würde.

Die zusätzlichen Forderungen konnten mit Recht als ein Zeichen dafür aufgefaßt werden, daß der Friede, den Moskau anstrebte, der Sowjetunion nur eine Waffenruhe zusichern sollte. Unter diesen Umständen erschien die Hilfe der Westmächte wieder als der einzige Ausweg zur Rettung.

Am 9. März teilte Finnlands Gesandter in London, Minister Gripenberg, mit, daß »die britische Regierung gemeinsam mit der französischen beschlossen hätte, Finnland mit allen zu Gebote stehenden Mitteln beizustehen, wenn die finnische Regierung nur darum ersuchte«. Am 10. März überreichte schließlich der britische Gesandte in Helsingfors ein Memorandum des Inhalts, daß der Appell spätestens am 12. Mai erwartet würde. Als Antwort auf unsere Bitte um hundert Bombenflugzeuge erklärte der Gesandte, die britische Regierung wäre bereit, im ganzen fünfzig zu übersenden, von denen »acht vier Tage nach Eingang des Appells und die übrigen innerhalb der folgenden zehn Tage geliefert werden sollten«. Über die Hilfsexpedition wurde nur mitgeteilt, daß ihr Absenden von der Stellungnahme Schwedens und Norwegens abhinge; wenn diese Länder sich dem Durchmarsch widersetzten, ja auch wenn sie ihm passiv entgegenwirkten, könnte das ganze Projekt zunichte werden. Die britische Regierung würde jedoch mit allen Mitteln versuchen, den Transit durchzusetzen.

Angesichts der Unsicherheit, die der Verwirklichung der Expedition anhaftete, und in der sicheren Überzeugung, daß die Kräfte nicht ausreichen würden, wenn sich der Kampf über den Frühling hinzöge, mußte ich der Regierung am 9. März den kategorischen Rat geben, Frieden zu schließen. Sowohl die Regierung wie der außenpolitische Ausschuß des Reichstags stimmten meiner Ansicht zu, und so wurde die Delegation in Moskau am 11. März mit offenen Vollmachten ausgerüstet. Gleichzeitig machte man den Versuch, noch in letzter Minute

Schwedens Standpunkt zu ermitteln. Am Abend des 11. März wurde eine letzte Anfrage an die schwedische Regierung gestellt, wie sie sich zu dem Ersuchen eines Durchmarsches stelle und inwieweit Schweden bereit wäre, nach dem Krieg einen Verteidigungspakt mit Finnland zu schließen. Am folgenden Tag traf die Antwort ein. Unser Ersuchen um Transit wurde kategorisch abgelehnt und in bezug auf den Verteidigungspakt mitgeteilt, daß »die schwedische Regierung bereit wäre, die Möglichkeiten zu einem solchen zu untersuchen«.

An demselben ereignisreichen Tag veröffentlichten die französische und die britische Regierung ihre Erklärung, daß sie Finnland beispringen wollten, wenn wir nur darum ersuchten. Angesichts all der ungewissen Umstände, die ein fortgesetzter Krieg in sich schließen würde, unterzeichnete indessen die finnische Delegation am späten Abend des 12. März das Friedensdokument.

Die Bedingungen waren über die Maßen schwer. Der ganze Bezirk Wiborg mit den Städten Wiborg, Sordavala und Kexholm ging in russischen Besitz über, ebenso die Inseln im Finnischen Meerbusen sowie Hangö mit Umgebung, das letztere Gebiet auf der Basis eines dreißigjährigen Pachtabkommens. Im Norden verlor Finnland seinen Anteil an der Fischerhalbinsel sowie weite Gebiete in Salla und Kuusamo. Weiter wurde verlangt, daß Finnland darauf eingehen sollte, wenn möglich im Lauf eines Jahres, eine Eisenbahn von Kemijärvi bis zu der neuen Grenze bei Salla zu bauen. Den Umstand, daß das Gebiet von Petsamo uns überlassen wurde, hatten wir vielleicht den britischen Interessen an den dort gelegenen Nickelgruben zu verdanken.

## Kampf um Dünkirchen — *Winston Churchill*

In den Wochen vom 1. September bis zum 6. Oktober 1939 gelang es den deutschen Armeen, ganz Polen in einem Blitzkrieg zu überrennen. Der Winter 1939/40 brachte in den Kämpfen eine Atempause, die von verschiedenen Seiten zu vergeblichen Friedensvermittlungen genutzt wurde. Da im Frühjahr 1940 die Gefahr bestand, daß sich die Alliierten in Skandinavien festsetzten und damit die deutsche Flanke empfindlich bedrohten, befahl Hitler die überraschende Besetzung Dänemarks und Norwegens. Einen Tag nach Abfahrt eines alliierten Expeditionskorps begann der deutsche Angriff. Während die Besetzung Dänemarks reibungslos ablief, kam es in Norwegen zu heftigen Kämpfen, die sich schließlich auf das nordnorwegische Narvik konzentrierten. Am 10. Mai begann dann der lange vorbereitete deutsche Angriff auf Frankreich mit einer Umfassungsbewegung im Nordwesten, die sich gegen die neutralen Niederlande und gegen Belgien richtete. Ein Schwerpunkt lag gleichzeitig bei einer auf Sedan angesetzten Panzergruppe, der auch der Durchbruch zur Somme gelang. Sie drehte dann nach Norden ein und umfaßte damit die französische Nordgruppe. Da Hitler aber den weiteren Vormarsch der Panzer stoppte, gelang es der dort eingesetzten britischen Expeditionsarmee, auf einen Brückenkopf um Dünkirchen zurückzugehen. Hier setzt die Schilderung Winston Churchills ein, der von dem »Wunder von Dünkirchen« berichtet, wie auf eilig zusammengerafften Schiffen und Booten aller Art über dreihunderttausend Mann, davon ein Drittel Franzosen, nach England transportiert wurden. Seine Schilderung des Kriegsrates in Paris gibt zugleich ein gutes Bild der allgemeinen militärischen Lage im Frühjahr 1940.

Vom 20. an waren unter der Leitung Admiral Ramsays, des Kommandanten von Dover, Schiffe und kleine Fahrzeuge zusammengezogen worden. Am Abend des 26. (6.57 Uhr) gab die Admiralität das Signal zur »Operation Dynamo«, und in jener Nacht wurden die ersten Truppen heimgeschafft. Nach dem Verlust von Boulogne und Calais waren nur noch der zum Teil zerstörte Hafen von Dünkirchen und der offene Strand nächst der belgischen Grenze in unserer Hand. Damals herrschte die Meinung, wir könnten höchstens etwa 45000 Mann in zwei Tagen retten. Früh am nächsten Morgen, dem 27., wurden Maßnahmen ergriffen, um weitere kleine Fahrzeuge »für einen besonderen Zweck« aufzutreiben. Es ging um nichts weniger als um die Evakuierung des gesamten englischen Expeditionskorps. Eine große Anzahl solcher Fahrzeuge wurde für die Einschiffungen am offenen Strand benötigt, während die größeren Schiffe im Hafen von Dünkirchen beladen werden konnten. Auf Vorschlag von H. C. Riggs vom Schiffahrtsministerium suchten Offiziere der Admiralität die verschiedenen Bootswerften von Teddington bis Brightlingsea ab: Sie konnten mehr als vierzig dienstfähige Motorboote oder Barkassen ausfindig machen, die sich am folgenden Tag bei Sheerness sammelten. Gleichzeitig wurden Rettungsboote von den Passagierschiffen in den Londoner Docks, Schlepper von der Themse, Jachten, Fischerboote, Leichter, Barken und Vergnügungsschiffe – alles, was sich zur Evakuierung vom Strand aus verwenden ließ – aufgeboten. Gegen Abend des 27. begann eine mächtige Flotte kleiner Fahrzeuge sich in unseren Kanalhäfen zu sammeln und nahm von dort aus Kurs auf den Strand von Dünkirchen zu unserer geliebten Armee.

Als es nicht mehr nötig war, die Evakuierung geheimzuhalten, zauderte die Admiralität nicht, der spontanen Bewegung, die die ganze seefahrende Bevölkerung unserer südlichen und südöstlichen Küsten gepackt hatte, freien Lauf zu lassen. Jeder, der ein Boot besaß, was es auch sein mochte, ein Dampf- oder Segelboot, machte sich jetzt auf die Reise nach Dünkirchen, und die glücklicherweise schon eine Woche vorher begonnenen Vorbereitungen wurden nun durch die großartige Improvisation von Freiwilligen in erstaunlichem Ausmaß unterstützt. Am 29. trafen vorerst nur wenige Boote ein, aber sie waren die Vorhut von nahezu 400 kleinen Fahrzeugen, die vom 31. an eine entscheidende Rolle spielen sollten, indem sie fast 100000 Mann vom Strand zu den weiter draußen liegenden Schiffen brachten. In jenen Tagen vermißte ich den Chef meines Kartenzimmers in der Admiralität, Kapitän Pim, und noch ein oder zwei vertraute Gesichter. Sie hatten sich einer holländischen »schuit« bemächtigt, die binnen vier Tagen 800 Soldaten herüberbrachte. Alles in allem kamen, unter den unablässigen Bombenangriffen des Feindes, etwa 860 Schiffe der Armee zu Hilfe, darunter beinahe 700 englische und der Rest Schiffe der Verbündeten.

Um den persönlichen Kontakt zu wahren und um Mißverständnisse zu vermeiden, mußte ich am 31. Mai zu einer Sitzung des Obersten Kriegsrats nach Paris fliegen. Attlee, die Generale Dill, Spears und Ismay begleiteten mich.

Diesmal gingen wir nicht nach dem Quai d'Orsay, sondern in Reynauds Zimmer im Kriegsministerium in der

Rue Saint-Dominique. Attlee und ich sahen uns Reynaud und Marschall Pétain als einzigen französischen Ministern gegenüber. Dies war das erste Auftreten Pétains, der jetzt Vizepräsident des Ministeriums war, bei einer unserer Sitzungen. Er war in Zivil. Unser Botschafter, Dill, Ismay und Spears begleiteten uns, und Weygand, Darlan, Hauptmann de Margerie, Chef von Reynauds Bureau, und ein Herr Baudouin vom Sekretariat vertraten die Franzosen.

Die erste Frage war die Lage in Norwegen. Ich sagte, die englische Regierung sei der wohlerwogenen Ansicht, daß das Gebiet von Narvik sogleich zu räumen sei. Unsere Truppen, die dort standen, dazu die Zerstörer und etwa hundert Fliegerabwehrgeschütze würden anderswo dringend benötigt. Darum schlugen wir eine Evakuierung vor, die am 2. Juni beginnen sollte. Die englische Flotte würde die französischen Truppen, den König von Norwegen und alle norwegischen Truppen, die mitkommen wollten, unverzüglich an Bord nehmen. Reynaud sagte, die französische Regierung sei mit diesem Vorgehen einverstanden. Die Zerstörer würden dringend im Mittelmeer gebraucht, falls es zum Krieg mit Italien kommen sollte. Die 16000 Mann wären an der Linie der Aisne und der Somme von großem Wert. Diese Angelegenheit war somit erledigt.

Jetzt kam ich auf Dünkirchen zu sprechen. Die Franzosen schienen von dem, was den Nordarmeen zugestoßen war, keine klarere Vorstellung zu haben als wir von der französischen Hauptfront. Als ich ihnen sagte, daß 165000 Mann, davon 15000 Franzosen, weggeschafft worden seien, waren sie erstaunt. Sie lenkten natürlich die Aufmerksamkeit auf die erhebliche englische Überzahl. Ich erklärte, das komme hauptsächlich daher, daß in der Etappe zahlreiche englische Verwaltungsabteilungen gestanden seien, die sich einschiffen konnten, bevor es möglich gewesen war, Truppen von der Front abzuziehen. Überdies hätten die Franzosen bis jetzt keinen Befehl zur Evakuierung erhalten. Einer der Hauptgründe meiner Reise nach Paris sei, sicherzustellen, daß den französischen Truppen die gleichen Befehle erteilt würden wie den englischen. Die drei englischen Divisionen, die jetzt das Zentrum hielten, würden die Evakuierung sämtlicher verbündeten Streitkräfte decken. Diese Nachhutaktion und der Seetransport würden der englische Beitrag zu den Anstrengungen der Alliierten sein, die schweren Verluste auszugleichen, mit denen jetzt gerechnet werden müsse. Die Regierung Seiner Majestät habe es in dieser furchtbaren Lage für nötig gehalten, Lord Gort zu befehlen, die kampffähige Mannschaft zu evakuieren, die Verwundeten aber zurückzulassen. Wenn sich die jetzigen Hoffnungen verwirklichten, könnten 200000 wehrfähige Männer abtransportiert werden. Das wäre beinahe ein Wunder. Noch vor vier Tagen hätte ich auf nicht mehr als höchstens 50000 gewettet. Ich betonte unsere furchtbaren Verluste an Kriegsmaterial. Reynaud zollte der Tätigkeit der englischen Marine und Flugwaffe freigebige Anerkennung, für die ich ihm dankte. Dann sprachen wir ausführlich davon, was getan werden könnte, um die englischen Streitkräfte in Frankreich wieder aufzubauen.

Unterdessen hatte Admiral Darlan ein Telegramm an Admiral Abrial in Dünkirchen aufgesetzt:

1. Rund um Dünkirchen soll von den Divisionen unter Ihrem Kommando und jenen unter englischem Kommando ein Brückenkopf gehalten werden.

2. Sobald Sie überzeugt sind, daß sich keine Truppen außerhalb des Brückenkopfes mehr zu den Einschiffungsplätzen durchschlagen können, sollen die Verbände, die den Brückenkopf halten, zurückgezogen und eingeschifft werden, die englischen Streitkräfte zuerst.

Ich griff sogleich ein, um zu erklären, die Engländer würden sich nicht als erste einschiffen, sondern die Evakuierung sollte in gleichem Maß für Engländer und Franzosen erfolgen – »bras-dessus, bras-dessous«. Die Engländer würden die Nachhut bilden; das wurde gutgeheißen.

Nun wandte die Unterredung sich Italien zu. Ich gab der englischen Ansicht Ausdruck, daß wir im Falle von Italiens Kriegseintritt sogleich auf die wirksamste Art losschlagen sollten. Viele Italiener seien gegen den Krieg, und alle sollten zur Erkenntnis seiner Härte gebracht werden. Ich schlug vor, daß wir durch Luftangriffe das nordwestliche industrielle Dreieck treffen sollten, das von den drei Städten Mailand, Turin und Genua gebildet wird. Reynaud war gleichfalls der Ansicht, die Verbündeten müßten unverzüglich zuschlagen; und Admiral Darlan erklärte, er habe einen Plan ausgearbeitet, um die italienischen Brennstoffvorräte, die zum größten Teil längs der Küste zwischen der Grenze und Neapel aufgespeichert seien, aus der Luft und von der See her zu bombardieren.

Nachdem wir die Lage in Tanger und die wichtige Frage, Spanien vom Krieg fernzuhalten, gestreift hatten, sprach ich von den Aussichten im allgemeinen. Die Verbündeten müßten, so erklärte ich, den Kampf gegen alle ihre Feinde unbeugsam weiterführen ... Die Vereinigten Staaten seien durch die jüngsten Ereignisse aufgerüttelt worden, und, selbst wenn sie nicht in den Krieg eintreten sollten, würden sie bald bereit sein, uns machtvoll zu unterstützen. Sollte es zu einer Invasion Englands kommen, so würde dies noch weit tieferen Eindruck auf die Vereinigten Staaten machen. England fürchte keine Invasion und würde den feindlichen Eindringlingen in jedem Dorf und jedem Weiler heftigsten Widerstand leisten. Erst wenn England genügend Truppen auf der Insel zusammengezogen habe, um eine Invasion abzuwehren, könne es dem französischen Verbündeten wieder bewaffnete Kräfte zur Verfügung stellen ... Ich sei unbedingt davon überzeugt, daß, wenn wir den Krieg nur fortsetzen, uns der Sieg zufalle. Selbst wenn einer von uns überwältigt werden sollte, dürfe der andere den Kampf nicht aufgeben. Die englische Regierung sei bereit, den Krieg von der Neuen Welt aus zu führen, wenn England selbst durch eine Katastrophe verwüstet würde.

Damit war die formelle Sitzung geschlossen.

Nachdem wir aufgestanden waren, unterhielten sich einige der führenden Männer in der Fensternische in einer wesentlich andersgearteten Atmosphäre. Unter ihnen war vor allem Marschall Pétain. Spears stand neben mir, half mir bei meinem Französisch und sprach selber. Der junge Hauptmann de Margerie hatte bereits davon gesprochen, den Krieg in Afrika auszukämpfen. Aber Marschall Pétains distanzierte, verschlossene Haltung ließ mich spüren, daß er einen Separatfrieden ins Auge fassen würde. Der Einfluß seiner Persönlichkeit, sein Ruf, seine gelassene Hinnahme unglücklicher Ereignisse wirkten, ganz abgesehen von den Worten, die er sprach, überwältigend auf jene, die unter seinem Zauber standen. Einer dieser Franzosen, ich kann mich nicht mehr erinnern welcher, sagte auf seine höfliche Art, daß eine Fortdauer der militärischen Rückschläge Frankreich unter Umständen zu einem außenpolitischen Kurswechsel zwingen könnte. Hier zeigte Spears sich der Lage gewachsen, und, vor allem zu Marschall Pétain gewandt, sagte er in vollendetem Französisch: »Sie begreifen wohl, Herr Marschall, daß das die Blockade bedeuten würde.« Dazu bemerkte ein anderer: »Das wäre vielleicht unvermeidlich.« Aber Spears sagte Pétain ins Gesicht: »Das hätte nicht allein die Blockade zur Folge, sondern auch die Bombardierung sämtlicher französischen Häfen, die in deutschen Händen wären.« Ich war froh, daß das gesagt worden war. Ich selbst erklärte einmal mehr, wir würden weiterkämpfen, was auch geschehen oder wer auch aufgeben sollte.

Der 31. Mai und der 1. Juni sahen den Höhepunkt, wenn auch nicht das Ende von Dünkirchen. An diesen beiden Tagen wurden mehr als 132000 Mann sicher an Englands Küste gelandet, von denen fast ein Drittel in kleinen Fahrzeugen und unter heftigen Fliegerangriffen und Artilleriefeuer vom Strand geholt worden war. Am 1. Juni vom Morgengrauen an unternahmen die feindlichen Bomber die größten Angriffe, zeitlich oft genau danach berechnet, wann unsere Jagdflieger sich zurückziehen mußten, um zu tanken. Diese Angriffe rissen schwere Lücken in die dichtgedrängte Flotte, die fast soviel Verluste erlitt wie in der ganzen vorangegangenen Woche. An diesem einzigen Tag betrugen unsere Einbußen durch Fliegerbomben, Minen, Schnellboote oder andere Angriffe 32 versenkte und 11 beschädigte Schiffe.

Die Endphase der Evakuierung wurde mit viel Geschick und Präzision durchgeführt. Zum erstenmal wurde es möglich, im voraus zu planen, statt sich von Stunde zu Stunde auf Improvisationen verlassen zu müssen. Am Morgen des 2. Juni standen noch etwa 4000 Engländer mit sieben Fliegerabwehrgeschützen und zwölf Panzerabwehrkanonen sowie beträchtliche französische Kräfte im Vorgelände von Dünkirchen und hielten noch den immer enger werdenden Brückenkopf. Jetzt war die Evakuierung nur noch bei Dunkelheit möglich, und Admiral Ramsay beschloß, in jener Nacht mit allen erreichbaren Schiffen und Booten nach dem Hafen zu fahren. Neben Schleppern und kleinen Fahrzeugen wurden an jenem Abend 44 Schiffe von England abgesandt, darunter 11 Zerstörer und 14 Minenräumboote. Auch 40 französische und belgische Schiffe nahmen daran teil. Vor Mitternacht war die englische Nachhut eingeschifft.

Dennoch war das nicht das Ende der Geschichte von Dünkirchen. Wir waren darauf vorbereitet gewesen, in jener Nacht viel größere Mengen französischer Truppen abzutransportieren, als tatsächlich zur Stelle waren. Viele unserer Schiffe waren noch leer, als sie sich beim Morgengrauen zurückziehen mußten, während größere französische Streitkräfte, zum Teil noch in Gefechtsberührung mit dem Feind, an der Küste zurückblieben. Eine letzte Anstrengung mußte unternommen werden. Obgleich die Schiffsbesatzungen nach so vielen Tagen ohne Ruhe und Rast erschöpft waren, blieb der Aufruf zur Hilfeleistung nicht unbeantwortet. Am 4. Juni wurden 26175 Franzosen in England an Land gebracht, davon mehr als 21000 von englischen Schiffen. Leider blieben mehrere Tausende, die tapfer den Rückzug ihrer Kameraden gedeckt hatten, auf dem Festland zurück.

Schließlich, um 14.23 Uhr jenes Tages, erklärte die Admiralität im Einverständnis mit den Franzosen die »Operation Dynamo« für beendet.

## Im Ghetto von Warschau

*Bernhard Goldstein*

Als die deutschen Truppen im Herbst 1939 Polen besetzten, lebten dort über zwei Millionen Juden. Gleich zu Beginn der Besetzung gab der Chef der Sicherheitspolizei, Heydrich, die Anweisung, die Juden aus den zahlreichen kleineren Gemeinden in die großen Städte zu bringen und dort zusammenzupferchen. Das erste große Ghetto wurde im April 1940 in Lodz angelegt; im November des gleichen Jahres folgte ein zweites in Warschau. Hier mußten unter völlig unzureichenden sanitären Verhältnissen etwa eine halbe Million Juden wohnen und arbeiten. Der Bericht eines Insassen gibt ein erschütterndes Zeugnis der menschenunwürdigen Situation dieses Ghettos, die im übrigen noch für Propagandazwecke ausgenutzt wurde, indem nationalsozialistische Zeitungen Bilder veröffentlichten und behaupteten, daß die Juden hier absichtlich im Schmutz verkämen. Ein Teil der Bevölkerung wurde für Zwangsarbeit eingesetzt. Als im Frühjahr 1943 mit der gewaltsamen Auflösung des Ghettos begonnen werden sollte und der Abtransport in die Todeslager unmittelbar bevorstand, kam es zu einem verzweifelten Aufstand, der erst nach mehreren Wochen niedergeworfen werden konnte. Das Ghetto wurde völlig zerstört. Wer von den Bewohnern während der Kämpfe nicht den Tod gefunden hatte, wurde nach Treblinka gebracht und dort vergast. Von den in Polen zu Kriegsbeginn lebenden Juden blieben insgesamt nur noch zehn Prozent am Leben. Die Verfolgung der polnischen Juden bildete aber nur einen Teil der großangelegten Vernichtungsaktion gegen die Juden in ganz Mitteleuropa, der etwa fünf Millionen Menschen zum Opfer fielen.

Im Jahre 1941, als Hunger und Typhus die schreckliche Ghettobühne beherrschten, als die Opfer 6000, 7000 und mehr im Monat zählten, konnte man jeden Morgen die Gassen mit nackten Leichnamen angefüllt finden, die Gesichter mit schmutzigen Zeitungen zugedeckt. Die Angehörigen hatten weder die materiellen Mittel noch die seelische Kraft, für ihren Toten ein Begräbnis zu richten. Die strengsten religiösen Bräuche wurden unbeachtet gelassen. Den teuren Gestorbenen zog man die zerrissenen, aber doch noch brauchbaren Kleider aus und legte die nackten Körper an den Randstein, bis der allmorgendliche Totenkarren kam, sie abzuholen. Auf dem Friedhof wurden diese namenlosen Leichen, ohne Familienbegleitung, ohne Zeremonien zu zehnt in ein gemeinsames Grab gelegt. So ging es mit Tausenden, mit Zehntausenden in einem monotonen Totenreigen.

Nicht vergessen kann ich den Anblick, wie längs der Mauer der katholischen Kirche an der Leshnostraße kranke, halbtote, halbnackte Kinder mit vor Hunger aufgeschwollenen Bäuchen dalagen; ihre offenen Wunden in pergamentartiger Haut eiterten, ihr Atmen war ein Röcheln aus trockener Kehle. Um sie herum standen ältere Kinder, gelblich und verhärmt, sie wimmerten mit schwacher Stimme: »Ein Stückchen Brot!«

Tote, Tote und noch mehr Tote säumten die Straßen, und doch war das Ghetto noch überfüllt mit lebenden Menschen. Die Leute bahnten sich den Weg durch das laute Gedränge, bedacht darauf, einander nicht zu berühren; denn Berührung konnte Typhusansteckung bedeuten.

Ein alter Mann, barfuß und in Lumpen, Schaum vor dem Mund und einen krankhaft flackernden Blick in den Augen, schob einen Kinderwagen mit zwei Kindern, die laut heulten: »Brot ... ein Stückchen Brot!«

Plötzlich gab es Bewegung in der Menge. Jemand rief: »Haltet ihn!« Ein barfüßiger, zerlumpter Junge, seine Beine schwarz vor Dreck, spritzte durch den Schlamm, stolperte über eine Leiche und fiel hin. In seiner Hand hielt er einen Laib Brot, den er mit aller Macht festhielt. Der Eigentümer des Brotes schlug auf ihn ein und versuchte, ihm den Schatz aus den Händen zu winden. Das wertvollste aller irdischen Güter war nun zerkaut und beschmiert von dem Speichel des kleinen Diebes. Wer war denn sicher, daß mit dem Speichel nicht auch Typhusbazillen mit übertragen wurden?

Solche jungen Brotdiebe waren eine besondere Kategorie »Krimineller«. Hunger gab ihnen die verzweifelte Kraft, das heilige Gesetz vom Eigentum über ein Stück Brot zu brechen. Sie wurden wild von den Bestohlenen und der Polizei dafür geschlagen. Aber diese Diebe auszurotten war ebensowenig möglich wie den Hunger auszutilgen.

Plötzlich nahm dann das Laufen, Schreien und Pfeifen zu. Ein Lastwagen mit deutschen Polizisten kam die Straße heruntergerast, ohne viel auf die Menge Fußgänger zu achten. Es war 12 Uhr mittags, und die Wache vor dem Paviakgefängnis sollte abgelöst werden. Der Kraftwagen pflügte seinen Weg durch die Menge. Während er vorbeirollte, lehnten sich die Polizisten heraus, um die Leute mit Rohren, Gewehrkolben oder was sie sonst in Händen hatten, zu schlagen, und sie riefen dabei: »Stinkjuden, ihr räudigen Typhusverbreiter ...«

An der Ecke Chlodna- und Zhelasna-Straße war das Ghetto durch einen »Polnischen Korridor« längs der Chlodna-Straße geteilt. Die Brücke an der Zhelasna-Straße verband die beiden Teile. Unter der Brücke, auf dem heiligen arischen Boden, bereiteten die deutschen Wachen kleine Höllenszenen. Sie ergriffen vorbeikommende Juden und trieben ihren Spott mit ihnen. Die verschüchterten, erbärmlich anzusehenden Juden stellten sie in Reihen auf, gaben ihnen Ziegelsteine oder schwere Pflastersteine in die Hände und befahlen ihnen, sie auf und ab zu heben. Dabei spornten sie sie mit Schlägen und Hohnlachen an. Sie setzten ihr grausames Spiel fort, bis selbst Fußtritte die Opfer nicht mehr beleben konnten.

Aber ich erinnere mich auch der Unterbrechungen dieses dichten, lauten, klagenden Ghettolärms. Das Weinen und Wimmern und die Mißtöne der zusammengedrängten Masse wurden plötzlich durch harmonische Laute aus einem Hof oder von einer Straßenecke her abgelöst. Eine Gruppe Sänger oder Musikanten eines ehemaligen Chors oder einer Kapelle sang und spielte für eine Gabe. Ein paar Münzen fielen wohl in den hingehaltenen Hut oder die zaghaft ausgestreckte Hand. Mit abgewandten Augen bewegten die Spielenden den Kopf zum Dank und gingen weiter zur nächsten Ecke.

Die Kinder – die verwaisten, verwahrlosten und halbverhungerten Kinder, die barfuß die Ghettostraßen durchzogen und deren zerrissene Kleider schwärende Wunden entblößten –, die Kinder waren unser herzzerreißendstes Problem.

Obwohl die Todeszahl unter diesen kleinen obdachlosen Vagabunden phantastisch hoch war, schien ihre Zahl noch dauernd zuzunehmen. Auf Schritt und Tritt gab es bettelnde Kinder. Einzeln und in Rudeln zogen sie durch Höfe und Straßen, sangen Bettellieder und schrien ihr ganzes Unglück hinaus. Flehentliche Hände zupften an jedem Vorübergehenden. Vermischt mit den neuen Liedern der Erbärmlichkeit und des Protestes vernahmen wir manchmal die vertrauten Töne einer alten revolutionären Hymne oder eine volkstümliche Melodie, die in den jüdischen Schulen der Vorkriegszeit gesungen worden war. Diese verkümmerten kleinen Körper mit ihren um Brot bettelnden gebrochenen Stimmchen – sie waren einst unsere Zukunftshoffnung gewesen!

In unserer Presse riefen wir um dringende Hilfe für die verlassenen Kinder auf. Wir forderten, daß die offiziellen Stellen der Gemeinde sie unter ihren Schutz nehmen und ihnen Heime und ordentliche Fürsorge verschaffen sollten. Nicht viel wurde darin getan, noch konnte getan werden. Centos richtete mehrere Waisenhäuser ein; einige jüdische Geschäftsleute steuerten zu einem Unterstützungsfonds bei; die Mieterausschüsse halfen mit; der Bund richtete ein Haus ein, in dem ungefähr 200 Kinder untergebracht wurden. Die »Yaff«, das Rote Kreuz und unsere Lehrerorganisation teilten sich in die Arbeit.

Unsere jüngeren Genossen sammelten die Kinder von den Straßen auf; manchmal mußten sie sie gewaltsam wegreißen. Die Kinder wurden gewaschen, bekamen zu essen, wurden gekleidet und erhielten unter der Anleitung von Dr. Anna Broide-Heller ärztliche Behandlung. Wir richteten eine kleine Werkstatt ein, in der freiwillige Helfer abends arbeiteten, um gebrauchte Kleider für die Kinder umzuarbeiten.

Im April 1941, ein halbes Jahr nach der Errichtung des Ghettos, lockerten die Nazis die Einschränkungen der jüdischen Kindererziehung und gestatteten Unterricht bis zur 4. Klasse der Elementarschule. Der Unterricht mußte ausschließlich auf Hebräisch und Jiddisch stattfinden, die polnische Sprache war streng verboten.

Obwohl die Lehrer in zwei Schichten arbeiteten, waren die Klassenräume, die uns für die legalen Schulen eingeräumt wurden, selbst für die Zahl der Schüler in den vier Elementarklassen ganz unzureichend. Viele der jüngeren Kinder mußten auch weiter in die illegalen Schulen geschickt werden.

Als Reaktion auf die Rassenhaßkampagne gegen die Juden kam der erzieherischen und kulturellen Aktivität eine neue Bedeutung zu. Das Ghettodasein zwang dazu, geistige und moralische Abwehrkräfte aufzubauen, zum Ausgleich für die abgründige physische Hilflosigkeit. Unter großen Opfern und Entbehrungen wurden wahre Wunder vollbracht.

Bei einer Ghettobevölkerung von über einer halben Million kam unser Erziehungssystem, das zum größten Teil illegal war, 20000 bis 30000 Schülern zugute. Das Bedürfnis war noch weit größer, und es gab einen dauernden Streit der Eltern über das Recht, ihre Kinder schicken zu dürfen. Die Mieterausschüsse halfen, eine möglichst gerechte Auswahl zu treffen und Bevorzugungen auszuschließen.

Es gab fast gar keine Schulbücher. Man half sich mit einigen mühsam auf der Schreibmaschine geschriebenen Heften, und diese wurden nur den Lehrern in die Hand gegeben. Jede Schule hatte eine Gruppe von Erwachsenenhelfern, die Lehrmaterial beschafften, den Teller Suppe für jedes Kind stellten, Geld für die Lehrer sammelten usw. Im Winter genügend Heizmaterial für den Klassenraum zu besorgen, war ein noch größeres Unternehmen. Der Kampf für die geistige Nahrung wurde mit derselben Intensität wie der um die materielle Ernährung gekämpft.

Während der warmen Sommermonate wurden die Schulen durch Lager im Freien ergänzt. Dabei gab es kaum einen Grashalm in dem ganzen Ghettogebiet, und die Lager wurden in den Ruinen der ausgebombten Gebäude abgehalten. Unter Anleitung ihrer Lehrer spielten, sangen und tanzten da die Kinder. Das war immer noch besser als die ermüdenden steifen Klassenzimmer. Da jedoch die Kehrichtabfuhr in dem übervölkerten Ghetto ganz ungenügend funktionierte, verbrannten die Leute den Abfall an den offenen Plätzen und hüllten dabei die Spiellager der Kinder in einen erstickenden Rauch.

Eltern waren besorgt darüber, daß ihre Kinder bei dem wenigen Unterricht und der dürftigen privaten Nachhilfe weit zurückbleiben mußten, wenn sie nach dem Krieg wieder in die polnischen Schulen gehen würden. Unsere höheren Schulen taten daher ihr möglichstes, die formellen Ansprüche zu erfüllen. Dies war ein doppelt illegales Unternehmen, weil hier der Unterricht auf Polnisch, in der den Juden streng verbotenen Sprache, erfolgte.

Einige der höheren Schulen veranstalteten Abschlußprüfungen, für die eigens polnische Schulinspektoren ins Ghetto geschmuggelt wurden, um die Diplome zu »legalisieren«. Diese wurden sorgfältig verborgen aufbewahrt für den Tag, an dem die Eltern ihre Kinder zur Zulassung zu den polnischen Hochschulen anmelden würden.

Der ORT veranstaltete handwerkliche Kurse für Schneider, Hutmacher, Korsettmacher usw. Er erhielt außerdem die Erlaubnis, eine technische Schule zu eröffnen.

Die Sanitäterkurse wurden sämtlich illegal organisiert. Einer der Ausbilder war derselbe Ludwig Hirschfeld, der so heroisch gegen die Typhusepidemie angekämpft hatte. Zur Zeit der Deportierungen entfloh er aber nach der arischen Seite. Er ist heute Rektor der Breslauer Universität.

Durch die Bemühungen von Michel Klepfisch und Zalman Friedrych wurde unsere alte Organisation für Leibesübungen »Morgenstern« wieder ins Leben gerufen. Gruppen für Gymnastik, Rhythmik und für sportliche Wettkämpfe übten zwischen den Ruinen in den Tagescamps.

Wir stellten ein Programm für Erwachsenenerziehung auf. Unterricht in Jiddisch wurde denen geboten, die ihr Leben lang ohne es ausgekommen waren, es nun aber unter den Ghettobedingungen unerläßlich fanden. Wir bezogen eine große Anzahl von Leuten in unsere kulturellen Programme ein, um die Gedenktage von Scholem Aleichem, Perez und anderen berühmten jüdischen Schriftstellern zu feiern.

Um uns gegen das Gefühl der Hilflosigkeit, das uns zu verschlingen drohte, zu wappnen, versuchten wir, alle unseren früheren Einrichtungen neu aufzubauen und zu stärken. So schufen wir uns wenigstens die Illusion unseres früheren Lebens.

Aus den überfüllten Häusern quoll das Leben über in die Höfe und Straßen des Ghettos in trübem Durcheinander. Der Hinterhof wurde zum Gemeinschaftszentrum. Oft standen alte Möbelstücke und andere Haushaltsgeräte darin herum, für die in den Wohnungen und Dachkammern kein Platz gefunden werden konnte. In einer Ecke wurden die Betten zum Lüften ausgelegt, in einer anderen arbeitete jemand geduldig daran, einen alten Tisch zu reparieren. Frauen mit bleichen, müden, leblosen Gesichtern saßen auf den Steinstufen und nähten, andere wuschen Wäsche, gebeugt über den hölzernen Bottichen, und wieder andere hielten Babys an der Brust.

Irgendwo im Hof spielte eine Schar Kinder. Sie tanzten im Kreis, klatschten in die Hände und sangen eine einfache Melodie. Ihre Aufmerksamkeit war ganz auf ein 14- oder 15jähriges Mädchen gerichtet, das sie in ihrem Spiel anführte. Ihre Augen folgten eifrig jeder Bewegung des Mädchens und paßten auf jeden neuen Schritt auf. Es war ein Kindergarten, der durch ein junges Mitglied unserer Organisation »Skiff« geleitet wurde.

Ich kann mich an die Kinder mit ihren bleichen Gesichtern und glänzenden Augen gut erinnern, die in ihrem rhythmischen Spiel gefangen waren, zusammen tanzten und sangen.

Sie vergaßen dabei für einen Augenblick den nagenden Hunger, die sorgenvollen Gesichter ihrer Eltern, das unentrinnbare Weh und Unglück.

## Kriegseintritt Japans *Shigenori Togo*

Schon in den Jahren vor Ausbruch des zweiten Weltkrieges mehrten sich die Spannungen zwischen Japan und den Vereinigten Staaten. Beide Länder bemühten sich um die Erschließung neuer Absatzmärkte in China. Als Japan daranging, die chinesische Frage mit Gewalt zu lösen, antworteten die Vereinigten Staaten mit erhöhter diplomatischer Aktivität und wirtschaftlichen Maßnahmen, die sich geradezu zu einem Handelskrieg steigerten. So wurde beispielsweise der Handelsvertrag zwischen Japan und den USA gekündigt, und man sperrte dort alle japanischen Guthaben. Versuche der Japaner, durch freundschaftliche Verhandlungen zu einer Einigung mit den Vereinigten Staaten zu gelangen, scheiterten an der unnachgiebigen Haltung des Präsidenten Roosevelt, die auf eine ungeheure Geringschätzung Japans zurückzuführen war. So machte er eine Verständigung von der völligen Räumung Chinas abhängig. Am 26. November 1941 mußten die Verhandlungen zwischen den beiden Ländern ergebnislos abgebrochen werden. Daraufhin überreichte ein Sonderbotschafter den Vereinigten Staaten ein Schlußmemorandum, das die japanische Auffassung zum Ausdruck brachte, der Konflikt könne nicht mehr mit friedlichen Mitteln gelöst werden. Am gleichen Tag griffen japanische See- und Luftstreitkräfte den amerikanischen Flottenstützpunkt Pearl Harbor an. Es wird sich wohl nie ganz klären lassen, welche Rolle Präsident Roosevelt in den entscheidenden Stunden gespielt hat und ob er den japanischen Angriff geradezu provozierte, um den Abwehrwillen der amerikanischen Nation zu stärken. Auf alle Fälle einten der japanische Angriff und die deutsche Kriegserklärung die Amerikaner, die bisher der Politik des Präsidenten nur widerstrebend gefolgt waren. Auf japanischer Seite war zur Zeit des Angriffs Shigenori Togo Außenminister. Er wurde nach Kriegsende von einem amerikanischen Militärtribunal zu zwanzig Jahren Kerker verurteilt. Sein Bericht ist eine Rechtfertigung seiner Handlungen.

So war der Kriegsbeschluß getroffen und verschiedene Probleme, die mit Kriegsbeginn auftreten mußten, wurden den Sitzungen der Verbindungskonferenz vorgelegt. Ein Gegenstand wurde – überflüssig zu sagen – auf der Verbindungskonferenz nicht erörtert: die operativen Aspekte der bevorstehenden Feindseligkeiten. Vor dem IMTFE[1] wurde enthüllt, daß ein Geschwader unter Admiral Nagumo am 26. November in der Hitokappu-Bucht die Anker gelichtet hatte, um befehlsgemäß den Schlag auf Pearl Harbor zu führen, und das Tribunal kam in seinem Urteil zu dem absurden Ergebnis, daß der geplante Angriff auf der Sitzung der Verbindungskonferenz vom 30. November freimütig diskutiert worden sei. Wir hatten aber natürlich keine Kenntnis des Planes; es war die unveränderliche Praxis des Oberkommandos, Zivilisten wie uns nicht die kleinste Information in bezug auf diese höchst geheimen Operationen zu geben, und jeder, der mit dem System vertraut war, wird leicht unsere völlige Unkenntnis bezüglich dieser Operationen verstehen. (Diese Verhältnisse werden hinreichend durch die bereits an anderer Stelle erwähnte Tatsache beleuchtet, daß Tojo mir erzählte, auch er habe erst beim IMTFE-Prozeß operative Einzelheiten des Pearl-Harbor-Angriffes erfahren; eine Menge zusätzlichen Beweismaterials wurde im Prozeß herbeigebracht, um zu zeigen, daß die zivilen Kabinettsmitglieder keine vorherige Kenntnis auch nur von der Existenz des Planes besaßen, Hawaii anzugreifen.)

Der Kaiserliche Erlaß der Kriegserklärung wurde der unmittelbar dem Kronrat folgenden Sitzung der Verbindungskonferenz vorgelegt. Auf dieser Sitzung hatte ich das Empfinden, daß die Mitglieder des Oberkommandos eine ganz ungewohnt sorglose Haltung zur Schau trugen, im Gegensatz zu ihren früheren Anstrengungen zugunsten eines frühen Kriegsbeginns. Da ich diese Haltung seltsam fand – und auch weil die Frage der Notifizierung der Kriegserklärung noch zu klären war –, fragte ich, wann die Feindseligkeiten beginnen sollten. Generalstabschef Sugiyama erwiderte ausweichend: »Etwa nächsten Sonntag.« Dies vertiefte den Verdacht, den ich bereits

[1] Internationales Militärtribunal für den Fernen Osten. Anm. d. Hrsg.

gegen das Oberkommando hegte, und ich betonte deshalb, daß wir natürlich den Beginn der Feindseligkeiten nach dem üblichen Verfahren bekanntzugeben hätten. Darauf gab aber Admiralstabschef Admiral Nagano zurück: »Wir werden überraschend angreifen«, und sein Stellvertreter, Admiral Ito, folgte mit der Erklärung, die Marine wünsche, daß die Verhandlungen nicht vor Beginn der Feindseligkeiten aufhörten, um die größtmögliche Wirkung mit dem Anfangsangriff zu erzielen.

Nun verstand ich, was die Sorglosigkeit in der Haltung des Oberkommandos zu bedeuten hatte. Ich war gleichermaßen erstaunt über den Vorschlag eines Überraschungsangriffs von seiten der Marine, die ihr Zutrauen in ihre Abfang-Operationen so sehr betont hatte, wie entmutigt über den künftigen Verlauf des Krieges, da der Vorschlag doch auf das Eingeständnis der Marine hinauslief, daß sie selbst zu Beginn des Krieges keinen Erfolg erwartete, es sei denn mit Hilfe von Überraschungen. Jedenfalls unterstrich ich, daß die Notifizierung einer Kriegserklärung vom Standpunkt internationalen guten Glaubens aus absolut notwendig war. Ich hob hervor, daß die von der Marine vorgeschlagene Aktion völlig unzulässig sei, da sie im Widerspruch zu anerkannten Praktiken stehe, und daß es ein böses Vorzeichen für Japan bedeuten würde, zu Kriegsbeginn unverantwortliche Akte zu begehen, die für Ehre und Ansehen der Nation verderblich seien. Als weiteren Beweis dafür, daß meine Stellungnahme die natürliche und normale war, erinnerte ich daran, daß Botschafter Nomura nachdrücklich auf der Notwendigkeit der Beendigung der Verhandlungen vor Rückgriff auf »Handlungsfreiheit« bestanden und gefordert habe, in Washington eine entsprechende Erklärung abzugeben. Ich war so angeekelt von dieser Taktik des Oberkommandos, jetzt, nachdem die Kriegsentscheidung gefallen war, auf seinem Überraschungsangriff zu bestehen, daß ich die Initiative zur Vertagung der Sitzung ergriff, indem ich unter dem Vorwand einer anderweitigen Verpflichtung meinen Sitz verließ.

Als ich mich erhob, um zu gehen, kam der Stellvertretende Admiralitätschef Ito zu meinem Platz und redete auf mich ein, ich solle doch dem Wunsch der Marine nachgeben; er fragte mich, ob die Notifizierung der Beendigung der Verhandlungen, wenn überhaupt, nicht wenigstens in Tokio gegenüber dem amerikanischen Botschafter, statt in Washington erfolgen könne. Ich hatte ein unsicheres Gefühl gegenüber diesem Plan und wies ihn zurück; damit trennten wir uns. Ich kam jedoch zu dem Urteil, die Marine erkenne an, daß sie irgendeiner Form der Notifizierung, sei es in Tokio, sei es in Washington, zuzustimmen habe.

Zu Beginn der nächsten Sitzung der Verbindungskonferenz erklärte Admiral Ito spontan, die Marine habe keine Einwände gegen die Vornahme einer Notifizierung der Beendigung der Verhandlungen in Washington. Sie sollte am 7. Dezember um 12.30 Uhr Washingtoner Zeit in Washington erfolgen. Alle übrigen Sitzungsteilnehmer stimmten dem Vorschlag zu. Als ich Ito fragte: »Wird zwischen Notifizierung und Angriff eine angemessene Frist liegen?« antwortete er bejahend; dementsprechend stimmte ich seinem Antrag zu, und so wurde es beschlossen. Ich war der Meinung, es sei mir durch diese Kontroverse gelungen, die Forderung der Marine innerhalb der vom Völkerrecht anerkannten äußersten Grenze der Legitimität zu halten.

Der Text der an die Vereinigten Staaten zu richtenden Notifizierung wurde der Verbindungskonferenz zum erstenmal am 4. Dezember vorgelegt. Sie war nach dem Zeugnis des federführenden Bürodirektors Yamamoto aufgrund der Erörterungen der Verbindungskonferenz entworfen und nach Abstimmung mit den Auffassungen der zuständigen Heeres- und Marineoffiziere abgeändert worden. Jedem Teilnehmer der Verbindungskonferenz wurde eine Abschrift in die Hand gegeben; der Text wurde von der Konferenz gebilligt.

Das Dokument legte die Auffassungen der japanischen Regierung über die Aufrechterhaltung des Friedens dar und gab dann eine Zusammenfassung der Verhandlungen während der vergangenen Monate. Es nahm Bezug auf die Behauptungen der Vereinigten Staaten, und es wurde hervorgehoben, daß die abschließende amerikanische Note als Bedrohung der Existenz Japans und Verhöhnung seines Ansehens als einer Großmacht für Japan unannehmbar sei. Es wurde festgehalten, daß Großbritannien, Australien und die Niederlande sich ebenso verhielten wie die Vereinigten Staaten und wie sie Japans Stellung ignorierten. Die Hoffnung, »den Frieden im Pazifik durch Zusammenarbeit Japans und der Vereinigten Staaten zu bewahren und zu fördern«, sei endgültig verloren, so wurde erklärt, und daraus der Schluß gezogen, daß die Verhandlungen jetzt nur noch beendet werden könnten.

Es war auf der Verbindungskonferenz beschlossen worden, die Übergabe an die amerikanische Regierung um 12.30 Uhr Washingtoner Zeit am 7. Dezember vorzunehmen. Am 5. Dezember suchten mich aber Tanabe und Ito, die stellvertretenden Stabschefs des Generalstabes und der Admiralität, im Außenministerium auf, und Ito sagte mir, das Oberkommando hätte es für notwendig befunden, die Übergabe des Dokumentes um 30 Minuten über die ursprünglich vereinbarte Zeit hinaus zu verschieben, und sie wünschten meine Zustimmung dazu. Ich fragte nach dem Grund für den Aufschub, und Ito sagte, er habe sich zuvor verrechnet; Tanabe fügte hinzu, daß die Armee auch interessiert sei, da ihre Operationen nach denen der Marine beginnen würden. Ich erkundigte mich weiter, wie groß die Zeitspanne zwischen Notifizierung und Angriff sein würde; aber Ito lehnte unter Hinweis auf das militärische Geheimnis eine Antwort darauf ab. Ich beharrte aber auf meiner Forderung, daß auch bei Änderung der Übergabestunde von 12.30 Uhr auf 13 Uhr eine genügende Zeitspanne vor Beginn des Angriffes bleiben müsse; diese Zusicherung gab Ito. Daraufhin und da ich nicht mehr erfahren konnte, stimmte ich seiner Forderung zu. Beim Weggehen sagte Ito: »Wir möchten, daß Sie der Botschaft in Washington die Notifizierung nicht zu früh kabeln.« Ich erwiderte, ich müsse sie so kabeln, daß sie unfehlbar den Vereinigten Staaten zur bezeichneten Zeit mitgeteilt würde.

Die Terminänderung wurde der Verbindungskonferenz bei der Sitzung vom 6. Dezember von Ito vorgetragen und, da niemand Einspruch erhob, gebilligt. Auf dieser Sitzung schlug Admiralstabschef Nagano vor, daß unsere Botschafter angewiesen werden sollten, die Note angesichts ihrer außerordentlichen Bedeutung dem Außenminister persönlich zu übergeben. Ich hob hervor, daß der amerikanische Außenminister, da es sich um Sonntagmittag handle, vielleicht eine Verabredung zum Frühstück getroffen habe, was den Botschaftern eine persönliche Übergabe unmöglich machen würde, aber ich versprach, sie anzuweisen, es, wenn möglich, zu tun. Die Botschafter wurden in diesem Sinne angewiesen.

Die Dritte Haager Konvention schreibt keine Mindestfrist vor, die zwischen vorheriger Notifizierung und Angriff liegen muß. Da mir aber bekannt war, daß einige maßgebende Völkerrechtler daher selbst eine Minute als ausreichend betrachten, dachte ich, daß in modernen Zeiten mit unserem hochentwickelten Fernmeldewesen die Frist von einer Stunde reichlich die Forderung der Konvention erfüllen würde. Ich habe daher später mit Genugtuung über die Richtigkeit meiner Überlegungen erfahren, daß die amerikanischen Behörden die für eine Fernmeldung an ihre pazifischen Stationen erforderliche Zeit auf 30 bis 40 Minuten schätzten; es ist wert, angemerkt zu werden, daß selbst das IMTFE, trotz dem Nachdruck, den die Anklage auf die durch die Dritte Haager Konvention veranlaßten Probleme legte, es vorgezogen hat, nicht tiefer in sie einzudringen, sondern lieber die Mängel der Konvention zuzugeben.

Die Anklage vor dem IMTFE behandelte Inhalt und Übergabezeit unserer Notifizierung an die Vereinigten Staaten als entscheidenden Punkt für die Festlegung der Schuld an »Kriegsverbrechen«. Es ist meine Absicht, in diesem Bericht soweit wie möglich von einer Erörterung der IMTFE-Verhandlungen abzusehen und mich auf eine Chronik der Ereignisse jener Tage am Vorabend des Krieges zu beschränken. Ohne auf Einzelheiten einzugehen, erwähne ich deshalb nur die Tatsache, daß diese Stellungnahme der Anklage mehr als einen der betroffenen Angeklagten, die in Wirklichkeit an der Erörterung des Gegenstandes auf der Verbindungskonferenz teilgenommen hatten, veranlaßte, einen Versuch der Verbesserung ihrer Stellung dadurch zu machen, daß sie behaupteten, jener Sitzung nicht beigewohnt, die Dokumente nicht gesehen oder überhaupt nichts mit diesen Dingen zu tun gehabt zu haben. Daraus resultierten einige unerfreuliche Begebenheiten im Verlaufe des Prozesses; aber ich überlasse diese Kontroverse der präzisen Tatsachenanalyse und schlüssigen Widerlegung meiner

Gegner dem abschließenden Plädoyer meines Verteidigers.

Einen anderen unerfreulichen Zwischenfall kann ich jedoch von der Betrachtung nicht ausnehmen: die Verzögerung in der Übergabe unserer Abschlußnote. Nachdem die Übergabezeit auf der Verbindungskonferenz festgelegt worden war, wies ich den zuständigen Abteilungsleiter und den Chef der Chiffrierabteilung an, mit äußerster Sorgfalt die erforderlichen Maßnahmen zu treffen, damit unsere Botschafter in Washington unfehlbar die Notifizierung für Übergabe zum festgesetzten Zeitpunkt in Händen hätten. Daß diese Maßnahmen tatsächlich in Ausführung meiner Anweisung ergriffen wurden, ist klar, wenn wir die einzelnen Schritte zurückverfolgen. Die Ereignisse sind wie folgt verlaufen: Am Nachmittag des 6. Dezember übermittelte das Außenministerium der Botschaft die Anweisung, daß sie sofort nach Eingang der folgenden langen Note alle erforderlichen Vorkehrungen urkundlicher und sonstiger Art treffen solle, um die Note der Regierung der Vereinigten Staaten jederzeit nach Empfang weiterer Instruktionen zustellen zu können. Der Text der Note war für die Übermittlung in 14 Abschnitte geteilt, die sämtlich mit Ausnahme des 14., der die letzten wenigen Zeilen der Note umfaßte, vom Haupttelegrafenamt Tokio zwischen 6.30 Uhr und 10.20 Uhr – hier und bei späteren Angaben auf Washingtoner Zeit umgerechnet – am 6. Dezember abgingen. Der 14. Teil wurde zwischen 3 und 4 Uhr morgens am 7. Dezember gekabelt; um einen sicheren Empfang zu gewährleisten, wurde er auf zwei Wegen übermittelt. Schließlich wurde die Anweisung, die Note um 13 Uhr des 7. Dezembers zu übergeben, früh 3.30 Uhr telegrafiert, und zwar ebenfalls auf zwei Wegen. Alle diese Telegramme kamen ordnungsgemäß in Washington an und wurden von der dortigen Washingtoner Botschaft in Empfang genommen. Daß die Zeit für Dechiffrierung und Schreibarbeit genügte, wurde durch die später im Außenministerium durchgeführte Untersuchung sowie durch eine Fülle des dem IMTFE vorgelegten Beweismaterials festgestellt. Trotzdem wurde die Reinschrift erst nach der für die Übergabe festgesetzten Stunde beendet, und zwar aufgrund der Nachlässigkeit des Botschaftspersonals; die

Dechiffrierung der in der Nacht vom 6. zum 7. eingegangenen Telegramme wurde verzögert, und ebenso wurde versäumt, jene Teile des Textes sofort ins Reine zu schreiben, die während des vorangegangenen Abends eingetroffen waren.

Die Botschafter trafen eine Verabredung mit dem Außenminister Hull für 13 Uhr, wie es ihnen aufgetragen war. Wie sich herausstellte, war es nach 14 Uhr, bis die Note fertiggeschrieben war und sie im State Department eintrafen, und die Begegnung mit Hull fand erst 14.20 Uhr statt – eine Stunde nach dem Angriff auf Pearl Harbor. Die Schuld des Botschaftspersonals an diesem Ergebnis unterliegt keinem Zweifel. Gemäß unserer langjährigen Ausbildung im Außenministerium war es normale Gepflogenheit, daß in Zeiten von derartigem Ausnahmecharakter einige Beamte die ganze Nacht hindurch im Dienst blieben, daß alle Telegramme unverzüglich dechiffriert und dem Missionschef vorgelegt wurden, auch mitten in tiefster Nacht. Während unsere Botschaft ihre Verantwortung so leicht nahm, wurde jeder Teil des Textes unserer Abschlußnote abgefangen, dechiffriert und den amerikanischen Militärbehörden, dem Außenminister und sogar dem Präsidenten übergeben. Der Präsident hatte schon, als er nur bis zum 13. Teil gelesen hatte, ausgerufen: »Das bedeutet Krieg!« Hatten die japanischen Botschafter nicht am 6. Dezember einen größeren Teil der Note gelesen, der, wie wir wissen, in ihrer Botschaft bis zum späten Abend dieses Tages entschlüsselt war? Oder kann ihnen nach der Lektüre der Ernst, die Bedeutung der Note entgangen sein?

Die Vereinigten Staaten ließen keine Zeit verstreichen, um die Tatsache der verspäteten Übergabe unserer Note für ihre Propaganda auszunützen. In seiner Ansprache an den Kongreß am 8. Dezember verkündete der Präsident, daß die Vereinigten Staaten von der japanischen Armee und Marine angegriffen worden waren, und zwar mit einem plötzlichen, sorgfältig geplanten Angriff, der unternommen worden sei, als die auf Japans Drängen begonnenen, auf Bewahrung des Friedens im Pazifik abzielenden Verhandlungen noch fortdauerten. Erst eine Stunde nach dem Angriff, erklärte Roosevelt, händigten die japanischen Botschafter dem Außenminister die japanische Antwort auf eine kurz zuvor übermittelte Botschaft der Vereinigten Staaten aus. Und diese Antwort, sagte er, habe weder eine Drohung mit Krieg noch einen Hinweis auf einen Akt der Kriegführung enthalten. Der Präsident verdammte natürlich in seiner Rede auch den Inhalt der japanischen Note; dieses Verdammungsurteil war freilich von der gleichen Art wie die Bezeichnung des Beginnes der japanischen Feindseligkeiten als »unerwartet« – nachdem er Japan verleitet hatte, den ersten Schuß abzugeben, und aufgrund seiner Kenntnisse des Inhaltes der abgefangenen japanischen Telegramme im voraus gewußt hatte, was kommen würde. Allerdings war es natürlich richtig, daß die Verhandlungen formell noch nicht beendet worden waren, als die Feindseligkeiten begannen, und es war nicht verwunderlich, daß der Präsident diese Wendung der Ereignisse soweit wie möglich ausnutzte, die weit vorteilhafter gewesen sein muß, als erwartet wurde. Es ist höchst unglücklich, daß der Sache Japans durch den bedauerlichen Zufall dieser Verzögerung in der Übergabe unserer Note Schaden zugefügt wurde.

## Weihnachten in Stalingrad *Joachim Wieder*

Die Aussöhnung mit der Sowjetunion war für Hitler nur eine vorübergehende Episode gewesen. Schon seit 1940 trug er sich mit dem Gedanken, unter Bruch des Nichtangriffspaktes einen Überfall auf Rußland auszuführen und den »Lebensraum« im Osten mit Gewalt zu erlangen. Der Balkanfeldzug gegen Jugoslawien und Griechenland diente der Flankensicherung. Am 22. Juni 1941 unternahm Hitler seinen Angriff auf Rußland, der ihn im Herbst bis an Moskau heranführte. In mehreren großen Schlachten verloren die Sowjets weit über eine Million Gefangene. Dann aber setzte unverhältnismäßig früh ein harter Winter ein. Gleichzeitig unternahm die Rote Armee ihre ersten erfolgreichen Gegenstöße. Die deutschen Verbände mußten Teile des gewonnenen Geländes wieder aufgeben und sich zurückziehen. Zwar gelangen im Frühjahr und Sommer 1942 noch einmal beachtliche Vorstöße, aber die deutschen Verbände reichten für die weittragenden Operationen nicht mehr aus. Die 6. Armee kam bis Stalingrad an der Wolga, stieß hier aber auf erbitterten Widerstand. Ein russischer Flankenangriff riß nördlich Stalingrad die dünne deutsche Front auf, aber Hitler ließ den noch möglichen Rückzug der deutschen Verbände nicht zu. So wurde die 6. Armee völlig abgeschnitten. Entsatzversuche scheiterten ebenso wie die Versuche einer Versorgung durch die Luft. Eine Katastrophe, wie sie die sieggewohnte Wehrmacht bis dahin nicht gekannt hatte, bahnte sich an. Ende Januar 1943 mußten die Reste der Armee in Stärke von dreihunderttausend Mann kapitulieren. Stalingrad war der sichtbare Wendepunkt des Krieges. Von nun an blieb den deutschen Heeren auf allen Kriegsschauplätzen nur noch der Rückzug. Die hoffnungslose Lage in der eingeschlossenen Stadt spiegelt sich in dem Bericht eines ehemaligen deutschen Offiziers.

Allmählich wurde es auch an den Frontabschnitten still mit dem Reden um den erwarteten Manstein. Wir konnten keine Nachrichten, die sich auf die Befreiungsaktion bezogen, mehr weitergeben. Es war ja auch unerwünscht oder sogar verboten. Im übrigen herrschte bei uns Unklarheit über die große Lage. Der böse Alltag mit seinen tausend kleinen und großen Leiden, Nöten, Sorgen und Gefahren stellte wieder seine zermürbenden Forderungen mit bitterstem Ernst. Gewiß, noch lange spukten in manchen Köpfen an der Front allerlei phantastische Vorstellungen über einen bevorstehenden Entsatz. Das waren aber nur durchaus verständliche Ausgeburten eines verzweifelten Optimismus, sehnsüchtiger Wünsche, geheimer Hoffnungen und krankhaft fiebernder Phantasie. So entstanden gelegentlich die seltsamsten Gerüchte; denn manche glaubten, hinter den Russen, von jenseits des Don her, das näherkommende dumpfe Grollen der deutschen Kanonen und das ferne Rasseln der zur Rettung heraneilenden deutschen Panzer gehört zu haben.

Über die Trostlosigkeit unserer Lage gaben wir uns im engeren Kameradenkreise keiner Täuschung mehr hin. Weit war die deutsche Front zurückgewichen, und an ein neues Entsatzunternehmen konnte vorerst nicht mehr gedacht werden. Die eingekreiste Armee blieb sich selbst überlassen an der Wolga und in der öden Donsteppe, Hunderte von Kilometern entfernt von der aus vielen frischen Wunden blutenden Front, bei völlig unzureichender Luftversorgung, die durch die jüngsten Ereignisse inzwischen noch viel schwieriger geworden war, inmitten des grausam harten östlichen Winters. Würde sie noch mehrere Wochen aushalten können? Das war nicht anzunehmen; denn Hunger, Frost und Krankheiten zehrten fürchterlich an ihrer dahinschwindenden Kraft, und der Tod feierte nicht nur an dem feuerspeienden eisernen Ring des Kessels ein unheimliches Erntefest. Aber auch für ein rettungversprechendes großes Ausbruchunternehmen der eingekesselten Truppen waren kaum noch die Voraussetzungen vorhanden. In einem solchen Fall würde ja die Armee – schon allein aus Brennstoffmangel – nur auf einer Strecke von wenigen Meilen bewegungsfähig bleiben können. Und was sollte bei einer Preisgabe Stalingrads mit dem wachsenden Heer der Verwundeten, Kranken, Erschöpften geschehen? Lag denn aber überhaupt ein derartiges Aufgeben der Wolga im Sinne der Obersten Heeresleitung? Die bisher befohlenen Maßnahmen schienen das Gegenteil anzudeuten. Und ich mußte jetzt wieder oft an Hitlers fanatische Worte denken über den deutschen Soldaten, über die Wolga, über Stalingrad, und dabei kroch mir eisiges Unbehagen durch die Glieder. Vielleicht, ja vielleicht sollten wir aushalten bis zum bitteren Ende, an Ort und Stelle kämpfen bis zur letzten Patrone? Am düsteren Horizont zeichneten sich die Perspektiven eines entsetzlichen Unterganges ab.

In diese dunkle Zeit bitterster Enttäuschung, steigender Hoffnungslosigkeit und banger Vorahnungen fiel nun das Weihnachtsfest, für viele Zehntausende unglücklicher Menschen, die seit Jahr und Tag von ihren Familien getrennt waren und im Stalingrader Kessel Unsägliches zu leiden hatten, das Traurigste ihres Lebens. Der Heilige Abend kam heran. All die sichtbaren und unsichtbaren Wunden, die das grausame Geschehen geschlagen hatte, brannten in dieser Nacht noch schmerzlicher als sonst. Die Stimmung war niedergedrückt. Es gab so gut wie nichts, was an den gewohnten äußeren Glanz und beseligenden Zauber des lieben Festes erinnert hätte. Auch die für diesen Tag doppelt ersehnte Post aus der Heimat war ausgeblieben, und das war besonders bitter. Niemand konnte sagen, wann oder ob überhaupt uns noch einmal Grüße von unseren Lieben etwas Freude und Trost bringen würden. Dieses wochenlange Ohne-Nachricht-Sein kam mir zu Weihnachten angesichts der immer düsterer werdenden Zukunft besonders quälend zum Bewußtsein. Einmal nur hatte ein Transportflugzeug größere Postmengen mitbringen können. Es waren Briefe aus der ersten Novemberhälfte. Und ein in den Kessel eingeflogener Urlauber hatte mir in der Adventszeit zu meiner großen Überraschung und Freude ein kleines, schon weihnachtlich geschmücktes Päckchen mit duftenden Pfefferkuchen von meiner Mutter in den Bunker gebracht. Es war wohl das einzige heimatliche Weihnachtsgebäck, das den Weg bis zur Stalingrad-Armee in der fernen Donsteppe gefunden hatte. Nun schien die Post gänzlich ausbleiben zu wollen. Es war so, als seien die Verbindungsfäden zur Heimat und zur Welt des privaten Daseins abgeschnitten. Auch die beste Kameradschaft vermochte nicht über das steigende Bangigkeitsgefühl der Vereinsamung und Verlorenheit hinwegzutragen.

Wir feierten Weihnachten im Kameradenkreis bei der Führungsabteilung unseres Korpsstabes, die inzwischen in eine »Balka«, eine jener langgestreckten engen Steppenschluchten, nahe der Siedlung Pitomnik umgezogen war. Dort hatte unser General eine kleine Holzbunkerstadt bauen lassen, um der Unruhe und den Bomben des Flugplatzes etwas entrückt zu sein. Die Besichtigung dieser von einer größeren Pioniereinheit in aller Eile neuerrichteten Behausungen und Unterstände, in die auch unsere Abteilung zum Jahreswechsel übersiedeln sollte, erweckte in mir allerlei peinliche Empfindungen. War das nicht hinsichtlich der traurigen, unsicheren Lage ringsum und angesichts der notleidenden Fronttruppe, der es an Baumaterial und an den primitivsten lebenswichtigen Dingen fehlte, ein zu weitgehender, überflüssiger Luxus? Und wie lange würden wir überhaupt wohl ungestört darin sitzenbleiben können?

Die Weihnachtsansprache des Kommandierenden Generals war von besinnlichem Ernst. Über die hohe Auszeichnung des Eichenlaubes zum Ritterkreuz, die ihm eben erst verliehen worden war, schien er sich nicht mehr zu freuen. Jedenfalls wurde kaum davon gesprochen. Das Beisammensein ließ keine rechte Freude aufkommen. Auch der weihnachtliche Schmuck des Raumes mit grünlich-gelben Kiefernzweigen vom Stalingrader Stadtrand, einigen warm leuchtenden Lichtern und etwas Silberflitter, sorgfältig aus Stanniolpapier von Zigarettenschachteln bereitet, vermochten daran nichts zu ändern, ebensowenig wie die bescheidenen, aber doch hochwillkommenen Sonderzuteilungen an Tabak, Kommißbrot und Pferdeklops. Erinnerungen an frühere Weihnachtsfeste leuchteten mit ihrem verklärenden Schimmer nur schwach wie aus einer längst versunkenen Welt in unsere harte Wirklichkeit. In leiser, wehmütiger Traurigkeit ertönten die lieben alten Weihnachtslieder. Keiner konnte sich den bangen Sorgen und Nöten der Gegenwart entziehen, und der gewollte Frohsinn hatte etwas Verkrampftes. Viel mehr als die Entbehrungen und Leiden drückten uns gerade am Weihnachtsfest die inneren Qualen nieder, die Befürchtungen, die Unruhe, das Wissen um die Dinge.

In der Stunde, da in der fernen Heimat die Christmette gefeiert wurde, ging ich in die Dunkelheit hinaus, um mich innerlich etwas zu sammeln und mit meinen Gedanken allein zu sein. Ein eiskalter Schneesturm fegte über die Steppe, die an diesem Heiligen Abend noch trostloser und unheimlicher als sonst erschien. Die nächtliche Finsternis verschluckte mich. Aber das Gefühl der Verlassenheit und des Verlorenseins schwand in mir dahin, je mehr es mir gelang, mir die Bedeutung der Weihnacht auch für unser trauriges Jetzt und Hier zu vergegenwärtigen und mich im Geiste mit meinen Lieben verbunden zu wissen. Ungezählte sehnsüchtige Gedanken, Wünsche, Hoffnungen wanderten weit davon und kamen mich Einsamen im wirbelnden Schneesturm der Winternacht grüßen. Jetzt mochte zu Hause gerade der Vater am Altar stehen und seiner schlesischen Dorfgemeinde im warmen Kerzenschimmer der Weihnachtstannen die alte Botschaft der Liebe und des Friedens verkünden. Im Geist sah ich mich für eine Zeitlang in die heimatliche Kirche versetzt und hörte Wort für Wort das weihnachtliche Evangelium, von der festlichen Liturgie unterbrochen. Es war mir dann, als drängen aus dunkler Ferne feierliche Glockentöne in mein Herz und mit ihnen die Stimme des Vaters, der – wie üblich am Heiligen Abend – aus der alten Hauspostille vorlas und eindringlicher als sonst von dem überall und ewig gültigen Sinn und Trost der Weihnachtsverheißung sprach. Ich fühlte mich auf einmal geborgen unter dem ewigen Lichterbaum, der für uns alle am Himmel angezündet war, und wenn er hier auch vorübergehend durch finster drohende Wolken verdeckt wurde, so wußte ich doch, daß er in unvergänglicher Pracht über uns ebenso erstrahlte wie über den Angehörigen daheim.

Trotz allem Unglück und Leid, trotz Haß, Vernichtung und Tod blieb das Weihnachtsfest, das für viele Zehntausende der eingekesselten Soldaten das letzte ihres Lebens sein sollte, das Fest des Friedens, des Lichtes und der Liebe. Gerade in der von den Stalingradkämpfern quälend empfundenen Ungewißheit, Dunkelheit und Todesnähe erhielt dieses Fest einen seltsam schimmernden Glanz, der nicht von außen herrührte. Jede romantische Stimmung fehlte, aber das Wesentliche der Weihnacht leuchtete auf in der Finsternis. Wieviel einsame, in Trostlosigkeit versunkene Männer mochten dies damals dankbar empfunden und in Löchern, Gräben, Bunkern, auf Verbandplätzen und in Lazaretten als kostbarstes Geschenk hingenommen haben!

Bleibt nicht ein ergreifendes Zeugnis eines solchen echten Weihnachtserlebens, das manchen mitten in der Nacht zu einem Kind des Lichtes werden ließ, die »Weihnachtsmadonna von Stalingrad«, die heute als Vermächtnis ihres in der Gefangenschaft gestorbenen Schöpfers in einem hessischen Pfarrhaus hängt? Ein Arzt und Pfarrer in der eingekesselten Armee zeichnete sie für seine Kameraden auf die Rückseite einer russischen Landkarte und stellte sie unter die mystischen Worte aus dem Johannes-Evangelium: »Licht, Leben, Liebe.« Inmitten der Not und des Grauens eines hoffnungs- und erbarmungslosen Geschehens, in der Nachbarschaft des Todes, strömte von diesem eindrucksvollen Bild die Kraft und der Trost einer überirdischen Geborgenheit.

Das neue Jahr kam heran. Klirrender Frost lag über dem Stalingrader Kessel und hauchte seinen eisigen, tödlichen Atem aus. Der scharfe Wind drang durch die Tür- und Fensterritzen der Holzbunker, und vom Fußboden kroch die Kälte zu den Knien empor. Die täglichen Verlustmeldungen unserer Divisionen, die von immer häufigeren Todesfällen auch ohne Feindeinwirkung berichteten, stellten eine erschütternde Bilanz des Sterbens dar.

Wild rannte der Russe wieder gegen einige Abschnitte unserer Kesselfront an. Was konnten wir den starken russischen Elitetruppen, die frostsicher ausgerüstet waren und einen vollen Magen hatten, mit ihren zahlreichen Panzern, Kanonen, Salvengeschützen und Granatwerfern schließlich auch noch an wirkungsvoller Abwehr entgegensetzen? Nur geringe Mengen schwerer Waffen mit unzureichender, peinlich genau rationierter Munition. Nur vor Hunger erschöpfte, abgezehrte Menschen, unter denen die Gefechte, der Frost, die um sich greifenden Krankheiten täglich erschreckend wüteten. Was nützte es auch noch, wenn es uns gelang, rechtzeitig von unmittelbar bevorstehenden russischen Teilangriffen und Panzervorstößen zu erfahren und sofort unsere bedrohten Frontabschnitte zu unterrichten! Oft war es uns möglich, die Truppe durch genaue Angaben von Stärke, Ort und Zeitpunkt einzelner feindlicher Angriffsunternehmungen zu warnen. Noch klappte unsere Beobachtung des Gegners sowie die Nachrichtenweitergabe auf dem Ic-Weg bis in die Regimenter und Bataillone der vorderen Linie hinein wie am Schnürchen. Unsere Horchzüge fingen häufig feindliche Funksprüche auf, die wir fast vollständig entziffern konnten. Wenn da etwa von sechs oder acht »Schachteln« – dies war das Verschlüsselungswort für Panzer – die Rede war, die sich um soundsoviel Uhr zu einem bestimmten Höhepunkt eines bestimmten Geländes bewegen sollten, dann war anhand der Einzeichnungen unserer Karten bald ausgemacht, worum es ging, und blitzartig wurde die Meldung von uns aus weitergegeben. Doch wie bitter und schmerzlich war es, bei solchen Gelegenheiten meist die Antwort zu erhalten, daß keine Reserven oder sonstigen Abwehrmöglichkeiten an der Front mehr zur Verfügung stünden, daß also außer der Benachrichtigung der Truppe nichts geschehen könne.

Wie lange würde wohl der Rand des Kessels dem wachsenden Druck von außen noch standhalten? Es blieb uns auch nicht verborgen, daß der Russe gegenüber unserer Front seine Kräfte offenbar zur Vorbereitung eines entscheidenden Schlages zusammenzog. Immer deutlicher zeichnete sich jetzt die letzte traurige Möglichkeit am verdüsterten Horizont ab: das Verhängnis unseres Unterganges durch eine über uns hereinbrechende Vernichtungsoffensive.

In den Vorahnungen und Empfindungen eines solchen uns bevorstehenden unentrinnbaren Schicksals wurde ich durch eine Reihe von Geschehnissen um die Jahreswende bestärkt. Bei unserem Korps in der Pitomnik-Schlucht fand eine wichtige Generalstabsbesprechung statt, zu der auch der Oberbefehlshaber der Armee, General Paulus, erschien, begleitet von seinem Stabschef. Das ernste, verschlossene Gesicht der hochgewachsenen Gestalt mit dem Gelehrtenkopf spiegelte etwas von der Last der Verantwortung und Sorge wider, die quälend schwer auf den Schultern dieses Mannes ruhte. Es war das letztemal, daß ich unseren Armee-Oberbefehlshaber im Kessel sah; er hat später, soweit ich mich erinnere, unser Korps nicht mehr aufgesucht. Bald erfuhr ich das Ergebnis der Besprechung, und die ernsten Gespräche unserer Generalstabsoffiziere ließen keinen Zweifel an der Tragweite der inzwischen herausgekommenen Befehle. Es ging um die Mobilisierung der letzten Verteidigungskräfte der 6. Armee. Die eingekreisten Truppen hatten auszuhalten und zu kämpfen bis zum äußersten. Zu diesem Zweck mußten »Festungsbataillone« vorbereitet und schnellstens aufgestellt werden. Alles, was die Verbände noch an verfügbaren kampffähigen Menschenreserven hatten, sollte zusammengeholt und für den infanteristischen Einsatz verwendet werden. Angehörige der Luftwaffe, Bodenpersonal und Flaksoldaten, geschützlos gewordene Artilleristen und Panzergrenadiere, Pioniere, Troßfahrer, Schreiber aus Stäben, Personal aus rückwärtigen Diensten und Nachschubkolonnen wurden rücksichtslos – zum wievielten Male schon! – aus allen Divisionen und selbständigen Einheiten »ausgekämmt«. Der Befehl kam fast der Auflösung der rückwärtigen Dienste gleich, was klar genug anzeigte, daß die bewegungsunfähig gewordene Armee dazu verurteilt war, an Ort und Stelle zu bleiben und bis zum letzten Mann und zur letzten Patrone zu kämpfen.

Am Silvesterabend, zwei Stunden vor Mitternacht, zog mich ein lang anhaltendes Dröhnen, Grollen und Knattern, das plötzlich von der Front her einsetzte, nach draußen. Ein grausam schönes Schauspiel bot sich meinen überraschten Blicken dar. Der Russe feierte auf seine Art den Anbruch des neuen Jahres und ließ uns an seinem Vergnügen teilnehmen. Er vollführte, ringsherum aus ungezählten Rohren schießend, ein Höllenkonzert mit einem phantastischen Feuerwerk. Die Leuchtspurgeschosse zeichneten am Himmel einen riesenhaften Kreis ab: die Linie unseres Kessels. Auf diese Weise führte uns der Gegner wirkungsvoll seine Überlegenheit vor Augen, und im Vorgefühl seines sicheren Triumphes zeigte er uns unser Gefängnis, aus dem wir nicht mehr entkommen würden. Wir sahen ringsherum gewissermaßen die feurig in die Luft verlängerten eisernen Gitterstäbe des runden Käfigs, in dem wir eingesperrt waren.

Am Neujahrstag verlas der Kommandierende General vor uns Offizieren des Stabes im geschlossenen Kreis einen persönlichen Funkspruch Hitlers an den Armee-Oberbefehlshaber. Der Inhalt wurde nicht weitergegeben und kommentiert. Ich erinnere mich nicht mehr an Einzelheiten des Wortlauts, aber ich weiß noch genau, wie uns diese Mitteilung, in der unser Aushalten als eine der größten Ruhmestaten der deutschen Kriegsgeschichte bezeichnet wurde, bedrückte, ja niederschlug. Wir hatten das Empfinden, daß wir oben bereits abgeschrieben waren und nur noch die Aufgabe hatten, für die heroische Geste bei der »Erfüllung der historischen Mission« der Stalingrad-Armee an der Wolga zu sorgen. Das Versprechen baldiger Befreiung nahmen wir ungläubigen Herzens, wenn nicht sogar als betrügerische Botschaft, entgegen. Der Truppe aber wurde erneut ein aufmunternder Funkspruch bekanntgegeben, den der »Führer« und oberste Kriegsherr zum Jahreswechsel in den Kessel gesandt hatte: »Die 6. Armee hat mein Wort, daß alles geschieht, um sie herauszuhauen.«

## Die Konferenz von Casablanca

*Charles de Gaulle*

Während 1940 nach dem militärischen Zusammenbruch Frankreichs Marschall Pétain einen Waffenstillstand mit Deutschland abschloß, rief General de Gaulle von London aus zur Fortsetzung des Widerstandes auf und gründete, von England unterstützt, ein provisorisches Nationalkomitee. Er stellte sich gegen die Regierung Pétain und versuchte ihr mit Erfolg das französische Kolonialreich zu entziehen. Da sich Pétain streng an die Bedingungen des Waffenstillstandes hielt und jede Unterstützung de Gaulles und dessen Anhänger ablehnte, kam es zum Kampf von Franzosen gegen Franzosen. 1940 wurde ein Angriff, den de Gaulle mit Hilfe englischer Kräfte auf das westafrikanische Dakar unternahm, abgewiesen. Ein Jahr später kam es erneut zu Kämpfen zwischen Vichy-Franzosen und de-Gaulle-Anhängern in Syrien, das dabei für Vichy verlorenging. Als es 1942 General Giraud gelang, aus deutscher Gefangenschaft zu entfliehen und nach Nordafrika zu entkommen, fand de Gaulle in ihm einen ernsten Rivalen im Kampf um die Macht. Giraud übernahm den Oberbefehl über die französischen Streitkräfte in Tunis. Um die für die weitere Entwicklung ungünstigen Spannungen zwischen de Gaulle und Giraud zu beseitigen, luden Churchill und Roosevelt die beiden Generäle nach Casablanca ein. Über den Verlauf dieser Konferenz vom 14. bis 24. Januar 1943 berichtet de Gaulle in seinen Memoiren. In Casablanca wurde auch die Rooseveltsche Forderung nach bedingungsloser Kapitulation der Kriegsgegner angenommen. Die Spannungen zwischen de Gaulle und Giraud erreichten mit Ausscheiden des letzteren aus dem »Komitee für nationale Befreiung« ihren Höhepunkt und zugleich ihr Ende. Damit hatte sich de Gaulle durchgesetzt, stieß aber weiterhin auf Schwierigkeiten bei den Amerikanern.

In Anfa bei Casablanca hatten die Alliierten eine Reihe von Villen mit Beschlag belegt, deren Bewohner umquartiert worden waren. Außerdem war ringsum alles geräumt worden. Ein Stacheldrahtverhau umgab den Konferenzplatz. Amerikanische Posten wachten draußen und drinnen und ließen niemanden weder hinein noch hinaus. Bedient und versorgt wurde jeder Konferenzteilnehmer von einem amerikanischen Soldaten. Kurzum, man befand sich in Gefangenschaft. Daß die Angelsachsen sie sich selbst auferlegten, dagegen hatte ich nichts einzuwenden. Daß man aber mich ihr unterwarf, und dazu noch auf französischem Hoheitsgebiet, empfand ich als schmachvoll.

Infolgedessen entbehrten die ersten Worte, die ich an General Giraud richtete, der Liebenswürdigkeit. »Nanu«, sagte ich, »viermal habe ich Ihnen vorgeschlagen, daß wir uns treffen, und nun muß ich Ihnen innerhalb dieses Stacheldrahtzauns unter lauter Ausländern begegnen? Empfinden Sie nicht, wie widerwärtig das ist, vom nationalen Standpunkt aus gesehen?« Giraud war verlegen und erwiderte, er habe es nicht anders einrichten können. Um die Wahrheit zu sagen, ich zweifelte nicht daran angesichts des Umstands, daß er sich in die Abhängigkeit von den Amerikanern begeben hatte.

Nichtsdestoweniger waren die Gespräche bei Tisch herzlich. Wir beschworen gemeinsam Erinnerungen herauf, und auf meine Bitte hin schilderte unser Gastgeber seine sensationelle Flucht aus der Festung Königstein. Nach Tisch jedoch kam General Giraud auf andere Dinge zu sprechen. Er wiederholte beharrlich: Er denke nur an den Kampf ... er wolle sich nicht mit Politik befassen ... er werde niemanden anhören, ganz gleich wen, der vorgäbe, ihm eine Theorie oder ein Programm zu unterbreiten ... er läse keine Zeitung und höre kein Radio ... Sei es aus Überzeugung, sei es aufgrund eingegangener Bindungen, erklärte er sich solidarisch mit den »Prokonsuln«: mit Noguès, »für Marokko unentbehrlich«, mit Boisson, »der es verstanden hat, seine Kolonie gegen jeden Angreifer, selbst gegen die Deutschen, zu verteidigen«, mit Peyrouton, seit kurzem Generalgouverneur von Algerien anstelle von Chatel, »der eine feste Hand hat«, mit Bergeret, »ein exzeptionell guter Stratege«. Giraud verhehlte nicht, daß er, unabhängig von seinem – zweifellos entschlossenen – Willen, die Deutschen zu bekämpfen, nichts gegen das Vichy-Regime habe. Schließlich deutete er an, daß er für die elementare, populäre, revolutionäre Art der Résistance im Mutterland kein Verständnis habe und sie zumindest mißbillige. Nach dieser ersten Unterredung ließen wir Giraud in seiner Villa zurück und begaben uns in die unsrige.

Da der Nachmittag voranschritt und ich in wohlerwogener Zurückhaltung in meinem Quartier blieb, suchte mich der britische Staatsminister Macmillan auf, den seine Regierung nach Algier geschickt hatte, um dort die Angelegenheiten des westlichen Mittelmeerraumes zu koordinieren. Macmillan deutete mir an, daß er sich gemeinsam mit Murphy um eine sowohl für mich wie für Giraud annehmbare Einigungsformel bemüht habe, die uns von Roosevelt und Churchill vorgeschlagen werden würde. Da war sie also, die von mir vorausgesehene Intervention. Ich gab Macmillan zu verstehen, daß eine Entente Giraud – de Gaulle nur zwischen Franzosen zustande gebracht werden könnte. Dennoch begab ich mich auf beharrliches Bitten des britischen Ministers zu Churchill.

Ich trat dem Premierminister mit den heftigen Worten entgegen, daß ich nicht gekommen wäre, wenn ich gewußt hätte, auf französischem Boden von amerikanischen Bajonetten umzingelt zu sein. »Wir befinden uns in einem besetzten Land!« rief er aus. Nachdem wir uns beide besänftigt hatten, kamen wir auf den Kern der Dinge zu sprechen. Churchill erklärte mir, er habe sich mit Präsident Roosevelt über einen Plan zur Lösung des Problems des französischen Kolonialreichs geeinigt. Die Generale Giraud und de Gaulle sollten gemeinsam den Vorsitz eines Führungskomitees übernehmen, in dem sie, wie alle anderen Mitglieder, in jeder Hinsicht gleichgestellt sein würden. Aber Giraud werde den militärischen Oberbefehl haben, und zwar vor allem deshalb, weil die Vereinigten Staaten, die das Kriegsmaterial für die wiedervereinigte französische Armee liefern müßten, die Frage nur mit ihm regeln zu können glaubten. »Freilich könnte«, fuhr Churchill fort, »mein Freund General Georges Ihnen als dritter Präsident zur Seite stehen.« Was Noguès, Boisson, Peyrouton und Bergeret angehe, so würden sie ihre Posten behalten und dem Komitee angehören. »Die Amerikaner haben sie jetzt nämlich akzeptiert und wollen, daß man ihnen Vertrauen entgegenbringt.«

Ich erwiderte Churchill, solche Lösung entspreche dem Niveau – an sich durchaus ehrenwerter – amerikanischer Feldwebel, aber ich könne mir nicht vorstellen, daß er selbst sie ernst nähme. Was mich angehe, so sei es meine Pflicht, Rücksicht auf das zu nehmen, was von der französischen Souveränität übriggeblieben sei. Ich hätte, woran er nicht zweifeln könne, die größte Hochachtung vor ihm und Roosevelt, müsse ihnen jedoch die Eignung absprechen, die Frage der Machtverteilung im französischen Kolonialreich zu regeln. Die Alliierten hätten ohne mich und gegen mich das gegenwärtige System in Algier installiert. Da sie es anscheinend wenig befriedigend fänden, gedächten sie jetzt, das kämpfende Frankreich in diesem Strudel versinken zu lassen. Dafür aber gäbe es sich nicht her. Wenn es schon versinken solle, dann wolle es lieber in Ehren untergehen.

Churchill schien die moralische Seite des Problems gar nicht zu erfassen. »Sehen Sie sich meine eigene Regierung an. Ich war berufen worden, weil ich seit langem den Geist von München bekämpft hatte. Bei der Regierungsbildung nahm ich dann die ganzen notorischen Münchner mit hinein. Nun, sie sind mitmarschiert, und zwar so tüchtig, daß man sie heute von den anderen nicht mehr unterscheiden kann.« – »Sie müssen«, erwiderte ich, »um so sprechen zu können, aus den Augen verloren haben, was Frankreich zugestoßen ist. Ich meinerseits bin kein Politiker, der die Aufgabe hat, ein Kabinett zu bilden und eine parlamentarische Mehrheit zu suchen.« Der Premierminister bat mich indes, über den Plan, den er mir unterbreitet hatte, nachzudenken. »Heute abend«, fügte er hinzu, »werden Sie mit dem amerikanischen Präsidenten zusammensein und sehen, daß er und ich in dieser Frage solidarisch sind.« Er begleitete mich durch den Garten bis zur Eingangspforte, wo eine englische Wache präsentierte. »Beachten Sie«, sagte er, »daß es hier nicht nur amerikanische Soldaten gibt, sondern Schulter an Schulter mit ihnen auch britische.«

Kurz darauf schickte Roosevelt jemanden zu mir, der mit mir eine Zusammenkunft verabreden sollte. Spät am Abend war ich bei ihm. Wir verbrachten eine Stunde zusammen, auf demselben Sofa in einem großen Raum der Villa sitzend, die er bezogen hatte. Obwohl mein Gesprächspartner so tat, als seien wir allein, bemerkte ich Schatten im Hintergrund einer hochgelegenen Galerie und sah, daß sich die Vorhänge in den Ecken bewegten. Später erfuhr ich, daß Harry Hopkins und einige Sekretäre aus dem Verborgenen zugehört und bewaffnete Polizisten den Präsidenten bewacht hatten. Infolge des unbestimmten Gefühls, daß noch andere anwesend waren, verlief meine erste Unterredung mit Roosevelt in einer seltsamen Atmosphäre. An jenem Abend zeigte er sich, wie bei allen späteren Zusammenkünften, beflissen, seine Gedankengänge den meinigen entgegenzuhalten, wobei er mich mehr mit Charme als mit Argumenten zu überzeugen suchte, aber ein für allemal auf die Partei festgelegt, für die er sich entschieden hatte.

Franklin Roosevelt war von höchsten Ambitionen erfüllt. Ihn befähigten hierzu seine Intelligenz, sein Wissen, seine Kühnheit. Der mächtige Staat, dessen Oberhaupt er war, bot ihm die Mittel, der Krieg die Gelegenheit hierfür. Hatte das von ihm geführte große Volk lange Zeit dazu geneigt, sich von überseeischen Unternehmen zu isolieren und dem von unaufhörlichen Kämpfen und Revolutionen zerrissenen Europa zu mißtrauen, so hatte jetzt eine Art Messianismus von der amerikanischen Seele Besitz genommen und die Blicke des Volkes auf das riesige Vorhaben gelenkt. In Bewunderung der eigenen Kraft, im Gefühl, daß ihre Dynamik innerhalb der eigenen Grenzen nicht genügend Spielraum hatte, und in dem Willen, in der ganzen Welt den Elenden und Unterdrückten zu helfen, gaben die Vereinigten Staaten ihrerseits der Neigung zu Interventionen nach, hinter der sich die Herrschsucht verbarg. Diese Neigung hatte sich vornehmlich Präsident Roosevelt zu eigen gemacht. So hatte er alles getan, damit sein Land an dem Weltkonflikt teilnahm. Jetzt vollendete er seine Geschicke, gedrängt vom geheimen Vorgefühl des baldigen Todes.

Aber seitdem Amerika in den Krieg eingetreten war, glaubte Roosevelt, der Frieden müsse eine Pax americana sein, wobei es ihm zukomme, dessen Gestaltung zu bestimmen. Er war der Meinung, daß die von Prüfungen heimgesuchten Staaten sich seinem Urteil beugen müßten und daß gerade Frankreich ihn als Retter und Schiedsrichter brauche. Auch lief die Tatsache, daß Frankreich sich mitten im Krieg wiederaufrichtete, und zwar nicht allein in der fragmentarischen und daher für ihn bequemen Form einer Résistance, sondern als souveräne und unabhängige Nation, seinen Absichten entgegen. In politischer Hinsicht hatte er für mich nichts übrig.

Seine Abneigung zeigte er mir indes um so weniger, je mehr ihm in Amerika von der öffentlichen Meinung quergeschossen wurde. Von ihr hatte er die Macht erhalten. Aber sie konnte sie ihm entziehen. Selbst im Krieg mußte sich Roosevelt zweimal den Wählern stellen. Auch in den Zeiten zwischen den Wahlen setzten ihm Presse, Rundfunk und Interessengruppen zu. Der Präsident, darauf bedacht, die Menschen zu bezaubern, aber innerlich gehemmt durch die schmerzhafte Krankheit, gegen die er tapfer ankämpfte, war den Vorwürfen und Sticheleien seiner Parteigänger gegenüber sehr empfindlich. Gerade seine Politik gegen General de Gaulle erregte in Amerika die heftigsten Kontroversen. Es muß hinzugefügt werden, daß er in bezug auf die Rollen anderer argwöhnisch wie eine Diva war. Kurzum, trotz seiner vornehmen Höflichkeit hegte Roosevelt für meine Person keinerlei Wohlwollen.

An jenem Abend wetteiferten wir in Höflichkeiten, ließen aber, wie auf stille gegenseitige Vereinbarung, die französische Angelegenheit in der Schwebe. Er skizzierte mit leichter Hand, was Churchill vorher mit kräftigeren Strichen umrissen hatte, und gab mir sanft zu verstehen, daß diese Lösung zwingend sei, da er selbst sie beschlossen habe. Ich hingegen wies schonend darauf hin, daß der Wille des französischen Volkes bereits seine Wahl getroffen habe und daß früher oder später die Regierung, die, im Kolonialreich errichtet, ins Mutterland übersiedeln würde, diejenige sein werde, die Frankreich wünsche. Unterdessen gaben wir uns alle Mühe, einander nicht vor den Kopf zu stoßen, da wir spürten, daß ein Zusammenstoß zu nichts führen würde und daß es daher in beiderseitigem Interesse lag, einander zu schonen.

Am Tag darauf empfing ich General Giraud. Wir plauderten unter vier Augen in aller Ruhe. »Was schlagen Sie vor?« fragte ich ihn. Er legte mir seinen Plan dar, der im großen und ganzen dem von Roosevelt und Churchill entsprach. An der Spitze sollten wir drei stehen: an erster Stelle er, an zweiter ich und an dritter General Georges, den die Engländer aus Frankreich herausholen würden. Um Ranggleichheit herzustellen, würde ich zum Armeegeneral ernannt werden! Aber die Führung der militärischen Angelegenheiten behielt sich zur Gänze Giraud vor. Er würde Oberbefehlshaber der französischen Streitkräfte sein, unter Einschluß derjenigen des Freien Frankreich und der Armeeteile in der Résistance, und allein Eisenhower unterstehen. Die »Prokonsuln« sollten ihre Posten behalten. Nur Bergerets könne man sich entledigen. Ein Conseil impérial, bestehend aus Noguès, Boisson und

Peyrouton, zu denen noch Catroux und vielleicht Éboué sowie einige »Sekretäre« sich gesellen könnten, würde die Verwaltung der Kolonialgebiete koordinieren, ohne jedoch politisch aktiv zu werden.

Girauds Konzeption erschien mir unannehmbar. »Ihre Vorstellung«, sagte ich, »läuft darauf hinaus, daß Sie selbst sich, unter Protektion Roosevelts, die wirkliche Macht anmaßen und sich mit einer Reihe mehr oder weniger eindrucksvoller Statisten umgeben. Sie wollen, kurz gesagt, ein Konsulat, über welches das Ausland bestimmt. Aber Bonaparte, der Erste Konsul in Krieg und Unabhängigkeit, erlangte vom Volk sozusagen einhellige Zustimmung. Was für eine Art Volksbefragung werden Sie abhalten? Und wenn Sie eine veranstalten sollten, wird sie für Sie günstig ausfallen? Bonaparte stellte sich übrigens der Volksbefragung als ein militärischer Führer, der für Frankreich große Siege errungen und weite Provinzen erobert hatte. Ich hoffe aus ganzem Herzen, Sie werden es ebenso machen. Zur Zeit jedoch können Sie auf keine Siege hinweisen. Ich muß noch hinzufügen, daß Bonaparte auf legislativem und administrativem Gebiet hervorragend war. Können Sie sich gleicher Fähigkeiten rühmen? Darüber hinaus wird Ihnen nicht unbekannt sein, daß die öffentliche Meinung in Frankreich Vichy verurteilt. Sie erhielten Ihre Befugnisse aus den Händen zunächst Darlans, dann der Noguès', Boissons, Chatels, Bergerets. Sie haben sie im Namen des Marschalls übernommen. Jedermann kennt Ihren Brief an Pétain, in dem Sie ihm gelobten, niemals etwas gegen seine Politik zu unternehmen. Glauben Sie, daß Sie unter diesen Umständen jene elementare Zustimmung des französischen Volkes erhalten werden, ohne die eine Regierung nichts als eine Fiktion ist, sofern sie nicht gar die Zielscheibe einer Revolution wird? Schließlich, wie wollen Sie bei der Abhängigkeit von den Angelsachsen, die die Künstlichkeit ihrer Macht kennzeichnet, die französische Souveränität bewahren?«

General Giraud erklärte wieder einmal, das sei Politik, mit der er nichts zu tun haben wolle; es handle sich für ihn nur darum, die französische Armee wiederaufzubauen; er habe volles Vertrauen zu den amerikanischen Verbündeten. – »Ich habe soeben«, fuhr er fort, »mit Präsident

Roosevelt ein Abkommen geschlossen, demzufolge sich die Vereinigten Staaten verpflichten, so viele Einheiten auszustatten, wie ich aufstellen kann. Ich rechne damit, in sechs Monaten ein Dutzend Divisionen zur Verfügung zu haben. Und Sie, werden Sie in derselben Zeit auch nur halb soviel auf die Beine bringen? Und wer wird Ihnen die Waffen geben?«

»Es handelt sich zwischen uns«, erwiderte ich, »nicht um einen Wettbewerb in Effektivstärken. Die gegenwärtig in Nordafrika stehenden Truppen gehören Frankreich, nicht Ihnen. Wenn wir uns nicht verständigen sollten, werden Sie das bald merken. Das Problem, um das es geht, ist die französische Einheit im Kolonialreich und im Mutterland; es geht darum, wer dafür einsteht, daß die Errichtung einer Zentralgewalt im Sinne dieses Problems geschieht. Wenn das geklärt ist, werden sich die verschiedenen Kräfte ohne Schwierigkeiten vereinigen und einsetzen lassen. Die Ereignisse haben es gewollt, daß das kämpfende Frankreich den Widerstand gegen den Feind, die Erhaltung der Republik und die nationale Erneuerung symbolisiert. Ihm werden sich natürlich die Gefühle der Allgemeinheit zuwenden, sobald offenbar wird, daß Vichy sich Illusionen gemacht hat. Andererseits schätzen viele in Ihnen den starken militärischen Führer. Ich meinerseits halte Sie in dieser Hinsicht für einen Teil des französischen Kapitals, das ich ungern verlieren würde. Die vernünftige Lösung besteht also in folgendem: de Gaulle bildet in Algier eine kriegszeitliche Regierung, die im gegebenen Augenblick zur Regierung der Republik wird. Giraud erhält von dieser Regierung den Oberbefehl über die Befreiungsarmee. Sollte ein Übergangsstadium notwendig sein, bilden wir notfalls gemeinsam die Zentralgewalt. Diese aber muß von Anfang an Vichy ablehnen, den Waffenstillstand für null und nichtig erklären und sich vor der Welt mit der Republik und der Unabhängigkeit Frankreichs identifizieren.«

General Giraud blieb bei seiner Auffassung. Da ich sah, daß er daran mehr aus Starrsinn als aus Überzeugung festhielt, hoffte ich, daß er dennoch eines Tages unter dem Zwang der Ereignisse seine Vorstellung ändern würde. Unterdessen verlangte es das Nationalinteresse, sich über gewisse Probleme zu verständigen. Dazu gehörten die militärischen Operationen, die Finanzen, der Handelsaustausch, die Währung, das Schicksal Tunesiens wie auch das Indochinas, die Rückgliederung der Antillen, Guayanas, der Flotte in Alexandria. Wir kamen also überein, eine wechselseitige Verbindung zwischen uns herzustellen. Ich teilte General Giraud meine Absicht mit, eine Mission unter Führung von General Catroux nach Nordafrika zu schicken, was er sofort akzeptierte. Danach blieben Giraud und die Seinen bei uns zum Frühstück. Meine Gefährten vernahmen ohne Überraschung, aber nicht ohne Kummer, daß die Entente nicht zustande gekommen war. Das Essen verlief in melancholischer Stimmung.

Mein nächster Besucher war Robert Murphy. Er schien überzeugt zu sein, daß sich alles dem Projekt gemäß arrangieren würde, dessen Urheber er selber war. Als ich Zweifel äußerte und ihn fragte, wie wohl nach seiner Ansicht die öffentliche Meinung Marokkos und Algeriens reagieren würde, wenn sie erführe, daß in Casablanca keine Verständigung zustande gekommen sei, erwiderte er, darüber würden viele froh und erleichtert sein. »In Nordafrika«, fügte er hinzu, »gibt es nur zehn Prozent Gaullisten.« Er bestätigte mir, daß Roosevelt und Churchill soeben mit General Giraud ein Abkommen geschlossen hätten, das gewisse Waffen- und Lebensmittellieferungen für Nordafrika vorsah – was ich vorbehaltlos billigte –, aber andererseits die Anerkennung des »zivilen und militärischen Oberbefehlshabers« enthielt, die allerdings bisher von den Vereinigten Staaten weder formuliert noch von Großbritannien akzeptiert worden sei.

So unterhandelten Amerika und England, indem sie sich anmaßten, über die Interessen des französischen Volkes zu entscheiden, gemeinsam mit Giraud allein, der mit dem Vorwand, keine Politik zu betreiben, ihre Autorität akzeptierte. Ich erfuhr, daß Churchill am Abend vorher im Gespräch mit Giraud von sich aus beiläufig erwähnte, in Nordafrika würde das englische Pfund 250 französische Francs wert sein. Nach den von uns mit London getroffenen Vereinbarungen hatte es aber nur einen Wert von 176 Francs. Ich erfuhr auch, daß Roosevelt den Sultan von Marokko zum Diner empfangen und ihm dabei eine Rede gehalten hatte, die mit dem französischen Protektorat schlecht übereinstimmte, ohne daß Giraud widersprochen hätte. Am Abend kam Macmillan zu mir und äußerte sich in beunruhigender Weise über die Zukunft des Kämpfenden Frankreich. Schließlich teilte mir General Wilbur mit, die Konferenz werde in 24 Stunden abgeschlossen sein; er überbrachte mir Briefe von französischen Offizieren, die in Casablanca stationiert waren und ihn gebeten hatten, sie mir zu übermitteln. Ich ersuchte ihn, seine Chefs wissen zu lassen, wie seltsam ich es fände, daß es kein einziger der nach Casablanca gekommenen alliierten Militärs zu einer Stunde, in der unter starker Teilnahme der französischen Armee – einschließlich der Freien französischen Streitkräfte – die Schlacht um Nordafrika in vollem Gange sei, für nötig befunden hätte, mir auch nur ein Wort von Plänen oder von Operationen zu sagen.

Am nächsten Vormittag überbrachten mir Macmillan und Murphy ein im Laufe der Nacht von Roosevelt und Churchill entworfenes Kommuniqué. Der Präsident und der Premierminister bäten die Generale de Gaulle und Giraud, es gemeinsam von sich aus zu veröffentlichen. Giraud hatte seinerseits schon zugestimmt. Dem angelsächsischen Text zufolge, der also nun französisch werden sollte, erklärten sich die beiden Generale »mit den Grundsätzen der Vereinten Nationen« einverstanden und gaben ihre Absicht bekannt, gemeinsam ein Komitee für die Verwaltung des französischen Kolonialreichs auf die Dauer des Krieges zu bilden. Die Formel war fraglos viel zu vage gehalten, als daß wir uns damit groß festgelegt hätten. Aber sie hatte drei Nachteile: Sie stammte von den Alliierten, sie ließ sich so deuten, als hätte ich auf alles verzichtet, was nicht gerade zur Verwaltung des Kolonialreiches gehörte, schließlich mußte sie den Glauben erwecken, die Entente sei zustande gekommen, was nicht der Fall war. Nachdem ich meine vier Gefährten um ihre Ansicht befragt hatte – sie waren einstimmig gegen das Kommuniqué –, sagte ich Macmillan und Murphy, die Erweiterung der französischen Nationalmacht dürfe nicht das Ergebnis einer ausländischen Intervention sein, so freundschaftlich und schätzenswert sie auch sein möge. Gleichzeitig erklärte ich mich bereit, Roosevelt und Churchill vor der für den Nachmittag vorgesehenen Aufhebung der Konferenz noch einmal aufzusuchen.

Die Unterredung mit Churchill wurde von seiner Seite

aus in äußerst grobem Ton geführt. Es war die schärfste Auseinandersetzung zwischen uns beiden während des ganzen Krieges. Im Laufe einer heftigen Szene machte mir der Premierminister bittere Vorwürfe, in denen ich nichts anderes als ein Zeichen der Verlegenheit sehen konnte. Er kündigte mir an, daß er mich bei seiner Rückkehr nach London öffentlich beschuldigen werde, die Verständigung verhindert zu haben, die öffentliche Meinung seines Landes gegen mich aufbringen und auch an diejenige Frankreichs appellieren werde. Ich erwiderte ihm lediglich, daß ich wegen meiner Freundschaft mit ihm und wegen des Bündnisses mit England die von ihm zur Schau getragene Haltung tief bedaure. Weil er unter allen Umständen Amerika befriedigen wolle, habe er sich einer Sache verschrieben, die für Frankreich unannehmbar, für Europa beunruhigend, für England bedauerlich sei.

Anschließend begab ich mich zu Roosevelt. Er empfing mich mit größerer Gewandtheit, das heißt, er gab sich zugleich liebenswürdig und betrübt. Er äußerte Kummer darüber, feststellen zu müssen, daß die Einigung der Franzosen in der Schwebe bleibe und es nicht einmal ihm gelungen sei, mich zur Annahme eines Kommuniqués zu bewegen. »Man muß«, sagte er, »der Öffentlichkeit ein Schauspiel darbieten, das sich auf menschlicher Ebene bewegt. Wenn wir bekanntgeben könnten, daß Sie sich mit General Giraud im Rahmen einer Konferenz getroffen haben, an der sowohl Churchill wie ich teilnahmen, und wenn man gleichzeitig mit dieser Nachricht eine gemeinsame Erklärung der französischen Führer herausgeben könnte, auch wenn es sich nur um eine theoretische Verständigung handelt, so würde der angestrebte dramatische Effekt erzielt werden.« – »Überlassen Sie das mir«, erwiderte ich. »Es wird ein Kommuniqué geben. Allerdings kann es nicht das ihrige sein.«

Daraufhin stellte ich dem Präsidenten meine Mitarbeiter vor. Er nannte mir die seinigen. Nun traten Churchill und General Giraud mit ihrem Gefolge ein, denen sich eine Menge alliierter Militärs und Beamten anschloß. Während sich alle um den Präsidenten scharten, wiederholte Churchill seine Schmähungen und Drohungen gegen mich, offenkundig in der Absicht, dem in seiner Eigenliebe ein wenig angeschlagenen Roosevelt zu schmeicheln.

Dieser tat so, als bemerke er es nicht, befleißigte sich vielmehr der größten Liebenswürdigkeit, um mir die letzte Bitte, die er noch auf dem Herzen hatte, vorzutragen. »Wären Sie wenigstens bereit«, fragte er, »sich zusammen mit General Giraud an meiner und der Seite des britischen Premierministers fotografieren zu lassen?« – »Sehr gern«, erwiderte ich, »denn ich habe die äußerste Hochachtung vor diesem großen Soldaten.« – »Würden Sie auch«, rief der Präsident, »in unserer Gegenwart und vor der Kamera General Giraud die Hand drücken?« Ich antwortete: »I shall do that for you.« Roosevelt, ganz entzückt, ließ sich daraufhin in den Garten tragen, wo man im voraus vier Stühle aufgestellt und zahllose Kameras postiert hatte und wo mit gezückten Federn Scharen von Reportern bereitstanden. Die vier Akteure setzten das obligate Lächeln auf. Der verabredete Händedruck wurde vollzogen. Alles ging gut! Amerika würde nun auf Grund der Fotos befriedigt glauben können, das französische Problem habe seinen Deus ex machina in der Person von Präsident Roosevelt gefunden.

Ehe ich Anfa verließ, verfaßte ich ein kurzes Kommuniqué, das ich Giraud vorlegte, selbstverständlich ohne es den Alliierten zur Kenntnis gebracht zu haben: »Wir haben uns getroffen. Wir haben miteinander gesprochen ...« Wir bekräftigten darin unseren Glauben an den Sieg Frankreichs und an den Triumph der »menschlichen Freiheiten«. Wir kündigten die Herstellung einer dauernden Verbindung zwischen uns an. Giraud unterzeichnete. Die Worte »menschliche Freiheiten« waren auf seine Bitte hin an Stelle der von mir ursprünglich benutzten Worte »demokratische Grundsätze« eingesetzt worden.

## Der Sturz Mussolinis *Pietro Badoglio*

Mit dem Sieg über Abessinien hatte Mussolini den Höhepunkt seiner Macht erreicht. Die engere Annäherung an Hitler führte dazu, daß Italien noch vor Ende des Frankreich-Feldzuges auf seiten Deutschlands in den Krieg eintrat. Doch entwickelte sich für Mussolini und sein Land die Lage keineswegs günstig. Es kam zu einem unglücklich verlaufenden Krieg mit Griechenland, der erst durch das deutsche Eingreifen eine Wendung nahm. 1941 ging Abessinien wieder verloren, und Rückschläge in Nordafrika mußten durch das deutsche Afrikakorps unter Rommel aufgefangen werden. Im Juli 1943 landeten alliierte Verbände in Sizilien. Roosevelt und Churchill riefen gleichzeitig zur Erhebung gegen das faschistische Regime auf. Am 24. Juli 1943 trat der »Große Faschistische Rat« zusammen und bat den König mit 19 gegen 7 Stimmen, den bisher von Mussolini innegehabten Oberbefehl selbst zu übernehmen. König Viktor Emanuel III. beauftragte Marschall Badoglio mit der Regierung und ließ Mussolini verhaften. Die Faschistische Partei wurde ohne Widerstand aufgelöst. Badoglio schloß nach der Landung der Briten und Amerikaner in Italien einen Waffenstillstand. Zwar gründete der von den Deutschen befreite Mussolini in Oberitalien eine Gegenregierung, konnte aber den Verfall nicht mehr aufhalten. Als im April 1945 die deutsche Front in Italien zusammenbrach, versuchte Mussolini noch, in die Schweiz zu entkommen, wurde aber von kommunistischen Partisanen aufgegriffen und erschossen.

In der Faschistischen Partei nahmen die Zwistigkeiten und Ausbruchsversuche ständig zunehmenden Umfang an. Ciano, der einstige Favorit Mussolinis und sein Nachfolger im Geiste, hatte sich mehr oder weniger offen empört. Er war als Außenminister abgesetzt und zum Botschafter am Vatikan bestimmt worden. Grandi, eine der angesehensten Persönlichkeiten der Partei, der sich rechtzeitig völlig beiseite gestellt hatte, war als Justizminister abgelöst worden. Er konnte sich indessen nicht völlig von den Bindungen freimachen, wie es sicherlich sein Wunsch gewesen war, und blieb Präsident der Fasciokammer und der Korporationen. Bottai, der noch Erziehungsminister war, hatte vergeblich versucht, mit mir wieder Fühlung aufzunehmen. Er war nunmehr ohne Amt und spielte sich öffentlich als Unzufriedener auf. Man wußte, daß der gegen seinen Wunsch zum Verkehrsminister ernannte Industriemagnat Cini mit großer Bestimmtheit die für das Land unerträgliche Lage und die Notwendigkeiten zu einer durchgreifenden Kursänderung dargelegt hatte. Außerdem hatte er seinen Rücktritt eingereicht, doch war er abgelehnt worden.

Mussolini hatte zu diesem Zeitpunkt einen Rückfall seines alten Leidens: ein Geschwür am Zwölffingerdarm mit syphilitischen Komplikationen. Diese Verschlechterung wurde nun mit List aufgebauscht, um zu zeigen, daß er nicht mehr fähig war, das Staatssteuer zu führen. Alles in allem hatte das alte Sprichwort wieder einmal in vollem Umfang recht: Das Schiff hatte ein Leck, und die Ratten versuchten ängstlich, sich zu retten.

Am Morgen des 24. verbreitete sich in Rom plötzlich das mit großem Mißtrauen aufgenommene Gerücht, daß sämtliche Mitglieder des Faschistischen Großen Rates Mussolini zur Einberufung des Großen Rates für den Abend gezwungen hätten. Man sprach offen von einer Verschwörung der dicken Parteiführer gegen den Duce, und man hielt es nicht für ausgeschlossen, daß Gewalthandlungen erfolgen könnten. Tatsächlich fand die Einberufung des Großen Rates statt. Die Besprechung dauerte bis in die späten Nachtstunden. Am darauffolgenden Morgen, Samstag, dem 25., wurde in der ganzen Stadt die aufsehenerregende Mitteilung verbreitet, daß der Große Rat Mussolini zum Rücktritt gezwungen haben sollte. Man sprach davon, daß Ciano, Grandi, De Bono und Bottai beim Angriff am erbittertsten waren. Weiterhin hieß es, daß alles in einem Tagesbefehl zusammengefaßt worden sei.

Die durch diese Bekanntmachung verursachte Erregung in der Stadt war ungeheuer. Es wurde offen und heftig gegen notorisch bekannte faschistische Elemente gesprochen, wobei es zu Schlägereien kam.

Am Nachmittag war ich mit Personen von erprobter Freundschaft zu Hause, als – gegen 17 Uhr – der Minister des königlichen Hauses erschien und mir mitteilte, daß Seine Majestät dringend eine Besprechung mit mir wünsche.

Während ich meinen Zivilanzug auszog, um die Marschallsuniform anzuziehen, teilte mir der Minister rasch mit, daß sich Mussolini zu Seiner Majestät begeben habe, um wegen des Ergebnisses des Großen Rates Bericht zu erstatten. Er sei vom König zum Rücktritt gezwungen worden und beim Verlassen der königlichen Villa verhaftet und in eine Karabinierikaserne gebracht worden.

Seine Majestät wünschte, daß ich das Amt des Regierungschefs übernehmen sollte.

In großer Erregung über eine so schwerwiegende Nachricht begab ich mich zur Besprechung mit Seiner Majestät.

Der König war sehr ruhig und erzählte mir sofort, wie sich die Szene entwickelt hatte. Ich wiederhole so gut wie wörtlich seine mir tief in der Erinnerung gebliebenen Worte: »Mussolini hat mich heute morgen um eine Audienz gebeten, die ich für ihn hier in der Villa auf 16 Uhr festsetzte. Zu dieser Zeit erschien Mussolini und teilte mir mit, daß eine Sitzung des Großen Rates stattgefunden habe, bei der ein gegen ihn gerichteter Tagesbefehl angenommen worden sei, doch behauptete er, ein solcher Befehl sei nicht gültig. Ich bemerkte sofort, daß ich nicht seiner Ansicht sei; denn der Große Rat sei ein staatliches Organ, das von ihm geschaffen und durch das Gesetz beider Häuser gutgeheißen sei. Somit sei jede Entschließung des Großen Rates völlig gültig.

›Aber dann müßte ich nach Euer Majestät Ansicht meinen Rücktritt erklären‹, sagte Mussolini mit sichtlicher Anstrengung. ›Ja‹, erwiderte ich, ›und ich teile Ihnen mit, daß ich Ihren Rücktritt vom Amt des Regierungschefs ohne weiteres annehme.‹ «

Seine Majestät fuhr fort: »Auf diese meine Worte hin sank Mussolini in sich zusammen, als hätte er einen heftigen Schlag in die Brust erhalten. ›Dann ist mein Zusammenbruch vollständig‹, murmelte er mit schwacher Stimme.«

Nachdem sich Mussolini von Seiner Majestät verabschiedet hatte, ging er hinaus. Da er seinen Kraftwagen nicht mehr vorfand, wandte er sich an einen dort anwesenden Beamten, um zu erfahren, wohin er geraten sei.

»Er steht im Schatten, auf der Seite neben der Villa«, sagte der Beamte. Mussolini entfernte sich in der ihm angegebenen Richtung, als er sich plötzlich von einem halben Dutzend Kriminalbeamter umgeben sah, die ihn aufforderten, einen in geringer Entfernung stehenden Sanitätskraftwagen zu besteigen. »Könnte ich nicht meinen Wagen benutzen?« fragte Mussolini. »Und wohin bringen Sie mich?« – »An einen Ort, wo Sie nicht in Gefahr sind«, antwortete der Beamte.

Mussolini bestieg, ohne mehr zu sagen, den Sanitätskraftwagen mit den Beamten und wurde von dort in eine Karabinierikaserne gebracht.

Seine Majestät forderte mich nun auf, das Amt des Regierungschefs zu übernehmen. Ich wußte, daß das ganze

Land zu mir volles Vertrauen hatte. Ich sah ein, daß meine Ablehnung Seine Majestät in große Bedrängnis gebracht und die eine schnellste Lösung erfordernde Lage vielleicht sehr verwickelt gestaltet hätte. Angesichts des Ernstes der von mir zu übernehmenden Aufgabe ließ ich jede andere persönliche Erwägung beiseite. Daher erwiderte ich Seiner Majestät: »Ich bin wegen meiner geringen Erfahrung auf politischem Gebiet erregt, da ich mich in meinem ganzen Leben nicht damit befaßt habe, doch sehe ich die Notwendigkeit des Augenblickes ein, weshalb ich das Amt übernehme. Bezüglich der Zusammensetzung des Ministeriums habe ich bereits eine Aufstellung von Politikern, die mich ihrer Mitarbeit und der der von ihnen vertretenen Parteien versichert haben.« Ich nannte Seiner Majestät den Namen von Bonomi, der das Ministerium für Inneres hätte übernehmen können, den von Casati für Öffentlichen Unterricht, von Soleri, von Bergamini, von Einaudi und von anderen.

Seine Majestät zeigte sich einer solchen Lösung entschieden abgeneigt. Er sagte, daß ich, da ich mit Schnelligkeit und Energie handeln müßte, um sowohl die Lage im Inneren zu ordnen als auch unsere Beziehungen zu den Deutschen festzulegen, nicht von Politikern umgeben sein dürfte.

»Eure Exzellenz«, fuhr er fort, »braucht ein Ministerium von Technikern, die mit Sachkunde die Befehle ausführen, die Sie zu erteilen für notwendig halten.«

»Aber auf diese Weise«, erwiderte ich, »bleibe ich von der öffentlichen Meinung völlig abgeschnitten, und es fehlen mir die Mittel, um die lebendigen Strömungen des Landes zu lenken.«

»Nein«, widersprach Seine Majestät, »das ganze Land ist auf Ihrer Seite und wird Ihnen folgen. Ich bin gewiß, daß Ihre politischen Freunde Sie auch unterstützen werden, wenn sie nicht ins Ministerium berufen werden. Hier ist eine neue Ministerliste, alles erfahrene und befähigte Beamte, mit denen Sie intensiv werden arbeiten können.«

So beschloß ich, von den Beweisgründen des Königs geschlagen, die Annahme.

Hierauf wurde vereinbart, den Krieg weiterzuführen, da es angesichts unserer schwierigen Lage nicht möglich war, eine Erklärung abzugeben, Italien würde sich aus dem Krieg zurückziehen. Ein solcher Schritt hätte sicherlich eine so unmittelbare und heftige deutsche Rückwirkung ausgelöst, daß ihr die noch nicht konstituierte Regierung nicht hätte begegnen können.

Seine Majestät gab mir dann Einsicht in zwei bereits gedruckte Aufrufe, die er und ich als Chef der Regierung an das italienische Volk zu richten hätten.

In diesen beiden Aufrufen, an deren Abfassung, wie ich später erfuhr, Minister Orlando mitgearbeitet hatte, wurde erklärt, daß der Krieg weitergeführt würde.

Hierauf kehrte ich nach Hause zurück, wo eine große Menge in voller Begeisterung mir das Durchkommen ziemlich schwermachte.

Um 2 Uhr nachts wurde ich dann zum Oberkommando gerufen. Die Lage hatte sich deshalb verwickelt gestaltet, weil General Galbiati, Chef des Generalstabes der Faschistischen Miliz, entschlossen zu sein schien, Widerstand zu leisten. Ein an ihn gesandtes entschiedenes Schreiben von mir, sich nach den Befehlen des mir sehr ergebenen Generals Armellini zu richten, den ich zum Kommandeur der Miliz ernannt hatte, hatte die gewollte Wirkung. Galbiati trat als Generalstabschef zurück und entfaltete keinerlei gegnerische Tätigkeit mehr.

Sofort darauf schrieb ich an Mussolini einen Brief, in dem ich ihm versicherte, es würde ihm keinerlei Gewalt angetan. Wenn es notwendig sei, seine Verhaftung und Inhaftierung aufrechtzuerhalten, geschähe das nur, um ihn dem Haß der Bevölkerung zu entziehen, die sich mit aller Gewißheit auf ihn stürzen würde. Mussolini antwortete mir auf einem kleinen Blatt, das er dem Offizier diktierte, von dem er meinen Brief bekommen hatte, und das er dann unterschrieb. Darauf erklärte er sich von unserer Entschließung, den Krieg fortzuführen, sehr befriedigt und dankte mir mit lebhaften Worten, daß ich für seine Unversehrtheit gesorgt hatte.

Die ganze Nacht hindurch wogte eine tobende Menge durch die Straßen von Rom. Da und dort hörte man auch Schüsse.

So endete dieser denkwürdige Tag.

## Beginn der Invasion *Dwight D. Eisenhower*

Ende 1943 hatten Roosevelt, Churchill und Stalin sich auf der Konferenz von Teheran dafür entschieden, einen Landungsversuch an der französischen Kanalküste zu unternehmen. Churchill war vergeblich für eine Landung auf dem Balkan eingetreten, von der er sich eine größere Überraschung des Gegners versprach. Denn die deutsche Führung hatte gerade an der Atlantikküste durch den Bau eines Verteidigungswalles versucht, die Gefahr einer Invasion zu beschwören. Aber den Alliierten war die Anlage dieses »Atlantikwalls« bis in die Einzelheiten bekannt. Den Oberbefehl in Frankreich führte Generalfeldmarschall von Rundstedt, der eng an die Weisung aus dem Führerhauptquartier gebunden war und der – mit Recht – keinerlei Vertrauen in die Zweckmäßigkeit des Atlantikwalls setzte. Auch die ihm unterstellten Divisionen waren nur zum geringen Teil voll einsatzfähig. In dieser ungünstigen Situation landeten die Alliierten mit einer erdrückenden Übermacht an Material in der Nacht zum 6. Juni 1944, von Fallschirmtruppen unterstützt, an der Küste der Normandie, wo es ihnen auch gelang, einen Brückenkopf zu bilden und sich gegen den zu spät einsetzenden deutschen Gegenangriff zu halten. Nach zehn Tagen bereits standen den Angreifern etwa eine Million Mann und dreihunderttausend Fahrzeuge zur Verfügung. Den Bericht über die Angriffsvorbereitungen und den Beginn der Invasion gibt der damalige alliierte Oberbefehlshaber und spätere Präsident der Vereinigten Staaten, Dwight D. Eisenhower.

Natürlich beschränkte sich unsere Tätigkeit nicht ausschließlich darauf, den Moment abzuwarten, an dem der Angriffstermin endgültig festgesetzt werden konnte. Es gab noch viel zu tun. Wir erhielten den Besuch vieler wichtiger Amtsträger. Einer unserer letzten Besucher war General de Gaulle, mit dem es bezüglich Termin und Charakter der Bekanntmachungen, die gleich nach der Landung an die französische Bevölkerung gerichtet werden sollten, zu gewissen Differenzen gekommen war. General de Gaulle wollte eindeutig und klar von beiden alliierten Regierungen als französisches Oberhaupt anerkannt werden. Er bestand darauf, daß er allein das Recht habe, der französischen Bevölkerung Anweisungen für die erforderliche Zusammenarbeit mit den alliierten Streitkräften zu erteilen.

Präsident Roosevelt war ganz und gar dagegen, General de Gaulle in dieser bestimmten Form offiziell anzuerkennen. Der Präsident hob immer wieder ausdrücklich hervor, daß die Souveränität Frankreichs beim Volk selbst liege und daß die Alliierten nicht nach Frankreich kämen, um der Bevölkerung eine bestimmte Regierung oder ein bestimmtes Oberhaupt aufzudrängen. Er verlangte deshalb, aus unseren Proklamationen müsse hervorgehen, daß wir absolut bereit seien, mit jeder französischen Gruppe zusammenzuarbeiten, die sich an der Vernichtung der deutschen Streitkräfte beteiligen wolle. Er war damit einverstanden, daß wir uns des Befehlsapparates de Gaulles bedienten, falls ein Teil dieser Gruppen oder alle sich freiwillig de Gaulle anschließen sollten, aber er verstand sich nicht dazu, de Gaulle irgend jemandem aufzuzwingen.

Die Aufgabe, einen Plan auszuarbeiten, mit dem de Gaulle zufrieden war, und dabei doch in den Grenzen zu bleiben, die uns von beiden Regierungen gezogen waren, fiel großenteils unserem Hauptquartier zu. Sie bereitete uns sehr viel Kopfzerbrechen, da wir uns auf eine bedeutende Unterstützung durch die französischen Insurgenten verließen. Wir wußten, daß diese im Gebiet der Bretagne und in dem Hügel- und Bergland Südostfrankreichs besonders zahlreich waren. Eine offene Entzweiung mit de Gaulle über diese Frage mußte uns unermeßlichen Schaden zufügen und zu bitteren gegenseitigen Vorwürfen und unnötigen Menschenverlusten führen.

Der Stab hielt die Streitfrage in gewissem Sinne für rein theoretisch. Man vergegenwärtigte sich, daß de Gaulle, zumindest während der Anfangsstadien der Operation, die einzige maßgebende Persönlichkeit war, die in Frankreich überhaupt eine Koordination und eine Einigung zustande bringen konnte, und daß es nicht schaden würde, wenn man ihn in der von ihm gewünschten Weise anerkannte. Man mußte sich lediglich vorbehalten, daß nach der Befreiung des Landes der frei geäußerte Wille des französischen Volkes die Regierung und das Oberhaupt zu bestimmen habe. Wir hatten General Koenig, den Stellvertreter de Gaulles, bereits mit der Zustimmung unserer

Regierungen als Befehlshaber der französischen Heimatstreitkräfte anerkannt. Er unterstand mir unmittelbar als Angehöriger der alliierten Organisation.

Vor allem wollten wir General de Gaulle dazu bewegen, am D-Tag mit mir zusammen über den Rundfunk zum französischen Volk zu sprechen, damit die Bevölkerung sich unter Vermeidung von Aufständen und nutzlosen Opfern an unwichtigen Punkten doch jeden Augenblick bereithalten konnte, um uns dort zu helfen, wo es nötig war. Wir bemühten uns innerhalb der durch unsere Instruktionen gegebenen Grenzen sehr, de Gaulle für unseren Standpunkt zu gewinnen, doch obwohl er dann nach Beginn des Feldzuges wirkungsvoll mit uns zusammenarbeitete, ging er nicht auf unsere Forderungen ein.

Während der Tage in Portsmouth, die dem D-Tag vorangingen, gab es noch eine Reihe weiterer Einzelfragen zu bereinigen, das große Fragezeichen jedoch war das Wetter, das Anfang Juni während der einzigen Zeitspanne, die für uns in Frage kam – also am Fünften, Sechsten und Siebenten –, herrschen würde.

Ganz Südengland war ein einziges, riesiges Heerlager, vollgestopft mit Soldaten, die auf das Stichwort für den Abmarsch warteten, und mit Bergen von Nachschubgütern und Ausrüstung, die zum Abtransport an das andere Ufer des Kanals bereitstanden. Das ganze Gebiet war vom übrigen England isoliert. Die Regierung hatte eine Sperrgrenze eingerichtet, die von Unbefugten in keiner Richtung überschritten werden durfte. Jedes Truppenlager, jede Kaserne, jeder Fahrzeugpark und jede Einheit, alles war sorgsam auf unseren Lagekarten verzeichnet. Der Abmarsch der einzelnen Einheiten war so berechnet, daß sie genau dann an der Einschiffungsstelle ankommen mußten, wenn die Schiffe fertig zur Beladung waren. Die am weitesten im Süden liegenden Lager mit den Sturmtruppen waren alle mit Stacheldrahtverhauen umgeben, damit kein Soldat sein Lager verlassen konnte, nachdem er einmal über seine Rolle bei dem Angriff instruiert worden war. Das mächtige Heer war von Spannung erfüllt wie eine Spiralfeder, und eine riesige, aus Menschen gebildete Feder war das ganze ja auch wirklich. Noch war sie zusammengepreßt, um dann mit der ganzen ihr innewohnenden Kraft loszuschnellen und über den Ärmelkanal den größten amphibischen Sturmangriff hinwegzutragen, der je unternommen wurde.

Zweimal täglich kamen wir mit der meteorologischen Kommission zusammen, einmal um 21.30 Uhr und dann um 4 Uhr früh. Die Kommission, die sich aus britischem und amerikanischem Personal zusammensetzte, wurde von einem bärbeißigen, aber gescheiten Schotten, Group Captain J. M. Stagg, geleitet. Bei diesen Sitzungen wurde sämtliches Tatsachenmaterial bis in die letzten Einzelheiten hinein vorgelegt, von den Fachleuten genau analysiert und von den versammelten Befehlshabern sorgfältig studiert. Als die entscheidende Periode heranrückte, stieg die Spannung weiter, da die Aussichten auf gutes Wetter sich immer mehr verschlechterten.

Die letzte Besprechung zur Feststellung der Durchführbarkeit des Angriffes an dem vorläufig in Aussicht genommenen Tag, dem 5. Juni, war für den 4. Juni, 4 Uhr morgens, angesetzt. Ein Teil des Angriffskontingents hatte allerdings bereits Befehl zum Auslaufen erhalten. Denn wenn die ganze Streitmacht am 5. Juni landen sollte, dann konnten einige der wichtigen Teile, die im Norden Großbritanniens lagen, nicht auf den endgültigen Beschluß warten, der am Morgen des 4. Juni gefaßt werden sollte.

Der Bericht, den wir am 4. Juni früh erhielten, als die Befehlshaber sich zusammenfanden, war entmutigend. Niedrig hängende Wolken, starker Wind und gewaltiger Seegang wurden vorausgesagt, so daß die Landung eine höchst gewagte Sache werden mußte. Die Meteorologen sagten, eine Unterstützung aus der Luft würde unmöglich sein, das Feuer der Schiffsartillerie müsse wirkungslos bleiben, und selbst kleine Boote würden sich schwer manövrieren lassen. Admiral Ramsay glaubte, die Landung an sich ließe sich technisch durchführen, doch sagte auch er, daß es schwer sei, das Artilleriefeuer richtig zu lenken. Er verhielt sich im wesentlichen neutral. General Montgomery, der sich mit Recht über die großen Nachteile eines Aufschubes Sorgen machte, meinte, wir sollten angreifen. Tedder war dagegen.

Nachdem ich alle Faktoren gegeneinander abgewogen hatte, beschloß ich, den Angriff zu verschieben. Dieser Entschluß machte es notwendig, sofort Befehle an die Schiffe und Truppen ergehen zu lassen, die schon auf See waren. Es ergaben sich einige Unklarheiten im Zusammenhang damit, ob sie vierundzwanzig Stunden später wieder einsatzbereit sein würden, falls der Angriff am nächsten Tag stattfinden konnte. Tatsächlich hatten die Schiffe bei der Durchführung ihres Manövers in der Irischen See infolge des Sturmes größte Schwierigkeiten. Daß es ihnen gelang, die Häfen zu erreichen, ihre Brennstoffbunker frisch zu füllen und alles vorzubereiten, um einen Tag später erneut auslaufen zu können, stellt einen Gipfelpunkt seemännischer Tüchtigkeit, glänzender Führung und Stabsarbeit dar.

Die Besprechung am Abend des 4. Juni ergab, wenn überhaupt, so doch nur wenige Lichtblicke im Vergleich zu der Lage am Morgen. Die Spannung steigerte sich noch mehr, weil eine Verschiebung so bittere Folgen haben mußte, daß sich der Gedanke daran fast nicht ertragen ließ.

Am nächsten Morgen um 3.30 Uhr wurde unser kleines Lager von einem Sturm gepackt, der fast die Stärke eines Hurrikans besaß, und der gleichzeitig herabströmende Regen schien in fast waagerechten Streifen vorüberzujagen. Die kilometerlange Fahrt über verschlammte Straßen bis zum Marine-Hauptquartier war alles andere als erheiternd, da es unter solchen Verhältnissen vollkommen sinnlos erscheinen mußte, die Lage auch nur zu diskutieren.

Aus dem ersten Bericht, den uns Group Captain Stagg und der meteorologische Stab zu Beginn der Konferenz vorlegten, ergab sich, daß die ungünstigen Wettervorhersagen für die französische Küste vom Vortag tatsächlich eingetroffen waren und daß es fast mit Sicherheit ein großes Unheil gegeben hätte, wenn wir darauf bestanden hätten, die Landung am 5. Juni durchzuführen. Das teilten sie uns wahrscheinlich mit, damit wir der nun folgenden erstaunlichen Eröffnung mehr Glauben schenken sollten. Sie sagten nämlich, daß am nächsten Morgen eine Periode relativ guten Wetters von wahrscheinlich sechsunddreißigstündiger Dauer einsetzen würde, mit der bisher absolut nicht zu rechnen gewesen war. Die langfristige Vorhersage war nicht besonders günstig, aber wir hatten wenigstens die Gewißheit, daß uns diese eine kurze Zeitspanne zwischen dem Nachlassen des Sturmes, der gerade wütete, und dem Beginn der nächsten richtigen Schlechtwetterperiode ruhiges Wetter bringen würde.

Die Aussichten waren nicht glänzend, weil die Möglichkeit bestand, daß wir die ersten Wellen zwar erfolgreich an Land bringen, dann aber den späteren Aufmarsch nicht durchführen konnten, wodurch die ersten Verbände, allein auf sich gestellt, eine leichte Beute der deutschen Gegenaktion werden mußten. Die mit einem Aufschub verbundenen Folgen ließen jedoch auch ein großes Risiko gerechtfertigt erscheinen, und so gab ich rasch den Entschluß bekannt, daß der Angriff am 6. Juni erfolgen sollte. Das war am 5. Juni, morgens 4.15 Uhr. Keiner der Anwesenden hatte etwas dagegen einzuwenden, die Mienen hellten sich auf, und alle begaben sich, ohne ein weiteres Wort zu verlieren, auf ihre Gefechtsstände, um die Funksprüche, die das ganze Heer in Bewegung setzen sollten, an ihre Einheiten auszusenden.

Eine Reihe von Personen ersuchte mich um die Erlaubnis, an Bord der zur artilleristischen Unterstützung eingesetzten Schiffe der Kriegsmarine gehen zu dürfen, um den Angriff mit anzusehen. Jeder Angehörige des Stabes hatte jederzeit ein Dutzend Argumente bei der Hand, warum gerade er mit der Expedition gehen müsse, anstatt auf dem einzigen Posten zu bleiben, wo er sich nützlich machen konnte, nämlich dort, wo die Meldungen zusammenliefen. Die Erlaubnis wurde allen mit Ausnahme derjenigen verweigert, die bestimmte militärische Aufträge hatten. Vertreter von Presse und Rundfunk durften natürlich im Rahmen der festgesetzten Quote teilnehmen.

Zu den nicht zugelassenen gehörte der Premierminister. Sein Wunsch, mitzufahren, entsprang zweifellos ebensosehr seiner natürlichen kriegerischen Veranlagung wie dem Umstand, daß er von der Aussicht, ruhig in London sitzen und auf Meldungen warten zu müssen, nicht sonderlich erbaut war. Ich wandte jedoch ein, daß man ihn im Hinblick auf die Gesamtkriegführung nicht persönlich in Gefahr bringen dürfe, und so wies ich sein Ansuchen zurück. Er antwortete sehr richtig, daß ich zwar aufgrund der mir von beiden Regierungen übertragenen Befugnisse den alleinigen Oberbefehl bei den Operationen ausübe, daß diese Befugnisse sich jedoch nicht auf die administrative Aufsicht über die britische Organisation erstreckten. Er sagte: »Da dem so ist, steht es Ihnen nicht zu, lieber General, die genaue Zusammensetzung jeder Schiffsbesatzung in der Flotte Seiner Majestät zu bestimmen, und eben deshalb«, fuhr er verschmitzt fort, »steht es nicht in Ihrer Macht, mich daran zu hindern, wenn ich bona fide als Angehöriger der Besatzung an Bord eines Schiffes gehe.«

Alles das mußte ich reumütig zugestehen, ich wies aber energisch darauf hin, daß er die Bürde, die ich persönlich zu tragen hätte, noch vermehre, wenn er meine Anweisungen in dieser Weise durchkreuze. Während ich mich in dieser Angelegenheit geschlagen geben mußte, kam mir von anderer Seite unerwartet Hilfe. Später erfuhr ich, daß der König von der Absicht des Ministerpräsidenten gehört hatte, und während er zwar davon absah, direkt gegen Churchills Entschluß einzuschreiten, ließ er ihn wissen, daß er, der König, es als seine Pflicht und sein Vorrecht ansehen müsse, an der Spitze seiner Truppen an dem Feldzug teilzunehmen, wenn der Premierminister es für nötig halte, die Expedition mitzumachen. Dadurch bekam die Sache gleich ein anderes Gesicht, und ich habe später nichts mehr davon gehört.

Trotzdem verstand ich den Premierminister vollkommen. Wieder mußte ich die endlose Wartezeit ertragen, die zwischen dem endgültigen Entschluß des Oberkommandos und dem Moment liegt, wo man mit Bestimmtheit sagen kann, ob das Unternehmen erfolgreich verlaufen oder fehlgeschlagen ist. Ich verbrachte die Zeit mit der Besichtigung von Truppen, die an dem Angriff teilnehmen sollten. Am späten Abend des Fünften fuhr ich in das Lager der 101. amerikanischen Luftlandedivision, einer der Einheiten, von deren Teilnahme an dem Unternehmen der Befehlshaber der Luftstreitkräfte so sehr abgeraten hatte. Die Stimmung unter den Männern war sehr gut, viele ermahnten mich treuherzig, ich brauche mir keine Sorgen zu machen, da die »101.« dabei sei und alles bestens erledigt werden würde. Ich blieb bei ihnen, bis etwa um Mitternacht die letzte Maschine gestartet war. Nach einer zweistündigen Rückfahrt in mein Lager brauchte ich nur noch kurze Zeit zu warten, bis die ersten Meldungen eintrafen.

Die erste Meldung kam von den Luftlandeeinheiten, die ich erst ein paar Stunden vorher besichtigt hatte. Sie klang sehr verheißungsvoll. Im Laufe des Morgens wurde es klar, daß die Landung recht gut vonstatten ging. Montgomery fuhr auf einem Zerstörer ab, um sich die Lage am Strand anzusehen und einen Platz für sein vorgeschobenes Hauptquartier zu suchen. Ich versprach, ihn am folgenden Tag zu besuchen.

Die Operation im Raum des Utah-Strandes, die eine Koordination der amphibischen Landung mit der amerikanischen Luftlandeaktion erforderten, wurden zufriedenstellend abgewickelt, und für den äußersten linken Flügel galt das gleiche. Aus den im Laufe des Tages eintreffenden Meldungen ergab sich allerdings, daß es im Omaha-Abschnitt zu äußerst heftigen Kämpfen gekommen war. Dorthin beschloß ich, gleich am nächsten Morgen zu fahren.

Wir fuhren mit einem Zerstörer hinüber und stellten gleich bei unserer Ankunft fest, daß die 1. und die 29. Division den Feind im Angriff gegen den Omaha-Strand schließlich aus seinen Stellungen vertrieben hatten und schnell landeinwärts vordrangen. Vereinzelte Widerstandsnester hielten sich noch, und einige davon belegten unsere Strandabschnitte und die landenden Schiffe mit einem höchst unangenehmen Artilleriefeuer. Ich hatte Gelegenheit, mit General Bradley zu sprechen, der dem Ausgang des Kampfes wie immer unerschütterlich und zuversichtlich entgegensah. Wir hatten eigentlich an der ganzen Front mit einem Widerstand gerechnet, wie er uns am Omaha-Strand entgegengesetzt wurde. Die Deutschen waren überzeugt, daß wir bei dem damals herrschenden Wetter nicht angreifen würden, und deshalb kam ihnen unser Angriff überraschend. Daraus erklärte sich auch bis zu einem gewissen Grad der geringe aktive Widerstand in den meisten Strandabschnitten. Die harten Kämpfe im Omaha-Abschnitt waren teilweise dem Widerstand einer tüchtigen feindlichen Division, der 352., zuzuschreiben, die nach Gefangenenaussagen gerade Gefechts- und Verteidigungsübungen in diesem Raum abgehalten hatte.

Im Laufe des Tages fuhr ich am ganzen Strand entlang und nahm die Gelegenheit wahr, mit den wichtigsten Befehlshabern, darunter auch mit Montgomery, zu sprechen.

Gegen Abend lief unser Zerstörer, während er mit voller Fahrt an der Küste entlangfuhr, auf Grund und wurde so schwer beschädigt, daß wir mit einem anderen Schiff nach Portsmouth zurückfahren mußten.

Die nächsten Tage waren eine gründliche Bewährungsprobe für den Aufmarschplan, der viele Monate lang mit so viel Geduld ausgearbeitet worden war. Im großen und ganzen zeigte er sich den harten Anforderungen äußerst gut gewachsen, doch ergab sich da und dort auf dem Gefechtsfeld eine unvorhergesehene Lage, die geringfügige Änderungen notwendig machte. Dadurch, daß ich mich in Portsmouth aufhielt, ließ sich das schnell und reibungslos erledigen.

## Vor dem Volksgerichtshof *Hanns Lilje*

Am 20. Juli 1944 führte eine Gruppe deutscher Offiziere ein Attentat auf Hitler aus, mit dem Ziel, ihn zu beseitigen und in einem Staatsstreich die Macht in Deutschland zu übernehmen. Der Plan war sichtbarer Ausdruck jener Bewegung, in der sich schon von Kriegsausbruch an Männer und Frauen aus allen Schichten des Volkes und aus den verschiedensten parteipolitischen Richtungen, aus bürgerlichen Kreisen, Offizieren, aus beiden Kirchen, aus der Gewerkschaftsbewegung und der studentischen Jugend zusammengefunden hatten, um im Widerstand gegen das nationalsozialistische Regime den Untergang des deutschen Volkes zu verhindern. Eine offene Opposition war nicht möglich, ließ doch die nationalsozialistische Diktatur nur den Weg der Verschwörung offen. Für die meisten Widerstandskämpfer bedeutete das gerade während des Krieges, der nach außen hin eine Zusammenfassung aller Kräfte erforderte, eine schwere Gewissensbelastung. Trotzdem beschritten sie diesen Weg in der Erkenntnis, nur ein gewaltsames Vorgehen ließe überhaupt noch die Möglichkeit, auch vor der Weltöffentlichkeit zu beweisen, daß nicht das ganze Volk mit den Plänen seiner Führung identifiziert werden dürfe. Sie waren bereit, unter dem Einsatz des Lebens ihre Aufgabe zu erfüllen. Der Putschversuch des 20. Juli schlug fehl. Hitlers Rache aber war furchtbar. Tausende wurden verhaftet und ausgeklügelten Verhören unterworfen. Sie kamen vor einen sogenannten »Volksgerichtshof«, von dem sie unter Mißachtung einfachster Rechtsgrundsätze vielfach zum Tod, in anderen Fällen zu schweren Haftstrafen verurteilt wurden. Der hannoveranische Landesbischof Lilje gehörte zu den wenigen, die mit einer Haftstrafe davonkamen. Sein Bericht gewährt einen Einblick in die makabre Atmosphäre des Volksgerichtshofes und des Verhandlungsverfahrens.

Die Fahrt im grünen, vergitterten Polizeiwagen war geisterhaft. Ich hatte mir unbemerkt den Platz gegenüber der Tür gesichert und konnte auf diese Weise, wenn auch sehr fragmentarisch, die Aussicht genießen. Noch rollte der Apparat des Dritten Reiches im scheinbar unerschütterlichen, furchterregenden Gleichmaß; aber draußen erhaschte das Auge immer größere und grauenvollere Partien jenes Trümmerfeldes, das Berlin hieß. Auch das Haus des Volksgerichtshofes war schwer betroffen. Vernagelte Fenster, beschädigte und mühselig wieder geflickte Innenwände hatten dem höchsten deutschen Gericht Wesentliches von seiner Würde genommen. Um so mehr hatte man sich bemüht, dem Verhandlungsraum den Charakter amtlicher Feierlichkeit zu geben. Aber es war ein kläglicher Versuch. Keine Tribüne für das höchste deutsche Gericht, keine besonderen Zeugenstände (es waren auch keine da), keine besondere Anklagebank (die übrigens auch nicht nötig war, weil praktisch der ganze übrige Raum Anklagebank war!), die »Sachverständigen«, d. h. die Vertreter sämtlicher Nazi-Behörden, und die »Geladenen«, d. h. die befohlenen Zuhörer, Ritterkreuzträger der Wehrmachtsteile, hatten schlicht um uns an den Wänden herum Platz genommen, die wir, von einem wahren Heer von grünen Polizeibeamten behütet, in der Mitte des Saales saßen. Ganz hinten an der Wand waren, schweigend und unauffällig, die Vertreter der Gestapo, die wohl der eigentliche stumme Herr auch dieses Saales war. Aber weder das Bild des Staatsoberhauptes, das als einziges Schmuckstück in einer etwas mittelmäßigen Bildwiedergabe drohend von der Wand blickte, noch die scharlachroten Roben der »Volksrichter« und noch weniger das grelle Licht aus zwei Jupiterlampen, das auf uns gerichtet wurde, sobald wir an den Verhandlungstisch traten, vermochten dem Ganzen einen wirklich feierlichen Glanz zu geben; der Saal wirkte wie das Bundeslokal eines vorstädtischen Kriegervereins. Es war wieder dieser geisterhafte Zug –

das Symbol einer schon langsam zerfallenden politischen Existenzform.

Zunächst wurden wir in einem Vorzimmer zum Warten »abgestellt«. Wieder hatte ich Gelegenheit, mich über jene Brutalität zu wundern, die in der Form der Gedankenlosigkeit auftritt. Die uns hier bewachenden Beamten waren von der Justizverwaltung, einige von ihnen offensichtlich alter Schule; den meisten unter ihnen würde ich wohl, wenn auch nach einigem Nachdenken, das Prädikat »rechtschaffen« nicht verweigern. Aber obwohl neben dem gesamten Bewachungsapparat noch auf jeden Gefangenen 2 (in Worten zwei!) Schutzpolizeibeamte kamen, wurden uns die Fesseln nicht abgenommen; das geschah erst im letzten Augenblick vor dem Betreten des Verhandlungssaales, als es galt, den Anschein der freien Vorführung zu wahren; und da irgendeine Sitzgelegenheit nicht vorhanden war, ließ man uns einfach nach uraltem militärischem Vorbild in Reih und Glied stehen, was einigen aufgeregten Seelen unter den Mitgefangenen, besonders auch einigen Alten und Kränklichen, nur unnötige Erschöpfung verursachte. Statt dessen wurden wohl dreimal unsere Namen aufgerufen; der verlesende Beamte machte, wie es so bei vielen fremden Namen zu gehen pflegt, viel dabei falsch, und da außerdem die dazugehörigen Personen immer wieder verwechselt wurden, war das Ganze ziemlich sinnlos. Es reichte gerade zu einer Demonstration einiger Wesenszüge, die einen bestimmten Beamtentypus immer wieder unerfreulich zieren: sinnloser Formalismus, Gedankenlosigkeit und Mangel an humaner Initiative. Nicht zuletzt Furcht vor dem Nächsthöheren.

Das war in diesem Fall eindeutig die Gestapo. Mir ist es heute so uninteressant wie damals, ob die Gestapo die Urteile schon fertig hatte (daß ihr Einfluß praktisch auf das gleiche hinauskam, ist wohl außer Zweifel); mir war nur bemerkenswert, daß auch die Justiz- und Schutzpolizeibeamten sich ununterbrochen scheu nach den wenigen erkennbaren Vertretern dieser ehrenwerten Firma richteten. Es war wieder diese geisterhafte Umkehrung aller Dinge: Wir, deren Schicksal ja im Grunde schon entschieden war, wenn wir dies Haus betraten, waren im Wesen unabhängiger als jene, und die Sklaven saßen anderswo.

Schließlich ist es soweit.

Wir sitzen, von je zwei Schupos sorgfältig bewacht, die – arme Menschen! – ununterbrochen unseren Rockärmel festhalten müssen, im Saal, die »Sachverständigen« und »Geladenen« haben Platz genommen. Die gegenüberliegende Tür tut sich auf, der ganze Saal erhebt sich, das höchste deutsche Gericht betritt den Verhandlungsraum. Alles, was nicht angeklagt ist, erhebt die Rechte zum »deutschen Gruß«, wir dürfen es nicht!

Es ist sofort klar, daß die bestimmende Gestalt der gefürchtete Freisler ist.

Als er, »die Toga lässig umgehangen«, Platz genommen hat und nun die Verhandlung eröffnet, setzt mich ein unerwarteter Zug in Erstaunen – das völlig unjuristische Pathos. Er spricht nicht mit der zackigen, schneidenden Schärfe des Obernazis, sondern in dem hohlen pastoralen Tonfall eines deutsch-christlichen Superintendenten. Aber ich überwinde diesen unvermuteten Eindruck bald und fasse nun diese Erscheinung schärfer ins Auge. Ich habe den gleichen Eindruck wie bei einigen anderen führenden Männern des Dritten Reiches: ein ursprünglich gutes, beinahe edles Gesicht, mit scharfgeschnittenen, klaren, geistigen Zügen; aber dieses Bild ist gleichsam von innen her zerfallen, die Zeichen eines grauenhaften inneren Verkommens scheinen unverkennbar durch.

Mir ist bekannt, daß ihn die Juristen für sehr befähigt halten und daß auch die Andersdenkenden von seinem juristischen Können mit einer merkwürdigen Achtung sprechen. Auf den ersten Blick ist seine formale Begabung unverkennbar, er erscheint als vorzüglicher Kenner der Akten, der sich zur Stützung seines Gedächtnisses nur eines kleinen Zettels bedient. Aber diese Kenntnis ist nicht echt und offenbar weder durch das Interesse an der Sache noch gar am Menschen diktiert; am nächsten Tag wird er in der mündlichen Begründung meines Urteils nur lauter Sachen sagen, die mit meinem Fall überhaupt nichts zu tun haben. Er verschmäht auch die sehr billigen Effekte nicht; ein älterer Mitangeklagter hat sich in jungen Jahren als Zimmermann einen Schaden am Bein zugezogen, der ihm noch jetzt zu schaffen macht; als er in der Schilderung seines Lebenslaufes an diese Stelle kommt, läßt ihn Freisler in dramatisierter Menschlichkeit sich setzen; aber man spürt deutlich, daß diese Demonstration vorwegbedacht ist. Im übrigen ist er von einer unleidlichen tyrannischen Erregbarkeit, der kleinste Widerspruch reizt ihn zu wahrhaft sultanischen Zornesausbrüchen, und mit seinem ganzen richterlichen Dasein befindet er sich am entgegengesetzten Ende von jener Klarheit und objektiven Überlegenheit, die den Richter zieren. Seine Mitwelt nimmt ihn einfach hin, man fragt vor Beginn der Verhandlungen, wie er geschlafen und gefrühstückt haben mag, und wenn er zürnend ausbricht, schweigt alles im Chor. Der Oberreichsanwalt erscheint gegenüber dieser rächenden Justiz wie der Repräsentant mildernder Menschlichkeit.

Theodor Haubach, der edle Sozialist, hat diese jähzornige Unberechenbarkeit schwer zu spüren bekommen. Im Vertrauen auf die Rechtsordnung hat er das dem Angeklagten zustehende Schlußwort zu ernsthaften Ausführungen über die Hintergründe seiner Tat und Haltung benutzt und damit so sehr den Zorn Freislers hervorgerufen, daß er sofort die Verhandlung neu aufnahm und sie statt mit der schon beantragten Freiheitsstrafe mit dem Todesurteil endete. Nur einmal ist dieser Mentalität wirksamer Widerstand begegnet. Der unvergleichliche Moltke hat, in klarer Erkenntnis des schon beschlossenen Todesurteils, den moralischen Mut zum Angriff auf Freisler und die gesamte Institution besessen; er, der schon verurteilte Angeklagte, hat seinerseits die Hüter der Sicherheit des Dritten Reiches angegriffen, die, wenn der Anschlag auf Hitlers Leben gelungen wäre, heute an seiner Seite stehen würden; und als er, des geschichtlichen Sieges seiner Sache gewiß, mit den Worten des Lutherliedes schloß: »Das Reich muß uns doch bleiben« (was im Munde Helmut von Moltkes nicht nationalistisch gemeint war), da lag für einen Augenblick die Überlegenheit einer ganz anderen Wirklichkeit spürbar über diesem traurigen Raum. Nein, Freisler war weder wahrhaft groß noch wahrhaft bedeutend; es müßte denn eine Naivität sein, zu meinen, einem Juristen müsse die Gerechtigkeit ungefähr ebenso wichtig sein wie einem Theologen die Frömmigkeit und der Glaube. Aber vielleicht verwandelt sich das eine wie das andere, sobald es zur »Profession« wird. Pharisäer und Heuchler gibt es wohl nicht nur auf dem Boden des Glaubens, sondern auch im Nationalen und Juristischen.

Es ist doch wohl keine Übertreibung, wenn ich diesen ganzen Prozeß als eine großangelegte Parodie auf die Gerechtigkeit empfinde. Es ist alles streng geheime Reichssache; meine Frau, die mit gewohnter Tapferkeit und Findigkeit den Verhandlungstermin herausgebracht hat, muß sich von allen beteiligten Stellen (von allen!) bis zuletzt belügen lassen, damit nichts herauskomme, und von einer Teilnahme am Prozeß ist schon gar nicht die Rede. Dafür sind Vertreter aller NS-Organisationen auf der »Sachverständigenbank« anwesend – was tun alle diese pseudogermanischen Jünglinge in diesem Saal, die vor Beginn der Verhandlung unsere Personalien aufnehmen und Fragen an uns richten, als gehörten sie dazu? Da sitzen die Pflichtverteidiger – sonst unbescholtene Männer, gegen die ich, obwohl sie hier nicht viel mehr als unwürdige juristische Statisten sind, keinen Groll hege. Nur bin ich entschlossen, meinem Pflichtverteidiger, einem Schwager Himmlers, im späteren Leben das Honorar für diese Verteidigung, das übrigens nicht sehr hoch sein soll, wieder abzunehmen und einer milden Stiftung zu überweisen, damit dies ungut erworbene Geld nicht sein Gewissen belasten muß. Denn irgendeine wirkungsvolle Tätigkeit hat er nicht entfaltet, und seine milde Prognose, die er mir wenige Minuten vor der Urteilsverkündung zuflüstert, erweist sich als völlig falsch. Aber diese Verteidiger, die ja, wenn sie ihren Beruf und ihre Mannesexistenz ernst nehmen, mehr entwürdigt werden als wir, sind sonst im bescheidenen Rahmen des Möglichen nicht unfreundlich oder unmenschlich; und einer von ihnen, ein Landsmann von mir, versetzt durch eine wohlgezielte Frage, die er zur Rettung des plötzlich sehr gefährdeten Palombini einwirft, Freisler in eine flammende, gefährliche Wut.

Unstreitig die übelsten Erscheinungen im ganzen Saal sind die Laienbeisitzer, offensichtlich bewährte PGs, wohlgenährt und zufrieden, die, von den hier verhandelten Menschenschicksalen unberührt, während der Verhandlungen futtern und sich bescheidene Witze zuflüstern. Es ist nicht angenehm zu denken, daß vielleicht schon in wenigen Wochen diese boshafte Harmlosigkeit ihre irdische Sühne gefunden haben wird.

## Nach dem Atombombenabwurf

*Sadako Moriyama*

Es kann wohl kaum einen erschütternderen Gegensatz geben als die Schilderung des amerikanischen Kriegsberichterstatters William Laurence, der mit einer saloppen Gleichgültigkeit, ohne eine Spur von Mitleid, von dem amerikanischen Atombombenabwurf über Nagasaki berichtet, und die Aussagen der Überlebenden von Nagasaki, wie sie der Arzt Dr. Nagai in einem kleinen Büchlein sammelte. Wille zur Vergeltung auf der einen Seite, geboren aus dem Gefühl, daß dieser Atombombenabwurf zwar das Leben und die Gesundheit Hunderttausender Menschen vernichtete, dafür aber den Amerikanern helfen sollte, den Krieg abzukürzen. Auf der anderen Seite völlige Verzweiflung über eine Katastrophe, die so grauenhaft war, daß die Betroffenen ihr nur fassungslos gegenüberstehen konnten. 36000 Menschen fanden in Sekunden den Tod, 40000 wurden verletzt, und so tückisch war die Wirkung der Bombe, daß viele von ihnen noch Jahre später an den Folgen der Strahlenwirkung dahinsiechten und eines qualvollen Todes starben. Dr. Nagai, einer der Überlebenden, hat über die Folgen des Atombombenabwurfes berichtet und auch weitere Augenzeugenberichte zusammengetragen. Diese erschütternden Zeugnisse stehen stellvertretend für die Not Zehntausender Menschen. Hier berichtet eine junge Assistentin an der medizinischen Fakultät. Ihr war es gelungen, einen Schutzraum zu erreichen, bevor die Bombe losging. Sie war nur bewußtlos, hatte also das unwahrscheinliche Glück, nicht ernsthaft verletzt zu werden.

Es war ein reiner Zufall, daß ich mit dem Leben davonkam. Das Laboratorium, in dem ich arbeitete, wurde zerstört und alle Anwesenden getötet. Ich war jedoch für einige Tage zu Hause geblieben, weil ich mich nicht wohl fühlte. Mein Haus wurde auch zerstört, aber ich hatte es einige Minuten vorher verlassen.

Kurz vorher hatte es Fliegeralarm gegeben, worauf ich mit den übrigen Familienmitgliedern außer meiner jüngeren Schwester Sayoko, meinem Bruder Takeo und unserer kleinen Kusine Ritsuko Miwa in den Keller gegangen war; diese waren von Mutter den Berg hinunter in den Schutzraum auf dem Schulgrundstück geschickt worden. Bei diesen Luftangriffen blieben für den Fall eines Brandes immer einige von uns oben im Haus. Dieses Mal waren wir schon eine ganze Weile im Keller, bis die Entwarnung kam; aber es war kein Angriff. Ich ging wieder hinauf und war schon beinahe wieder eingeschlafen, als Mutter mich bat, hinunterzugehen, um nachzusehen, wie es den Kindern ginge. Sie wäre wohl auch selbst gegangen, mußte aber noch ihre Wäsche fertigmachen und das Mittagessen vorbereiten. Ich stand also auf und ging in den Genkan[1], um meine Schuhe anzuziehen. Akiharu und Yoshiko waren gerade im Begriff, zur Arbeit zu gehen. Ich erinnere mich noch, wie schläfrig mein Bruder war – er hatte bis zwei Uhr morgens für seinen Luftschutztrupp Zigaretten gedreht und wollte diese jetzt unterwegs im Luftschutzhauptquartier abgeben. Meine Schwester Yoshiko ging zur Arbeit in die Fabrik. Sie besuchte die Junshin Höhere Gemeindeschule, war aber wie alle jungen Leute in diesem Alter zur Halbtagsarbeit in die Fabrik verpflichtet worden.

Die beiden blieben noch im Genkan und lachten über irgend etwas, als ich meinen Weg antrat. Ich hörte Papa irgendwo hämmern, er hatte noch etwas zu reparieren.

Unten auf dem Schulhof fand ich einen ganzen Schwarm Kinder beim Libellenfangen – die drei Jungens von Herrn Tagawa, die beiden kleinen Tsujimotos, den kleinen Sohn von Herrn Fujita, dann Sayoko, Takeo, Ritsuko und noch eine ganze Schar von anderen Kindern; sie rannten auf dem Spielplatz umher. Ich war gerade angekommen, als ich über mir ein Flugzeug hörte. Es sah wie ein niedrigfliegendes kleines Flugzeug aus. Ich schrie den Kindern zu: »Schnell in den Luftschutzraum! Beeilt euch! Laßt die Libellen!« und rannte selbst hinein. Ich warf mich mit dem Gesicht nach unten auf eine kleine Strohmatte und hielt mir Augen und Ohren zu.

Ich erinnere mich noch, wie sich die Matte um mich herumwickelte und wie ich im selben Augenblick in die entfernteste Ecke des Raumes geschleudert wurde. Ich verlor sofort das Bewußtsein. Ich habe weder den Blitz gesehen, von dem jedermann spricht, noch ein Geräusch gehört, noch irgendwelche Schmerzen empfunden.

[1] Vorraum eines japanischen Hauses, wo die Eintretenden ihre Schuhe ausziehen.

Ich kam schnell wieder zu mir und hörte als erstes dicht neben mir ein leises Wimmern. Ich langte hinüber und tastete im Dunkeln umher, bis ich auf einen Haufen Schutt stieß, der von der Decke herabgefallen war. In der Hand spürte ich etwas Baumwollstoff, ein Stück von einem Kinderkleid. Ich fing wie wild an zu graben und zog die kleine Ritsuko heraus. Mir fiel ein Stein vom Herzen, als sie zu weinen anfing! Ich wußte nicht, ob die anderen Kinder rechtzeitig hereingekommen waren, und wollte nach ihnen rufen, konnte aber die Zunge nicht bewegen.

Zuerst war Ritsukos Weinen das einzige Geräusch. Dann hörte ich in der Nähe Atemzüge. Ich langte hinüber und fand Sayoko. Sie saß auf der Erde mit unserem kleinen Bruder Takeo auf dem Schoß. Sie wußte, wer er war, und hielt ihn dicht an sich gedrückt. Takeo hielt sich an meinem Ärmel fest. Dann bekam ich einen derartigen Schreck, daß ich dachte, mein Herz würde zerbrechen.

Vom Eingang her kam jetzt etwas Licht. Als ich hinblickte, krochen langsam zwei Wesen herein, die wie große, dicke, häßliche Eidechsen aussahen und krächzende, stöhnende Laute von sich gaben. Andere folgten ihnen nach. Minutenlang war ich gelähmt vor Entsetzen. Dann wurde das Licht etwas heller, so daß ich sehen konnte, es waren menschliche Wesen! – bei lebendigem Leibe durch Feuer oder Hitze enthäutet und die Körper ganz zerquetscht an den Stellen, wo sie gegen etwas Hartes geschleudert worden waren. Es waren die Lehrer, die draußen am Schutzraum gearbeitet hatten.

Nun ließ sich auch noch mehr Stöhnen vernehmen, da die anderen Anwesenden im Luftschutzraum nach und nach wieder zu sich kamen. Die beiden Tachibana-Kinder waren gegen die Decke geschleudert worden und hatten sich schmerzhaft die Köpfe gestoßen. Die Decke war zwei Meter über dem Erdboden. Wie durch ein Wunder hatte ich selbst keinen Kratzer abbekommen.

Ich stand auf und ging hinaus, vorsichtig über die Leute auf der Erde hinwegsteigend. Die Sonne war verschwunden. Es war wie Dämmerung oder wie Zwielicht und kühl. In der Nähe des Schutzraumeingangs lag eine Lehrerin aus der Schule, tot und vollständig nackt. Ihr Körper schien entspannt, ihr Gesicht war friedlich. Ich erinnere mich, daß ich sie anstarrte, als wenn ich träumte. Im Sandkasten lagen vier Kinder – der kleine Junge von Fujitas und der von Nishisawas, die sich ein paar Minuten vorher beim Libellenfangen so vergnügt getummelt hatten; die beiden anderen konnte ich nicht erkennen. Alle waren nackt und enthäutet. Die Haut ihrer Hände war an den Handgelenken abgerissen und hing von den Fingerspitzen dicht hinter den Nägeln wie ein umgedrehter Handschuh herab. In dem trüben Licht glaubte ich, noch viele andere Kinder überall auf dem Hof herumliegen zu sehen.

Der Erdboden war mit allen möglichen Gegenständen bedeckt. Ich weiß nicht, was alles dort lag; andauernd fiel vom Himmel noch mehr herunter, denn die Luft war voll von allem möglichen Zeug.

Das Schulgebäude war schwarz geworden, stand aber noch, nicht eine einzige Glasscheibe in den Fenstern. Ich schaute in eines der Klassenzimmer hinein und sah Papierstückchen wie Tausende von Schmetterlingen herumwirbeln.

Als ich dort stand, schossen plötzlich Flammen aus den Fenstern des Sanitätsraumes der Schule. Ich war ganz alleine da. Niemand kam, das Feuer zu löschen, obwohl im Zimmer nebenan die Luftschutzbefehlsstelle war. Eine Fabrik hatte einige Räume der Schule als Ausweichbüro mit ein paar weiblichen Bürokräften in Benutzung; es kam aber niemand heraus.

Ich eilte zum Luftschutzraum zurück. Beim Hineingehen berührte ich zufällig einige der Männer, die, vor Schmerzen sich windend, im Eingang lagen und laut aufschrien. Sie fühlten sich klebrig an.

Die nächste Stunde traute ich mich nicht aus dem Schutzraum heraus. Sayoko und ich kauerten uns zitternd zusammen und warteten, daß mein Vater oder mein Bruder Akiharu käme und uns herausholte. Während ich aber dort saß, lagen mein Vater, meine Mutter, mein Bruder und meine Schwester im Sterben: fünfzig Meter entfernt!

(Später, als ich schließlich etwas Mut gefaßt hatte und nach Hause ging, fand ich an Stelle des Hauses einen Haufen Asche und verbrannte Trümmer; alle, die darin gewesen waren, waren tot – meine Mutter noch neben dem Brunnen, Akiharu und Yoshiko in der Eingangshalle und mein Vater im Feld hinter dem Haus.)

Und ich hatte einfach im Luftschutzraum gesessen. Die Verletzten begannen sehr bald, nach Wasser zu stöhnen. Es war meine Pflicht, Wasser zu holen, weil niemand von den Anwesenden sonst dazu imstande war. Aber ich wußte nicht, wie es draußen aussah. Ich mußte sehr vorsichtig sein, denn mir war klar, daß ich nicht noch einmal mit heiler Haut davonkommen würde, wenn etwa noch ein zweiter von diesen geheimnisvollen Luftangriffen käme. Als ich das so bedachte, verließ mich der Mut völlig, bis Ritsuko zu jammern anfing. Dann erst konnte ich mich endlich aufraffen, hinauszugehen.

Draußen war es jetzt noch schlimmer als vorher. Der Himmel war, so weit man sehen konnte, mit sich hoch auftürmenden Rauchwolken angefüllt. Das ganze Tal war bis an die Hänge der umgebenden Hügel hinauf dem Erdboden gleichgemacht; die Brände reichten fast bis auf den Kamm der Berge.

Die tote Lehrerin lag noch immer am Eingang des Schutzraumes, aber die vier Kinder in dem Sandkasten bewegten sich, zuckende und zitternde kleine Bewegungen. Ich hatte gedacht, sie wären tot! Jetzt nahm ich einen der vier kleinen Körper nach dem anderen auf und trug sie hinein.

Plötzlich erschien Mataichi Tsujimoto. Seine Luftschutzuniform war zerrissen, den linken Arm trug er in der Schlinge. Ich schrie ihm zu: »Herr Tsujimoto, was ist los!« Als Antwort kam nur ein Stöhnen. Sein Gesicht war leer. Er schien über irgend etwas stark nachzudenken. Ich nehme an, er dachte darüber nach, was er als Luftschutzwart bei solch einem Luftangriff tun sollte. Er dachte so angestrengt nach, daß seine Gedanken ganz weit entfernt waren. Seine Kinder, Isamo und Fujio, waren im Luftschutzraum, nur einen Schritt entfernt von dort, wo wir standen. Aber er versuchte nicht einmal, nachzuschauen.

Ich ließ ihn stehen und ging zum Vordereingang des Schulgebäudes hinüber, wo es einen Wassertank gab. Als ich zurückkam, war er verschwunden.

Ich ging mehrmals nach Wasser und war ungefähr eine Stunde damit beschäftigt, als ich jemanden vom Hügel herunter mich rufen hörte. Es war meine Kusine Fujie Urata. Sie erzählte mir von meiner Familie.

# Die Welt von heute

## Kriegsgefangen *Helmut Gollwitzer*

Seit in der Katastrophe von Stalingrad etwa 300000 Mann kapitulieren mußten, stieg im Osten die Zahl der Kriegsgefangenen sprunghaft an. Im Süden mußte das Afrikakorps mit 250000 Mann am 13. Mai 1943 kapitulieren. Trotz des harten Schicksals der Kriegsgefangenen, konnten sich jene Soldaten noch glücklich schätzen, die in Gewahrsam der Alliierten fielen. Ungleich härter war zumeist das Los der in russische Gefangenschaft Geratenen. Sie wurden in der Regel in Arbeitslagern in Sibirien untergebracht, wo sie unter härtesten Bedingungen fronen mußten. Die Entlassung der deutschen Gefangenen nach Kriegsende erfolgte nur zögernd. Von den Westmächten wurden sie teilweise bis 1948 zurückgehalten. 1950 erklärte die Sowjetunion, sie habe fast zwei Millionen deutscher Kriegsgefangener repatriiert, aber erst Adenauer erlangte bei seinem Besuch in Moskau 1955 nach zähem Ringen die Zusicherung, daß auch die letzten noch in russischer Gefangenschaft befindlichen Deutschen in die Heimat zurückkehren durften. Noch heute ist die Zahl der in der Gefangenschaft Umgekommenen nicht endgültig geklärt.

Jenes Waldlager, in das wir zu unserer ersten Verwendung gebracht worden waren, lag in den riesigen Wäldern, die sich zwischen Brjansk und der Desna erstrecken. Einige hundert Meter abseits von einem weltabgeschiedenen, durch Partisanenkämpfe ganz zerstörten Dorf, dessen Bewohner sich in Erdbunker verkrochen hatten, war es in einem weiten Geviert angelegt und von einem stacheldrahtbewehrten Bretterzaun umgeben worden. Wir hatten es dann ausgebaut. Vier große Mannschaftsbaracken, eine Handwerkerbaracke, eine Schreinerei, eine Schmiede und eine große Küchenbaracke umfaßte es, als wir es wieder verließen. Die Landser nannten es »Vernichtungslager Ramasucha« – etwas übertreibend, weil die Zahl unserer Toten Gott sei Dank geringer war, als es den Umständen nach hätte sein können, und doch nicht ganz mit Unrecht, weil, abgesehen von den wenigen Privilegierten, die dort verbrachten Monate den meisten die letzte Kraft und vielen zeitlebens die Gesundheit gekostet haben. Daß es im Gebiet der großen Dürre lag, die im Sommer 1946 weite Strecken des europäischen Rußlands heimsuchte, hat unsere Lage noch besonders erschwert. Geleitet wurde es auf russischer Seite von einem Stab, der neben dem unteren Personal etwa acht Offiziere, an der Spitze einen Major, umfaßte (ein im System der MWD[1] üblicher großer Personalaufwand für die im Höchstfall 350 Gefangenen, mit denen das Lager belegt war), auf deutscher Seite von einem Lagerführer, dem zwei Kompanieführer und zwei Spieße zur Seite standen. Das Ziel eines jeden MWD-Lagers, nämlich durch die Arbeitsleistung der Gefangenen so viel Gewinn abzuwerfen, daß damit nicht nur die Unterhaltskosten für die Gefangenen und für das russische Personal getragen, sondern auch noch die Kassen der MWD gefüllt werden, hat es nie erreicht; die Waldarbeit, die unsere Hauptbeschäftigung war, ist im sowjetischen Verrechnungssystem zu schlecht bezahlt, und aus den ausgemergelten Gestalten ließ sich nur begrenzte Leistung herauspressen. So wurde es kurz vor Weihnachten 1946 wegen Unrentabilität aufgelöst und die Belegschaft auf andere Lager in der Umgebung verteilt. Ich kam dabei in ein Fabriklager nach Beschitza, das beim Wiederaufbau der dortigen Lokomotivfabrik, der größten der Sowjetunion, die während des Krieges völlig zerstört worden war, eingesetzt wurde. Nach den verschiedensten Tätigkeiten dort, in Sägewerk und Schlosserei, bei Gleisbau und Erdarbeiten, war mein Zustand schließlich dystrophisch genug, um mich zur Abteilung der Arbeitsunfähigen gelangen zu lassen. Dort hatte ich mich erst kurz eines dolce far niente erfreut, als ich in das Lager Krasnogorsk bei Moskau verlegt wurde.

[1] Eigentlich Ministerium für Innere Angelegenheiten; hier die uniformierte Polizei, die diesem Ministerium unterstand. Anm. d. Hrsg.

Als wir das Waldlager bezogen, war es ein weiter Platz, noch nicht völlig ausgerodet, auf dem zwei halbfertige Baracken standen. Als wir es verließen, war es ein komplettes Lager, geschmückt mit Blumenanlagen und Birkenbänken und -tischen, daß es aussah wie ein Gartenrestaurant. Dabei muß man bedenken, daß nur ein sehr geringer Teil der Arbeitskräfte des Lagers von der »produktiven Arbeit« abgezogen und zur Arbeit am Lager verwendet werden durfte, daß also das meiste durch zusätzliche Arbeit der Lagerbelegschaft nach Feierabend und durch Mitarbeit auch der Arbeitsunfähigen (der sog. »O.K.-Leute«) geleistet werden mußte. Ein Satz, in dem fünfmal das Wort »Arbeit« vorkommt. Wir haben dort Reden gehört, in denen es in keinem Satz fehlte: Rabota, rabota – wie das Geleier einer tibetanischen Gebetsmühle. Man kann gewiß nicht sagen, daß in der Sowjetunion ein Arbeitsfanatismus herrscht – eine Krankheit, für die der Deutsche viel anfälliger als der Russe ist –, wohl aber herrscht ein Arbeitsfetischismus, der an Stelle des Fetischismus der Ware im Kapitalismus getreten ist: Die Arbeit ist ein Gott, von dem man sich alles verspricht, dem jeder huldigen muß – aber den man auch zu betrügen und zu hintergehen sucht wie einen Gott: man predigt ihn den anderen, sucht sich selbst aber von den Opfern, zu denen man die anderen ermuntert, zu nähren und die eigene Verpflichtung auf den rituellen Vollzug von Arbeitszeremonien, von Scheinarbeit zu reduzieren. Eine Arbeitsreligion, die ihre von den Opfern gemästeten Priester und ihre geschröpften Gläubigen hat wie nur je eine Religion. Diesmal waren wir deutschen Kriegsgefangenen diejenigen, denen sie gepredigt wurde. Wir hätten nicht Deutsche sein müssen, wenn diese Predigt nicht doch immer wieder, trotz des Hungers, trotz des ständigen Verrechnungsbetrugs, trotz der Teilnahmslosigkeit des Sklaven, auf fruchtbaren Boden gefallen wäre. Was allein die dreihundert Gefangenen in jenem Waldlager unter schwersten Lebensbedingungen in zwei Jahren geleistet haben, ist erstaunlich. Diese Gegend war Partisanengebiet gewesen, die Dörfer vielfach abgebrannt, und die Bevölkerung hatte sich in Erdhütten verkrochen. Nach zwei Jahren war das Dorf neu aufgebaut, eine mehrere Kilometer lange Autobahn aus Bohlen in den Wald gebaut für die Lkws, die die Stämme holten, viele Tausende von Festmetern Holz im Wald geschlagen, verladen, im Sägewerk verarbeitet – eine Leistung, die nur aus dem Zusammenwirken zweier Faktoren erklärlich ist: der immer wieder, gegen alle Vernunft, sich durchsetzenden Arbeitsmoral – und den sowjetischen Methoden des Arbeitszwangs. Sie wissen, wie man aus dem Menschen, auch wenn er nicht will, Arbeit herausholen kann: Man darf ihn nie ganz satt machen und muß ihm mit dem Sattwerden winken – und man muß jede Solidarität der Leidensgefährten, jede »Klassensolidarität« also, genau so, wie es Marx den Kapitalisten nachsagt, aufspalten durch ein System des privaten Anreizes, so daß auch der Schwächste, ohne sich auf seinen Nebenmann zu verlassen, aus sich das Letzte herausholt.

Hundert Mann ziehen in den Wald zum Holzfällen. Sie teilen sich in Brigaden zu je vier Mann und bekommen je Brigade ein Quadrat zugewiesen, das sie im Kahlschlag abzuholzen haben. Schon hier ein erstes Risiko: ist das Stück sumpfig oder trocken, ist es mit Stangenholz bestanden, das viel Arbeit macht und wenig Kubikmeter ergibt, oder mit ein paar gesunden großen Bäumen für hochbezahltes Nutzholz, mit niedrig bewerteten Pappeln oder mit hochbewerteten Eichen? Zwei sägen, einer entästet, einer, der Schwächste, verbrennt das Abfallreisig, und am Schluß stapeln alle miteinander das Brennholz. Unter den hundert sind – ihrem Beruf nach – Waldarbeiter, Bauern, Handwerker, Bankangestellte, Lehrer, Abiturienten, Musiker. Jede Brigade wird einzeln verrechnet und lebt von den Prozenten, die sie verdient: Bleibt sie unter 100 Prozent, so bekommt sie von den täglichen 600 g Brot noch einiges abgezogen, bewegt sie sich knapp um die 100 Prozent, bekommt sie wenigstens die Normalverpflegung, bei der sie aber noch hungert, kommt sie aber über 110 Prozent hinaus, dann hat sie Aussicht, satt, ja schließlich gut satt zu werden. Was Wunder, wenn sich bei so lockendem Ziel diejenigen zusammentun, die sich gegenseitig für tauglich halten, es zu erreichen! So bilden sich ein paar Stoßbrigaden aus Bauern und Holzarbeitern und sonstigen Kraftkerlen. Die letzten beißen die Hunde: Am Schluß stehen dann ein paar Brigaden aus Friseuren und Büromenschen, die noch nie eine Säge mit ihren dünnen Armen bewegt haben und mit ihren zwei linken Händen nicht mit einer Axt umzugehen wissen. Wie sollen sie es je schaffen? Der russische Meister aber erkennt seine Chance: Er wird nun den Stoßbrigaden die besten Quadrate geben, die besten Werkzeuge, die günstigsten Verrechnungen; er wird mit ihrem Beispiel die anderen »moralisch fertigmachen«: »Die können es, also müßt ihr es auch können!« und er wird so durch Ausspielen der einen gegen die anderen aus allen das Letze herausholen. Dabei werden die einen platzen vor Kraft, und die anderen immer mehr abbauen. Am Abend aber in der Baracke sitzen Max, Karl und Paul, die beste Brigade, und wenn die anderen die letzte Kartoffelschale aus der alten Konservenbüchse gekratzt haben, fangen sie erst richtig zu essen an: Zusatzbrot, Prozente-Kascha, ein Stück Prämien-Schinken. Die anderen schauen hohläugig zu und ziehen die Decke über den Kopf. Sollen die drei etwas abgeben? »Mensch, weißt du, wieviel Kubikmeter wir heute geschafft haben? Meinst du, uns schlackern nicht auch die Knie? Sollen wir weniger machen? Damit wir auch k. o. werden? Wir wollen doch gesund nach Hause kommen. Da muß eben jeder für sich selber sorgen!« Ja – es sorgt jeder für sich selbst – und vor einem Jahr lagen sie noch alle miteinander im Graben, haben das letzte Stück Brot geteilt und im Feuer die verwundeten Kameraden nach hinten geschafft. Über der Barackentür hängt groß ein Plakat: »Der Sozialismus ist der Weg zu Frieden und Freiheit!«

Die Regelung war so, daß die MWD, der das Kriegsgefangenenwesen unterstand, die Gefangenen an einzelne »Firmen«, d. h. Betriebe, vermietete, in unserem Fall an das große »Waldkombinat«, das die Auswertung der umliegenden Wälder betrieb und bei dem die ganze Bevölkerung beschäftigt war. Dieses hatte dafür das Lager mit Baumaterial und Lebensmitteln zu beliefern, bzw. auf dem Verrechnungsweg zu ernähren. Daher schwankte unsere Ernährung je nach der Arbeitsleistung, und Ziel mußte sein, die Arbeitsleistung so zu steigern, daß zusätzliche Ernährung ausgeschrieben werden konnte und außerdem der ganze Lagerbetrieb mit all seinen Personal- und Materialkosten sich für die MWD lohnte. Das hing natürlich nicht nur von unserer Leistung ab, sondern ebensosehr von den staatlich festgesetzten Holzpreisen und von den Arbeitsnormen. Die Norm ist das Tages-Soll eines Arbeiters; bis zu 100 Prozent dieses Solls erhält er einen festgesetzten Mindestlohn, bei Übererfüllung steigert sich der Lohn für die über 100 Prozent liegende Leistungsquote sprungweise als »progressiver Leistungslohn«. Der erreichbare Lohn ist dabei von vielen Faktoren abhängig, auf die der Arbeiter keinen Einfluß hat: Wie hoch in seinem Berufszweig gerade die Staatspreise sind, ob seine besonderen Arbeitsbedingungen günstig sind oder nicht (denn die Norm ist natürlich eine Hochleistung, die unter besonders günstigen Bedingungen gemessen wurde), wie es mit seinen eigenen körperlichen Reserven steht und nicht zuletzt, wie er in der Gunst des Meisters steht, der die Ergebnisse abnimmt und »die Prozente schreibt«, da sich dabei die Subjektivität keineswegs ganz ausschließen läßt; denn es kann oft sehr folgenreich für die Auszahlung sein, welche im »Normbuch« (es ist das wichtigste Buch der Sowjetliteratur und enthält in eindrucksvoller Differenzierung Normberechnungen für alle Arbeitsleistungen unter schematischer Beachtung der wechselnden Arbeitsbedingungen) vorgesehenen Arbeitsbedingungen als gegeben angesehen werden und welche nicht – ob also bei Erdarbeiten die Erde schon bzw. noch als gefroren, als steinig oder sandig taxiert wird, wie die Witterungsverhältnisse oder unvorhergesehene Hindernisse angerechnet werden oder nicht. Einem Arbeiter in den westlichen Ländern stehen in diesem Interessenkampf die Gewerkschaft, der Betriebsrat oder andere Institutionen zur Seite; der sowjetische Arbeiter hat niemanden; denn seine Gewerkschaft wird nie gegen das von der Betriebsleitung vertretene Staatsinteresse sprechen; der Kriegsgefangene hatte wenigstens seinen Lagerkommandanten, der selbst daran interessiert war, daß das Lager möglichst hohe Einkünfte hat. So kam es vor, daß wir tagelang arbeitslos im Lager zurückgehalten wurden, weil Kommandant und Firma sich über die Verrechnung nicht einigen konnten. War die Firma aber schlau und verpflichtete sich den Kommandanten durch allerlei Zuwendungen unter der Hand, dann waren auch wir schutzlos.

Im Herbst 1945 zeigten sich die ersten Folgen dieses

Raubbaus am Körper. In der sonntäglichen Sauna sah man Buchenwald-Skelette, Wasserödeme traten auf – eine uns noch ganz unbekannte und bald so wohlbekannte Erscheinung. Erschreckend war mir besonders, wie sich manche Gesichter veränderten, vor allem die von einigen Jüngeren: Aus unbefangenen, glatten Jungengesichtern, aus denen naive und leichtsinnige Augen schauten, die trotz Krieg noch nicht ahnten, wie die Welt und die Menschen sind, wurden hagere, verzerrte Fratzen mit einem von Angst zu Frechheit, von Mißtrauen zu Gier wechselnden Ausdruck, die ihre eigene Mutter nicht wiedererkannt hätte. Das Sterben im Winter war dann trotzdem nicht so verheerend, wie wir gefürchtet hatten. Als im Winter 1946 unser Lager aufgelöst wurde, waren auf dem kleinen Birkenfriedhof im Wald etwa 35 Gräber, also 10 Prozent der Belegschaft – bei unseren schlechten Lebensverhältnissen eine sehr viel günstigere Zahl als in manchen anderen Lagern. Das Erschreckendste bei jedem Todesfall war die Gleichgültigkeit der Kameraden. Es schien, als ob sie nicht nur ihre körperlichen Kräfte ökonomisch rationierten, sondern auch ihre Gefühle. Es reichte gerade zu einem kurzen Bedauern, nicht mehr zu einer spontanen Teilnahme an der Beerdigung, und nach zwei Tagen war der Tote vergessen. Ich habe fast alle die 35 begraben. Wenn einer starb – ach, es war meist ein müdes Verlöschen, ohne jedes Revoltieren des Lebens gegen den Tod –, lag er nackt auf einer Trage in einem leeren Barackenraum. Mit ein paar dazu Befohlenen, die vorher schimpfend nach der Arbeit das Grab in dem zwei Meter tief gefrorenen Boden ausgehoben hatten, holte ich ihn, deckte den froststeifen, mageren Körper mit ein paar Kiefernzweigen zu, der traurige Zug ging, kaum beachtet, kaum gegrüßt, durchs Lager in den Wald. Dort sprach ich am Grab ein paar Worte, Bibelworte gingen wie ein helles Licht auf, ein gemeinsames Vaterunser – dann stieg ich ins Grab, ließ mir den nackten Körper reichen und bettete ihn in die fremde Erde. Auf die Zweige, die ihn verbargen, fiel die Erde, dann stolperten wir stumm in das Lager zurück. Im Sommer 1946 kam der Befehl, jeder Gefangene sei mit weißem, sauberem Unterzeug zu begraben – wir konnten es zuerst kaum glauben und sahen uns wieder als Menschen anerkannt.

schaftlichen und sozialen Ungerechtigkeiten mildert, die gemeinhin Kriege verursachen. Dumbarton Oaks war ein Entwurf von Mächten, die gewohnt sind, ihre Lebensinteressen durch Vertrauen auf die eigene militärische Stärke zu schützen. Es ist bemerkenswert, daß überhaupt ein Entwurf aufgestellt wurde. Was waren die Gründe?

In erster Linie war die Bekanntgabe der eigentlichen Ziele wesentlich, um für die Kriegsanstrengungen eine weitgehende Unterstützung im Volk zu gewinnen. So folgte der Veröffentlichung der Atlantic-Charta am 14. August 1941 die Erklärung der Vereinten Nationen zu Washington am 1. Januar 1942, welche die Atlantic-Charta auf breiter Basis in sich aufnahm und billigte. Auf wichtige Teile der Moskauer Deklaration vom 30. Oktober 1943 kam ich schon zu sprechen. Der Bericht über die Konferenz von Jalta vom 11. Februar 1945 stellte fest, daß die Unterzeichnermächte die möglichst baldige Errichtung einer allgemeinen internationalen Organisation für wesentlich hielten. In Jalta wurde die Schlußentschließung gefaßt, eine Konferenz der Vereinten Nationen auf den 25. April 1945 nach San Franzisko einzuberufen.

Fest steht, daß Präsident Roosevelt und Mr. Churchill sich schon früh über die Wichtigkeit der Tatsache klar waren, daß den Völkern der Welt eine wirkliche Hoffnung gegeben werden müsse, daß der Krieg in Zukunft, nach der Sicherung des Sieges im Zweiten Weltkrieg, vermieden werde. Aber ich glaube, sie hatten einen zweiten, ebenso wichtigen Grund, um schon so bald eine Konferenz der Vereinten Nationen einzuberufen. Hatten sie nicht ein Vorgefühl, daß die Einigkeit mit der Sowjetunion im Krieg, die so langsam erreicht und mit so vielen Schwierigkeiten aufrechterhalten worden war, sich im Frieden nicht als so festgefügt erweisen würde? Fühlten sie sich nicht veranlaßt, ihr Äußerstes zu tun, um die Fundamente einer internationalen Friedensorganisation zu gründen, solange die Bande des Kriegsbündnisses noch fest waren, in der Hoffnung, daß eine in Kriegszeiten erreichte Einigung in Friedenszeiten aufrechterhalten bleiben würde, während es nahezu unmöglich sein würde, nach Kriegsende zu einer Einigung zu kommen?

Dann gab es noch einen dritten Grund: Präsident Roosevelt, eingedenk der Erfahrungen von Präsident

Wilson, hielt es für klug, sich der Zustimmung des Kongresses der Vereinigten Staaten zur Errichtung der Weltorganisation zu versichern, bevor jene inneren politischen Spannungen, die in allen demokratischen Ländern so schnell nach dem Ende eines Krieges wiederzukehren pflegen, eine Einigung über ein so umstrittenes Thema weniger sicher machten. Wie die Dinge lagen, billigte der Kongreß natürlich mit überwältigender Mehrheit die Charta der Vereinten Nationen – und ich möchte dem Beitrag Anerkennung zollen, den für die Sache des Weltfriedens sowohl in San Franzisko als auch später im Kongreß selbst Mitglieder beider Kongreßparteien leisteten, welche diese Frage nach überparteilichen Gesichtspunkten behandelten.

Nach meiner Meinung war die Entscheidung, die Konferenz von San Franzisko vor Kriegsende einzuberufen, weise. Wir müssen uns jedoch klar sein, daß diese Entscheidung starken Einfluß auf den Text der Vorschläge von Dumbarton Oaks sowie auf die Charta selbst hatte.

Ich wende mich nun der Konferenz von San Franzisko zu, um die Haltung ihrer Teilnehmer zu dem Entwurf von Dumbarton Oaks aufzuzeigen. Die Konferenz von San Franzisko war eine unvergeßliche Erfahrung für alle, die das Glück hatten, an ihr teilzunehmen. Wenn es der Charta der Vereinten Nationen nicht gelang, eine Weltorganisation zu errichten, die ein vollendetes Instrument zur Erhaltung des Weltfriedens ist, so war hieran nicht der Mangel an gutem Wollen seitens der meisten vertretenen Länder schuld. Das starke Verantwortungsgefühl, das die Konferenz als Ganzes beseelte, zeigt sich klar in den umfangreichen Verbesserungen zu dem Text von Dumbarton Oaks, welche die Abordnungen einbrachten, in der Güte dieser Verbesserungen, in den hochstehenden Erörterungen, welche diesen Vorschlägen folgten, und in der einstimmigen Annahme aller Entschließungen am Ende der Konferenz.

Die Abordnungen schwankten in der Größe von drei oder vier Köpfen bei einigen sehr kleinen Staaten, bis zu 175 Köpfen bei den Vereinigten Staaten. Offizielle Statistiken ergeben, daß insgesamt 282 Delegierte und 1444 Hilfsdelegierte, Berater, technische Sachverständige und Delegationsmitglieder zugegen waren. Ferner waren Vertreter folgender zwischenstaatlicher Organisationen anwesend: des Völkerbundes, des Ständigen Internationalen Gerichtshofes, des Internationalen Arbeitsamtes, der vorläufigen Kommission der Vereinten Nationen für Ernährung und Ackerbau, der Unterstützungsverwaltung (Relief and Rehabilitation Administration) der Vereinten Nationen und der Panamerikanischen Union.

## Gruppe Ulbricht in Deutschland

*Wolfgang Leonhard*

Schon auf der Konferenz von Jalta war im Februar 1945 die Aufteilung Deutschlands in vier Besatzungszonen und die Abtrennung des Gebietes jenseits der Oder-Neiße-Linie als eine Art fünfter Zone an Polen beschlossen worden. Noch vor Kriegsende schickte die sowjetische Regierung am 30. April 1945 die erste Gruppe deutscher KP-Emigranten von Moskau nach Berlin, damit sie in engster Zusammenarbeit mit der sowjetischen Militäradministration die deutsche Verwaltung in der neuen Besatzungszone wiederaufbauen sollten. Ihr Führer war Walter Ulbricht (geboren 1893 in Leipzig), der 1933 aus Deutschland emigrierte und von 1938 an in Rußland lebte. Während des Krieges war er in der Politischen Abteilung der Roten Armee tätig gewesen und gehörte 1943 zu den Mitbegründern des »Nationalkomitees Freies Deutschland«, in dem führende kommunistische Emigranten aus Deutschland mit kriegsgefangenen Offizieren und Soldaten zusammen ein Propagandainstrument gegen das nationalsozialistische Deutschland und für die Zersetzung des Widerstandswillens der deutschen Truppen geschaffen hatten. Der Bericht über die Ankunft der Gruppe Ulbricht in der Nähe von Berlin stammt von Wolfgang Leonhard, der als junger Mann mit seiner Mutter nach Rußland emigriert war und mit Ulbricht zusammen nach Deutschland zurückgeschickt wurde. Er flüchtete 1949 nach Jugoslawien und lebt heute in der Bundesrepublik. Die Gruppe Ulbricht löste sich nach der Neugründung der Kommunistischen Partei Deutschlands im Juni 1945 auf.

Bruchmühle, eine deutsche Kleinstadt etwa 30 Kilometer östlich von Berlin, befand sich in jenen Tagen in einer ganz besonderen Lage. Hier war der politische Stab der

Armee Marschall Shukows stationiert. Dieser Stab stand unter Leitung von General Galadshijew, zu jener Zeit der Chef der politischen Verwaltung der Armee Marschall Shukows.

Der Ort war von allen anderen Truppen geräumt worden. Die Bevölkerung der kleinen Ortschaft hatte zwar auch die ersten Schrecken des Einmarsches miterleben müssen, befand sich aber nun, zumindest für einige Wochen, in einer bevorzugten Situation. In dem kleinen Städtchen gab es fast keine einfachen Soldaten; häufig sah man dagegen die Offiziere vom Stab Galadshijews, die fast alle deutsch sprachen und ihre Hauptaufgabe darin sahen, einen guten Kontakt mit der Bevölkerung herzustellen. Hier befand sich auch eine Redaktion, in der Flugblätter in deutscher Sprache verfaßt wurden. Vor allem liefen von hier aus die Direktiven der neuen politischen Linie, die nach der öffentlichen Verurteilung Ehrenburgs in der Prawda jetzt von den politischen Funktionären aller Armee-Einheiten durchgeführt werden sollte.

Die nächsten Wochen zeigten mir jedoch, daß die »neue Linie« meist zu spät kam. Den politischen Funktionären General Galadshijews war es fast überall unmöglich, sich gegenüber den seit vielen Jahren mit »Ehrenburg-Propaganda« überschütteten Armeestellen durchzusetzen.

Kurz nach unserer Ankunft wurden wir von den Mitarbeitern General Galadshijews empfangen. Da es inzwischen schon Abend geworden war, beschloß man, die Besprechungen auf den nächsten Tag zu verschieben. Wir wurden in ein neues Haus einquartiert, das vollständig geräumt worden war.

Am nächsten Morgen – es war der 1. Mai 1945, ein schöner Frühlingstag – war ich so froh, wie nie zuvor. Endlich wieder in Deutschland! Noch gab es nichts, was mich bedrückte. Noch wußte ich nichts von all dem, was sich in diesen Tagen und Stunden in Deutschland abspielte. Ich war in Deutschland und gleichzeitig auch nicht. Von Deutschland hatte ich bis zu diesem Morgen nur schöne Straßen, schmucke Häuser und befreite Ausländer und eine gastfreundliche Kommandantur gesehen. Sonst nichts.

Gleich am Morgen wurden wir zusammengerufen. Ein Offizier händigte jedem ein Schreiben aus. Schon der erste Blick überzeugte mich, daß es ein gewichtiges und wertvolles Dokument war. Unterzeichnet vom Chef der politischen Verwaltung der Armee Shukows, General Galadshijew, besagte es, daß Wolfgang Leonhard in den von den Armeen der I. Bjelorussischen Front[1] besetzten Gebieten für die politische Hauptverwaltung tätig ist.

Dann wurden wir in das Offizierskasino der politischen Hauptverwaltung eingeladen. Auf den uns ausgehändigten Talons erkannte ich, daß wir die Verpflegung eines Sowjetmajors erhielten. Gleichzeitig bekam jeder von uns ein großes Paket mit Zigaretten, und ein Offizier stellte sich freundlich als Beauftragter des politischen Stabes für die Erfüllung unserer praktischen Wünsche vor. »Genosse Ulbricht ist nach einer gestrigen Abendbesprechung mit General Galadshijew bereits heute früh nach Berlin gefahren und wird erst gegen Abend zurückkehren. Einige der engsten Mitarbeiter von General Galadshijew möchten sich jedoch gerne noch mit Ihnen unterhalten und würden sich freuen, Sie heute um 4 Uhr sprechen zu können«, wurde uns gesagt.

So blieb uns der Vormittag zur freien Verfügung. Vom Frühstück zurückkommend, ging ich in mein neues Zimmer. Kurz darauf klopfte es. Schüchtern und etwas verängstigt trat eine ungefähr 30jährige Frau ein.

»Ich soll hier alles sauber und in Ordnung halten. Darf ich jetzt bei Ihnen aufräumen?« fragte sie.

»Recht schönen Dank, aber das ist wirklich nicht nötig. Ich bin gewohnt, alles allein zu machen.«

Als sie hörte, daß ich fließend deutsch sprach, schaute sie mich erstaunt an.

»Setzen Sie sich doch ein wenig, ruhen Sie sich aus«, lud ich sie ein, in der Hoffnung, nun endlich in ein Gespräch mit einer »richtigen Deutschen« zu kommen.

Sie schien nicht zu begreifen, was in der Welt vor sich ging. Da kommen Deutsche plötzlich in Autos an, werden von sowjetischen Offizieren freundlich empfangen und im sowjetischen Offizierssaal verpflegt und wohnen in einem von der Sowjetarmee requirierten Haus. Mein Angebot schien sie erschreckt zu haben. Überhaupt machte sie einen verängstigten Eindruck und verließ sofort mein

[1] Dies war die offizielle Bezeichnung für die unter dem Oberkommando Marschall Shukows stehenden Armeen.

Zimmer. Unwillkürlich erinnerte sie mich an die Menschen in Moskau zur Zeit der Säuberung von 1936 bis 1938.

Ich begriff nicht ganz. »Warum ist sie so verängstigt? Der Krieg ist bald zu Ende, und die schweren Zeiten sind vorbei. Sie müßte sich doch freuen«, dachte ich. Von Plünderungen, Vergewaltigungen und anderen Dingen hatte ich noch nichts gehört.

An diesem ersten Vormittag in Deutschland ging ich mit Hans Mahle und Fritz Erpenbeck spazieren. Leider trafen wir fast ausschließlich sowjetische Offiziere. Plötzlich entdeckten wir jedoch unsere »Haushälterin« wieder, und diesmal gelang es uns, ins Gespräch zu kommen. Bald waren wir schon bei den Fragen angelangt, die uns alle so brennend interessierten: die Nazis, der Krieg, das Kriegsende, die gegenwärtige Lage, die Russen und die Zukunft.

Von den Nazis und dem Krieg schien sie nichts zu halten. Sie war froh, erklärte sie, daß nun bald Frieden sein würde.

»Bloß, Sie müssen doch wissen, schließlich«, sie begann etwas zu stocken, »haben wir ja in den letzten Wochen sehr viel Schreckliches durchgemacht ...«

»Was haben denn die Nazis hier getan?« fragte einer von uns.

»Aber ... ich meine jetzt gar nicht die Nazis ... Sie müssen sich vorstellen, als die Russen hier einzogen ...«

Dann begann ihre Schilderung. Schilderungen, wie ich sie in den nächsten Tagen und Wochen zu Dutzenden und Hunderten in allen Variationen und Abwandlungen immer und immer wieder hören sollte.

Inzwischen waren auch Maron und Winzer hinzugekommen, da offensichtlich auch sie auf der Suche nach »richtigen Deutschen« waren.

Sie fuhr mit ihrer Schilderung fort, und als sie von Vergewaltigungen zu sprechen begann, lief es mir kalt über den Rücken. Sollten wirklich solche Fälle vorgekommen sein? Ich war erschüttert, glaubte aber fest daran, daß es sich um eine bedauerliche Einzelerscheinung gehandelt haben müsse.

Beim Rückweg zum Mittagessen diskutierten wir über ihre Schilderung. Die Meinungen waren unterschiedlich. »Reine Nazi-Propaganda. Sie ist bestimmt eine aktive

Faschistin, wahrscheinlich gehört sie sogar der Nazi-Untergrundbewegung an«, meinte einer von unseren Hundertfünfzigprozentigen. »Vielleicht ist sie nicht eine aktive Faschistin, sondern einfach eine dumme Hausfrau, die der faschistischen Greuelpropaganda erlegen ist«, schwächte ein anderer von unserer Gruppe ab. Mich stimmte das Gespräch sehr nachdenklich. Ich glaubte ihr und hatte mich innerlich damit abgefunden, daß sie tatsächlich die Wahrheit gesprochen hatte. Es ist immerhin möglich, so versuchte ich mich zu beruhigen, daß nach all den Erlebnissen dieses grauenvollen Krieges einzelne Rotarmisten in einzelnen Truppenteilen sich so benommen haben.

Am Nachmittag waren wir bei einigen hohen Offizieren der politischen Hauptverwaltung eingeladen. Das Gespräch bewegte sich auf einer hohen politischen Ebene. Die politischen Offiziere waren zweifellos in Moskau für ihre Aufgabe sorgfältig ausgebildet worden. Sie kannten die deutsche Geschichte besser als viele Deutsche. Vor allem waren sie über die jüngste Vergangenheit genau unterrichtet: über die Parteien der Weimarer Republik, die Zusammensetzung der Parlamente, die Fraktionsstärke der Parteien, die Wahlergebnisse seit 1918 und, natürlich, die Geschichte der KPD. Aber kannten sie die jetzige Stimmung der Deutschen? Wußten sie, wie die deutsche Bevölkerung dachte und fühlte? Ich weiß es nicht – denn davon wurde in unserer stundenlangen Unterhaltung nicht gesprochen. Wir sprachen über die Politik der Partei in der Vergangenheit, über die Brüsseler und Berner Konferenz der KPD, über das Nationalkomitee und – vor allem – über die Notwendigkeit, die »bürgerlich-demokratische Revolution von 1848 zu vollenden«, und die voraussichtliche zukünftige Entwicklung Deutschlands.

Mir kam jedoch der Gedanke, daß unsere Diskussionen sich oft im luftleeren Raum bewegten und mit der Wirklichkeit nur wenig oder gar nichts zu tun hatten.

Abends kam Ulbricht zurück. Er hatte den ganzen Tag in Berlin verbracht, aber er erzählte nur wenig. »Ihr werdet es ja selbst sehen«, meinte er.

Als wir anschließend zusammensaßen, erklärte Ulbricht uns endlich unser Vorhaben: »Es wird unsere Aufgabe sein, die deutschen Selbstverwaltungsorgane in Berlin aufzubauen. Wir werden in die verschiedenen Berliner Bezirke fahren und dort aus den antifaschistisch-demokratischen Kräften jene heraussuchen, die sich für den Aufbau der neuen deutschen Verwaltung eignen. Es wird das beste sein, wenn wir uns verteilen und jeder einen bestimmten Berliner Bezirk übernimmt. Abends werden wir dann zusammenkommen, wobei jeder über seinen Bezirk Bericht erstattet.«

»Wann sollen wir mit dieser Arbeit beginnen?«

»Morgen«, antwortete Ulbricht kurz und knapp.

Morgen – das war der 2. Mai 1945.

An diesem Tag kapitulierte die Wehrmacht in Berlin.

Am gleichen Tag begann die Tätigkeit der »Gruppe Ulbricht«.

Am Morgen des 2. Mai fuhr eine Kolonne von Personenwagen aus Bruchmühle über Kaulsdorf, Biesdorf und Friedrichsfelde in das Stadtzentrum Berlins. Darin saßen die Mitglieder der »Gruppe Ulbricht« und einige sowjetische Politoffiziere des Stabes von General Galadshijew.

Langsam bahnten sich unsere Wagen den Weg durch Friedrichsfelde in Richtung Lichtenberg. Es war ein infernalisches Bild. Brände, Trümmer, umherirrende hungrige Menschen in zerfetzten Kleidern. Ratlose deutsche Soldaten, die nicht mehr zu begreifen schienen, was vor sich ging. Singende, jubelnde und oft auch betrunkene Rotarmisten. Gruppen von Frauen, die unter Aufsicht von Rotarmisten Aufräumungsarbeiten leisteten. Lange Reihen von Menschen, die geduldig vor Pumpen standen, um einen Eimer Wasser zu erhalten. Alle sahen schrecklich müde, hungrig, abgespannt und zerfetzt aus. Es war ein sehr starker Kontrast zu dem, was ich in den kleineren Ortschaften östlich Berlins gesehen hatte. Viele Menschen trugen weiße Armbinden als Zeichen der Kapitulation oder rote als Begrüßung für die Rote Armee. Es gab auch einige, die besonders vorsichtig waren: sie hatten am Arm sowohl eine weiße als auch eine rote Binde. Aus den Fenstern wehten gleichermaßen die weißen Fahnen der Kapitulation oder rote, denen man ansah, daß sie kurz zuvor aus Hakenkreuzfahnen entstanden waren.

Unsere Begleitoffiziere wiesen uns den Weg zur Kommandantur von Lichtenberg, die sich in den ersten Tagen in einem Mietshaus befand. Eine kurze Begrüßung. Der

Kommandant hatte alle Hände voll zu tun. Offiziere kamen und gingen und berichteten kurz und knapp, im Telegrammstil, was sich im Bezirk abspielte. Als wir ins Zimmer traten, war da gerade ein sowjetischer Offizier, der wütend und empört über das Benehmen sowjetischer Soldaten schimpfte. So hörte ich die erste Klage über das Verhalten der Rotarmisten in Berlin – von sowjetischer Seite.

Der Kommandant war über die »Gruppe Ulbricht« schon im Bilde und sichtlich erfreut, Hilfe für den Aufbau der deutschen Verwaltung zu finden.

»Eine deutsche Verwaltung? Nein, die haben wir noch nicht. Aber wir möchten Sie bitten, morgen oder übermorgen zu kommen, um uns bei ihrer Zusammenstellung zu helfen.«

Ulbricht sagte zu.

Kurz darauf fuhren wir weiter. Ulbricht bestimmte, daß jeweils zwei Mitglieder unserer Gruppe zusammenarbeiten sollten. Sie fuhren ab nach Kreuzberg, Treptow, Tempelhof und anderen Bezirken. Nur ich blieb zurück. »Wohin soll ich denn fahren?«

»Du bleibst bei mir, wir fahren nach Neukölln«, sagte Ulbricht.

Eine halbe Stunde später hielten wir vor einem großen Gebäude. Ruhig und gelassen stieg Ulbricht die Treppen hinauf, so, als ob es ganz selbstverständlich wäre, nach zwölfjähriger Abwesenheit am 2. Mai 1945 die erste deutsche Verwaltung zu besuchen. Ich hatte diese Sicherheit nicht. Von der ganzen Neuköllner Verwaltung war nur einer anwesend. »Pagel«, stellte er sich vor und berichtete kurz, was bisher getan worden war. Die neuen deutschen Verwaltungsorgane befanden sich in einer verzweifelten Situation. Es ging um Krankenhäuser und Wasser, um Licht und Kohle, um Straßenaufräumungsarbeiten und um Bescheinigungen, »Propuske«, vor allem aber immer wieder um eins: um Lebensmittel für die hungernden Berliner.

Ulbricht und ich machten uns Notizen. Nach einer halben Stunde ging das Gespräch langsam auf politische Themen über. Jetzt wurde Pagel hellhörig. »Entschuldigen Sie bitte, wer sind Sie eigentlich?«

»Walter Ulbricht, ehemaliger Reichstagsabgeordneter

der Weimarer Republik, gegenwärtig am Aufbau der Berliner Verwaltung tätig.«

Pagel, der sich als Sozialdemokrat vorstellte, zeigte uns eine Liste von Neuköllner Antifaschisten, Sozialdemokraten und Kommunisten, die schon zur Unterstützung der Verwaltung herangezogen wurden.

»Das wird Sie wahrscheinlich interessieren – hier ist eine Aufstellung der aktivsten Kommunisten Neuköllns«, sagte Pagel und gab Ulbricht die Liste. Ulbricht schaute sie nur ganz flüchtig an und meinte lässig: »Nein, ich interessiere mich nur für die Verwaltung.« Wir verabschiedeten uns freundlich.

Der Wagen fuhr ab. Ulbricht hatte eine Adresse genannt.

»Wohin geht's denn jetzt?«

Ulbricht grinste. »Na, zu den Genossen natürlich. Ich habe mir doch schnell zwei Adressen aus der Liste gemerkt.«

Ich staunte – auf diesem Gebiet war ich wirklich noch Laie.

Während der kurzen Fahrt versuchte ich mir auszumalen, wie wohl Kommunisten auftreten würden, die hier in Deutschland jahrelang illegal gearbeitet hatten. Über ihren Kampf wußte ich nur aus antifaschistischen Romanen und aus den Berichten der Genossen. Nun konnte ich den Augenblick kaum erwarten, mit »richtigen deutschen Genossen« zusammenzukommen.

## Die Konferenz von Potsdam *James F. Byrnes*

Die letzte in der Serie der großen Konferenzen, zu denen sich während des Krieges mehrfach die Staatschefs der Vereinigten Staaten, Englands und der Sowjetunion getroffen hatten, um die gemeinsamen Maßnahmen zu besprechen, fand unmittelbar nach Kriegsende in Potsdam statt. Hier wurden vom 7. Juli bis 2. August 1945 die technischen Einzelheiten des Besatzungsregimes festgelegt. Gleichzeitig wurden die Reparationsleistungen für die folgenden zwei Jahre bestimmt. Am folgenschwersten aber dürfte der Entschluß gewesen sein, die deutsche Bevölkerung aus Polen, der Tschechoslowakei und Ungarn in »geregelter und humaner Form« aus ihren bisherigen Wohngebieten nach

Deutschland auszusiedeln. Da die Polen diesen Beschluß eigenmächtig auch auf die unter ihrer Verwaltung stehenden deutschen Ostgebiete ausdehnten, wurden insgesamt etwa 11 Millionen Deutsche aus ihrer Heimat vertrieben. An der Konferenz nahmen zu Beginn der neue Präsident der Vereinigten Staaten, Truman, Stalin und Churchill teil. Bei den britischen Parlamentswahlen, die gerade in die Zeit der Konferenz fielen, siegte aber die Arbeiterpartei über die Konservativen, und Churchill wurde von Attlee als Ministerpräsident abgelöst. Von den »Großen Drei« der Konferenz von Teheran – Roosevelt, Churchill, Stalin – war somit nur noch Stalin geblieben.

Am 25. Juli vertagte sich die Konferenz, weil die Ergebnisse der vor einigen Wochen abgehaltenen britischen Wahlen am folgenden Tag ausgerechnet werden sollten. Churchill hatte den Führer der Opposition, Clement R. Attlee, zur Konferenz mitgebracht, damit nicht etwa durch den Ausgang der Wahlen ein Wechsel in der britischen Vertretung nötig werde.

Am Tag bevor die beiden Briten nach Hause reisten, um die Wahlergebnisse zur Kenntnis zu nehmen, fragte ich Churchill, was er von seinen Aussichten halte, im Amt zu bleiben. Er habe keine Ahnung von dem Ergebnis, sagte er, aber die Leute, die behaupteten, etwas von Wahlen zu verstehen, hätten darauf gewettet, daß die Konservative Partei eine ansehnliche Mehrheit der Sitze im Unterhaus behalten werde. Er fühlte sich sehr siegessicher. Und Attlee machte auf mich den Eindruck, als ob er erwarte, daß seine Partei zwar gut abschneiden, aber besiegt werden würde.

Seit Wochen schon waren die Stimmen in England und von den Streitkräften in Übersee abgegeben worden; aber vor lauter Auseinandersetzungen über die Durchführung der Wahlen in den befreiten Gebieten hatten diese beiden Politiker überhaupt nichts von dem Erdrutsch bemerkt, der die Arbeiterpartei zur Macht brachte. So waren wir alle, die wir mit ihnen über die Wahlen gesprochen hatten, durch das Ergebnis überrascht.

Als der neue Premierminister nach Potsdam zurückkam, brachte er Ernest Bevin als Nachfolger von Anthony Eden mit. Als Persönlichkeiten sind Attlee und Bevin von Churchill und Eden so verschieden, wie Menschen nur verschieden sein können. Attlees Aussehen und erst recht seine Art erwecken den Eindruck eines Universitätsprofessors. Er hat keinen Ehrgeiz als Redner, aber er trägt seine Gedanken klar und behutsam vor. Er ist außerordentlich bescheiden; in ihm ist nichts von einem Schauspieler; es ist schwer, von diesem ernsten, gewichtigen Mann, der eine starke Wirkung auf die Massen ausübt, ein zutreffendes Bild zu geben.

Bald nach ihrer Ankunft besuchten Attlee und Bevin den Präsidenten, und wir vier besprachen die Arbeit der Konferenz. Der Präsident erwähnte die sowjetische Forderung auf Ostpreußen und zeigte auf einer Landkarte, wie sich die Grenzen Deutschlands, Polens und der Sowjetunion dadurch änderten. Bevin äußerte seinen Widerstand gegen diese Grenzen unverzüglich und nachdrücklich. Seine Art war so aggressiv, daß der Präsident und ich gespannt waren, wie wir mit diesem neuen Außenminister auskommen würden. Einige Zeit später erzählte ich Bevin von dem Eindruck, den er bei unserer ersten Zusammenkunft auf uns gemacht hatte, und fügte hinzu, daß wir seine Geradheit und Offenheit bald schätzengelernt hätten. Meine Bemerkung erheiterte ihn sichtlich. Und es dauerte auch nicht lange, bis ich seinen scharfen Geist, seine Aufrichtigkeit, seine Geradheit und die Gewissenhaftigkeit außerordentlich schätzenlernte, mit der er sich an jedes Versprechen hielt. Ich habe nicht nur alle Hochachtung vor seinen Fähigkeiten, ich schätze ihn auch aufrichtig als Menschen.

Nach der Ablösung Churchills und Edens durch Attlee und Bevin änderte sich, soviel wir sahen, nicht das geringste am britischen Standpunkt gegenüber den Problemen der Konferenz. Diese Stetigkeit der britischen Außenpolitik machte mir Eindruck.

Später belehrte mich ein kleiner Vorfall in London darüber, daß ich mit dieser Empfindung nicht allein stand. Auf der Sitzung der Generalversammlung der Vereinten Nationen hielt Bevin eine bedeutsame Rede über die britische Außenpolitik. Eine Engländerin, welche den Gang der Außenpolitik genau verfolgt und natürlich bemerkt hatte, wie sehr sich Ernest Bevin mit seinen 225 Pfund gegen Anthony Edens große und schlanke Figur abhob, saß mit einem amerikanischen Freund auf der Galerie und lauschte den Worten Bevins. Im Verlauf der Rede wandte sie sich zu ihrem Begleiter mit der Bemerkung: »Anthony Eden spricht gut, aber er scheint ein wenig dick geworden zu sein.«

Nachdem die neuen Führer der britischen Politik eingetroffen waren, trat die Konferenz wieder zusammen, und wir machten uns ernstlich an die schwierigste Frage, die vor uns lag: Deutschland.

Als wir nach Potsdam gekommen waren, sahen wir uns hinsichtlich der polnisch-deutschen Grenze einer vollendeten Tatsache gegenüber. Schon vor Jalta waren die drei Mächte übereingekommen, Deutschland in vier Besatzungszonen aufzuteilen, und im sechsten Abschnitt des Protokolls von Jalta erklärten sie ausdrücklich, daß die endgültige Festlegung der Westgrenze Polens der Friedenskonferenz vorbehalten bleiben solle. Obwohl das Protokoll keine Mißverständnisse zuzulassen schien, erfuhren wir vor unserer Abreise nach Deutschland, daß die Sowjets das ganze deutsche Gebiet östlich der Neiße polnischer Verwaltung unterstellt hatten, ohne sich vorher mit Großbritannien oder den Vereinigten Staaten ins Benehmen gesetzt zu haben.

Die Sowjets hatten damit praktisch eine weitere Zone errichtet; sowohl Präsident Truman wie Premierminister Churchill baten sofort um eine Erklärung dieser einseitigen Handlungsweise. Ein solches Verfahren, sagte der Präsident, widerspreche nicht nur der getroffenen Vereinbarung, es werde auch die Lösung anderer Probleme, zum Beispiel der Reparationsfrage, sehr erschweren.

Die Sowjets rechtfertigten sich, indem sie sagten, die Deutschen seien vor den russischen Truppen geflohen; da das Gebiet verwaltet werden müßte, hätten sie Polen gestattet, die Verwaltung zu übernehmen. Generalissimus Stalin gab zu, daß keiner der Mächte das Recht zustand, eine neue Zone zu errichten, meinte aber, daß die Sowjetregierung für geordnete Verhältnisse im Rücken der Roten Armee sorgen müsse. Dann gab er weiter zu, daß Polen tatsächlich aus diesem Gebiet große Mengen Kohle abtransportiere, von denen wir verlangten, daß sie als Teil der Reparationszahlungen betrachtet würden.

Der Präsident fragte, wie man jemals die Reparationsfrage regeln könne, »wenn ein Teil des deutschen Gebietes schon vergeben ist, bevor wir uns geeinigt haben, was überhaupt als Reparation gelten soll«. Stalin bemerkte, alles, was der Präsident sage, berühre nicht den Kern der Sache, da »auf der Krimkonferenz keine Gebietsregelungen getroffen worden sind, abgesehen von dem Plan, Polen einen Gebietszuwachs zuzubilligen«.

»Die Frage der Westgrenze ist offen«, sagte Stalin, »und die Sowjetunion ist nicht gebunden.«

Der Präsident wiederholte: »Sie ist nicht gebunden?«

»Nein«, bestätigte Stalin.

Wir waren auch wegen der gewaltigen Bevölkerungsverschiebung besorgt, die eine Folge des sowjetischen Vorgehens war. Obwohl Stalin behauptete, kein einziger Deutscher sei noch »in dem Gebiet, das Polen erhalten solle« (einem Gebiet, in dem vor dem Krieg neun Millionen Deutsche gewohnt hatten), wußten wir, daß mindestens zwei Millionen Deutsche dort geblieben waren. Später gaben Vertreter der polnischen Regierung zu, daß sich noch annähernd eineinhalb Millionen Deutsche in dem Gebiet befanden, meinten aber, viele von ihnen würden freiwillig gehen, wenn es Polen zugesprochen würde.

Der polnische Präsident Bierut verteidigte den Anspruch seines Landes auf Ostdeutschland in einer Zusammenkunft der Außenminister am 24. Juli. Er wies darauf hin, daß Polen mit dem ganzen Gebiet, das es beanspruchte, doch noch kleiner sein würde, als es vor dem Krieg war, weil nach dem Krimbeschluß 180000 Quadratkilometer im Osten an Rußland abgegeben würden. Er behauptete jedoch, durch die Eingliederung Ostdeutschlands würde Polen eine gesündere Wirtschaft und eine einheitlichere Bevölkerung erhalten.

Churchill hatte darauf hingewiesen, daß dieser von der Sowjetunion unterstützte Plan die deutsche Ackerfläche innerhalb der Grenzen von 1937 beinahe um ein Viertel verringern würde. Nicht nur die deutsche Nahrungsmittelversorgung würde beschnitten werden, betonte er, sondern mehr als eine Million Deutsche würden in die westlichen Zonen getrieben werden, »die ihre hungrigen Münder mitbringen. Und sie alle wollen versorgt sein.«

Während der Diskussion darüber, ob die polnischen Ansprüche berechtigt seien oder ob man die polnische Verwaltung des Gebietes für die Dauer der Besetzung anerkennen solle, wies der Präsident immer wieder darauf hin, daß vor einer Friedenskonferenz keine Gebietsabtretungen vorgenommen werden könnten. Darüber hinaus vermieden wir es sorgfältig, uns für die deutschen Friedensverhandlungen auf irgendeine bestimmte Linie als polnische Westgrenze festzulegen.

Daß wir es bewußt vermieden haben, in der Frage der polnischen Grenze eine Zusage zu geben, geht auch daraus hervor, daß wir im Protokoll über die Abtretung der Stadt Königsberg an die Sowjetunion ausdrücklich eine solche Zusage machten: »Der Präsident der Vereinigten Staaten und der britische Premierminister haben erklärt, daß sie den Vorschlag dieser Konferenz bei den bevorstehenden Friedensverhandlungen unterstützen wollen.«

Um Polen und der Sowjetunion jeden Vorwand für die Behauptung zu nehmen, daß eine Linie festgelegt oder ein Versprechen zur Unterstützung einer bestimmten Linie gegeben worden sei, sagte das Berliner Protokoll: »Die drei Regierungschefs bestätigten ihre Ansicht, daß die endgültige Festlegung der polnischen Westgrenze der Friedenskonferenz vorbehalten bleiben soll.«

Angesichts dieser geschichtlichen Tatsachen kann man kaum einem Menschen guten Glauben zubilligen, der behauptet, die polnische Westgrenze sei auf dieser Konferenz festgelegt oder eine Zusage sei gegeben worden, sie in einer bestimmten Weise festzulegen.

Wir hatten jedoch von Anfang an eingesehen, daß wir uns im Augenblick mit der polnischen Verwaltung dieses Teils der Sowjetzone abfinden mußten. Wir standen vor einer vollendeten Tatsache und konnten die Russen nicht zwingen, die Verpflichtungen wieder zu übernehmen, die sie freiwillig abgegeben hatten. Als wir dann das Reparationsproblem in Angriff nahmen, hatten wir uns aber nicht einmal über eine zeitweilige Verwaltung geeinigt.

## Das erste Veto im Sicherheitsrat *Trygve Lie*

Die »Vereinten Nationen« bilden eine Vollversammlung, in der jedes Mitglied eine Stimme hat und die ihre Empfehlungen bei wichtigen Fragen mit zwei Drittel Mehrheit beschließen muß. Daneben gibt es noch den sogenannten Sicherheitsrat

(Security Council), dem als ständige Mitglieder die fünf großen Mächte der Kriegskoalition (Amerika, Rußland, England, Frankreich, Nationalchina) und weitere sechs von der Vollversammlung jeweils auf zwei Jahre gewählte Nationen angehören. Seine Aufgabe besteht in Beschluß und Durchführung praktischer Maßnahmen bei der Gefährdung des Weltfriedens. So kann der Sicherheitsrat gegen Friedensbrecher nicht nur wirtschaftliche Sanktionen, sondern auch den Einsatz von Streitkräften der Mitgliedstaaten anordnen. So groß einerseits seine Machtbefugnisse sind, so beschränkt ist er doch in seiner praktischen Wirksamkeit, da Beschlüsse nur mit Zustimmung aller fünf ständigen Ratsmitglieder gefaßt werden können. Dieses sogenannte »Vetorecht«, das vor allem von der Sowjetunion ausgenutzt wurde, behinderte die Arbeit des Sicherheitsrates. Wenn die UNO trotzdem in zahlreichen Konflikten ausgleichend wirken konnte, so ist das nicht zuletzt das Verdienst ihrer Generalsekretäre. Der erste, der Norweger Trygve Lie, berichtet in seinen Erinnerungen auch von den Schwierigkeiten im Weltsicherheitsrat.

Der Rat hatte seine erste Sitzung, eine rein formelle Angelegenheit, am 17. Januar gehalten, und man hegte nicht überall die Erwartung, daß er in London sonst noch viel fertigbringen werde. Da aber drängten die harten Realitäten der Weltpolitik herein. Leichte Windstöße, die künftige Stürme warnend ankündigten, fegten durch die Tür des neuerbauten Hauses des Friedens, noch bevor die Arbeiter ganz fertig waren. Der erste Windstoß kam aus dem Iran. Dieses altehrwürdige Reich an der Straße nach Indien war ein jahrhundertelang strittiges Gebiet zwischen den Einflußsphären des britischen Empires und des über seine Grenzen drängenden russischen Reiches. Die russische Revolution änderte daran auf lange Sicht nichts. Der Iran hielt weiterhin recht unsicher seine Integrität und Unabhängigkeit dadurch aufrecht, daß er zwischen dem vorherrschenden britischen Einfluß im Süden des Landes – mit der riesigen Ölraffinerie von Abadan – und dem vorherrschend russischen Einfluß in den nördlichen Provinzen auszugleichen versuchte.

Nachdem die Sowjetunion und die Vereinigten Staaten in den Zweiten Weltkrieg eingetreten waren, erhielt der Iran für die Sache der Alliierten neue Bedeutung als der einzige mögliche Landweg, auf dem amerikanischer und britischer militärischer Nachschub die Sowjetunion erreichte. Neben dem Iran gab es nur noch den gefährlichen Seeweg über das nördliche Eismeer nach Murmansk. Um diese Versorgungslinie durch den Iran zu legen und um sie zu sichern, war ein dreiseitiger Vertrag unterzeichnet worden, nach dem russische Truppen im Norden und britische und amerikanische Truppen im Süden einrückten. Der Vertrag sah den Rückzug dieser Truppen innerhalb einer bestimmten Frist nach Beendigung des Krieges vor. Der letzte Termin war der 2. März 1946, ein Datum, auf das wir bei Gelegenheit später zurückkommen müssen. Im Januar war jedoch noch keine Rede vom Rückzug der Truppen. Die Regierung des Iran hatte sich mit einer separatistischen Bewegung in der nördlichen Provinz Aserbeidschan zu befassen und hatte die Russen im Verdacht, diese Bewegung zu ermutigen, als einen ersten Schritt zu dem Versuch, die Provinz vom Iran zu lösen und sie der benachbarten, stammesmäßig verwandten Sowjetrepublik Aserbeidschan anzufügen.

Wahrscheinlich fragte die Regierung die Briten und die Amerikaner um Rat, was zu tun sei. Sie hatte zwar mit Moskau Noten ausgetauscht, gewann aber den Eindruck, hingehalten zu werden, was ihre Befürchtungen und ihren Argwohn nur noch bestärkte. Ich weiß nicht, wie die Entscheidung getroffen wurde, aber am 19. Januar empfing der Sicherheitsrat von der Delegation des Iran seine erste formelle Beschwerde, die die Sowjetunion beschuldigte, sich in die inneren Angelegenheiten von Aserbeidschan einzumischen und Verhandlungen zu verweigern. Die Sowjetunion bestritt jede Einmischung und behauptete, sie sei immer bereit gewesen und sei es auch weiterhin, mit dem Iran zu verhandeln. Aber ihre Reaktion beschränkte sich keineswegs nur auf eine Verteidigung. Sie sah, daß der Sicherheitsrat der Vereinten Nationen seine Arbeit mit der Behandlung einer Klage beginnen würde, die sich direkt gegen die Sowjetunion richtete, eine der Großmächte, auf deren Übereinstimmung die Sicherheitsvorkehrungen der Charta beruhten. Darüber hinaus müssen wohl die sowjetischen Führer sofort gefolgert haben, daß die Klage mit der vollen Unterstützung mindestens des Vereinigten Königreiches, wenn nicht auch der USA vorgebracht wurde.

Der Gegenschlag erfolgte sofort. Zwei Tage danach, am 21. Januar, brachte Wyschinskij eine Beschwerde der Sowjetunion gegen das Vereinigte Königreich ein, die den Vorwurf enthielt, britische Truppen mischten sich in die inneren Angelegenheiten Griechenlands. Gleichzeitig brachte Manuilskij von der ukrainischen S.S.R. eine ähnliche Beschwerde gegen das Vereinigte Königreich ein, die den Vorwurf enthielt, britische Truppen würden dazu benutzt, die nationalistische Bewegung in den jüngst befreiten holländischen Gebieten Ostindiens (jetzt Indonesien) zu unterdrücken. Wohlgemerkt, beide Beschwerden richteten sich gegen die Einmischung britischer Truppen in die inneren Angelegenheiten anderer Länder. Wenn die Sowjetunion vor den Schranken der Weltorganisation angeklagt werden sollte, dann sollte auch Großbritannien angeklagt werden – und noch dazu auf der Grundlage von zwei gegen eine Beschuldigung!

So standen wir also mitten in einem Machtkampf, der sich in den Vereinten Nationen in der Form von Maßnahmen, Gegenmaßnahmen und Propaganda abspielte, bevor noch der »kalte Krieg« begonnen hatte, bevor diese Bezeichnung auch nur erfunden war. Ich war zutiefst beunruhigt und hatte auch das Gefühl, daß die Regierung des Iran es noch länger mit direkter Verhandlung hätte versuchen sollen. Immerhin hatte Norwegen sehr positive und zufriedenstellende Erfahrung mit dem Rückzug sowjetischer Truppen gemacht. Wenn man privat etwas mehr bohrte und trieb, würde man wahrscheinlich Ergebnisse erzielen. Ich stimmte den sowjetischen Gegenbeschuldigungen keineswegs zu. Die Briten waren in Griechenland nur auf Wunsch der rechtmäßigen griechischen Regierung anwesend; und später sollten Untersuchungen der Vereinten Nationen überzeugend nachweisen, daß es nicht die Briten waren, die sich in die inneren Angelegenheiten Griechenlands einmischten, sondern die kommunistischen Regierungen Bulgariens, Albaniens und Jugoslawiens – und zwar, um den kommunistischen Flügel der griechischen Partisanen zu unterstützen. Und was Holländisch-Ostindien betrifft, so war Manuilskij ein aktiver Anführer der dortigen kommunistischen Bewegung in den alten Tagen des Komintern gewesen, und ich betrachtete seine Beschwerde als einen Rückfall in jene alte Rolle, diesmal zur Unterstützung der kommunistischen Bemühungen, die Kontrolle über die indonesische nationalistische Bewegung zu gewinnen.

Der Sicherheitsrat hatte seine Beratung der iranischen Beschwerde abgeschlossen, bevor ich mein Amt als Generalsekretär antrat und meinen Platz an dem hufeisenförmigen Ratstisch im Church-House einnahm. Besonders dank des mäßigenden Einflusses von Mr. Stettinius fand die erste Ost-West-Debatte der Vereinten Nationen am 30. Januar ein rasches Ende in einer einstimmig angenommenden Resolution, die vom Vereinigten Königreich eingebracht und von der Sowjetunion noch verbessert wurde. Der Rat nahm lediglich zur Kenntnis und billigte den ausdrücklichen Willen beider Seiten, die Fragen durch direkte Verhandlungen beizulegen, und forderte die Beteiligten auf, von den Ergebnissen zu berichten.

Dann wandte sich der Rat der sowjetischen Klage gegen die Engländer in Griechenland zu, und in dieser Debatte empfing ich meine Feuertaufe. Ich werde diesen ersten Tag, an dem ich als Generalsekretär anwesend war, nicht so schnell vergessen. Wyschinskij führte heftige Angriffe. Die britischen Truppen, so führte er aus, seien nicht deshalb in Griechenland, weil man sie dringend brauche, sondern um auf die innerpolitischen Angelegenheiten Griechenlands Druck auszuüben – eine »Tatsache, deren sich die reaktionären Elemente in Griechenland gewöhnlich gegen die demokratischen Kräfte im Lande bedienten«. Wyschinskij sprach von dem »faschistischen Abschaum, der in Griechenland herrsche«, erhob die Anklage, daß diese Leute mit britischer Hilfe und durch britische Hilfe regierten; behauptete, daß »eine solche Situation eine ernste Gefahr für die Aufrechterhaltung von Frieden und Sicherheit« heraufbeschwöre, und forderte, daß der Sicherheitsrat das Vereinigte Königreich auffordere, seine Truppen sofort zurückzuziehen.

Bevin, der ehemalige Gewerkschaftsboß, der nach dem großen Sieg der Arbeiterpartei in den Wahlen von 1945 Außenminister in Großbritannien geworden war, konterte mit vernünftigen Argumenten. Er sagte frei heraus, daß der Bürgerkrieg in Griechenland zunächst von den Kommunisten begonnen worden sei, die die Herrschaft einer Minderheit über das Land erstrebten. Er behauptete, daß die britischen Truppen den Griechen keinerlei Regierung aufgezwungen, sondern geholfen hätten, dem Versuch eines bewaffneten Staatsstreiches zu widerstehen, der das griechische Volk an der freien Wahl seiner Regierung hindern solle. Das war alles wahr und mußte gesagt werden. Aber Bevins Art stimmte mich bedenklich. Er sprach nicht mit der für die Briten traditionellen Zurückhaltung. Bisweilen, und besonders wenn er scharf wurde, stieg er auf das sowjetische Niveau der Polemik herab. In der Schärfe seines Redestils wetteiferte er ungeniert mit Wyschinskij. Der sowjetische Sprecher – weißhaarig, von blühender Gesichtsfarbe, früher staatlicher Ankläger in den Schauprozessen – war ein Meister des dialektischen Gefechts. Durch provozierende Behauptungen versuchte er offensichtlich Wunden zu schlagen. Er handhabte das Wort mit der Gewandtheit eines Rechtsanwalts. Bevin war es eher gewohnt, vor Reedern und Dockmanagern, seinen bisherigen Gegenspielern bei den Verhandlungen der Gewerkschaften, auf den Tisch zu hauen. Er kämpfte für das, was er für recht hielt, und er war tapfer. Der Aufstieg dieses kräftigen, etwas plump anmutenden Arbeiterführers war bewundernswert gewesen, aber sein Patriotismus wie auch sein Haß auf den Kommunismus waren stark gefühlsbetont, was er auch keineswegs zu verbergen suchte. Die wohlberechneten Ausfälle Wyschinskijs machten ihn rasend: Er war wie ein Stier, der sich in der Arena des Streites wütend auf die rote Fahne stürzt.

Darüber hinaus schien Bevin das Gefecht der Diplomaten als persönlichen Kampf aufzufassen, bei dem seine eigene Ehre nicht weniger als die des Empires auf dem Spiel stand. »Habe ich oder hat meine Regierung ... je den Frieden der Welt gefährdet?« fragte er. »Wenn das der Fall ist, sollten Sie mich auffordern, diesen Tisch zu verlassen, denn Sie sind dann berufen, den Weltfrieden zu bewahren, und ich bin bereits bei der ersten Versammlung gebrandmarkt als der einzige Mensch auf der Welt, der den Weltfrieden stört und gefährdet.« In diesem Ton sprach Bevin häufig.

Ich möchte die Atmosphäre der Debatte noch etwas eingehender beschreiben, denn sie war wichtig für die Bildung meiner eigenen Ansichten über die Möglichkeiten der

Vereinten Nationen. Bevin wies die sowjetische Beschuldigung, die britischen Truppen gefährdeten den internationalen Frieden, ärgerlich zurück und erwiderte, die eigentliche »Gefahr für den Weltfrieden sei die unablässige Propaganda Moskaus gegen das britische Commonwealth gewesen«. Wyschinskij gab geschickt zurück, wobei er gefühlvoll-liberale Töne anschlug: »Als diese Worte hier im Sicherheitsrat vom Platz der britischen Delegation fielen, fühlten wir sowjetischen Vertreter alle einen plötzlichen kalten Anhauch der unglücklichen Vergangenheit.« Im Grunde waren die sowjetischen Beschuldigungen natürlich schlecht fundiert. Die Briten hatten allen Grund zur Entrüstung, aber auch allen Grund, nicht gerade auf diese Weise zu reagieren.

Das war ein schlechtes Vorzeichen, und auf meinen Optimismus senkte sich eisiger Frost herab. Die Großmächte, die mich einsetzten, hatten gerade eine andere Übereinkunft erzielt, die auch mich betraf. Aber wenn die Atmosphäre dieser allerersten Debatte des Sicherheitsrates, bei der ich anwesend war, für die künftige Entwicklung bezeichnend sein sollte, dann befürchtete ich, daß fernerhin die Aussicht auf Übereinstimmung bei den großen Entscheidungen, die noch bevorstanden, weit geringer sein würde, als ich gedacht hatte.

In den Fällen Griechenland und Indonesien tat ich mein Möglichstes, hinter den Kulissen zu vermitteln. Ich machte keine direkten Vorschläge zur Sache. Ich hatte ja mein Amt schließlich eben erst angetreten. Aber ich war zutiefst bestürzt über die Schärfe der Auseinandersetzung und beunruhigt über die mögliche Reaktion der Öffentlichkeit. Ich wünschte nicht, daß das allgemeine Wohlwollen für die Vereinten Nationen schon am Anfang vergeudet würde. Daher schlug ich bei mehreren Gelegenheiten, wenn die Debatte auszuarten drohte, dem Präsidenten, Makin, vor, er solle die öffentliche Sitzung des Rates vertagen, und die Mitglieder sollten sich zwanglos in der privaten Atmosphäre meines Büros treffen, dort sollten sie dann versuchen, den Streit beizulegen. Zu dieser Zeit hatte der Präsident noch kein eigenes Privatbüro. Ich schlug auch Bevin und Wyschinskij persönlich vor, sie sollten sich in ihren Reden mäßigen. Ich wollte nicht, daß der Rat zum Forum für Propagandareden herabsank. Der Präsident griff meine Anregung auf, und mit Hilfe einiger Delegierter, wie Stettinius von den Vereinigten Staaten und van Kleffens aus den Niederlanden, gelang es ihm, die Lage in gewissem Maße zu beruhigen. Die Debatte in der griechischen Angelegenheit wurde mit einem kurzen und einfachen Bericht des Präsidenten abgeschlossen, der die verschiedenen Standpunkte aufzeigte. Dieser Bericht wurde von allen angenommen, und die indonesische Streitfrage konnte ohne eine Resolution zu Ende gebracht werden.

Nunmehr wurde ein vierter Fall vor den Sicherheitsrat gebracht, der aber keinen direkten Zusammenstoß zwischen dem Westen und der Sowjetunion mit sich brachte. Syrien und der Libanon beschwerten sich über die fortdauernde Anwesenheit französischer und britischer Truppen auf ihrem Boden, obwohl man übereingekommen war, daß diese Truppen sofort nach Abschluß der Feindseligkeiten mit Deutschland und Japan zurückgezogen werden sollten. Sie beschwerten sich, daß ein französisch-britisches Abkommen vom 13. Dezember 1945 den Rückzug der Truppen nunmehr von Bedingungen abhängig machte, die mit dem Geist und dem Buchstaben der Charta unvereinbar waren.

Für diese Beschwerde empfand ich Teilnahme. Syrien und Libanon waren Mandatsgebiete des Völkerbundes gewesen und von Frankreich verwaltet worden. Während des Krieges hatte ihnen das Freie Frankreich, das den Briten half, der Vichy-Regierung die Kontrolle über die Levante zu entreißen, die volle Unabhängigkeit versprochen. Sie wurden nach San Franzisko eingeladen und hatten die Charta der Vereinten Nationen mitunterzeichnet. Faris el Khouri, der verehrungswürdige Syrer, und Charles Malik, ein kultivierter Libanese christlichen Glaubens, gingen mich um meinen Rat an. Ich gebe zu, daß ich das Gefühl hegte, die Bereitschaft Frankreichs und Englands, aus der Levante abzuziehen, könne einen kleinen Anstoß wohl vertragen. Deshalb empfahl ich el Khouri und Dr. Malik, die Sache ihrer Länder vor den Sicherheitsrat zu bringen, und ich nahm zuversichtlich an, daß London und Paris reagieren würden. Der Rat nahm den Antrag dieser beiden neuen und machtlosen Staaten mit Anteilnahme entgegen.

Frankreich und Großbritannien versicherten dem Rat ihre Absicht, die Truppen rasch zurückzuziehen, und gaben ihre Bereitschaft bekannt, darüber unverzüglich in direkte Verhandlungen einzutreten, so wie es durch Mehrheitsbeschluß des Rates gefordert worden war. Und in der Tat, die ganze Sache wurde kurz darauf zu einem glücklichen Abschluß gebracht, und der vereinbarte Rückzug wurde von den betroffenen Parteien dem Sicherheitsrat auch ordnungsgemäß mitgeteilt.

Aber dieser Fall hatte in der Geschichte der Vereinten Nationen auch einen weiteren, weit weniger erfreulichen Aspekt. Damals übte die Sowjetunion erstmals das Veto-Recht aus. Die näheren Umstände dieses ersten »Njet« von einer langen Reihe sind es wert, in Erinnerung gerufen zu werden. Die Resolution, die den Fall beilegte, erhielt sieben Ja-Stimmen, wobei sich das Vereinigte Königreich und Frankreich als Parteien in der Auseinandersetzung der Stimme enthielten. Aber die Resolution war ein Fehlschlag, weil die einzige Nein-Stimme von der Sowjetunion abgegeben wurde. Warum wurde dieses erste Veto eingelegt? Nicht weil Wyschinskij gegen den Inhalt der Resolution war, sondern weil ihm ihre Sprache nicht stark genug schien. Dieser erste fast leichtfertige Gebrauch des Veto, von dem ich gehofft hatte, es werde kaum von einer der Großmächte ausgeübt werden, beunruhigte mich nicht weniger als die Heftigkeit der Debatte über die griechische Frage. Noch sah ich ja die lange Reihe von einigen fünfzig sowjetischen Vetos, die während meiner Amtszeit abgegeben wurden und die in ihrer überwiegenden Mehrheit für die Interessen und die Politik der Sowjets nicht wichtiger waren als dieses, nicht voraus; aber hier kündigte sich aufs neue mit eisigem Anhauch der »kalte Krieg« an, der nun ausbrechen sollte – die Schwerfälligkeit, die Unbeweglichkeit einer Position, die Weigerung, auch nur bei nebensächlichen Dingen, beim Geben und Nehmen und beim Herausarbeiten annehmbarer Kompromisse mitzuarbeiten, die doch für Politik und Diplomatie bei den westlichen Demokratien lebensnotwendig sind.

Bald danach verließen die Delegierten London, und ich begann die letzten drei Monate der Vorbereitung für die Übersiedlung nach New York. Ich verstand nun viel besser als vorher die Tiefe und die Gefährlichkeit des Risses, der sich zwischen der Sowjetunion und dem Westen aufgetan hatte. Ich hatte das Gefühl, daß er in gewisser Beziehung einer Gletscherspalte glich, die sich unter einer weichen Schneefläche namens »Einigkeit der Großmächte« immer mehr verbreitern konnte. Die zuversichtlichen Hoffnungen, die ich mit den meisten anderen Staatsmännern wenigstens der kleineren Mächte, gewiß aber mit der großen Masse allenthalben geteilt hatte, waren gesunken, aber keineswegs verloren. Ich sah die Gefahren deutlicher, aber ich sah andererseits auch viele Anzeichen dafür, daß die Lage durchaus nicht irreparabel war, daß die Zusammenarbeit der Großmächte im Krieg nun doch durch die Vereinten Nationen wiederbelebt werden könne, mindestens in den allerwichtigsten Dingen.

## Bürgerkrieg in Griechenland *Wolfgang Bretholz*

Nach dem Ende des Zweiten Weltkrieges wurde Griechenland von einem schweren Bürgerkrieg erschüttert. 1946 entschied sich das Land in einem Volksentscheid mit überwältigender Mehrheit für die Monarchie und die Rückkehr König Georg II. Fast gleichzeitig kam es zu ersten Angriffen kommunistischer Banden in Nordgriechenland, die sich, unterstützt von Albanien, Jugoslawien und Bulgarien, in den folgenden Jahren noch steigerten. Weihnachten 1947 wurde in Nordgriechenland eine republikanische Gegenregierung gebildet. Als sich die Lage noch mehr zuspitzte, wurde im Mai 1948 das Standrecht über das ganze Land verhängt, und im Juni eröffneten Regierungstruppen endlich eine Offensive gegen die Aufständischen. Die folgenden Monate waren gekennzeichnet durch einen heftigen Bürgerkrieg, der lange unentschieden blieb. Da stellte im Juli 1949 Jugoslawien seine Unterstützung der Aufständischen ein. Gleichzeitig führte eine neue große Offensive der Regierungstruppen zu einem vollen Erfolg. Das Zentralkomitee der Kommunistischen Partei Griechenlands mußte die Einstellung der Kämpfe bekanntgeben und schob die Schuld daran dem »Verrat« Titos zu. Die Lage begann sich wieder zu normalisieren. Zwar kam es noch einmal zu Spannungen zwischen dem König und dem Oberbefehlshaber der Armee, als dieser aber nach dem überwältigenden Wahlsieg seiner Partei mit der Regierungsneubildung beauftragt wurde, vermochte er das erste stabile Kabinett nach Kriegsende zu bilden. Nachdem Griechenland schon im September 1951 dem Nordatlantischen Verteidigungsbündnis (NATO) beigetreten war, unterzeichnete es im Februar 1953 einen Balkanpakt mit Jugoslawien und der Türkei. Im folgenden schildert der bekannte Journalist Wolfgang Bretholz aus eigener Beobachtung die Ereignisse während des Bürgerkrieges.

Ich erlebte die kritischste Phase des Bürgerkriegs in den letzten Monaten des Jahres 1947 mit, als sich mindestens ein Drittel des griechischen Territoriums in den Händen der Kommunisten befand und man Athen auf dem Landweg weder in südlicher Richtung nach dem Peloponnes noch in nördlicher Richtung nach Larissa und Saloniki verlassen konnte, weil alle wichtigen Straßen von den kommunistischen Bürgerkriegstruppen kontrolliert wurden.

Damals, in der schlimmsten Periode der Kämpfe, war ich von Athen nach Saloniki geflogen und hatte von dort aus ein Stück der mazedonischen Front besucht. Ich begleitete die griechischen Regierungstruppen, als sie das Dorf Rhodopolis zurückeroberten, das acht Kilometer von der bulgarischen Grenze entfernt liegt. In der vorhergehenden Nacht war es von sechshundert kommunistischen Rebellen überfallen worden, die zahlreiche Häuser geplündert und in die Luft gesprengt und schließlich das Bahnhofsgebäude besetzt hatten. Dort hatten sie den Stationsvorsteher und zwei weitere Beamte in den Keller geschleppt und »exekutiert«, indem sie ihnen die Köpfe mit Messern vom Rumpf trennten und einem auch noch die Beine abschnitten. Als das Oberkommando der Regierungstruppen in Saloniki die Alarmnachricht aus Rhodopolis erhielt, schickte es sofort ein starkes Kontingent aus, das das Dorf nach mehrstündigem Kampf zurückeroberte. Etwa fünfzig Rebellen wurden getötet oder gefangengenommen. Die übrigen waren über die bulgarische Grenze geflüchtet. Sie hatten aus Rhodopolis, ebenso wie aus allen anderen Städten und Dörfern, die sich kürzere oder längere Zeit in ihren Händen befanden, sämtliche Kinder, Jungen und Mädchen, im Alter von drei bis achtzehn Jahren mit sich genommen, und ich hörte die verzweifelten Klagen der Mütter und Väter, die die Regierungstruppen anflehten, ihnen Waffen zu geben, damit sie selbst über die Grenze gehen und ihre geraubten Kinder zurückholen könnten. Sie mußten mit Gewalt daran gehindert werden, an den gefangenen Rebellen Rache zu üben.

Mit einem der Gefangenen habe ich damals gesprochen. Er trug die Uniform eines regulären bulgarischen Soldaten, hatte einen bulgarischen Militärausweis und bulgarische Geldscheine in der Tasche und sprach kein Wort Griechisch. Er erklärte mir, daß er zusammen mit vielen anderen Soldaten der bulgarischen Armee zu den griechischen Partisanen abkommandiert worden war und daß man ihnen gesagt hätte, nach dem Sieg über die »monarchofaschistische« Regierung in Athen werde Griechisch-Mazedonien an Bulgarien fallen.

Im Laufe des Jahres 1948 hatte sich die Lage in Griechenland allmählich gebessert, vor allem dank dem Kriegsmaterial, das die Armee auf Grund der Truman-Doktrin von den Vereinigten Staaten erhielt. Außerdem war nach dem Bruch zwischen Tito und Moskau die jugoslawische Hilfe für die griechischen Rebellen schwächer geworden, wenn es auch noch bis in den Sommer 1949 dauern sollte, ehe sich Tito entschloß, den griechischen Kommunisten jede Unterstützung zu versagen.

Kurz ehe ich diesmal, zu Ende des Jahres 1948, nach Griechenland kam, hatten die Regierungstruppen im Grammos-Gebirge, nahe der albanischen Grenze, eine große Offensive unternommen und weite Gebiete von den Rebellen gesäubert. General Markos, der Führer der kommunistischen Bürgerkriegsarmee, hatte sich mit seiner »freien griechischen Regierung« auf albanisches Territorium zurückziehen müssen. Das Vertrauen der Armee und der Bevölkerung zur Regierung in Athen war gewachsen, der Defaitismus, der sich in der Periode der kommunistischen Erfolge ausgebreitet hatte und der beste Bundesgenosse der Kommunisten gewesen war, verschwunden, und es bestand kaum noch ein Zweifel, daß das nächste Jahr das Ende des Bürgerkriegs bringen würde.

Ohne weiteres erhielt ich von den zuständigen Stellen in Athen die Erlaubnis, die soeben befreiten Gebiete von Epirus zu besuchen, und flog in einem Flugzeug der griechischen Armee nach Jannina, der Hauptstadt von Epirus, die sich in wunderbarer Lage am Ufer eines großen Sees, zu Füßen der steilen Berghänge des Pindus erhebt. Mit seinen Moscheen und Minaretten, mit seiner Bazarstraße voll offener Läden, mit seinen vielen Silberarbeitern, die ihre fein ziselierten orientalischen Armbänder, Gürtel und Schnallen feilbieten, mit seinen langen Reihen von Schuhputzern, die einladend mit ihren Bürsten auf die vor ihnen stehenden Putzkästen klopfen, bietet Jannina noch heute das Bild einer türkischen Provinzstadt und bringt dem Besucher in Erinnerung, daß Epirus noch bis in unser Jahrhundert hinein unter türkischer Herrschaft stand und erst seit 1913 wieder zu Griechenland gehört.

Mit einem der militärischen Convoys, die damals jeden Morgen von Jannina an die Front fuhren, um den Truppen Waffen, Munition und Lebensmittel zu bringen, gelangte ich nach Konitsa, der letzten griechischen Stadt vor der albanischen Grenze, die General Markos als Hauptstadt seines Rebellenreichs ausersehen hatte.

Auf halbem Weg zwischen Jannina und Konitsa, an einer Kalpaki genannten Straßenkreuzung, bot sich mir ein seltsames Bild. An dieser Stelle, wo sich täglich die aus Jannina kommenden und die von der Front zurückkehrenden Lastwagenkolonnen begegneten, war ein neues Dorf im Entstehen. Die Griechen sind nicht zu Unrecht wegen ihrer Geschäftstüchtigkeit bekannt, und so hatten auch hier einige besonders unternehmungslustige Leute die geschäftlichen Möglichkeiten schnell erkannt, die ein solcher Kreuzungspunkt bietet. Ein paar primitive Restaurants, vor denen im Freien, über Holzfeuern, Lämmer und Ferkel am Spieß gebraten wurden, eine Reihe von Verkaufsständen, an denen Zigaretten, Obst und Getränke feilgeboten wurden, waren aus dem Boden geschossen, und rings umher gab es bereits ein halbes Hundert »Häuser«, die sich die Neuansiedler selbst errichtet hatten. Die meisten waren zuckerhutförmige Bauten, deren aus biegsamen Zweigen geflochtenes Gerüst mit dicken Schichten von Schilf umkleidet war. Auf der Hinfahrt sah ich eine Frau ganz allein die ersten Zweige des Gerüsts zusammenflechten, und als ich drei Tage später zurückkehrte, war das »Haus« fertig und bewohnbar. Die besseren Bauten bestanden aus einer doppelten Reihe von Holzlatten, die etwa eine Handbreit voneinander entfernt in den Boden gesteckt wurden. Dann wurde der so entstandene Hohlraum mit kleinen Steinen und Erde ausgefüllt. Die »Luxusbauten« waren zudem mit den Pappendeckeln der Kartons, in denen die Amerikaner ihre Lebensmittel nach Griechenland schickten, oder mit den Brettern von Munitionskisten oder mit dem Blech alter Benzinkanister verkleidet. Und es gab für alle diese »Baumaterialien« einen regelrechten Markt, auf dem sich die Preise ganz nach Angebot und Nachfrage richteten.

Von Konitsa aus fuhr ich weiter bis tief ins Grammos-Gebirge hinein, besuchte mehrere Dörfer, die bei der letzten Offensive von den Regierungstruppen zurückerobert worden waren und von denen die meisten in Schutt und Trümmern lagen, und stieß bis zu den vordersten griechischen Posten längs der albanischen Grenze vor. In den von den Kommunisten geräumten Dörfern fand ich Konservenbüchsen mit ungarischen Aufschriften, Waffen und Munition mit russischen und tschechischen Bezeichnungen, Zeitungen in bulgarischer, albanischer und serbischer Sprache. Die Säcke aber, die kleine Karawanen von Maultieren in die entlegenen Dörfer des Grammos-Gebirges schleppten, enthielten Mehl aus den »Internationalen Getreidemühlen von Minneapolis USA« oder Zement aus einer Fabrik in Kanada.

Das ganze Gebiet, das ich durchfuhr, machte einen überraschend ruhigen Eindruck, und nur einmal, als wir selbst nicht mehr genau wußten, ob wir uns noch auf griechischem oder schon auf albanischem Boden befanden, wurden wir mit ein paar Gewehrschüssen empfangen. Ich gewann den Eindruck, daß die griechischen Regierungstruppen zumindest in diesem Abschnitt Herren der Lage und durchaus imstande waren, weitere Angriffe der kommunistischen Partisanen abzuwehren. Nach meiner Rückkehr nach Athen hatte ich eine Unterredung mit Themistokles Sophulis, dem liberalen Politiker, der seit einem Jahr an der Spitze der griechischen Regierung stand. Er gab damals sein Alter mit achtundachtzig Jahren an, aber seine Freunde behaupteten, daß er mindestens fünf Jahre älter sei. Er habe Angst, daß man ihn, wenn er erst einmal das neunzigste Lebensjahr überschritten habe, für einen alten Mann halten könnte. Jedenfalls war er, als ich mit ihm sprach, so lebhaft, frisch und temperamentvoll, daß er sich ruhig auch noch um weitere zehn Jahre hätte jünger machen können. Als ihn im April 1949 eine Herzattacke traf, wollte er sich um keinen Preis nach Hause bringen lassen und ließ sich in seinem Büro im Ministerratspräsidium ein Bett aufstellen, von dem aus er die Regierungsgeschäfte weiterführte. Bald danach ist er, wenige Monate vor seinem – offiziellen – neunzigsten Geburtstag, gestorben.

»Die Kommunisten«, sagte mir Sophulis, »haben vor allem einen Fehler gemacht, als sie glaubten, Griechenland mit Gewalt erobern zu können: Sie haben vergessen, daß wir Griechen individualistisch bis zum Exzeß sind und daß für uns das Wort ›Freiheit‹ noch einen ganz anderen Sinn hat als für andere Völker. Jeder Versuch, uns in die Zwangsjacke einer Doktrin, einer Ideologie stecken zu wollen, ist von vornherein zum Scheitern verurteilt. In einem Volk, in dem jeder Bürger ein Politiker ist und am liebsten seine eigene Partei gründen würde, hat eine Bewegung, die für sich das politische Monopol verlangt, keine Aussicht auf Erfolg.«

Auch mit Griechenlands »starkem Mann«, dem General Alexander Papagos – später wurde er vom König zum Marschall von Griechenland ernannt –, habe ich damals gesprochen. Er hatte an der Spitze der griechischen Armee gestanden, als sie im Herbst 1940 zunächst den Angriff der Truppen Mussolinis abwehrte und diese später bis tief nach Albanien zurücktrieb. Seither galt er als »Retter des Vaterlandes« und erfreute sich nicht nur in der Armee, sondern auch in weiten Kreisen des griechischen Volkes großer Popularität. Der General, ein Soldat vom Scheitel bis zur Sohle, der – wie mir schien – auch im Denken eher soldatisch als politisch ist, versicherte mir, daß er zwar jederzeit bereit sei, dem Vaterland als Heerführer zu dienen, daß er aber niemals in die politische Arena hinabsteigen werde.

Wenige Wochen später, am 20. Januar 1949, wurde Papagos zum Oberkommandierenden der griechischen Armee ernannt und übernahm die Führung der Regierungstruppen im Endkampf gegen die kommunistische Bürgerkriegsarmee. Es war zweifellos zu einem erheblichen Teil sein Verdienst, wenn Griechenland bis zum Ende des Jahres 1949 von den letzten kommunistischen Banden gesäubert war und wenn zum erstenmal seit 1941 an der griechischen Nordgrenze wieder die blau-weiße Fahne wehte.

Aber Marschall Papagos wäre kein echter Grieche, wenn er der Versuchung, auch in der Politik eine Rolle zu spielen, auf die Dauer widerstanden hätte. Im Sommer 1951 gründete er, entgegen allen seinen früheren Versprechungen, eine politische Partei, die sich »Griechische Sammlungsbewegung« nannte, und zog – umgeben von einer Reihe ehrgeiziger Berufspolitiker – mit dem Versprechen in den Wahlkampf, eine starke und dauerhafte Regierung zu bilden und die großen Reformen durchzuführen, die die Nation verlangte. Gleich bei den ersten Wahlen, an denen er teilnahm, im September 1951, erhielt er mehr Stimmen als irgendeine andere Partei, und als das griechische Volk im November 1952 wieder an die Wahlurnen ging, stimmte es mit so überwältigender Mehrheit für die Papagos-Partei, daß diese das neue Parlament fast völlig beherrschte und der König, wenn auch widerstrebend, den Marschall mit der Bildung der Regierung betrauen mußte. Denn die Beziehungen zwischen dem König und dem Marschall waren gespannt, seit sich dieser in die Personalangelegenheiten des Palais eingemischt hatte.

Bei beiden Wahlen war ich wieder in Griechenland und erlebte den Zusammenbruch der alten Parteien und den Triumph des neuen griechischen »Führers« mit. Aber ich kannte das griechische Volk zu gut, um die Befürchtungen derer zu teilen, die meinten, daß der Wahlsieg Papagos' das Ende der griechischen Demokratie und den Beginn eines autoritären oder diktatorischen Regimes bedeuten würde. Aus der »Griechischen Sammlungsbewegung« ist keine autoritäre Einheitspartei geworden, denn die Abneigung der Griechen gegen jede und besonders gegen die Parteidisziplin erwies sich als stärker, und sehr bald sagten sich einige seiner getreuesten Gefolgsleute von Papagos los und verstärkten die Reihen der Opposition. Und aus dem Marschall ist kein Diktator geworden, denn die liberalen und demokratischen Kräfte behielten auch in seiner Umgebung die Oberhand. Die gleichen »schlechten Eigenschaften« des griechischen Volkes, die einen Sieg des Kommunismus verhindert hatten, machten auch die Aufrichtung einer Diktatur unmöglich: unzähmbarer Individualismus und Abneigung gegen die Disziplin.

Zu den Krisenherden im Nahen Osten gehört auch Palästina. Nach dem Ersten Weltkrieg wurde das Land britisches Mandatsgebiet. Die zunehmende jüdische Einwanderung führte zu Spannungen mit den Arabern. Die Forderung nach einem jüdischen Staat in Palästina wurde auf der zionistischen Konferenz in New York 1942 noch einmal eindeutig ausgesprochen und zugleich die Aufstellung einer jüdischen Armee beschlossen. Um nicht die Unterstützung des Judentums in der Welt zu verlieren, mußte England den Juden in seinem Mandatsgebiet verschiedene Erleichterungen zubilligen, doch führten diese Maßnahmen zu erneuten heftigen Protesten der Araber, die offiziell vor der Errichtung eines jüdischen Staates warnten. 1947 kam die Palästina-Frage vor die Vereinten Nationen. Die Vollversammlung stimmte für die Teilung des Landes in einen jüdischen und einen arabischen Staat mit Jerusalem als internationaler Enklave, doch stieß diese Entscheidung auf den Widerspruch sowohl der Juden wie der Araber. Am 15. Mai 1948 erlosch das britische Mandat, und am gleichen Tag proklamierten die Juden den unabhängigen Staat Israel. Die Truppen der Arabischen Liga und arabische Freischärler fielen zwei Tage später in das Land ein, und es entbrannten heftige Kämpfe vor allem in und um Jerusalem. Diese kritischen Tage beleuchtet der Augenzeugenbericht Josephs, der 1948 von der provisorischen Regierung zum Militärgouverneur Jerusalems ernannt worden war und dem es gelang, die Stadt vor der Zerstörung zu bewahren. Nach längeren Kämpfen kam es dann im März 1949 endlich zu einem Waffenstillstand, der 1956 durch den Angriff israelischer Truppen auf Ägypten unterbrochen wurde.

Schon einige Wochen vor dem Ende des Mandates hatte sich der Krieg für die Juden und die Araber in den Bergen und Ebenen Palästinas zu seiner vollen militärischen Stärke ausgewachsen. Die Proklamierung des neuen Staates Israel am 15. Mai verwandelte ihn in einen offiziellen, uneingeschränkten Krieg.

Am Freitag, dem 14. Mai, versammelten sich um 16.30 Uhr im Museum in Tel Aviv die Mitglieder des Volksrates, der Exekutive der Jewish Agency und eine ausgewählte Gruppe alter Zionisten, um Ben Gurion bei der Verlesung der Unabhängigkeitserklärung zuzuhören und der Proklamierung eines jüdischen Staates beizuwohnen, der den Namen Israel tragen sollte.

Die Lage in Jerusalem erlaubte uns nicht, den großen Tag der Proklamierung des Staates zu feiern. Wir waren ganz davon in Anspruch genommen, daß die Briten das Land verließen, daß wir nicht länger mehr bei unseren nationalen Bestrebungen behindert werden und nun in der Lage sein würden, uns uneingeschränkt der Lösung der vor uns liegenden Aufgaben zu widmen. Wir konnten nicht daran denken, uns nach Tel Aviv zu begeben, um an der Feier teilzunehmen, die wir seit Jahren herbeigesehnt hatten; immerhin konnte das älteste Mitglied der Exekutive der Jewish Agency, Rabbi Yehuda Fishman (später Maimon), bei dieser historischen Feier anwesend sein.

Jedes Wort der Proklamation bedeutete uns etwas, aber erst viele Monate später konnten wir sie uns als ein Dokument vorstellen, das von zukünftigen Generationen von Israelis hoch in Ehren gehalten werden würde. Wir bekamen nicht einmal die von allen Zeitungen in Tel Aviv gemeinsam herausgebrachte Sonderausgabe »Der Tag des Staates«. Unsere Lektüre war ein Rundschreiben, welches vom Büro für den nationalen Dienst herausgegeben worden war und in dem alle Männer Jerusalems vom 18. bis zum 45. Lebensjahr, gleich welchen Familienstandes, aufgefordert wurden, sich für den Militärdienst bereit zu halten. Auf dem Papier hatte sich unser Traum erfüllt. Der erste Präsident des Staates war gewählt, das zionistische Emblem zur israelischen Flagge erkoren und ein vorläufiger Regierungssitz bestimmt worden. Während der Staat proklamiert wurde, kämpften wir um Jerusalem, und die Schlacht um die Straße von Jerusalem nach Tel Aviv war noch in vollem Gang. Wir dachten besorgt an den nächsten Tag. Fünf fremde Nationen, Syrien, der Libanon, Irak, Jordanien und Ägypten, setzten unverzüglich Truppen über die Grenzen nach Palästina in Marsch. Die Arabische Legion dachte gar nicht daran, die Stadt zu verlassen, wie die Briten es versprochen hatten, sondern besetzte in und um Jerusalem strategische Stellungen. Für uns Juden gab es nun keinen Rückweg mehr, wir mußten allein siegen oder untergehen. Ende April und in den ersten beiden Maiwochen waren unsere Stellungen überall im Land befestigt worden, nur nicht in Jerusalem. Im Tal von

Jezreel war die arabische Befreiungsarmee unter Fawzi el Kawkji bei Mishmar Haemek geschlagen und zum Rückzug in das Gebiet von Jenin gezwungen worden. Ein weiteres Gefecht bei Ramat Yohanan eliminierte die drusischen Söldner, die Kawkji angeworben hatte; seit damals sind die Drusen die loyalste Minderheit des Staates Israel geworden.

Am 18. April trieb die Golani-Brigade einen Stoßkeil nach Tiberias vor; einige Tage darauf flüchtete die arabische Bevölkerung, und die Stadt wurde jüdisch. In Haifa zogen die Briten, die nicht einmal mehr einen ganzen Monat im Land zu verbleiben hatten, ihre Truppen, ihre Ausrüstung und die beweglichen Vorräte im Hafengebiet zusammen und kümmerten sich nicht mehr um das Schicksal der Stadt. Die entscheidende Schlacht um Haifa, die vom 21. bis 22. April stattfand, dauerte nur 24 Stunden. Die meisten Araber verließen die Stadt auf dem Land- oder Seeweg; einige tausend blieben zurück, die auf das jüdische Angebot vertrauten, sie und ihre Habe zu schützen.

Durch diese Erfolge in Galiläa gelangten die jüdischen Streitkräfte in den Besitz eines schmalen Geländestreifens, der bis zur syrischen und libanesischen Grenze reichte. Eine Palmach-Einheit (bei der unsere jüngere Tochter Leila diente) drang erfolgreich nach Safad vor, womit das Schicksal dieser Stadt ebenfalls besiegelt war, wenn bis zu ihrem Fall auch noch fast ein Monat verging und schwere Kämpfe stattfanden, in denen die Juden gegen Artillerie, schwere automatische Waffen und Panzer nur ihren neuen Granatwerfer, die Davidka, einzusetzen hatten. Der Fall von Safad und die folgenden Säuberungsoperationen machten Galiläa bis zum Hulasee frei, und am 16. Mai bestand zwischen allen jüdischen Stellungen in diesem Gebiet Verbindung. Ein Gegenangriff der Arabischen Legion bei Zemah und Gesher wurde erfolgreich abgewiesen. Diese Orte waren durch starke Stellungen geschützt, die um ehemalige britische Polizeifestungen angelegt worden waren. Anfang Mai wurden auch eine libanesische Panzerabteilung und ein von Artillerie unterstützter, in der Nähe von Ramat Naftali vorgetragener arabischer Angriff zurückgeschlagen. Im Osten fielen Beisan im Jordantal und die arabischen Dörfer im Bezirk des Berges Tabor, Sejera, Bethlehem in Galiläa, die ehelige deutsche Kolonie Waldheim und Umme Zinaat am dhang des Karmel in jüdische Hände. An der Westkuste Galiläas nahm die Carmeli-Brigade der Haganah Acre, Ez-Ziv und Batzat ein und brach die Belagerung von Yehiam und dem Hanaita-Block. Diese Operationen wurden am 17. Mai beendet.

An der Front in der Ebene Sharon und in der Umgebung von Tel Aviv stellten sich ebenfalls schnelle Erfolge ein. Hier kämpften drei Brigaden der Haganah, die Alexandroni, Kiryati und Givati, und säuberten arabische Dörfer in der Gegend von Tel Aviv und Jaffa. Unter diesen befanden sich Hiriya, Sakiya, Salame und Yazur. Dieses Unternehmen fand am Vorabend des Passahfestes statt und wurde »Hametz« genannt, was die Reinigung des Hauses von Gesäuertem bedeutet. Ein verfrühter Angriff auf Jaffa seitens der Irgun Zvai Leumi scheiterte an einer britischen Intervention am 26. April, die mit der Begründung durchgeführt wurde, daß diese Stadt in das geplante arabische Gebiet gehöre. Die Stadt wurde jedoch am 29. April eingeschlossen und fiel in jüdische Hände, als die Briten am 13. Mai abzogen.

Näher bei Jerusalem sah die Lage weniger erfreulich aus. Am 4. und 5. Mai unternahm die Arabische Legion einen konzentrierten Angriff auf die jüdischen Bergdörfer, die unter dem Namen Etzion-Block bekannt waren und schon seit Monaten belagert wurden. Die schlecht bewaffneten Siedler hielten sich bis zum 13. Mai, erlagen dann aber einem gemeinsamen Angriff örtlicher arabischer Irregulärer und der Arabischen Legion. Wer von ihnen das von den Irregulären veranstaltete Gemetzel überlebte, ergab sich den Streitkräften der Legion.

Der tapfere Widerstand des Etzion-Blockes zögerte die Ankunft eines Teils der Arabischen Legion in Jerusalem hinaus. Im Rückblick erscheint aber die Ansicht, daß der Etzion-Block durch seinen Widerstand Jerusalem gerettet habe, nicht gerechtfertigt. Die simple Wahrheit ist, daß Jerusalem von seinen eigenen Verteidigern und Bewohnern gerettet wurde. Die arabischen Banden, die immer wieder den Etzion-Block angegriffen hatten, beteiligten sich am späteren Angriff auf Jerusalem überhaupt nicht. Es waren zumeist Dorfbewohner jenes Gebietes, denen die jüdischen Dörfer auf ihrem Berg ein Greuel waren. Sie wollten sie vernichten, und sie gierten nach Beute. Nachdem sie beides erreicht hatten, kehrten die meisten von ihnen in ihre Dörfer zurück.

Was die Arabische Legion betrifft, so stellte sie nach dem Fall von Etzion nicht den Hauptteil der Truppen, die das südliche Jerusalem angriffen. Diese Aufgabe fiel ägyptischen Truppen zu, die an den Gefechten bei Etzion nicht teilnahmen. Vom militärischen Gesichtspunkt aus hätte sich die Legion, wenn sie das gewollt hätte, schon vor dem Fall von Etzion am Angriff auf Jerusalem beteiligen können, denn Etzion konnte die Legion nicht daran hindern, Jerusalem auf anderen Straßen zu erreichen. Die Siedler hätten genug damit zu tun gehabt, sich gegen die Angriffe der arabischen Irregulären zu verteidigen, und waren gewiß nicht in der Lage, Jerusalem zu Hilfe zu kommen. Historisch genauer wäre es, zu sagen, daß die Juden Jerusalems nicht nur sich selbst, sondern auch den Staat Israel verteidigten. Hätte sich Jerusalem nicht so lange erfolgreich gewehrt, dann hätten die Arabische Legion und andere Einheiten sich mit ihren Panzern und ihrer Artillerie in anderen Kriegsgebieten an den Kampfhandlungen beteiligen können. Am 18. April machte die Legion eine Schwenkung nach Süden, bis ihr rechter Flügel Latrun erreichte. Am Tag darauf erschienen die Legionäre in Jerusalem. Dies war nun ein Kampfgebiet, in dem die Ausbildung und die Taktiken der Legion am wenigsten nutzbringend anzuwenden waren. Die Legion war eine höchst bewegliche Truppe, der wir im offenen Kampf mit unserer unterlegenen Panzerwaffe und Artillerie nicht beizukommen hoffen konnten, wie die spätere Erfahrung bei Latrun ja auch gezeigt hat. Andererseits erwies sich an anderen Fronten, daß unsere Streitkräfte es mit der Legion aufnehmen konnten, wenn es sich dabei auch immer um schwere und verlustreiche Kämpfe handelte. Im Straßenkampf jedoch waren Tanks, Kettenfahrzeuge, Panzerwagen und selbst schwere Artillerie nur von geringem Nutzen. Die Deutschen hatten das in Stalingrad erfahren, und die Welt hatte damals erkannt, daß ein Volk, das in seinen eigenen Häusern mit dem unerschütterlichen Willen kämpft, sich nicht zu ergeben, so unbesiegbar ist, wie es irgendeine Streitmacht im modernen Krieg nur sein kann.

Trotzdem war es ein Schlag für uns, die Arabische Le-

wenige Tage nach dem Abzug der britischen Armee rusalem auftauchen zu sehen. Wir hatten sorgfältige Pläne für die Übernahme der britischen Sperrgebiete gemacht, die von den Arabern als Beobachtungsposten benutzt worden waren und in denen britische Soldaten wochenlang mit den Arabern zusammen unsere Stellungen beschossen und unsere Straßen unter Gewehrfeuer gehalten hatten. Es wäre eine Katastrophe gewesen, wenn die Araber diese Sperrgebiete besetzt hätten, die einen zusammenhängenden Gürtel aus folgenden Stadtteilen und Gebäuden bildeten: dem italienischen Krankenhaus, dem Abessinienhaus, dem Russischen Lager, dem Generali-Gebäude, dem Distrikt um das König-David-Hotel, dem Bahnhof und der deutschen Kolonie. Abgesehen davon, daß dieser Gürtel das jüdische Jerusalem durchschnitt, isolierte er auch Ramat Rahel, Talpiot und Mekur Hayim vollständig. Yemin Moshe wäre abgeschnitten worden, und wir hatten schon einen hohen Preis erlegt, um es zu halten, weil wir hofften, daß wir von da aus eine Verbindung mit dem jüdischen Viertel der Alten Stadt herstellen könnten. Das Sheikh-Jarrah-Viertel wäre endgültig an die Araber gefallen und damit auch der Zugang zum Berg Scopus mit der Hebräischen Universität und dem Krankenhaus der Hadassah.

## Berlinkrise und Währungsreform

*Lucius D. Clay*

Auf der Konferenz in Potsdam war zwar die Errichtung eines zentralen deutschen Verwaltungsapparates beschlossen worden, jedoch wurde dieser Beschluß infolge französischen Widerstands nicht in die Praxis umgesetzt. Nach den Landtagswahlen vom November und Dezember 1946 wurden in den Ländern der Westzonen parlamentarische Regierungen berufen, aber noch keine Möglichkeit eines politischen Zusammenschlusses geschaffen. Ein erster Schritt zu einer Einheit ergab sich durch das am 1. Januar 1947 wirksam gewordene Doppelzonenabkommen, das die britische und amerikanische Zone zu einem Wirtschaftsgebiet zusammenschloß. Frankreich und Rußland lehnten den Beitritt ihrer Zonen ab. Die US-Militärregierung ordnete die Einberufung eines Wirtschafts- und Exekutivrates für die Doppelzone an, der im Januar 1948 umorganisiert und erweitert wurde. Jetzt entschloß sich auch Frankreich auf der Londoner Konferenz im März 1948 zum Anschluß seiner Zone an die anglo-amerikanische Bizone. Um endlich auch die Wirtschaft in der neuen Trizone zu beleben, führten die drei Westmächte eine Währungsreform durch. Die Herabsetzung der vorhandenen Geldwerte auf 10 Prozent, der Spareinlagen sogar nur auf 6,5 Prozent, bedeutete eine schwere Belastung für den einzelnen, bewirkte aber eine überraschend schnelle Steigerung der Industrieproduktion. Auf diese Maßnahmen antwortete Rußland mit einer abweichenden Währungsreform in seiner Zone, die es auch Groß-Berlin aufzuzwingen suchte. Als sich die Berliner und die Westmächte dagegen wehrten, kam es zu einer Spaltung der Stadt in einen Ostsektor und die Westsektoren, über die Rußland sofort eine Blockade verhängte, indem es alle Zufahrtswege nach Westdeutschland sperrte. Vom Juni 1948 bis zum Mai 1949 mußte die Stadt durch eine Luftbrücke versorgt werden, über die 2,3 Millionen Tonnen Güter angeliefert wurden. General Clay, der über die entscheidenden Stunden zu Beginn der Blockade berichtet, war Kommandant des amerikanischen Sektors in Berlin.

Am Tag vor der Blockade rief mich die Armeeabteilung des Kriegsministeriums zu einer Telekonferenz. Sie war über die Transportschwierigkeiten und Zwischenfälle, die wir täglich meldeten, besorgt und wollte hören, was ich davon hielt, weiteren Familienangehörigen zu verbieten, nach Deutschland zu kommen, und die Familien aus Berlin und unserer Zone nach und nach heimzuholen. Ich erwiderte, vom rein militärischen Standpunkt aus sei dies logisch; wir befänden uns aber in einem politischen Kampf, und da würden diese Maßnahmen sich katastrophal auswirken. Ich sagte:

*Wenn die Familienangehörigen gingen, würde eine Hysterie ausgelöst, die Deutschen würden sich dem Kommunismus in die Arme werfen, um sich zu sichern. Ganz Europa würde angesteckt und die politische Stärke der Kommunisten überall zunehmen, ganz besonders in Italien (wo die Wahlen binnen weniger Tage bevorstanden).*

Am nächsten Tag, dem 31. März 1948, verbot ein Befehl der sowjetischen Militäradministration, daß Personenzüge die Zonengrenze in Richtung Berlin überquerten, wenn nicht Gepäck und Reisende von russischem Personal kontrolliert würden. Das verletzte unmittelbar unser Recht, in Berlin zu sein, und die mündliche Übereinkunft mit Marschall Schukow, nach der unser Personal weder Zoll- noch Grenzkontrollen ausgesetzt werden sollte. Wenn wir die Überprüfung zugestanden hätten, wäre amerikanisches Personal der Verhaftung durch sowjetische Polizei ausgesetzt gewesen, und unsere Leute wären möglicherweise grob behandelt worden.

Am folgenden Tag ordneten die sowjetischen Vertreter in den Ausführungsbestimmungen zu jenem Befehl an, daß Frachtgüter Berlin auf dem Schienenweg nur mit Genehmigung der russischen Kommandantura verlassen dürften. Damit hätten die Sowjets die volle Aufsicht über die Handelsverbindungen der Stadt gehabt. Diese Vorschrift konnten wir unmöglich annehmen. Wir beschränkten unseren Verkehr nach Berlin von nun an auf die Beförderung ziviler und militärischer Güter; die Züge in der Gegenrichtung fuhren leer.

Der sowjetische stellvertretende Militärgouverneur, General Dratwin, teilte meinem Stellvertreter, General Hays, die Einzelheiten des geplanten Durchsuchungsvorgangs schriftlich mit. Diesen Brief und die Antwort, die ich vorschlug, gab ich in einer Telekonferenz der Armeeabteilung des Kriegsministeriums sogleich bekannt. Ich riet zu einem Kompromiß, wonach die Zugkommandanten den sowjetischen Kontrolleuren bescheinigte Listen und Belege der Fahrgäste aushändigen sollten, und fügte hinzu:

*Wir können nicht zulassen, daß unsere Militärzüge (zu solchen Zwecken) von Vertretern anderer Mächte bestiegen werden; das ginge gegen das freie und ungehinderte Zugangsrecht nach Berlin, die Voraussetzung unserer Räumung Sachsens und Thüringens.*

Diese Erwiderung wurde gebilligt und General Dratwin zugestellt. Er lehnte sie jedoch ab.

Ich meldete, daß ich vorhätte, einen mit ein paar bewaffneten Wachen besetzten Zug über die Grenze zu schicken, um zu sehen, ob die Russen ihn tatsächlich aufhalten würden, gewaltsam oder indem sie ihn auf ein Nebengleis leiteten. Der Zug gelangte eine gute Strecke in die Sowjetzone hinein, aber schließlich wurde er durch elektrische Schaltung der Weichen auf ein Nebengleis geleitet, blieb dort ein paar Tage stehen und zog sich dann ziemlich schmählich zurück. Den Russen war es ganz zweifellos ernst.

Bei dieser Telekonferenz schien mir, als fürchteten Staatssekretär Royall und seine Berater, unsere feste Haltung könnte zu Zwischenfällen mit Gewaltanwendung und gar zum Krieg führen. Demgegenüber vertrat ich den Standpunkt, daß Schwäche uns erhebliches Ansehen kosten würde und daß ein Krieg, falls die Sowjetregierung ihn wünsche, nicht durch Schwäche verhindert werde. Ich setzte hinzu:

*Ich glaube nicht, daß dies Krieg zu bedeuten hat ... Wir fuchteln hier nicht mit der geladenen Waffe herum und werden, darauf können Sie sich verlassen, nur zur Selbstverteidigung schießen; aber ich bin überzeugt, das wird nicht notwendig sein.*

Am 2. April berief die Armeeabteilung des Kriegsministeriums erneut eine Telekonferenz ein. Dabei hörte ich, man forderte zu Hause immer lauter, unsere Familien müßten zurückgerufen werden; viele maßgebende Persönlichkeiten hielten ihren Verbleib in Berlin nachgerade für ausgeschlossen. Ich erklärte, daß wir die Amerikaner in Berlin mit einer sehr kleinen Luftbrücke auf unbegrenzte Zeit versorgen könnten und unsere Angehörigen nicht evakuieren sollten. Kurz vor einer Sitzung mit meinem Stab, wenige Tage zuvor, hatte ich erfahren, daß eine Reihe unserer Offiziere und Beamten in Berlin beantragt habe, ihre Familien nach den Vereinigten Staaten zurückzuschicken. Auf der Stabssitzung sagte ich, einem Amerikaner stünde meiner Ansicht nach Nervosität schlecht zu Gesicht. Falls jemand sich ungemütlich fühle, sei ich gern bereit, seiner Rückkehr nach Amerika die Wege zu ebnen, und der Antragsteller werde durch ein solches Gesuch nicht diskreditiert. Ich wünschte aber niemanden bei mir in Berlin, der seine Familie heimgeschickt hätte; ein Evakuierungsantrag gelte daher für die ganze Familie. Ich hatte mit einer Zunahme der Anträge gerechnet, doch meine Erklärung bewirkte im Gegenteil, daß fast alle eingereichten Gesuche zurückgezogen wurden.

Die Sowjets dehnten nun die Blockade noch weiter

aus, indem sie auch die ausfahrenden Personenzüge, einschließlich des internationalen Nordexpreß, anhielten. Das führte am 10. April zu einer neuen Telekonferenz mit der Armeeabteilung des Kriegsministeriums, auf der Royall erklärte, an der Haltung der Armeeabteilung über unseren Verbleib in Berlin habe sich nichts geändert; da die Frage in Washington aber unentwegt diskutiert werde, möchte er doch noch einmal meine Ansicht hören. Ich antwortete, wir sollten Berlin nicht verlassen, wenn man uns nicht gewaltsam vertreibe. Falls die Blokkade bis zur Abdrosselung der Lebensmittelzufuhr ausgedehnt würde und so weit ging, sogar der deutschen Bevölkerung die Versorgung abzuschnüren, könne uns das möglicherweise zwingen abzuziehen; aber ich zweifelte, daß die Russen so töricht sein würden, diesen Schritt zu tun, der ihnen die Bevölkerung vollends entfremden würde. Ich fuhr fort:

*Die Tschechoslowakei haben wir verloren. Norwegen schwebt in Gefahr. Wir geben Berlin auf. Wenn Berlin fällt, folgt Westdeutschland als nächstes. Wenn wir beabsichtigen, Europa gegen den Kommunismus zu halten, dürfen wir uns nicht von der Stelle rühren. Wir können Demütigungen und Druck, die nicht zum Krieg führen, in Berlin einstecken, ohne das Gesicht zu verlieren. Wenn wir fortgehen, gefährden wir unsere europäische Position. Falls Amerika dies jetzt nicht versteht, wenn es nicht begreift, daß die Würfel gefallen sind, wird es nie zu dieser Erkenntnis kommen, und der Kommunismus wird alles überrennen.*

Wir blieben also in Berlin. Viele britische und französische Familienangehörige wurden nach ihren Zonen evakuiert. Wir hatten wegen der vermehrten Arbeit in Frankfurt, die sich aus der Zweizonen-Verschmelzung ergab, zahlreiche Versetzungen geplant, verlangsamten sie jedoch, um Mißdeutungen zu vermeiden. Tatsächlich hielt die internationale Aufregung über die Blockade gegen die Alliierten und ihre Versorgung gar nicht lange an. Unser Bleiben in Berlin, das von der Zufuhr über den Luftweg abhängig war, weil man uns von der übrigen Welt zu Land und zu Wasser abgeschnitten hatte, galt bald als selbstverständlich. Die kleine Luftbrücke, über die wir uns versorgten, umwehte nicht der dramatische Hauch der großen Luftbrücke, mit der später die ganze Zivilbevölkerung von West-Berlin unterhalten wurde.

Im April wiesen die Russen unsere Nachrichteneinheiten aus, die in der sowjetischen Zone stationiert gewesen waren, um Verstärker-Stationen für die Nachrichtenlinien von Berlin nach unserer Zone in Betrieb zu halten. Sie waren seit dem Abkommen von 1945 über unseren Einzug in Berlin dort gewesen.

Bald kamen wir zu der Überzeugung, daß die Blokkade in kurzer Zeit auch auf die deutsche Zivilbevölkerung ausgedehnt würde. Im Mai stellten die Sowjets neue und unannehmbare Forderungen: Sie verlangten weitere Dokumente für den Transport militärischer und ziviler Güter nach Berlin. Im Juni wurden unsere Güterzüge für die Zivilversorgung unter den verschiedensten Vorwänden aufgehalten; gelegentlich wurden von Güter- und Postzügen Wagen abgehängt, die dann verschwanden. Am 10. Juni versuchten sowjetische Vertreter, rangierende Lokomotiven und Eisenbahnwagen aus unserem Berliner Sektor zu entfernen; sie mußten durch bewaffnete Wachen daran gehindert werden. Am 18. Juni begannen die Russen, einen großen Teil der mit Fracht für Berlin beladenen Waggons an der Grenze abzuweisen, weil sie sich »in schlechtem Zustand« befänden. Am 24. Juni schließlich wurde der gesamte Bahnverkehr zwischen den Westzonen und Berlin von der Sowjetischen Militärverwaltung unterbrochen. Technische Schwierigkeiten lieferten den Vorwand. Diese »technischen Schwierigkeiten« befielen bald auch die Kanäle und Landstraßen. Am 4. August war die Blokkade zu Land und zu Wasser vollständig.

Die Sowjets behaupteten später, die Blockade sei verhängt worden, damit sich die westdeutsche Währungsreform nicht nachteilig auf die Wirtschaft der Sowjetzone auswirke. Wir hatten uns bis zur letzten Sitzung des Alliierten Kontrollrats und noch auf dieser selbst um eine Vierer-Übereinkunft über die Währungsreform bemüht. Als der Kontrollrat auseinanderfiel, setzten wir unsere Pläne auf Dreimächtebasis in die Tat um. Das Gesetz über die Durchführung der Währungsreform in den drei Westzonen wurde am 18. Juni bekanntgegeben; am 20. Juni sollte es in Kraft treten. Zu dieser Zeit – das sollte man festhalten – hatten sowjetische Maßnahmen den gesamten Zugverkehr mit Berlin, abgesehen von zurücklaufenden leeren Wagen, zum Stillstand gebracht. Frachtschiffe fuhren nicht mehr. Der Personenverkehr mit der Bahn von und nach Berlin war eingestellt, und auf der Autobahn fuhr nur noch, wer willens war, sich der sowjetischen Kontrolle zu unterziehen. Daher wurden am Tag der Währungsreform auf dem Land- und Wasserweg bloß noch Lebensmittel und Verbrauchsgüter für die Berliner Zivilbevölkerung befördert. Das konnte die Transferierung von Geldmitteln durch den Handel mit Gütern zwischen den Westzonen und Berlin überhaupt nicht berühren.

Als die drei Militärgouverneure vereinbarten, in ihren Zonen die Westmark einzuführen, entschieden sie sich dagegen, sie auch in Berlin in Umlauf zu setzen, weil sie die Schwierigkeiten voraussahen, die entstehen müßten, wenn verschiedene Währungen in der Stadt gültig wären. Unsere Regierung zweifelte, ob es ratsam sei, die Reichsmark weiterhin in Berlin kursieren zu lassen, und ich hatte erwidert, getrennte Währung würde zu noch größeren Schwierigkeiten führen. Die sowjetischen Vertreter ließen am 16. Juni ihrem Auszug aus dem Alliierten Kontrollrat den Auszug aus der Kommandantura, der Vier-Mächte-Institution, die für die Verwaltung der Stadt zuständig war, folgen. Die Lage in Berlin verschlechterte sich dadurch noch weiter. Unter Viererkontrolle war es möglich, eine gemeinsame Währung beizubehalten; man konnte sich aber schwer vorstellen, wie es ohne derartige Kontrolle klappen sollte.

Trotz der Lage, die durch den Zusammenbruch der Kommandantura entstanden war, teilten die westlichen Militärgouverneure Sokolowskij einzeln mit, daß in ihren Zonen die Währungsreform durchgeführt würde, da Vierer-Vereinbarungen nicht erreichbar gewesen seien. Berlin bliebe davon aber unberührt. Wir drückten die Hoffnung aus, die bestehenden Handelsabkommen mit der Sowjetzone würden sich aufrechterhalten und eine einheitliche Währungsreform für ganz Deutschland immer noch durchführen lassen. Sokolowskij antwortete am 20. Juni. Er warf uns vor, wir spalteten Deutschland und zwängen ihn, dringend erforderliche Maßnahmen zum

Schutz der Ostzone zu ergreifen. Er zeigte sich befriedigt, daß die Westwährung in Berlin nicht eingeführt werde, und stimmte uns zu, daß es erstrebenswert sei, den Handelsverkehr zwischen West- und Ostdeutschland fortzusetzen.

Nachdem wir seinen Brief erhalten hatten, schlugen wir für den Vormittag des 22. Juni eine Sitzung der Finanz- und Wirtschaftssachverständigen aller vier Mächte im Gebäude des Alliierten Kontrollrats vor. Dabei sollten die Berliner Währungssituation und die Fortführung des Handelsverkehrs besprochen werden. Bei dieser Konferenz wurde unseren Vertretern von den sowjetischen Fachleuten mitgeteilt, daß sie in ihrer Zone und in Berlin eine neue Währung einführen würden. Eine eigene Währung nur für Berlin wurde dadurch natürlich unmöglich.

Unsere Experten hofften noch immer, daß zwei Währungen vermieden werden könnten, und erklärten sich bereit, die neue sowjetische Mark zu akzeptieren, wenn unsere Interessen und die der Deutschen unseres Berliner Sektors ausreichend gewahrt würden. Wir forderten Garantien für die gleichmäßige Behandlung aller Deutschen, Zugang der Alliierten zu den neuen Geldmitteln, welche die Berliner für die von uns in die Stadt gebrachten Lebensmittel bezahlten, und ein Handelsabkommen, demzufolge die Berliner Industrie nicht sowjetisch beherrscht würde. Vier Stunden lang berieten die Fachleute, unterbrachen die Sitzung für zwei Stunden, um den Militärgouverneuren Bericht zu erstatten, und traten erneut bis abends halbzwölf Uhr zusammen; dann waren die Vertreter der Westmächte überzeugt, daß die neue Ostmark ausschließlich von den Sowjets kontrolliert werden würde und wir künftig in Berlin nur noch Gäste sein würden, wenn wir sie für die Westsektoren annähmen. In dieser Situation wurde die Sitzung abgebrochen. Am folgenden Morgen informierte Sokolowskij uns in Briefen, die er offensichtlich geschrieben hatte, als die Fachleute noch berieten, über die sowjetische Währungsreform; die neue Mark werde auch in Berlin eingeführt.

Solange die Währungsreform sowohl auf Drei- als auch auf Viermächtegrundlage beraten wurde, war ich ständig mit der Armeeabteilung des Kriegsministeriums in Verbindung. Am 29. April erhielt ich die Mitteilung, unsere

Regierung halte es für politisch untragbar, die sowjetische Währung anzunehmen, falls es nicht gelänge, eine gemeinsame Währung zu vereinbaren, die sich von der östlichen wie von der westlichen unterscheide; wir hätten sonst die sowjetische Souveränität über Berlin anerkannt. Doch war mir die endgültige Entscheidung überlassen worden, und ich fügte mich den Vorstellungen meines französischen und britischen Kollegen, die die sowjetische Währung für Berlin annehmen wollten, sofern wir uns an ihrer Kontrolle beteiligen könnten. Da Sokolowskij nichts dergleichen anbot, war sein Vorschlag, wie ich wußte, für unsere Regierung nicht annehmbar.

Ich antwortete ihm daher sogleich, daß sein Vorschlag für uns nicht in Betracht komme und ich mit meinen Kollegen in den Berliner Westsektoren die Westmark einführen würde. Robertson war meiner Ansicht. Unser französischer Partner, Koenigs Berliner Vertreter Noiret, wollte nicht mitmachen. Koenig selbst war nicht in Berlin, und Robertson und ich befürchteten, die Franzosen würden sich nicht beteiligen. Im letzten Moment und widerstrebend nahmen sie dann doch teil, sagten uns aber schriftlich, daß ihnen keine andere Wahl bliebe und wir den Entschluß allein verantworten müßten.

Am 23. Juni wurde die sowjetische Währungsreform durchgeführt. Am 24. Juni machten wir die Westmark zum legalen Zahlungsmittel in Berlin. Zwischen dem 25. und 27. Juni konnte die Bevölkerung ihr Altgeld umtauschen. Wir hofften noch immer auf eine spätere Einigung und ließen die Ostmark daher als gleichberechtigtes, gesetzliches Zahlungsmittel wie die Westmark zu. In den Westsektoren konnten Lebensmittel, Mieten, Steuern, Strom und Kohle in beiden Währungen bezahlt werden.

Als der Befehl der sowjetischen Militärverwaltung, der den Bahnverkehr mit den Westzonen stillegte, am 24. Juni um 6 Uhr früh in Kraft trat, waren die drei Berliner Westsektoren mit einer Zivilbevölkerung von rund 2,5 Millionen Menschen auf die vorhandenen Vorräte und den Nachschub über die Luftbrücke angewiesen. Es war einer der brutalsten Versuche der neueren Geschichte, eine Massenhungersnot als politisches Druckmittel zu benutzen. Unsere Lebensmittelvorräte reichten für 36, die Kohlevorräte für 45 Tage. Es war ziemlich schwer gewesen, diese Vorräte aufzuspeichern, denn unsere Beförderungsmöglichkeiten nach Berlin hatten nie ausgereicht. Die sowjetische Aktion hatten wir seit ein paar Monaten vorausgesehen. Der Minimalbedarf konnte mit einer durchschnittlichen Tagestransportleistung von 4000 Tonnen für die deutsche Bevölkerung und 500 Tonnen für die Alliierten auf dem Luftweg gedeckt werden. Die Industrieproduktion war damit nicht aufrechtzuerhalten. Hausbrand und normaler Verbraucherbedarf nicht zu befriedigen; die Stromerzeugung wäre selbst dann begrenzt gewesen, wenn die Möglichkeit bestanden hätte, Kohle in beliebiger Menge nach Berlin zu bringen, weil die Russen, bevor wir gekommen waren, die Ausrüstung des modernsten Kraftwerkes demontiert hatten. Stromlieferungen aus der Sowjetzone wurden eingestellt, als die Blockade begann. Die verbliebene Kapazität konnte nur einige Stunden täglich Strom für die lebenswichtigen Zwecke liefern, und selbst diese Stromstunden mußten in den verschiedenen Teilen West-Berlins umschichtig zugeteilt werden. Dennoch waren wir voll Zutrauen, daß die Bevölkerung lieber die größten Unannehmlichkeiten ertragen würde, als wieder unter einem totalitären Regime zu leben, und daß sie, um frei zu bleiben, viele Härten in Kauf nehmen würde. Wir hatten in Europa nur begrenzte Mittel in der Hand, um die Blockade zu brechen. Die Zahl der Fracht- und Truppentransportflugzeuge belief sich zwar auf über hundert, es waren aber nur zweimotorige Maschinen vom Typ C-47 mit 2,5 Tonnen Ladefähigkeit, und viele von ihnen waren im Krieg hart mitgenommen worden. Die britischen Hilfsmittel waren zu der Zeit noch viel beschränkter, französische Transportmaschinen waren überhaupt nicht verfügbar.

Wenn wir jedoch die verfügbaren C-47 voll ausnutzten, mußte es sich meiner Meinung nach erweisen, daß die Aufgabe gelöst werden konnte. Ich telefonierte am Vormittag des 24. Juni mit General LeMay, er solle keine unserer Transportmaschinen anderweitig verwenden, damit alle auf der Strecke Berlin eingesetzt werden könnten. Bei Luftbefehlshabern vom Format General LeMays und seines Nachfolgers, General Cannon, braucht man nur seine Wünsche zu äußern, und schon richten sie alle verfügbaren Kräfte auf dieses Ziel. Gleichzeitig wurden Vorbereitungen getroffen, um Lebensmittel auf unsere Flugplätze zu schaffen, und am Morgen des 25. Juni kamen die ersten Maschinen mit Nahrungsmitteln für die Berliner Bevölkerung an.

Am selben Tag berief die Armeeabteilung des Kriegsministeriums abermals eine Telekonferenz ein. Man riet mir, die Einführung der Westmark in Berlin zu verlangsamen, falls sie möglicherweise einen bewaffneten Konflikt veranlassen würde – doch das war nun zu spät. In meiner Antwort wies ich darauf hin, daß über die zu erwartenden Schwierigkeiten ausführlich berichtet worden sei und man uns angewiesen habe, die Westmark in Umlauf zu setzen, wenn eine Einigung über eine eigene Währung für Berlin nicht erzielt werden könnte. Ich fügte hinzu:

*Wir rechnen nicht mit einem bewaffneten Konflikt ... Die Hauptgefahr bilden russisch inspirierte Gruppen deutscher Kommunisten ... Die Lage ist gespannt ... Wir haben unsere und die britischen Truppen fest in der Hand; auf sie ist Verlaß.*

Ich hob auch den erstaunlich mutigen Widerstand der Berliner Bevölkerung hervor, durch den die sowjetische Administration zu extremen Maßnahmen getrieben werde, sowie die Proklamation, die Sokolowskij am vorherigen Tag erlassen und in der er die Viermächteregierung für beendet erklärt hatte; damit sollte die Berliner Bevölkerung eingeschüchtert und davor zurückgehalten werden, ihr altes Geld gegen Westmark einzutauschen. Ich sagte:

*Alle deutschen Politiker, abgesehen von denen der SED, und tausende Deutscher bekunden mutig ihre Gegnerschaft zum Kommunismus. Wir dürfen sie nicht enttäuschen, indem wir einen Abzug aus Berlin auch nur andeuten. Ich bin noch immer dagegen, unsere Angehörigen aus Berlin fortzuschicken. Wir müssen es eben auslöffeln, ganz gleich, was kommt. Falls die Sowjets einen Krieg wollen, wird er nicht wegen der Berliner Währungsreform ausbrechen, sondern weil ihnen der Zeitpunkt günstig erscheint. Ich halte die Wahrscheinlichkeit für gering, obwohl sie nicht vollständig übersehen werden kann. Ganz bestimmt versuchen wir nicht, Krieg zu provozieren. Wir stecken eine Menge Kinnhaken ein, ohne zurückzuschlagen.*

Am nächsten Tag, 26. Juni, wurde die Luftbrücke ein organisiertes Unternehmen.

## Gründung des Parlamentarischen Rates

*Konrad Adenauer*

Auf der Londoner Konferenz vom Frühjahr 1948 tauchte erstmals der Plan auf, durch eine föderative Regierung die Wiederherstellung der deutschen Einheit anzustreben. So beschlossen die Westmächte, eine Verfassung für den unter ihrer Verwaltung stehenden Teil Deutschlands ausarbeiten zu lassen. Im Sommer 1948 trafen sich dann die elf Ministerpräsidenten der drei Westzonen und beschlossen die Gründung eines Parlamentarischen Rates von fünfundsechzig Abgeordneten der verschiedenen Landtage, deren Aufgabe die Ausarbeitung einer vorläufigen Verfassung für einen deutschen Staat, bestehend aus den elf westdeutschen Ländern, sein sollte. Vorsitzender dieses Parlamentarischen Rates wurde Dr. Konrad Adenauer, aus dessen Memoiren der folgende Abschnitt stammt. Nach der Ratifizierung in den Landtagen trat das vom Rat erarbeitete Grundgesetz am 23. Mai 1949 in Kraft. Erster Bundespräsident der neuen Bundesrepublik Deutschland wurde Professor Dr. Theodor Heuss, als erster Bundeskanzler bildete Dr. Adenauer eine Regierung aus CDU, FDP und DP. Die Stellung der Besatzungsmächte wurde in einem Besatzungsstatut geregelt.

Die Eröffnungssitzung des Parlamentarischen Rates fand am 1. September 1948 in Bonn im Gebäude der Pädagogischen Akademie statt. Der Parlamentarische Rat bestand aus 65 Mitgliedern. Er setzte sich zusammen aus 27 Angehörigen der CDU/CSU, 27 Sozialdemokraten, 5 Freien Demokraten, 2 Mitgliedern der Deutschen Partei, 2 Mitgliedern des Zentrums und 2 Mitgliedern der KPD.

Der Ministerpräsident von Hessen, Stock, hielt als Vorsitzender der Ministerpräsidentenkonferenz die Eröffnungsrede. In sehr treffenden Worten kennzeichnete er den neuen Abschnitt in der Nachkriegsgeschichte Deutschlands. Er sagte wörtlich:

»Wir handeln heute zum ersten Mal in der neuen deutschen Geschichte seit der Kapitulation nicht nach einem Diktat, sondern nach Vereinbarungen, die zwischen den Herren Militärgouverneuren und den Ministerpräsidenten zustande gekommen sind. Der Wirtschaftsrat wurde aufgrund einer militärischen Proklamation von zwei Besatzungsmächten gebildet, der Parlamentarische Rat ist nach deutschem Entschluß geformt und zusammengerufen worden.«

Als Präsident des Parlamentarischen Rates – ich war als solcher gewählt worden, meine Stellvertreter waren Schönfelder (SPD) und Dr. Schäfer (FDP) – hielt ich die Erwiderungsansprache. Ich sagte in meiner Rede, daß es uns allen, den Mitgliedern des Parlamentarischen Rates, gewiß nicht leicht geworden sei, die Aufgabe, die uns aufgetragen worden sei, unter den gegebenen Bedingungen zu übernehmen, aber angesichts der Notlage in Deutschland und erfüllt von unserem Pflichtbewußtsein gegenüber unserem Volk seien wir zusammengekommen, um in gemeinsamer Arbeit ein Grundgesetz zu schaffen. Unsere Arbeit im Parlamentarischen Rat werde von dem festen Willen geleitet werden, das Grundgesetz so zu gestalten, daß durch unsere Tätigkeit die Möglichkeiten für eine Einheit von ganz Deutschland erhalten bleiben und daß in dem neuen Staat die deutschen Gebiete des Ostens jederzeit ihren Platz finden könnten.

Bei meiner Wahl zum Präsidenten des Parlamentarischen Rates war maßgebend gewesen, daß ich in den Jahren von 1920 bis 1933 Präsident des Preußischen Staatsrates, eines kleineren Parlamentes, gewesen war und daher Erfahrungen in der Leitung einer solchen Körperschaft besaß. Ein weiterer Grund bestand darin, daß ich Vorsitzender der CDU/CSU-Fraktion im Parlamentarischen Rat war, die in gleicher Stärke vertreten war wie die SPD.

Als Präsident des Parlamentarischen Rates hatte ich vor allem die Aufgabe, dafür zu sorgen, daß seine Arbeit zu einem positiven Ergebnis führte.

Man setzte uns von seiten der Militärgouverneure, aber auch von seiten der Ministerpräsidenten unter großen

Zeitdruck. Eine übermäßige Beschleunigung der Arbeit des Parlamentarischen Rates war im Hinblick auf die große Zahl von schwierigen Fragen, die beim Grundgesetz und beim Wahlgesetz zu behandeln waren, unmöglich. Wir waren uns unserer Verantwortung bewußt und waren nicht gewillt, unter Zeitdruck einen oberflächlichen Entwurf zu fertigen, dessen Fehler und Mängel sich in der Praxis für unser Volk verhängnisvoll auswirken müßten.

Ich kann hier nicht auf die Beratungen der einzelnen Artikel des Grundgesetzes eingehen. Ich muß mich auf die Schilderung der großen Linien der Tätigkeit des Parlamentarischen Rates und die Hervorhebung einiger besonders wichtiger Entscheidungen beschränken.

Als Präsident des Parlamentarischen Rates war ich bestrebt, für die Verabschiedung der Artikel eine möglichst breite Mehrheit zu erreichen. Da aber bei wesentlichen Punkten in den Auffassungen der einzelnen Fraktionen große Meinungsverschiedenheiten bestanden, war es oft nötig, in langwierigen und zeitraubenden Verhandlungen diese auszuräumen und Kompromißlösungen zu finden.

Im Laufe unserer Arbeit fanden viele Verhandlungen mit den Militärgouverneuren oder deren Vertretern über eine Anzahl von Punkten des Grundgesetzes statt. Wir mußten zahlreichen Wünschen von seiten der Militärregierung Rechnung tragen, aber wir setzten auch viele Wünsche und Grundsätze gegenüber den Militärgouverneuren durch. Die Arbeit für den Parlamentarischen Rat war dadurch sehr erschwert, daß wir den Inhalt des Besatzungsstatuts, in dem das Verhältnis der künftigen Bundesrepublik zu den alliierten Besatzungsmächten festgelegt werden sollte, nicht kannten. Während wir an dem Grundgesetz arbeiteten, fand zur gleichen Zeit die Ausarbeitung des Besatzungsstatuts durch die Regierungen der Besatzungsmächte statt. Die Militärgouverneure ließen sich von Zeit zu Zeit über den Fortschritt unserer Arbeit berichten, waren jedoch nicht imstande, uns Auskunft zu geben über den Inhalt des Besatzungsstatuts, dessen Kenntnis eine der wesentlichen Grundlagen unserer Arbeit hätte sein müssen.

Professor Carlo Schmid war Vorsitzender des Hauptausschusses des Parlamentarischen Rates und hat dort maßgeblich an den Arbeiten für die einzelnen Artikel mitgewirkt. Allgemeiner Grundsatz unsererseits war, daß wir aus den Fehlern der Weimarer Republik die nötigen Folgerungen ziehen müßten. Die Stellung des künftigen Bundespräsidenten durfte nicht mit den Vollmachten versehen sein, die der Reichspräsident der Weimarer Republik besessen hatte. Ein weiterer Grundsatz unserer Arbeit war, die Stellung des Bundeskanzlers stärker zu machen, als es die des Reichskanzlers der Weimarer Republik gewesen war. Es sollte nach dem künftigen Grundgesetz nicht mehr möglich sein, einzelne Minister durch Mißtrauensantrag aus ihren Ämtern zu entfernen und dadurch dem Bundeskanzler die Erfüllung seiner Pflichten zu erschweren. Wenn das Parlament mit der Politik des Bundeskanzlers nicht einverstanden wäre, sollte nicht der jeweilige Ressortminister gestürzt werden können, sondern es würde ein Mißtrauensantrag gegen den Bundeskanzler selbst gestellt werden müssen. Um jedoch die Gefahren, die in einem zu leichten Sturz einer Regierung lagen – die Weimarer Republik galt auch hier für uns als warnendes Beispiel –, auszuschließen, bauten wir die Bestimmung ein, daß gegen einen Bundeskanzler nur dann ein Mißtrauensantrag des Parlaments gestellt werden könnte, wenn gleichzeitig ein neuer Bundeskanzler vorgeschlagen werde, der die nötige regierungsfähige Mehrheit des Parlaments hinter sich hätte.

Professor Heuss war als Abgeordneter der FDP Mitglied des Parlamentarischen Rates. Er hat maßgeblich an der Fassung des Grundgesetzes mitgewirkt. Sein schwäbischer Humor und seine schwäbische Gemütlichkeit wirkten, wenn es manchmal über bestimmte Punkte zu Auseinandersetzungen kam, ausgleichend und beruhigend.

Ich erinnere mich jedoch einer Situation, da selbst ihm Ausführungen des kommunistischen Abgeordneten Renner auf die Nerven gegangen waren. Jedenfalls ließ er sich dazu hinreißen, Renner auf schwäbisch zuzurufen, er möge doch endlich einmal sein Maul halten. In der Funktion des Präsidenten mußte ich notgedrungen zur Glocke greifen und die Frage stellen, ob Heuss mit seiner

Äußerung eine Beleidigung Renners beabsichtigt habe. Heuss erwiderte, er hätte Herrn Renner eine Freude machen wollen. Es herrschte allgemeines Schmunzeln und Gelächter. Korrekterweise mußte ich dann an Renner die Frage stellen, ob er sich beleidigt fühlte. Renner verneinte dies. Damit war die Angelegenheit erledigt.

Das Verhältnis unter den Mitgliedern des Parlamentarischen Rates war im allgemeinen gut, auch außerhalb der Sitzungen.

Das Schwergewicht der Arbeiten an den einzelnen Artikeln des Grundgesetzes lag in den Fachausschüssen. Ich mußte stets über die Tätigkeit der einzelnen Fachausschüsse auf dem laufenden sein und dort, wo Schwierigkeiten auftraten, versuchen, diese – sei es in offiziellen oder in privaten Besprechungen – zu beseitigen. Die Erfahrungen, die ich als Präsident des Preußischen Staatsrates in der Zeit von 1920 bis 1933 gesammelt hatte, waren für meine Tätigkeit als Präsident des Parlamentarischen Rates nützlich.

Am 10. Mai erfolgte unter den Mitgliedern des Parlamentarischen Rates die Abstimmung, ob Frankfurt oder Bonn vorläufige Bundeshauptstadt werden würde. Über diese Frage bestand große Uneinigkeit zwischen den Parteien im Parlamentarischen Rat. Die CDU/CSU trat für Bonn als vorläufige Bundeshauptstadt ein, die SPD für Frankfurt.

Die SPD wies darauf hin, daß in Frankfurt bereits zahlreiche bizonale Verwaltungsbehörden bestünden und daß dieser Umstand Erleichterungen für den Aufbau der Bundesbehörden brächte. Der wichtigste Grund der SPD war jedoch, daß Frankfurt im sozialdemokratisch regierten Hessen lag und nach ihrer Meinung eine sozialdemokratische Tradition und Atmosphäre besaß. Wenn Frankfurt zur vorläufigen Bundeshauptstadt gewählt würde, versprach sie sich eine entsprechende Ausstrahlung des sozialdemokratischen Einflusses auf das gesamte Bundesgebiet.

Die CDU/CSU trat für Bonn ein. Wir wollten verhindern, daß eine neue Bundesregierung zu nahe bei dem Sitz der Alliierten Militärregierung ihre Tätigkeit ausübe. Wir wollten alles vermeiden, was den Eindruck hervorrufen konnte, daß eine neue Bundesregierung lediglich ein Ausführungsorgan der alliierten Besatzungsmächte sei.

Mir ist oft vorgeworfen worden, ich hätte mich für Bonn als Bundeshauptstadt eingesetzt, weil Bonn nahe an meinem Wohnort Rhöndorf läge. Diesen Vorwurf betrachte ich als sehr naiv.

Der ausschlaggebende Grund für die Wahl Bonns zur Bundeshauptstadt war schließlich folgender: Die Engländer hatten eine Erklärung abgegeben, falls Bonn zum Sitz der vorläufigen Bundeshauptstadt gewählt würde, seien sie bereit, das Gebiet von Bonn aus der britischen Zone und Militärverwaltung freizugeben. Die Amerikaner konnten eine solche Erklärung hinsichtlich Frankfurts nicht abgeben, weil in Frankfurt eine große Anzahl von amerikanischen Organisationen und sehr wichtigen Verwaltungsstellen ihren Sitz hatte, für die in einer anderen Stadt nur schwer hätte Raum geschaffen werden können.

Der Ausgang der Abstimmung war völlig ungewiß. Die Prozedur war sehr langwierig und dauerte bis gegen Mitternacht. Die Abgeordneten schrieben jeweils den Namen der Stadt, die sie als Bundeshauptstadt vorschlugen, auf einen Zettel. Als Präsident hatte ich die Aufgabe, diese Zettel entgegenzunehmen und zu verkünden, welche Stadt auf dem Zettel genannt sei, ob Bonn oder Frankfurt. Es wurden aber auch andere Städte vorgeschlagen. Gegen Mitternacht war die Abstimmung beendet. Mit einem sehr knappen Vorsprung hatten sich die Mitglieder des Parlamentarischen Rates für Bonn ausgesprochen.

## Staatsstreich in Ägypten

*Anwar el Sadat*

In Ägypten war 1922 das seit fast vier Jahrzehnten bestehende englische Protektorat erloschen, und das Land hatte nominell seine Unabhängigkeit erlangt, doch wahrte sich England noch eine Reihe bedeutender Vorrechte. 1936 bestieg der junge Faruk I. den Thron und arbeitete in der Folgezeit aufs engste mit England zusammen. 1946 zog England zwar seine Truppen aus dem Niltal zurück, hielt aber die Suezkanalzone weiterhin besetzt. Die englische Forderung nach einem neuen Militärbündnis führte zu Spannungen mit der nationalistischen Opposition des Landes. Die fremdenfeindliche Stimmung erfuhr durch die unerwartete Niederlage Ägyptens gegen den neuen Staat Israel einen deutlichen Auftrieb. Dazu gesellte sich eine durch Korruption und Mißwirtschaft geförderte allgemeine Unzufriedenheit. Alles drängte auf eine Entladung. 1952 empörte sich die Armee unter General Nagib gegen die Herrschaft Faruks und erzwang dessen Abdankung. Darüber berichtet einer der Teilnehmer des Putsches – der heutige Staatspräsident – in seinen Tagebuchaufzeichnungen.

Der erste Teil der Operationen war leicht vonstatten gegangen. Die Armee in ihrer Gesamtheit war gewonnen. Die Brüder Salem hatten den Oberbefehl über die Armeekorps von Rafah und Sinai übernommen. Die Befehlsübernahme hatte nirgends Schwierigkeiten bereitet.

Am 23. Juli um neun Uhr morgens rief Präsident Nagib El Hilaly bei uns an. General Nagib antwortete ihm am Telefon, er könne nur das wiederholen, was er von uns gehört habe. Die Unterhaltung brachte kein greifbares Resultat. Deshalb forderte das Komitee den König auf, Ali Maher mit der Bildung eines neuen Kabinetts zu beauftragen. Der Mann, der nach einem 26. Januar die Ordnung wiederhergestellt hatte, schien uns sehr geeignet dafür, auch jetzt die politische Situation in die Hand zu nehmen. Im Hauptquartier wußte aber niemand seine Adresse. Zum Glück war ein Journalist anwesend, Ihsan Abdel Kaddus, der sich erbot, mich zu ihm zu bringen. Ali Maher war nicht allein; er hatte Edgar Gallad, den Besitzer des »Journal d'Égypte«, bei sich. Er fragte, ob ich etwas dagegen hätte, wenn sein Gast unserer Unterhaltung beiwohne. Offen gestanden, antwortete ich, sei es mir lieber, wenn wir allein sein könnten. Ohne lange Vorreden trug ich dann im Namen des Ausschusses Ali Maher die Leitung des neuen Kabinetts an. Darauf entstand ein Schweigen, unterbrochen nur durch das Pfeifen von vier Jagdflugzeugen, die über das Grundstück hinfegten. »Sind das Ihre Maschinen?« fragte Ali Maher. »Ja«, erwiderte ich, »wir beherrschen die Lage.« Und dann fuhr ich in der Unterhaltung, besser gesagt: in meiner Anklagerede fort. Ich schilderte den bedauernswerten

Zustand des Landes, sprach vom König und seiner verderbten Clique. Mein Begleiter stieß mich heimlich mit dem Fuß an, um mir zu bedeuten, ich solle etwas vorsichtiger sein. Ich kümmerte mich nicht darum. Ali Maher sollte klipp und klar wissen, wie ich es meinte. Er zeigte sich geneigt, mit uns zusammenzuarbeiten unter der Bedingung, daß der Auftrag der Regierungsbildung ihm vom König erteilt werde.

Ich begab mich sofort wieder ins Hauptquartier, wo meine Kameraden sich miteinander berieten. Als ich gerade dabei war, ihnen das Ergebnis meiner Mission zu berichten, überbrachte Mustafa Sadek, der Onkel von Königin Narriman, uns eine Botschaft des Königs, worin dieser erklärte, er wolle General Nagib zum Kriegsminister ernennen. Der Vorschlag wurde von uns abgelehnt. Nachdem dieses Manöver fehlgeschlagen war, verfiel der König auf eine andere, noch dümmere Idee: Wir sollten selbst das neue Kabinett bilden. Die Bosheit war offenkundig: unser Widerstand sollte eingeschläfert, die Revolution gestoppt werden. Wir lehnten abermals ab, und daraufhin bestimmte der König Ali Maher.

So nah vor seinem Sturz ahnte Faruk noch immer nichts. Er bildete sich ein, die Armee hätte lediglich ihre Kader säubern wollen, und danach würden die Dinge wieder ihren gewohnten Gang gehen; er, der König, würde seinen Thron und die Hofclique ihre Pfründe behalten. In Wirklichkeit bereiteten wir seine Absetzung schon vor. Nur zum Schein haben wir ihm über Ali Maher eine Reihe von Forderungen gestellt, darunter besonders die, daß er sein Gefolge verabschieden solle. Wir suchten damit die Dinge zu beschleunigen, denn wir waren überzeugt, daß Faruk niemals bereit sein werde, sich von seiner Kamarilla zu trennen. Deshalb waren wir höchst überrascht, als Ali Maher uns mitteilte, der Monarch habe nachgegeben. Trotzdem leitete das Komitee nun die Formalitäten der Abdankung ein; ich mußte die Regierung davon in Kenntnis setzen. Gamal hatte mir gesagt: »Der König muß heute noch weg, spätestens aber morgen.« Wir schrieben den 25. Juli, es war Vormittag. General Nagib äußerte so nachdrücklich den Wunsch, mich zu begleiten, daß ich einwilligte. Ein Militärflugzeug brachte uns in zwanzig Minuten nach Alexandria.

Vom Flugplatz aus begab der General sich unverzüglich zum Hauptquartier von Mustafa Pascha; die Bevölkerung jubelte ihm begeistert zu: »Es lebe unser Retter!« Inzwischen verhandelte ich in Bulkeley mit dem Premierminister. Gamals besorgtes Drängen war gerechtfertigt. Die Entscheidung mußte so schnell wie möglich herbeigeführt werden, damit die Dinge sich nicht etwa noch zugunsten des Königs entwickelten.

Als wir das Ultimatum an den König im Wortlaut aufgesetzt hatten, erlebten wir eine große Enttäuschung. Oberst Zakaria Mohi Eddin teilte uns mit, daß Faruks Absetzung nicht mehr an diesem Abend, nämlich am 25. Juli, stattfinden könne. Er war Leiter der örtlichen Operationen in Alexandria und sagte uns, seine Leute seien überanstrengt, sie hätten seit drei Tagen nicht mehr geschlafen und brauchten dringend Ruhe und eine warme Mahlzeit, bevor die Aktion weitergehen könne. Wir wandten ein, daß das kein ausreichender Grund sei und daß es uns selber ja genauso gehe. Da erwiderte der Oberst ruhig: »Wie es Ihnen geht, interessiert mich nicht. Mir ist nur wichtig, daß meine Soldaten sich ausruhen müssen. Die Operationen beginnen morgen früh um acht Uhr.«

Die Nacht verging unter stürmischen Debatten. Gamal Salem war der Meinung, man dürfe Faruk nicht einfach gehen lassen, sondern müsse ihm den Prozeß machen und ihn zum Tode verurteilen. Seine Hinrichtung sei die einzig mögliche Sühne für seine Verbrechen gegen das Volk. Ich wandte ein, daß ein Prozeß sich lang hinziehen würde; wir wollten Faruk doch gerade loswerden, um bald neu anfangen zu können. Es sei doch nutzlos, ihn bis zu seiner eventuellen Hinrichtung hier bewachen zu müssen, wobei noch irgendwelche Ereignisse uns dazwischenkommen könnten. Die Diskussion währte bis zwei Uhr nachts. Wir entschieden uns dafür, die Frage dem Komitee vorzulegen. Um halb drei flog Gamal Salem nach Kairo ab. Am anderen Morgen um sieben Uhr war er zurück. Neun Mitglieder hatten sich an der Abstimmung beteiligt; die Mehrheit war für das Exil. Nagib war da noch nicht Mitglied und hatte sich deshalb der Stimme enthalten. Gamal Abdel Nasser hatte in der Sache General Asis El Masri befragt, der die lapidare Antwort gab: »Mich interessiert ein Kopf erst, wenn er ab ist.«

Am 26. Juli bei Tagesanbruch hielt Zakaria Mohi Eddin Kriegsrat und gab seine letzten Befehle. Die Truppen setzten sich in Marsch und besetzten die militärischen Punkte, ohne auf Widerstand zu stoßen. Um acht Uhr hatten sie in Alexandria den Raz El Tin und den Montazah (in Kairo den Kubbeh und den Abdin) umstellt. Infanterie, Artillerie und Panzer gingen in Stellung. Die Geschütze waren bereit, den Palast unter Feuer zu nehmen. Die Truppen hatten jedoch Order, den Kampf nur auf Befehl zu beginnen. Während sie ihre Positionen bezogen, gingen die Soldaten der königlichen Garde in der Meinung, daß wir angreifen würden, ebenfalls in Stellung. Da ging aus einem Turm der Umfassungsmauer versehentlich ein Schuß los. Unsere Truppen gaben Feuer, und das Maschinengewehr schwieg sofort. Sieben Mann der Garde waren getroffen worden.

Der König steht den Vorgängen fassungslos gegenüber. Seine Unruhe steigert sich zu heller Angst. Sein Spielerinstinkt sagt ihm, daß die Würfel gefallen sind, aber noch ahnt er nicht, daß es um seinen Kopf geht. Heimlich schickt er einen Elektriker des Palastes, Elia, zu Botschafter Jefferson Caffery und läßt diesen dringend zu sich bitten. Caffery kommt, und Faruk empfängt ihn mit den Worten: »Noch nie im Leben ist mir ein Mensch so willkommen gewesen wie Sie!« Er bittet den Diplomaten, ihm zur Flucht an Bord eines amerikanischen Kriegsschiffes zu verhelfen. Caffery rät ihm ab, wobei er betont, daß es doch unwürdig sei, wenn er sein Land auf solche Manier verlasse. Im Laufe des Tages hat der Botschafter noch eine Reihe von Unterredungen mit dem Premierminister, die alle im wesentlichen darauf abzielen, daß Blutvergießen vermieden wird. Das ist alles – eine andere Rolle hat Caffery in dem ägyptischen Finale nicht gespielt.

Um neun Uhr begab ich mich, zusammen mit General Nagib, nach Bulkeley. Auf dem Weg zum Büro des Premierministers liefen wir dem amerikanischen Militärattaché in die Hände. Er war in äußerster Erregung, denn er hatte soeben eine Audienz beim König gehabt und hatte die Schießerei miterlebt. Nervös redete er auf uns ein: »Soviel ich weiß, ist der König auf sämtliche Forderungen der Armee eingegangen. Ich wünsche für das, was sich augenblicklich im Raz El Tin abspielt, eine Erklärung!« Die Regierung in Washington, fügte er hinzu, verlange für die Sicherheit der Person des Königs Garantie. Er beruhigte sich etwas, als ich ihm versprach, die Frage werde im Ministerrat vorschriftsmäßig geprüft werden.

Bei Ali Maher wurde uns dann triumphierend gesagt, daß der König sein gesamtes, uns unerwünschtes Gefolge entlassen habe; man zeigte mir die Entlassungsschreiben.

Ali Maher glaubte, nachdem unsere Forderungen angenommen seien, werde es dabei sein Bewenden haben. Er wurde bald eines Besseren belehrt. Ich nahm aus meiner Mappe das Ultimatum, gab es mit betonter Gebärde an General Nagib weiter, und dieser überreichte es Ali Maher. Das Dokument war in zwei Exemplaren ausgefertigt, eines davon für ihn zur Unterschrift. Als er es ganz durchgelesen hatte, war er totenbleich. Ich brach das Schweigen mit der Bemerkung, wenn es so weit gekommen sei, dann nicht ganz ohne seine Schuld. Schließlich habe er, Ali Maher, ja an der politischen Beratung des Königs mitgewirkt. Etwas geistesabwesend und mit tonloser Stimme murmelte Ali Maher: »Ja, das stimmt. Ich habe ihn oft beraten, aber er hat ja nie auf mich gehört. Er hat es verdient.« Dann begab der Minister sich in den Raz El Tin, um mit dem Monarchen zu sprechen und ihm das Ultimatum der Armee zu übergeben. Es hatte folgenden Wortlaut:

»Angesichts der Tatsache, daß Ägypten in letzter Zeit auf allen Gebieten in völlige Anarchie verfallen ist, die in Ihrer schlechten Führung, in den durch Sie begangenen Verfassungsbrüchen sowie in Ihrer Nichtbeachtung des Volkswillens ihren Grund hat, so daß kein Bürger seines Lebens, Eigentums und Ansehens mehr sicher ist,

angesichts der Tatsache, daß Ihr Verharren auf solchem Wege dem Ansehen Ägyptens unter den Nationen schwer geschadet hat, daß unter Ihrer Protektion Verräter und Pflichtvergessene fortgesetzt skandalöse Vermögen realisieren und die letzten öffentlichen Gelder verschwenden, während das Volk der Not und dem Hunger preisgegeben ist,

angesichts dieser durch den Palästinakrieg evident gewordenen Tatsachen, des dabei erfolgten Handels mit schadhaften Waffen und schlechter Munition, sowie angesichts der Gerichtsurteile, laut denen Sie durch heimliche Eingriffe in die gegen die Schuldigen eröffneten Verfahren den Sachverhalt entstellt, das Vertrauen in die Justiz erschüttert und die Verräter teils durch Bereicherung, teils durch Bestechung zur Fortsetzung ihres Treibens ermutigt haben,

angesichts alles des Vorstehenden muß ich hiermit im Namen der Armee als der Vertreterin des Volkes Euer Majestät darum ersuchen, zugunsten Ihres Sohnes, Seiner Hoheit des Kronprinzen Ahmed Fuad, noch heute, Samstag, den 26. Juli 1952, auf den Thron zu verzichten und bis sechs Uhr abends des gleichen Tages das Land zu verlassen.

Die Armee wird Sie für alle Folgen verantwortlich machen, die aus Ihrer etwaigen Weigerung gegen den Willen des Volkes entstehen.

Der Oberbefehlshaber der Armee
Mohammed Nagib, Generalstabschef«

Der König gab nach. Er beriet sich lange mit Ali Maher. Dabei fragte er diesen, ob es ihm gestattet sein würde, als einfacher Privatmann ab und zu wieder nach Ägypten zu kommen. »Warum nicht«, sagte der Präsident, um ihn zu beruhigen, »auch der Herzog von Windsor weilt von Zeit zu Zeit in England.« Faruk äußerte dann den Wunsch, auf der von Kapitän Galal Alluba geführten Jacht »Mahrussa« zu reisen; er bat ferner darum, seine beiden Sekretäre Pulli und Helmi mitnehmen zu dürfen, zwei Subjekte niedrigster Herkunft, dumm, verdorben und in den Künsten der Intrige und Gaunerei meisterhaft bewandert. Schließlich wollte er noch, daß sein Vermögen sowie das seiner Schwestern unangetastet bliebe. Das Komitee genehmigte nur die erste seiner Bitten. Faruk blieb keine Wahl, er beugte sich ohne Widerstand. Er konnte nur gerade noch sein Leben retten.

Im Hauptquartier waren wir nun damit beschäftigt, die Abdankungsurkunde aufzusetzen. Während Soliman Hafez das Dokument in den Raz El Tin brachte, eilte ich zur Admiralität, um sie davon in Kenntnis zu setzen, daß die »Mahrussa« den König, auf dessen eigenen Wunsch, an Bord nehmen und mit ihm auslaufen sollte. Wir wußten nicht genau, wie die Marine reagieren würde, denn sie war nicht in unsere Organisation einbezogen. Erst vierzehn Tage vor der Revolution war Gamal nach Alexandria gefahren, um die Einstellung der Marine zu sondieren. Es war eine heikle Mission. Wenn nämlich die Armee mit der Luftwaffe so leicht übereingekommen war, so deshalb, weil die Offiziere beider Waffengattungen aus der gleichen Akademie hervorgegangen waren, während man die Marineschule erst geschaffen hatte, als wir bereits auf unsere Einheiten verteilt waren. Nun befanden sich die Kriegsschiffe im Hafen von Alexandria, und es stand zu befürchten, daß eines davon die »Mahrussa« aufbringen könnte. Um der Gefahr zu begegnen, beschlossen wir, uns auf die verschiedenen Kriegsschiffe zu verteilen, wobei jeder für die Einheit, bei der er sich an Bord befand, verantwortlich sein sollte. Aber Zakaria Mohi Eddin hatte erfahren, daß auch die Küstenwache mit dem Gedanken umging, die königliche Jacht in die Luft zu sprengen. Auf der Stelle rief ich die Freien Offiziere bei der Küstenartillerie an und sagte ihnen, wir hätten uns verpflichtet, Faruk freies Geleit zu geben, und sie müßten hierfür die Verantwortung übernehmen.

Um Mittag unterschrieb der König die Abdankungsurkunde. Es verblieb nur mehr wenig Zeit. Die Vorbereitungen zur Abfahrt gingen in größter Eile vor sich. An Bord der Jacht, die mit über 200 Koffern beladen wurde, herrschte fieberhafte Tätigkeit.

Kurz vor der festgesetzten Stunde erschienen die Schwestern des Königs im Palais, und fast gleichzeitig kam auch Botschafter Jefferson Caffery. In dem großen Salon, den er zusammen mit Ali Maher betrat, war außer ihm kein Diplomat anwesend. Faruk wartete bereits; er war in großer weißer Admiralsuniform. Die letzten Minuten verliefen recht belanglos. Als es sechs Uhr war, verabschiedete er sich von seinen Schwestern und Schwägern und verließ dann das Palais über eine Treppe, die zur Anlegestelle führte. Von dort brachte ein Beobachtungsschiff den König auf die »Mahrussa«. General Nagib, Gamal Salem und Hussein Chafei kamen an Bord. Faruk grüßte Nagib und sagte dabei: »Wenn Sie anders gehandelt hätten, hätte ich es ebenso gemacht.« Ein sibyllinisches Wort, dessen Sinn noch kein Mensch herausgefunden hat, ein letztes Rätsel – seine Lösung nahm Faruk mit sich fort. Ich befand mich an Bord eines Zerstörers, der mit 21 Salutschüssen den Exkönig grüßte. Langsam verließ die »Mahrussa« den Hafen. Eine Machtepoche war zu Ende; das alte Ägypten und das neue Ägypten nahmen voneinander Abschied.

## Abrechnung mit Stalin *Nikita Chruschtschow*

Am 5. März 1953 starb Josef Stalin. Mit ihm ging eine Epoche in der Geschichte der Sowjetunion zu Ende. Sein Nachfolger wurde für zwei Jahre Georgij Malenkow, der sich aber nur kurze Zeit an der Spitze des Staates halten konnte und von Bulganin abgelöst wurde, der die Macht zusammen mit dem Sekretär des Zentralkomitees der KP, Nikita Chruschtschow, in den Händen hielt. Waren noch während der Malenkow-Zeit alte Stalin-Anhänger wie der frühere Chef der Geheimpolizei, Berija, ihrer Ämter enthoben und wegen angeblichen Hochverrats hingerichtet worden, so brachte der XX. Parteitag der KPdSU die endgültige Abkehr von der stalinistischen Ära. Auf diesem Parteitag hielt Chruschtschow eine sensationelle Rede, in der er schonungslos mit Stalin und dessen Regierung abrechnete. Er warf Stalin vor, einen Persönlichkeitskult betrieben zu haben, und beschuldigte ihn des Terrors, der Willkür und des Verbrechens gegen Mitglieder der eigenen Partei. Stalins militärische Maßnahmen im Krieg kritisierte er ebenso scharf wie seine außenpolitischen Entscheidungen. Obgleich die Rede, aus der im folgenden einige Auszüge gebracht werden, die sich mit den schädlichen Folgen des Persönlichkeitskultes beschäftigen, nicht an die Öffentlichkeit dringen sollte, wurde sie bald bekannt. Die Welt reagierte durchaus positiv, erhoffte man sich doch einen Kurswechsel im sowjetischen Regime. Besonders wirkte sie auf die Satellitenstaaten, wo die Regierungen sich entschließen mußten, größere Freiheiten zu gewähren. Die Auflösung der internationalen Kominform führte zu einer weiteren Normalisierung der Lage. Das bolschewistische, aber antistalinistische Rußland begann an Ansehen in der Weltöffentlichkeit zu gewinnen.

Genossen!

Wenn wir heute den Persönlichkeitskult, der zu Stalins Lebzeiten so verbreitet war, scharf kritisieren und wenn wir über die vielen negativen Erscheinungen sprechen, die durch diesen Kult, der dem Geist des Marxismus-Leninismus so fremd ist, hervorgerufen wurden, mag mancher fragen: »Wie konnte das geschehen?« Stalin stand 30 Jahre lang an der Spitze der Partei und des Landes, und viele Siege wurden zu seinen Lebzeiten errungen. Können wir dies abstreiten? Meiner Meinung nach können so nur Leute fragen, die durch den Persönlichkeitskult hoffnungslos verblendet und hypnotisiert sind, die das Wesen der Revolution und des Sowjetstaates nicht begreifen und die Rolle der Partei und der Nation bei der Entwicklung der sowjetischen Gesellschaft nicht im Sinne Lenins erfassen.

Die sozialistische Revolution wurde von der Arbeiterklasse und der Dorfarmut mit teilweiser Unterstützung der Mittelbauern durchgeführt. Sie wurde vom Volk durchgeführt unter der Leitung der Bolschewistischen Partei. Lenins große Leistung bestand darin, daß er eine militante Partei der Arbeiterklasse schuf. Aber dazu besaß er das marxistische Verständnis der Gesetze der sozialen Entwicklung und war gewappnet mit der Wissenschaft vom Sieg des Proletariats im Kampf gegen den Kapitalismus. Er härtete diese Partei im Feuer des revolutionären Kampfes der Volksmassen. In diesem Kampf verteidigte die Partei konsequent die Interessen des Volkes und führte die Massen als deren erfahrene Führerin zur Macht und zur Errichtung des ersten sozialistischen Staates. Sie erinnern sich wohl der weisen Worte Lenins, daß der Sowjetstaat deshalb so stark ist, weil die Massen sich der Tatsache bewußt sind, daß die Geschichte von Millionen und Abermillionen von Menschen gemacht wird.

Unsere historischen Siege wurden errungen dank der organisatorischen Arbeit der Partei, ihrer vielen regionalen Gliederungen, und dank der aufopfernden Arbeit unseres großen Volkes. Diese Siege sind das Ergebnis des großen Arbeitselans des Volkes und der Partei in ihrer Gesamtheit. Sie sind keineswegs die Frucht der persönlichen Führung Stalins, wie es während der ganzen Periode des Persönlichkeitskults dargestellt wurde.

Wenn wir diese Angelegenheit als Marxisten-Leninisten betrachten, müssen wir eindeutig feststellen, daß die Führungspraxis, die sich in den letzten Lebensjahren Stalins herausgebildet hat, zu einem ernsthaften Hindernis auf dem Weg der sowjetischen Gesellschaftsentwicklung geworden ist.

Stalin ließ wichtige Probleme des Partei- und Staatslebens oft monatelang in der Schwebe, obwohl ihre Lösung eigentlich nicht aufgeschoben werden konnte. Während Stalins Herrschaft wurden unsere friedlichen Beziehungen zu anderen Nationen oftmals bedroht, weil sich aus den Einmannentscheidungen große Komplikationen ergeben konnten, was auch oft der Fall war.

Als es uns in den letzten Jahren gelang, uns von der nachteiligen Praxis des Persönlichkeitskultes zu befreien, und als wir einige richtige Schritte auf innen- und außenpolitischem Gebiet unternahmen, konnte jedermann mit eigenen Augen sehen, wie die Aktivität, die schöpferische Aktivität der breiten werktätigen Massen, sich entfaltete, wie günstig sich all dies auf die wirtschaftliche und kulturelle Gesamtentwicklung auswirkte. (Beifall)

Manche Genossen mögen nun fragen: »Wo waren die Mitglieder des Politbüros des Zentralkomitees? Warum setzten sie sich nicht rechtzeitig gegen den Persönlichkeitskult zur Wehr? Und warum tut man das erst jetzt?«

Zunächst müssen wir bedenken, daß die Mitglieder des Politbüros diese Dinge zu verschiedenen Zeiten verschieden beurteilten. Anfangs gaben viele von ihnen Stalin tatkräftige Unterstützung, weil er einer der stärksten Marxisten war und mit seiner Logik, seiner Festigkeit und seinem Willen die Kader- und Parteiarbeit erheblich beeinflußte. Es ist bekannt, daß Stalin nach Lenins Tod und insbesondere in den ersten Jahren danach aktiv für den Leninismus eintrat und ihn gegen die Feinde der leninistischen Lehre und gegen Abweichler verteidigte. Von Lenins Lehre ausgehend, nahm die Partei, mit dem Zentralkomitee an der Spitze, auf breiter Basis die sozialistische Industrialisierung des Landes, die Kollektivisierung der Landwirtschaft und die kulturelle Revolution in Angriff. Zu jener Zeit gewann Stalin große Popularität, Sympathie und Unterstützung. Die Partei mußte gegen jene kämpfen, die das Land von dem richtigen leninistischen Weg abzubringen suchten; sie mußte gegen die Trotzkisten, Sinowjewisten, die Rechten und die bürgerlichen Nationalisten kämpfen. Dieser Kampf war unerläßlich.

Später allerdings begann Stalin, seine Macht in zunehmendem Maß zu mißbrauchen, den Kampf auf hervorragende Partei- und Regierungsfunktionäre auszudehnen und mit Terrormaßnahmen vorzugehen. Wie wir bereits dargelegt haben, beseitigte Stalin auf diese Weise so hervorragende Männer der Partei und der Regierung wie Kosior, Rudsutak, Eiche, Postyschew und viele andere.

Wer versuchte, sich gegen grundlose Verdächtigungen und Anschuldigungen zur Wehr zu setzen, fiel den Repressalien zum Opfer. Ein typisches Beispiel hierfür bietet der Sturz des Genossen Postyschew. Stalin brachte in einer seiner Reden seine Unzufriedenheit mit Postyschew zum Ausdruck und fragte ihn: »Was sind Sie eigentlich?« – Postyschew antwortete unmißverständlich: »Ich bin ein Bolschewik, Genosse Stalin, ein Bolschewik.«

Diese Entgegnung wurde zunächst als Respektlosigkeit gegenüber Stalin angesehen; später machte man daraus einen Schädlingsakt, der Postyschews Beseitigung und unbegründete Anprangerung als »Volksfeind« zur Folge hatte.

In der damaligen Situation habe ich mich oft mit Nikolaj Alexandrowitsch Bulganin unterhalten. Als wir einmal zu zweit im Auto fuhren, sagte er: »Es kann passieren, daß jemand einer Einladung Stalins als Freund Folge leistet; und wenn er dann mit Stalin zusammensitzt, dann weiß er nicht, ob er anschließend nach Hause oder ins Gefängnis geschickt wird.«

Es ist klar, daß solche Verhältnisse jedes Mitglied des Politbüros in eine sehr schwierige Situation brachten. Wenn wir dazu noch in Betracht ziehen, daß das ZK-Plenum in den letzten Jahren nicht mehr einberufen wurde und daß Politbüro-Sitzungen nur noch gelegentlich, von Zeit zu Zeit, stattfanden, dann wird verständlich, wie schwierig es für die Politbüro-Mitglieder war, sich gegen die eine oder andere ungerechte oder unkorrekte Maßnahme, gegen schwere Irrtümer und Unzulänglichkeiten in der Führungspraxis aufzulehnen.

Wie bereits dargelegt, wurden viele Entscheidungen entweder überhaupt nur von einer Person oder aber hintenherum und ohne Diskussion im Kollektiv getroffen. Das traurige Schicksal des Politbüro-Mitglieds Genossen Wosnesenskij, der ebenfalls den Repressalien Stalins zum

Opfer fiel, ist allen bekannt. Es ist bezeichnend, daß der Beschluß über seine Ausstoßung aus dem Politbüro niemals diskutiert worden ist, sondern auf irreguläre Art zustande kam. Das gleiche gilt für den Beschluß über die Amtsenthebung Kusnezows und Rodionows. Die Stellung des Politbüros des Zentralkomitees wurde geschwächt und seine Arbeit durch die Schaffung verschiedener Politbüro-Ausschüsse – der sogenannten »Fünfer-«, »Sechser-«, »Siebener-« und »Neunerkommissionen« – desorganisiert. Hier sei als Beispiel ein Beschluß des Politbüros vom 3. Oktober 1946 angeführt:

Stalins Vorschlag:

1. Die Kommission für auswärtige Angelegenheiten des Politbüros (»Sechserkommission«) soll sich in Zukunft zusätzlich zu außenpolitischen Fragen auch mit Angelegenheiten des inneren Aufbaus und der Innenpolitik befassen.
2. Die Sechserkommission ist um den Vorsitzenden der Staatskommission für Wirtschaftsplanung der UdSSR, Genossen Wosnesenskij, zu erweitern und soll fortan als Siebenerkommission bezeichnet werden.

gez.: Der Sekretär des Zentralkomitees, J. Stalin.

Welch ein Kartenspielertrick! (Gelächter im Saal.) Es ist klar, daß die Schaffung von Ausschüssen dieser Art innerhalb des Politbüros – der »Fünfer-«, »Sechser-«, »Siebener-« und »Neunerkommissionen« – gegen das Prinzip der kollektiven Führung verstieß. Dies führte dazu, daß einige Mitglieder des Politbüros von der Mitwirkung beim Zustandekommen wichtiger, den ganzen Staat betreffender Entscheidungen ausgeschlossen waren.

Eines der ältesten Mitglieder unserer Partei überhaupt, Kliment Jefremowitsch Woroschilow, befand sich in einer nachgerade unmöglichen Situation. Jahre hindurch hat man ihm praktisch das Recht auf Teilnahme an den Sitzungen des Politbüros vorenthalten. Stalin untersagte ihm die Teilnahme an den Tagungen des Politbüros und verwehrte ihm die Einsicht in die Unterlagen. Wenn das Politbüro tagte und Genosse Woroschilow davon erfuhr, rief er jedesmal an und fragte, ob ihm die Teilnahme gestattet sei. Manchmal gab Stalin die Erlaubnis, doch brachte er in solchen Fällen stets sein Mißfallen zum Ausdruck.

Infolge seines übergroßen Argwohns spielte Stalin auch mit dem absurden und lächerlichen Verdacht, Woroschilow sei ein englischer Agent. (Gelächter im Saal) Sie hörten richtig – ein englischer Agent. Um seine Gespräche zu überwachen, wurde eine Abhöranlage in seine Wohnung eingebaut. (Entrüstung im Saal)

Stalin schloß auch noch ein anderes Mitglied durch eine eigenmächtige Entscheidung von der Mitarbeit im Politbüro aus: Andrej Andrejewitsch Andrejew. Dies war einer der hemmungslosesten Willkürakte.

Lassen Sie mich nun auf die erste Sitzung des Zentralkomitees nach dem XIX. Parteitag eingehen, als Stalin im Rahmen einer Charakterisierung Wjatscheslaw Michajlowitsch Molotows und Anastasj Iwanowitsch Mikojans andeutete, diese alten Parteiarbeiter hätten sich irgendwelcher, natürlich frei erfundener Verfehlungen schuldig gemacht. Es ist nicht ausgeschlossen, daß die Genossen Molotow und Mikojan auf diesem Parteitag keine Reden mehr hätten halten können, wenn Stalin noch einige Monate länger am Ruder geblieben wäre.

Offensichtlich beabsichtigte Stalin, sich der alten Politbüro-Mitglieder zu entledigen. Er hat oft erklärt, daß die Mitglieder des Politbüros durch neue ersetzt werden sollten. Als er nach dem XIX. Parteitag den Vorschlag machte, 25 Mitglieder für das ZK-Präsidium auszuwählen, zielte dies auf die Beseitigung alter Politbüro-Mitglieder und ihre Ersetzung durch weniger erfahrene Personen ab, die ihn auf jede Weise beweihräuchern sollten.

Es ist anzunehmen, daß er damit zugleich auf die spätere Vernichtung der alten Mitglieder des Politbüros hinarbeitete, um sämtliche von ihm begangenen schändlichen Handlungen zu kaschieren, jene Handlungen, mit denen wir uns heute befassen.

Genossen! Damit sich die in der Vergangenheit begangenen Irrtümer nicht wiederholen, hat sich das Zentralkomitee energisch gegen jeden Persönlichkeitskult ausgesprochen. Wir sind der Ansicht, daß Stalin in übertriebenem Maß herausgestellt wurde. Andererseits hat Stalin in der Vergangenheit der Partei, der Arbeiterklasse und der Internationalen Arbeiterbewegung zweifellos auch große Dienste geleistet.

Dieses Problem wird dadurch kompliziert, daß alles, was wir soeben erörtert haben, zu Lebzeiten Stalins unter seiner Führung und mit seiner Billigung geschah; Stalin war überzeugt, daß dies alles im Interesse der Verteidigung der Arbeiterklasse gegen die Anschläge der Feinde und gegen die Angriffe des imperialistischen Lagers notwendig gewesen sei. Er betrachtete diese Dinge unter dem Gesichtspunkt der Interessen der Arbeiterklasse, der Interessen der Werktätigen, des Sieges des Sozialismus und Kommunismus. Wir dürfen nicht sagen, daß dies etwa Handlungen eines vom Schwindel befallenen Despoten gewesen seien. Nach seiner Ansicht lagen diese Handlungen im Interesse der Partei, der werktätigen Massen, der Sicherung der Errungenschaften der Revolution. Das ist die eigentliche Tragödie.

Genossen! Lenin hat oft betont, daß Bescheidenheit ein unabdingbares Merkmal jedes echten Bolschewisten ist. Lenin selbst war die lebendige Verkörperung höchster Bescheidenheit. Wir können nicht sagen, daß wir diesem Beispiel Lenins in jeder Hinsicht gefolgt sind. Es genügt darauf hinzuweisen, daß zahlreiche Städte, Fabriken und Industriebetriebe, Kolchosen und Sowchosen, Sowjet- und Kulturinstitutionen, so als ob sie – mit Verlaub zu sagen – unser Eigentum wären, mit dem Namen dieses oder jenes führenden Regierungs- oder Parteifunktionärs bedacht wurden, der noch im Amt ist und sich bester Gesundheit erfreut. Viele von uns machten mit, wenn es galt, Städte, Rayons, Industriebetriebe und Kolchosen nach uns zu benennen. Das müssen wir abstellen.

Dies aber sollte langsam und in Ruhe gemacht werden. Das Zentralkomitee wird über diese Angelegenheiten beraten und sie sorgfältig untersuchen, um Irrtümer und Überspitzungen zu vermeiden. Ich erinnere mich, wie es war, als die Ukrainer von der Verhaftung Kosiors hörten. Radio Kiew pflegte bis dahin seine Sendungen mit den Worten einzuleiten: »Hier ist Radio Kosior.« Als eines Tages die Sendung ohne Erwähnung des Namens Kosior begann, war es für jedermann klar, daß mit Kosior etwas los war, daß man ihn wahrscheinlich verhaftet habe.

Wenn wir uns also heute daran machen würden, überall die Bezeichnungen und Namen zu entfernen oder zu ändern, würden die Leute denken, diesen Genossen, denen zu Ehren die betreffenden Werke, Kolchosen oder Städte benannt wurden, sei das gleiche Unheil widerfahren und wir hätten sie verhaftet. (Heiterkeit im Saal)

Wonach beurteilt man Prestige und Bedeutung eines führenden Mannes? Danach, wie viele Städte, Industriewerke und Fabriken, Kolchosen und Sowchosen seinen Namen tragen. Ist es nicht allmählich an der Zeit, daß wir diesen »Privatbesitz« abschaffen und die entsprechenden Fabriken, Industriewerke, Kolchosen und Sowchosen »verstaatlichen«? (Gelächter, Beifall, Zwischenrufe: »Richtig!«) Das wird unserer Sache nur dienlich sein. Schließlich ist auch dies ein Ausdruck des Persönlichkeitskults.

## Aufstand in Ungarn *Laszlo Beke*

1949 wurde Ungarn durch eine neue Verfassung in eine Volksrepublik nach sowjetischem Muster umgewandelt. Auch hier machten sich in den folgenden Jahren in zunehmendem Maße innerpolitische Spannungen bemerkbar, verursacht durch einen starken politischen und wirtschaftlichen Druck, den die kommunistischen Machthaber auf die Bevölkerung ausübten. Am 23. Oktober 1956 drängten dann diese Spannungen zu einer gewaltsamen Entladung, und es kam zur ersten großen Revolution in einem kommunistischen Satellitenstaat. Der einige Jahre zuvor von der Regierung abgelöste ehemalige Ministerpräsident Imre Nagy bildete eine neue Regierung und verkündete weitgehende Demokratisierung des öffentlichen Lebens. Es war das große Unglück dieser Revolution, daß zur gleichen Zeit die Suezkrise ausbrach und der Westen, unter sich uneins, den Vorgängen nicht genügend Aufmerksamkeit, geschweige denn Ungarn die dringend benötigte Hilfe schenken konnte. Die in Ungarn stationierten russischen Verbände zogen sich anfangs zurück, als aber Nagy die Mitgliedschaft im Warschauer Pakt kündigte und Ungarn zum neutralen Staat erklärte, rückten starke sowjetische Panzerverbände ins Land ein. Durch Verrat wurden Nagy und der Verteidigungsminister Maleter gefangengenommen. Kardinal Mindszenty, von dessen Befreiung in unserem Bericht eines ungarischen Studenten die Rede ist, konnte in die amerikanische Botschaft flüchten. Zwar kämpfte die Bevölkerung mit dem Mut der Verzweiflung, aber da sich der Westen und die Vereinten Nationen nur zu ein paar schwachen Protesten aufrafften, war das Schicksal des Landes besiegelt. Der linientreue Kadar bildete eine neue Regierung; am 11. November brach der letzte Widerstand zusammen, Tausende flüchteten nach dem Westen, zahlreiche Teilnehmer am Aufstand wurden verhaftet und in Schauprozessen verurteilt.

30. Oktober 1956

Die ungarische Luftwaffe warf Tausende von Flugblättern über Budapest ab, in denen sie die Bombardierung der russischen Panzer ankündigte, falls diese nicht unverzüglich abzögen. Die zwölfstündige Frist war beinahe um, und wir entwarfen neue Kampfpläne. Vor allem benötigten wir Benzin zur Herstellung von Antipanzerflaschen. Mit unseren zwei Jeeps und vier Motorrädern fuhren wir zu mehreren Tankstellen, um es zu bekommen.

Schließlich waren alle Angriffsvorbereitungen getroffen, und wir verabschiedeten uns von unseren Lieben, unseren Müttern und Frauen. Obwohl hinter den Barrikaden am Ende der Straße der Tod auf uns wartete, zögerte keiner. Ungarn mußte den Krieg weiterführen.

Da aber geschah das Wunder der Wunder. Die Sowjetungeheuer setzten sich wieder in Fahrt. Mit rasselnden Raupenbändern begannen sich die Panzer von den beherrschenden Punkten der Hauptstadt zu entfernen. Der Lärm der abziehenden Panzer und der Marschschritt der Kolonnen klang in unseren Ohren wie eine himmlische Symphonie.

Unser gewagtes Spiel schien Erfolg gehabt zu haben. Die Sowjetbefehlshaber sahen offenbar ein, daß ihr weiteres Verbleiben in der Stadt einen neuen Großkampf heraufbeschworen hätte. Als die letzten Sowjetpanzer dem Stadtrand zurollten, begannen in ganz Budapest die Kirchenglocken zu läuten. Sie feierten aber nicht nur den Abzug der Russen, sondern verkündigten auch allem Volk die Befreiung des Kardinals Jozsef Mindszenty, des Primas' von Ungarn.

Die Nachricht verbreitete sich wie ein Lauffeuer, und überall erkundigte man sich nach der Stunde seines Einzugs. Jedermann wollte dabei sein, wenn die Stadt dieses leuchtende Symbol des nationalen Kampfes gegen den Kommunismus willkommen hieß.

Wenig später ließ Staatsminister Zoltan Tildy den

Studentenrat durch einen Boten auffordern, Vertreter zu einer Besprechung mit ihm ins Büro des Ministerpräsidenten zu entsenden. Es handle sich um die Aufstellung eines aus Studenten und Jugendlichen zu bildenden Bataillons der Nationalgarde zu besonderer Verwendung. Nach einer weiteren Stunde hörten wir eine Rede des Ministers, in der er die studierende Jugend bat, an der Wiederherstellung der Ordnung im ganzen Land mitzuwirken.

Die Russen waren abgezogen, und wir besaßen immer noch unsere Waffen. Wir fühlten uns deshalb verpflichtet, über der Zukunft der Nation zu wachen, welches auch die momentanen politischen Obertöne sein mochten. Wir wollten unser Teil zum Wiederaufbau der Nation beitragen. Wir waren alle keine Politiker; die politischen Machinationen der neuen Regierung verstanden wir nicht.

Mittlerweile füllten die hungrigen und frierenden Budapester die Straßen und durchsuchten die Wracks der russischen Panzer nach irgend etwas Brauchbarem. Kleine Buben flitzten hin und her, um bei den westlichen Gästen in den Ausländerhotels – zumeist Zeitungsleuten – bestimmte Patronentypen gegen Schokolade oder amerikanische Zigaretten einzutauschen.

Der Studentenrat ernannte für die Verhandlungen mit Tildy und Nagy vier Delegierte, nämlich Bertalan und Lengyel vom Polytechnikum, Szabo von der juristischen und Dome von der tierärztlichen Fakultät. Wir sicherten ihnen zu, uns an alle Vereinbarungen halten zu wollen, die von ihnen getroffen würden. Nach ihrer Rückkehr berichteten sie, Nagy und Tildy hätten es als Hauptaufgaben der Regierung bezeichnet, freie Wahlen vorzubereiten und mit Hilfe des Notausschusses die Ordnung im Land wiederherzustellen; wir hätten uns mit der Aufstellung eines Studentenbataillons für die Nationalgarde einverstanden erklärt. Tildy werde für die Beteiligung einer Nationalen Jugendpartei der Universitätsstudenten an den Wahlen eintreten. Unsere Delegierten hätten jedoch noch einmal darauf hingewiesen, daß die revolutionäre Jugend an keiner Befriedungsaktion der Regierung mitwirken könne, wenn die Russen das Land nicht innerhalb einer angemessenen Frist verließen.

Kardinal Mindszenty befindet sich in Freiheit, und vor ein paar Stunden ist unter seinen geistigen Auspizien die erste christliche Jugendvereinigung gegründet worden. An ihre Spitze ist Egon de Dalnoky-Papp berufen worden, ein Jugendführer, den die Kommunisten zu zehn Jahren Gefängnis verurteilt hatten und der vor zwei Tagen befreit worden ist. Er ist ein zuverlässiger Freund des Kardinals. Die neue Vereinigung hat über den offiziellen Regierungssender an die christlich gesinnten jungen Ungarn einen Aufruf erlassen, sich der Bewegung anzuschließen. Die Vereinigung billigte ausdrücklich die Forderungen des Revolutionären Studentenrats, der einzigen bis dahin tätigen Jugendorganisation.

Aber der Rückzug der Sowjets war unvollständig. Die Panzer blieben am Stadtrand stehen, und Gerüchte gingen um, daß sich neue Sowjetstreitkräfte auf dem Marsch nach Ungarn befänden.

Bahnbeamte, die zwischen der Ostgrenze und Budapest Dienst taten, berichteten, sie hätten bei Satoraljaujhely neue Panzerkolonnen in Ungarn einrücken sehen, und zwei weitere Divisionen stünden östlich der Stadt jenseits der Grenze in Bereitschaft.

Angesichts des Fehlens bestimmter Nachrichten herrschte in der Stadt große Verwirrung, und jedermann fühlte die Spannung. Reguläre ungarische Einheiten kämmten die Stadt durch und räucherten russische Nachzügler aus, die plündernd zurückgeblieben waren.

Ich wurde beauftragt, in die Burg zu General Kovacs zu gehen und ihm die letzten studentischen Aktionen und Beschlüsse zu melden. Vor allem sollte ich ihn über unseren Beschluß informieren, ein Studentenbataillon der Nationalgarde zu bilden, das nach dem von Nagy, Tildy und unseren Vertretern ausgearbeiteten Plan mit der regulären Armee zusammenwirken werde.

Der Posten vor dem Hauptportal hielt mich an. »Zu wem wollen Sie?«

»Zu General Kovacs.«

»Der ist nicht mehr hier. Wissen Sie nicht, daß er vor ein paar Stunden von der Regierung auf einen neuen Posten berufen worden ist? Er arbeitet jetzt im Parlamentsgebäude.«

Die Berufung des Generals war in der Tat durch den Rundfunk bekanntgegeben worden; das erfuhr ich aber erst, nachdem ich zu meinen Freunden zurückgekehrt war.

Er bekleidete einen Posten im Komitee für die Nationale Verteidigung der Republik Ungarn.

Wir fingen russische Radiomeldungen auf, wonach die Sowjets bereit seien, über den Abzug ihrer Truppen aus Ungarn zu verhandeln; gleichzeitig aber beobachteten wir, daß sich sowjetische Panzerabteilungen rund um die Hauptstadt eingruben.

Wir begannen die entsetzliche Wahrheit zu ahnen. Die Russen zogen nicht ab. Als russische Düsenjäger die Stadt mehrmals überflogen, wurde die Wahrheit noch offensichtlicher.

Die ganze Nacht saßen wir an unserem Radio und hörten die letzten Meldungen der freien Sender und des offiziellen Rundfunks. Aus einem unserer Stützpunkte im Norden, Miskolc, kam die Meldung, daß siebenhundertfünfzig schwerste Sowjetpanzer vom Typ Josef Stalin in Diosgyör, einem Zentrum der Schwerindustrie, gesichtet worden seien. Auf Grund meiner militärischen Ausbildung mußte ich mir sagen, daß das nichts anderes bedeuten konnte als einen Angriff. Diese Ungetüme werden nur bei Großangriffen eingesetzt, während man die kleineren Panzer zur Unterdrückung von Unruhen und zur Wiederherstellung der Ordnung verwendet.

Josef-Stalin-Panzer, sagte ich mir immer wieder. Etwas Schreckliches ist im Anzug! Ich konnte das Bild dieser schwerfälligen Giganten nicht aus meinem Geist verbannen.

Als ich nach Hause kam, versuchte Eva, mir gut zuzusprechen. »Hör doch nicht auf unbestätigte Gerüchte«, sagte sie. »Du bist immer ein Pessimist.« Ich hörte aber auch ihrer Stimme die Unsicherheit an.

## Suezkrise *Anthony Eden*

General Nagib, der 1952 die führende Rolle bei der Militärrevolte gegen König Faruk gespielt hatte, wurde durch den Revolutionsrat 1954 zum Rücktritt von seinem Amt als Ministerpräsident gezwungen. Sein Nachfolger wurde der geistige Führer der Revolutionsbewegung, Oberst Gamal Abdel Nasser, der zwei Jahre später auch zum Staatspräsidenten gewählt wurde. Zu seinen Zielen gehörte die Ausschaltung jeglichen fremden Einflusses in Ägypten und die Hebung des allgemeinen Volkswohlstandes. Um letzteres zu erreichen, plante er den Bau eines großen Staudammes oberhalb von Assuan, der die Anbaufläche des Landes um etwa ein Drittel vergrößern sollte. Die dazu nötigen Mittel wollten die Weltbank sowie die amerikanische und die englische Regierung zur Verfügung stellen. Aber eine Annäherung Ägyptens an den Ostblock führte dazu, daß zuerst Amerika und danach auch England und die Weltbank ihre Finanzierungsversprechen wieder zurückzogen. Daraufhin proklamierte Nasser am 26. Juli 1956 die Verstaatlichung der Suezkanal-Gesellschaft, deren Einnahmen künftig für den Bau des Staudammes verwendet werden sollten. Alle Verhandlungs- und Vermittlungsversuche scheiterten, und eine ernste Krise bahnte sich an. Am 29. Oktober überschritten israelische Truppen die ägyptische Grenze und drangen in Richtung auf den Kanal vor. Ein (angeblich mit Israel vorher vereinbartes) anglo-französisches Ultimatum forderte Ägypten und Israel zur sofortigen Einstellung der Feindseligkeiten auf. Als Ägypten ablehnte, begann am 31. Oktober eine englisch-französische Luftoffensive gegen die Kanalzone. Doch die beiden Westmächte vermochten dem starken Druck der Weltöffentlichkeit, den energischen Protesten Amerikas und den Drohungen Rußlands nicht standzuhalten; sie willigten schließlich in eine Zurückziehung ihrer Truppen ein. Anthony Eden, der damalige britische Premierminister, beschreibt in seinen Erinnerungen die entscheidenden Stunden, zugleich versucht er sein Vorgehen zu rechtfertigen.

Während jener Tage und Nächte unterlagen die führenden Regierungsmitglieder einem schnelleren Tempo und einer größeren Anstrengung, als es zu irgendeiner Zeit des Zweiten Weltkriegs der Fall gewesen war. Gewiß, auch damals hatte es aufregende Debatten gegeben, aber doch nicht so häufig. Jetzt gab es sie Tag für Tag, die ganze Sitzungsperiode hindurch, und sie machten es schwierig, ja oft unmöglich, die dringendsten Arbeiten zu erledigen, da das Unterhaus mindestens von 14.30 bis 22.00 Uhr tagte und manchmal auch länger. Hinzu kam das Problem der verschiedenen Uhrzeiten. Während des Krieges hatte es kaum Telefongespräche über den Atlantik gegeben, zum Teil deshalb, weil die Deutschen mithören konnten und auch mithörten. Nun war das anders. Nach Mitternacht unserer Zeit wurden Washington und die UNO lebendig, dann kamen die meisten Telegramme und Telefongespräche. Ich mußte stets zur Verfügung stehen, und ebenso der Außenminister. Zwar tat mein Stab alles, um mich zu schonen, und wir wechselten uns auch ab, aber häufige Unterbrechungen der Nachtruhe waren nicht zu vermeiden.

Am Abend des 4. November, jenes bewegten Sonntags, trat das Kabinett zusammen, um die Lage zu erörtern. Der von Malta aus in See gehende Flottenverband näherte sich Port Said. Der Verteidigungsminister, der gerade von einem Flug nach Zypern zurückgekehrt war, berichtete aus dem alliierten Hauptquartier, daß sich die ägyptischen Streitkräfte offenbar auf Kairo zurückzögen. Die Aussichten für unsere Aktion gegen Port Said seien günstig, und die alliierten Kommandeure glaubten, die Schlüsselstellungen der Stadt mittels Fallschirmlandungen rasch besetzen zu können. Diese Luftlandeoperation sollte am kommenden Tag im Morgengrauen beginnen. Die Kommandeure hofften, ohne Flottenbombardement auszukommen.

Bis dahin lagen noch zwölf Stunden vor uns. Unterdessen hatte sich das Kabinett mit zwei weiteren von der UNO-Vollversammlung zur Abstimmung angenommenen Resolutionen zu befassen. Die eine war von Kanada, die andere, auf Veranlassung Indiens, von einer afro-asiatischen Staatengruppe eingebracht worden.

Die kanadische Resolution sah vor, daß der UNO-Generalsekretär innerhalb von 48 Stunden einen Plan zur Aufstellung einer UNO-Truppe ausarbeite, die die Beendigung der Feindseligkeiten im Kanalgebiet sicherstellen und überwachen sollte. Wir begrüßten diese Resolution. Allerdings trafen aus New York auch Meldungen ein, die darauf schließen ließen, daß Aufgabe und Zusammensetzung der Streitkraft unseren Vorstellungen möglicherweise nicht entsprachen. Sir Pierson Dixon wurde instruiert, für die kanadische Resolution zwar einzutreten, aber auch deutlich unsere Vorbehalte anzumelden und sich, falls diese nicht berücksichtigt würden, der Stimme zu enthalten.

Die afro-asiatische Resolution verlangte, daß der Generalsekretär innerhalb der nächsten zwölf Stunden eine Feuereinstellung herbeiführe. Noch vor Mitternacht mußte eine Erwiderung an Hammarskjöld abgehen. Der Regierung standen drei Möglichkeiten zur Wahl. Erstens konnten wir mit unserer Aktion in Port Said fortfahren und gleichzeitig unser Angebot wiederholen, die Initiative der UNO zu überlassen, sobald eine einsatzfähige internationale Streitkraft den Kanal erreicht habe. Zweitens konnten wir die Luftlandung um 24 Stunden verschieben. Dadurch würden Ägypten und Israel Gelegenheit haben, sich mit der UNO-Truppe einverstanden zu erklären, während die Vollversammlung Zeit zu der Überlegung haben würde, ob die englisch-französischen Streitkräfte als Vorhut der UNO-Truppe akzeptiert werden konnten. Drittens konnten wir jedes weitere militärische Vorgehen mit der Begründung aussetzen, daß wir dem israelisch-ägyptischen Konflikt tatsächlich ein Ende gesetzt hätten.

Mir war klar, daß ein Aufschub nicht in Frage kam. Ich war überzeugt, daß der Oberbefehlshaber, wenn er befragt wurde, überwältigende Argumente gegen einen Aufschub vorbringen würde, was denn auch der Fall war. Auch politisch lagen die Einwände klar auf der Hand: War die Aktion einmal gestoppt, konnte sie kaum wieder aufgenommen werden. Ein Aufschub war in der Tat gleichbedeutend mit einem Abblasen der Operation. Wenn wir die Aktion im gegenwärtigen Augenblick verschoben, hätten wir es tun müssen, ehe wir unser hauptsächliches materielles Ziel erreicht hatten: die Einschiebung einer unparteiischen Streitkraft zwischen Ägypten und Israel entlang dem Kanal. Noch gab es keine UNO-Truppe, die unsere Aufgabe hätte übernehmen können. Und wenn wir nicht hartnäckig blieben, kam sie vielleicht niemals zustande. Das Kabinett war dafür, weiterzumachen und die politischen Risiken in Kauf zu nehmen. Den Ausschlag gaben Nachrichten, die uns gegen Ende der Sitzung erreichten: Israel war zwar im Prinzip mit einer Feuereinstellung, aber bis dato noch nicht mit der UNO-Truppe einverstanden; zweifellos wollte es erst informiert werden, wo diese aufgestellt, welche Aufgaben sie erhalten und wie sie zusammengesetzt werden sollte. Das alles war noch ungewiß; wir hatten allen Grund, mit unserer Aktion fortzufahren.

Präsident Eisenhower teilte ich telegrafisch unsere Absicht mit:

*Wenn wir uns jetzt zurückziehen, wird das Chaos nicht zu vermeiden sein. Der ganze Nahe Osten wird in Flammen aufgehen. Auf Grund ihrer reichen Erfahrung wird Ihnen bewußt sein, daß wir bis zur Aufstellung und zum Antransport einer UNO-Truppe kein militärisches Vakuum entstehen lassen können. Darum sind wir der Ansicht, daß wir die Stellung halten müssen, bis wir die Verantwortung an die UNO übertragen können.*

Am Nachmittag des 5. November gab der Verteidigungsminister die vollzogene Luftlandeoperation in Port Said bekannt. Die ägyptische Luftwaffe war am 2. November vernichtet worden, und die RAF stieß auf keinerlei Widerstand. Sie gab sich alle Mühe, Verluste innerhalb der Zivilbevölkerung zu vermeiden. In der Kanalzone war ein starkes Durcheinander von Zivilverkehr aller Art und militärischen Bewegungen. Aus diesem Grund wurden viele Ziele von uns nicht angegriffen. Unsere Flieger berichteten, daß die Besatzungen von Militärfahrzeugen durchweg ihre Vehikel im Stich ließen, sobald unsere Flugzeuge auftauchten, während der Zivilverkehr ungestört weiterging. Unsere Rundfunkdurchsagen, daß wir die Absicht hätten, nur militärische Ziele aus der Luft anzugreifen, hatten also gewirkt.

Die Luftlandeoperation hatte am 5. November um 8 Uhr früh begonnen. Über dem Flugplatz Gamil im Westen von Port Said, das am Westufer der Kanaleinfahrt liegt, waren etwa 600 britische Fallschirmjäger abgesetzt worden. Zu gleicher Zeit sprangen 500 französische Fallschirmjäger im Süden der Stadt nahe der Wasserwerke ab, besetzten diese und zugleich eine wichtige Brücke über das innere Becken. Der Flugplatz Gamil war rasch abgesichert, und das britische Fallschirmjägerbataillon marschierte dann nach Osten in die Stadt hinein, unter ständiger Luftunterstützung vom Flugzeugträger aus. Um 13.45 Uhr wurden zur Verstärkung weitere 100 Mann mit Fahrzeugen und schwerer Ausrüstung über dem Flugplatz Gamil abgesetzt. Über den südlichen Vororten von Port Fuad, das am Ostufer des Kanals liegt, sprangen 460 französische Fallschirmjäger ab, die anschließend die Stadt besetzten. Während des Vormittags leisteten die Ägypter Widerstand, aber um 15 Uhr bot der ägyptische Kommandeur im Namen des Gouverneurs von Port Said

Kapitulationsverhandlungen an. Um 15.30 Uhr wurde Feuereinstellung befohlen, und die Verhandlungen kamen in Gang. Etwa eine Stunde später teilte ich dem Unterhaus, das gerade den Außenminister einem geräuschvollen Kreuzverhör unterzog, die Meldungen aus dem Hauptquartier mit. Ich bin mir nicht sicher, ob es klug gewesen ist, das zu tun. Das Haus reagierte spontan; die Anhänger der Regierung sprangen von ihren Sitzen auf, jubelten und schwenkten ihre Tagesordnungszettel, während die Opposition vorübergehend verstummte. Mit der Bekanntgabe der Feuereinstellung alarmierte ich diejenigen in der Welt, die sie nicht begrüßten, und gab ihnen Gelegenheit, dagegen zu arbeiten.

Um 19 Uhr traf die Meldung ein, die Ägypter hätten unsere Bedingungen angenommen. In Port Said hatten ihre Truppen begonnen, die Waffen niederzulegen, und die ägyptische Polizei in der Stadt arbeitete mit uns zusammen. Ich war unendlich erleichtert. Allem Anschein nach war unsere Operation geglückt, ohne nennenswerte Verluste gebracht zu haben. Doch eineinhalb Stunden später kam ein Telegramm ganz anderen Inhalts: Der Gouverneur von Port Said habe inzwischen erklärt, er könne die Bedingungen nicht annehmen, und der Kampf müsse wieder aufgenommen werden.

Wer hatte den Gouverneur veranlaßt, seine Entscheidung zu widerrufen? Es ist kaum anzunehmen, daß er ohne Wissen seiner Regierung über eine Feuereinstellung verhandelt und die Übergabe angeboten hatte. Nasser mußte während jener fünf Stunden gewußt haben, was in Port Said vor sich ging. Ich bin überzeugt, daß von weiter her eine Hand im Spiel war. Wir werden es niemals beweisen können, aber sicher und bedeutsam ist, daß Lautsprecherwagen in Port Said herumfuhren und verkündeten, russische Hilfe sei unterwegs, London und Paris seien bombardiert worden und der dritte Weltkrieg habe begonnen. Im selben Augenblick schickte Bulganin an mich einen Drohbrief ab. Es war das erste Wort, das ich von ihm hörte, seit wir den Beschluß zur Intervention gefaßt hatten. Ermutigt durch das Verhalten der Vereinigten Staaten und der UNO, hatten die Russen ihre Entscheidung getroffen. Der sowjetische Konsul in Port Said wurde plötzlich aktiv, rief zum Widerstand auf und versprach Hilfe. Der Schatten Rußlands fiel jetzt in die Arena.

Die Kämpfe nahmen nach ihrer Wiederaufnahme die Form von Heckenschützen- und Guerillakrieg in Wohngebieten an. Während dieser späteren Periode war es, daß die Stadt beschädigt wurde. Die Fallschirmtruppen hatten ihre Aufgabe schnell und glänzend erfüllt, aber sie waren zahlenmäßig zu gering, um jetzt, nach Widerruf des Waffenstillstands, die Einnahme der Stadt zu vollenden. Das geschah am nächsten Tag von den pünktlich aus Malta eintreffenden Sturmtruppen. Die Kommandos der Königlichen Marine gingen in den ersten Morgenstunden des 6. November in Port Said an Land. Die französischen Truppen landeten in Port Fuad. Die nun folgenden Straßenkämpfe wurden dadurch kompliziert, daß die meisten ägyptischen Soldaten der regulären Armee ihre Uniform abgelegt hatten und von Zivilisten nicht zu unterscheiden waren. Auch unter den Zivilisten waren viele bewaffnet. Ein paar Widerstandsnester hielten bis zum Nachmittag durch, aber der organisierte Kampf hatte bis zur Abenddämmerung aufgehört. Inzwischen hatten unsere Truppen ihren Vormarsch nach Süden begonnen und erreichten gegen 17 Uhr das 27 Kilometer südlich am Kanal gelegene El Cap.

General Keightley hatte geschätzt, daß er Ismailia bis zum 8. November und Suez bis zum 12. November besetzen könnte. Oder wie er sich in einer späteren Meldung ausdrückte: »Die ganze Operation wäre, vom Beginn der Luftlandung an gezählt, in zwölf Tagen erledigt gewesen.« Doch die Operation wurde nicht planmäßig zum Abschluß gebracht, da Israel und Ägypten die Kampfhandlungen am 6. November einstellten. Kein einziger anderer arabischer Staat hatte sich Ägypten beigesellt, und die Vereinten Nationen waren im Begriff, eine Truppe zusammenzukratzen, die in den Kampfgebieten Stellung beziehen sollte. Beides war durch unsere Intervention erzwungen worden. Am 6. November, 17 Uhr, erging an den alliierten Oberbefehlshaber der Befehl, das Feuer um Mitternacht einzustellen. Wie es zum Beschluß der Feuereinstellung kam, geht aus der folgenden Darstellung der Ereignisse in London hervor. Den ganzen 5. November über wurden wir fortgesetzt bedrängt, ein

UNO-Kommando im Suezgebiet anzunehmen, da ja hiermit alle unsere Bedingungen für eine Feuereinstellung erfüllt würden. Das traf jedoch nicht zu. Denn ein Kommandeur ohne Truppen war nicht in der Lage, das Vakuum auszufüllen. Im Laufe des Abends traf dann Bulganins Brief ein. Er hatte ihn zur Veröffentlichung freigegeben, ehe er in meinen Händen war, und die Tonart des Briefes veranlaßte einen Teil der Presse, in Panik zu machen. Der sowjetische Ministerpräsident erklärte, der Krieg in Ägypten könne sich zum dritten Weltkrieg auswachsen, und drohte mit Waffengewalt seitens Rußlands:

*In welcher Lage (fragte er) würde England gewesen sein, wäre es selber angegriffen worden von mächtigeren Staaten, die im Besitz moderner Zerstörungswaffen aller Art sind? Und es gibt heute Länder, die weder eine Flotte noch eine Luftstreitmacht an die Küsten Englands zu schicken brauchten, sondern andere Mittel hätten einsetzen können, zum Beispiel Raketen. Es fehlt uns nicht an Entschlossenheit, Waffengewalt anzuwenden, um die Aggressoren zu zermalmen und den Frieden im Osten wiederherzustellen. Wir hoffen, Sie werden die notwendige Klugheit zeigen und die entsprechenden Schlußfolgerungen ziehen.*

Wir zogen indes andere Schlußfolgerungen. Während der ersten vier Tage waren die Sowjets sowohl in der UNO wie in ihren Rundfunkerklärungen außerordentlich ruhig und zurückhaltend gewesen. Ihre erste Intervention im Sicherheitsrat war gemäßigter als die der Vereinigten Staaten, und sie verurteilten die englisch-französische Aktion nicht mit der Schärfe, wie es Cabot Lodges Resolution tat. Erst einige Tage später, als offensichtlich wurde, daß die Vereinigten Staaten gegen uns die Führung in der UNO übernommen hatten, holte die Propaganda der Sowjets auf. Trotz Ungarn glaubten die Russen nun, mit den Wölfen heulen zu können.

Die zeitweilige sowjetische Zurückhaltung war auf eine Reihe von Ursachen zurückzuführen. Die Russen wollten nicht Gefahr laufen, sich in eine exponierte Lage zu bringen, um dann möglicherweise einen Rückzieher machen zu müssen, wie im Fall der Berliner Blockade. Sie hatten auch nicht vergessen, was ich Chruschtschow und Bulganin seinerzeit in London gesagt hatte, nämlich daß wir notfalls unsere Interessen im Nahen Osten mit Waffengewalt verteidigen würden. Wahrscheinlich hatten sie den Verdacht, daß die offizielle Entrüstung Amerikas über seine Verbündeten in Wirklichkeit nicht so stark war, wie es den Anschein hatte. Vom sowjetischen Gesichtspunkt aus gesehen, wäre das zu schön gewesen, um wahr zu sein. Es erschien ihnen unvorstellbar, daß die Vereinigten Staaten auf die Interessen ihrer Alliierten nicht ebensolche Rücksicht nahmen, wie es Sowjetrußland hinsichtlich seiner eigenen Verbündeten getan haben würde. Hier mochte irgendwo eine Falle verborgen sein, und es mußte ihnen ratsam erscheinen, vorsichtig zu taktieren. Nachdem sie sich über diesen Punkt Gewißheit verschafft hatten, glaubten die Russen, nunmehr anders vorgehen zu können, zumal sie noch durch die Tatsache ermutigt wurden, daß die Ungarnfrage im Sicherheitsrat nicht einmal diskutiert wurde.

Wir waren der Ansicht, daß Bulganins Drohungen nicht wörtlich genommen zu werden brauchten, und dementsprechend erwiderte ich ihm:

*Ihr gestriges Telegramm hat bei mir größtes Bedauern hervorgerufen. Nach den Worten, die Sie darin gebrauchten, glaubte ich zunächst, es bliebe mir nichts anderes übrig, als den Botschafter Ihrer Majestät anzuweisen, Ihr Telegramm als völlig unannehmbar zurückzuweisen. Aber der Augenblick ist so ernst, daß ich versuchen will, mit jenen Vernunfterwägungen zu antworten, aufgrund deren Sie und ich bisher in der Lage waren, Angelegenheiten zu erörtern, die für die Welt lebenswichtig sind.*

Ich teilte Marschall Bulganin mit, daß wir unser Ziel, die Trennung der Kämpfenden in Ägypten, so gut wie erreicht hätten und daß wir eine Ablösung durch die in Aussicht genommene UNO-Streitkraft begrüßten.

## Rassenkrawalle in Little Rock *Sherman Adams*

Seit dem Ende des Sezessionskrieges 1865 besitzen in den Vereinigten Staaten die Neger nicht nur volle Freiheit, sondern auch rechtliche Gleichstellung mit den Weißen. Während in den Nordstaaten auch die gesellschaftliche Gleichstellung verwirklicht werden konnte, hat sie die farbige Bevölkerung im Süden der USA noch immer nicht erreicht. Häufig kommt es hier zur gewaltsamen Entladung der Spannungen, die vor allem durch gewisse Organisationen, wie beispielsweise den sogenannten Ku-Klux-Clan, noch geschürt werden. Die Maßnahmen der amerikanischen Regierung und die Bundesgesetzgebung können nicht verhindern, daß durch getrennte Schulen, Kirchen, Verkehrsmittel, durch Verfemung und Verbot von Mischehen die Rassenschranken künstlich aufrechterhalten werden. Am 17. Mai 1954 erließ der Oberste Gerichtshof ein Gesetz gegen die Rassentrennung in den Schulen. Der Süden warf dem damaligen Präsidenten Eisenhower vor, er sei der Urheber dieses Gesetzes, doch war das Verfahren schon früher eingeleitet worden. Das Gesetz führte zu neuen Spannungen in den Südstaaten, die sich in Little Rock in gewaltsamen Tumulten entluden. Sherman Adams, ein enger Berater Eisenhowers, berichtet darüber.

An jenem Samstag wurde Faubus in Providence bei Bekanntgabe seiner Verlautbarung von einem Reporter gefragt, ob die Nationalgarde noch Posten vor der Oberschule stehen würde, wenn am kommenden Montagmorgen der Unterricht wieder beginne. Die Antwort war: »Mit diesem Problem werde ich mich befassen, sobald ich wieder in Little Rock bin.« Die Soldaten blieben während der ganzen folgenden Woche an der Schule. Am Freitag erschien der Gouverneur zu seinem Verhör vor Richter Davies. Sein Anwalt machte geltend, der Gouverneur erfülle seine Pflicht vor der Verfassung von Arkansas und verhindere Gewalttat, wenn er die Negerschüler am Betreten der Schule hindere; und eine solche Pflichterfüllung entziehe sich der Beurteilung durch ein Bundesgericht. Richter Davies jedoch verbot dem Gouverneur erneut, die Teilnahme der Negerschüler am Unterricht durch den Einsatz der Nationalgarde oder sonstwie zu verhindern. In einer Fernseh- und Funkansprache kündigte der Gouverneur an, er wolle der Anordnung des Richters Folge leisten und die Gardisten zurückziehen, aber gleichzeitig unter Einsatz jedes legalen Mittels versuchen, die Anordnung sobald wie möglich aufheben zu lassen.

Als am folgenden Montag früh die Soldaten zurückgezogen wurden und sich somit die Schule erstmalig für

Negerschüler öffnete, versammelte sich eine wütende Menge von etwa fünfhundert Männern und Frauen vor der Central High School vor den Barrikaden, die die Stadt- und Staatspolizei errichtet hatte. Unter drohendem Brüllen gegen die Negerschüler stürzte sich die Meute auf zwei schwarze Zeitungsberichter. Während die beiden armen Kerle zusammengeschlagen und getreten wurden, tauchten neun junge Neger in zwei Autos auf, und es gelang ihnen, ungesehen durch einen Seiteneingang in die Schule zu kommen. Kaum erfuhr die Menge, daß die Negerschüler in der Schule waren, da stürmte sie die Barrikaden und griff die Polizisten an, um sich Eingang in das Schulgebäude zu erzwingen. Die Behörde fürchtete für die Sicherheit der Negerkinder und brachte sie nach Hause. Nur wenig mehr als drei Stunden war die Integration in den Klassen Wirklichkeit gewesen!

Als sich der Präsident am Nachmittag desselben Tages auf dem Weg zum Golfplatz befand, rief ihn ein dringendes Telefonat von Brownell zurück. Kaum hatte Eisenhower Einzelheiten über die Geschehnisse in Little Rock erfahren, da veröffentlichte er eine deutliche, kräftige Stellungnahme: »Das Bundesgesetz und die Anordnung eines US-Bezirksgerichts ... dürfen ungestraft weder von einem einzelnen noch von einer Horde Extremisten mißachtet werden. Ich werde die volle Macht der Vereinigten Staaten einsetzen und mit jeder notwendigen Gewalt allen Rechtsbruch verhindern, um den Anordnungen des Bundesgerichts Respekt zu verschaffen.« Dieser Verlautbarung ließ Eisenhower eine Proklamation folgen, welche, bis 1795 zurückgreifend, die dem Präsidenten traditionsgemäß zustehende Befugnis und Pflicht herausstrich, durch Einsatz der Streitkräfte Bundesrecht durchzusetzen. In feierlicher Form befahl dann der Präsident »allen Personen, die an diesem Rechtsbruch Anteil hatten, damit innezuhalten und sich sofort zu zerstreuen«.

Aber in Little Rock blieb die Proklamation ohne Wirkung. Die von Faubus vorhergesagten Gewalttaten nahmen ihren Fortgang. Darin sah der Gouverneur die Rechtfertigung für das Nichtanerkennen der Anordnung von Richter Davies, während dieser Aufruhr einer wütenden Masse für Richter Davies und Bürgermeister Woodrow Mann von Little Rock, die beide die Prophezeiung des Gouverneurs in den Wind geschlagen hatten, überraschend kam. – Nach der Demonstration vor der Schule behauptete Bürgermeister Mann, die Menschenmenge sei von »importierten Berufsagitatoren« aufgewiegelt worden, und er wiederholte, daß die Ablehnung der Integration in Little Rock keineswegs so heftig sei, wie das Geschrei anzudeuten scheine. Diese Feststellung des Bürgermeisters hatte etwas für sich: Arkansas gehörte keineswegs zum tiefen Süden; in anderen Teilen des Staates hatten verschiedene Gemeinden an ihren Schulen die Rassentrennung bereits ohne Zwischenfälle aufgehoben. In Little Rock gab es manche der diskriminierenden Bräuche nicht, die man in den meisten südlichen Städten fand, zum Beispiel fehlten Rassenschranken in den öffentlichen Verkehrsmitteln. Aber ob die Unruhen vor der Central High School nun raffiniert angezettelt waren oder nicht – auch am folgenden Tag sammelte sich die Menge an der Schule, und die Negerschüler waren zu eingeschüchtert, um sich zum Unterricht zu wagen. Dies bedeutete, daß der Präsident etwas unternehmen mußte.

Tief bedrückt sprach Eisenhower mit dem Stabschef der Armee, General Maxwell D. Taylor, und dann mit Verteidigungsminister Wilson, der erst am Abend aus Louisiana zurückkehrte. Kurz nach Mittag des folgenden Tages unterzeichnete der Präsident eine Verordnung, die Wilson ermächtigte, »so viele Einheiten der Streitkräfte der Vereinigten Staaten einzusetzen, wie er für notwendig hält«, um den Aufruhr zu beenden. Zwei Stunden später hatten Wilson und Taylor gehandelt: Die Nationalgarde von Arkansas wurde dem Bund unterstellt, und die erste Abteilung von fünfhundert Soldaten der 101. Luftlandedivision rückten am Nachmittag, weitere fünfhundert noch am selben Abend in Little Rock ein. In Newport machte sich inzwischen der Präsident mit Hagerty an die Ausarbeitung der Botschaft, die er am Abend über Funk und Fernsehen verlesen wollte. Dann flog der Präsident nach Washington, um die Ansprache vom Weißen Haus aus zu halten – teils, weil die technischen Einrichtungen für die Übertragung dort zur Verfügung standen, vor allem aber aus dem Gefühl heraus, daß es sich nicht schickte, eine so ernste und wichtige Botschaft aus dem

Urlaubsquartier zu verkünden. Der Präsident erklärte, daß er infolge der ständigen Demonstrationen gegen die Negerschüler gezwungen sei, Truppenteile der Armee zur Oberschule marschieren zu lassen; dann fuhr er feierlich fort: »Die unabdingbare Grundlage unserer individuellen Rechte und Freiheiten ruht auf der Gewißheit, daß Präsident und Regierung die Entscheidungen der Bundesgerichte unterstützen und durchsetzen, wenn notwendig sogar mit allen Mitteln, über die der Präsident verfügt. Versäumte dies der Präsident, müßte Anarchie die Folge sein.« So war der Präsident schließlich zu dem gezwungen, wovon er noch im Juli gesagt hatte, es könne nicht »klug sein, dies in unserm Land zu tun«. Denn Eisenhower hatte wiederholt festgestellt, daß er sich keine Situation ausdenken könne, die ihn veranlaßte, Bundestruppen irgendwo einzusetzen, um den Anordnungen eines Bundesgerichtes Geltung zu verschaffen. Dennoch war nun diese Situation eingetreten, und der Präsident erfüllte nur eine verfassungsmäßige Pflicht, indem er etwas tat, was ihm widerwärtiger war als alles, was er in seinen acht Jahren im Weißen Haus getan hatte oder noch tun sollte.

Am folgenden Morgen wurden die neun verbliebenen Freiwilligen von den ursprünglich siebzehn Negerschülern, denen man den Zutritt zur Oberschule verwehrt hatte, in einem Transportfahrzeug der US-Armee, im Geleitzug begleitet von bewaffneten Fallschirmjägern, zur Schule gefahren. Ohne Schwierigkeiten konnten sie das Gelände betreten. Die Soldaten, die den Bau umstellt hatten, wurden teilweise beschimpft und gerieten vereinzelt in geringfügiges Handgemenge. Ein Mann, der sich einem Befehl nicht fügen wollte, wurde mit der Spitze eines Seitengewehrs leicht gekitzelt.

Am folgenden Tag sprach Faubus in einer Fernsehsendung, die über die ganze Union ausgestrahlt wurde, von dem »warmen, roten Blut patriotischer Amerikaner, das die kalten, nackten, blankgezogenen Messer« während der »militärischen Besetzung« von Arkansas genetzt habe.

In einem früheren Stadium hatte man dem Präsidenten vorgeworfen, er nähme sich der Lage in Little Rock zu wenig kraftvoll an. Nun aber, wo er alle ihm zur Verfügung stehende Macht einsetzte, machte man ihm heftigste Vorwürfe. Vor allem ging Eisenhower ein Vorwurf des Senators Russell von Georgia nahe, weil er ihm das Maß erlaubter politischer Kritik zu sprengen schien. Russell beschuldigte den Präsidenten, »Methoden anzuwenden, die offenbar aus der Dienstvorschrift stammten, die Hitlers SS-Führern in die Hand gegeben worden war«. Der Präsident schickte Rusell ein empörtes Telegramm:

»Die Nationalgarde von Arkansas wäre mit der Lage spielend fertig geworden, wenn man sie entsprechend eingesetzt hätte. Ja, hätte man sich die Integration an der Central High School ohne Eingreifen der Nationalgarde vollziehen lassen, so wäre dies ohne allen Zweifel ebenso glatt und ruhig geschehen wie in anderen Gemeinden von Arkansas. Wenn ein Staat im Bestreben, sich den Anordnungen eines Bundesgerichtes zu widersetzen, Horden von Extremisten ermutigt, den Anordnungen des Gerichtes offenen Widerstand zu leisten, und wenn ein Staat sich weigert, seine Polizeistreitkräfte zum Schutz von Personen, die friedlich ihre verfassungsmäßigen Rechte ausüben, so wie sie in den gerichtlichen Anordnungen bestätigt werden, vor der aufrührerischen Masse zu schützen, dann schreibt sein Amtseid dem Präsidenten vor, diesen Schutz von sich aus zu gewähren. Das Unterlassen des Eingreifens in einem solchen Fall wäre gleichbedeutend mit der Hinnahme der Anarchie und der Auflösung der Union. Ich muß gestehen, daß ich Ihren Vergleich unserer Soldaten mit Hitlers SS nicht begreife. Im einen Fall wurde militärische Macht gebraucht, um den Bestrebungen und Zielen eines gewissenlosen Diktators zu dienen; im anderen soll sie die Institutionen einer freiheitlichen Regierung schützen.«

Seitdem die Fallschirmjäger Tag für Tag Posten vor der Oberschule standen, ruhte die Lage in Little Rock auf einem toten Punkt, den der Gouverneur und die anderen Behörden der Stadt und des Staates gar nicht zu überwinden suchten. Auf der Jahressitzung der Gouverneure der Südstaaten in Georgia erwogen die Teilnehmer die Möglichkeiten, die Bundesstreitkräfte zurückziehen zu lassen. Gouverneur Luther Hodges von Nord-Carolina wurde beauftragt, mit mir die Möglichkeiten eines Treffens zu ventilieren, an dem der Präsident und eine

Abordnung, bestehend aus Hodges und den drei anderen Gouverneuren Collins von Florida, Clement von Tennessee und McKeldin von Maryland, teilnehmen sollten. Eisenhower ließ Hodges durch mich ausrichten, er wäre froh, mit den vier Gouverneuren nicht nur die Lage in Little Rock erörtern zu können, sondern auch ganz allgemein über die Frage zu reden, auf welche Weise die Südstaaten der Anordnung des Obersten Gerichtes, die Rassentrennung an den Schulen aufzuheben, zu entsprechen gedachten. Die Gouverneure aber verspürten keine Neigung, ihre Schwierigkeiten noch zu vervielfachen. So teilte mir Hodges mit, die Gouverneurs-Konferenz habe ihm ausdrücklich aufgetragen, die Unterhaltung mit dem Präsidenten auf die Frage zu beschränken, ob und wie die Truppen von der Central High School von Little Rock zurückgezogen werden könnten.

Eisenhower brachte Verständnis für die Zurückhaltung auf und stimmte der Begrenzung zu. Die Sitzung fand in seinem Arbeitszimmer im Westflügel des Weißen Hauses statt, und außer den vier Gouverneuren nahmen Hagerty, Howard Pyle und ich teil. Brownell hatte dem Präsidenten gesagt, es sei sicherlich besser, wenn er selbst sich zurückhielte. Nur zu genau wußte er, was der tiefe Süden von der Rolle des Justizministeriums im Streit von Little Rock hielt, und deshalb meinte er, das Gespräch würde ohne ihn besser in Gang kommen. So wartete er in meinem Büro, um dem Präsidenten und seinen Mitarbeitern bei Bedarf zur Verfügung zu stehen. Das Problem schränkte sich schließlich darauf ein, eine Erklärung zu entwerfen, in der Faubus dem Präsidenten seine friedlichen Absichten bekundete, damit die Soldaten zurückgezogen werden konnten. Nach der Unterhaltung mit Eisenhower begaben sich die Gouverneure in das fensterlose Empfangs-Konferenzzimmer auf der anderen Seite des Flurs, dem Arbeitszimmer des Präsidenten gegenüber, das von uns das Fischzimmer genannt wurde, weil unter den früheren Regierungen dort Goldfischbecken gestanden hatten. Wir überließen es den Gouverneuren, selbst ein Schreiben an Faubus zu entwerfen. Als sie damit fertig waren, bestätigte Brownell nach Überprüfung, daß es die guten Absichten des Gouverneurs von Arkansas genügend bekundete, und Eisenhower stimmte zu.

Daraufhin setzten sich die vier Gouverneure telefonisch mit Faubus in Verbindung und erörterten das Schreiben mit ihm. Dabei stießen sie auf eine ebenso dornige Aufgabe wie die von Brooks Hays damals im Hotelzimmer in Providence nach der Besprechung in Newport. Nachdem sie sich redlich abgemüht, zahlreiche Telefongespräche geführt, endlos gewartet, Wörter ausgewechselt und stilistische Änderungen vorgenommen hatten, wobei Hagerty Pyle und ich nach der eigentlichen Sitzung zu Rat gezogen wurden, einigten wir uns schließlich auf einen Satz, den, wie man uns versicherte, Faubus auch akzeptieren würde: »Ich erkläre, daß ich die volle Verantwortung für die Aufrechterhaltung von Gesetz und Ordnung übernehme und daß den Anordnungen des Bundesgerichtes kein Widerstand geleistet wird.«

Eisenhower gab gemeinsam mit den Gouverneuren eine Verlautbarung heraus, in der er ausführte, man habe ihm mitgeteilt, der Gouverneur von Arkansas habe die Gouverneure von Nord-Carolina, Tennessee, Maryland und Florida ermächtigt, seine Bereitschaft zu bekunden, die volle Verantwortung für die Aufrechterhaltung von Gesetz und Ordnung in Little Rock zu übernehmen und Anordnungen des Bundesgerichtshofes keinen Widerstand zu leisten. Daraufhin, verkündete der Präsident, habe der Verteidigungsminister Anweisung erhalten, die Bundestruppen aus Little Rock abzuziehen und die Nationalgarde wieder dem Gouverneur zu unterstellen.

Dieser Friedensvertrag mußte warten, bis Faubus in Little Rock die Verlautbarung anerkannte. Er wartete lange. Die Gouverneure verließen das Fischzimmer, um einen kleinen Imbiß einzunehmen, dann versammelten sie sich am Abend wieder zu ihrer Nachtwache. Endlich traf der Text von Faubus' Verlautbarung aus Arkansas ein. Als die Gouverneure ihn lasen, verschlug es ihnen den Atem: Faubus hatte die Formulierung des entscheidenden Satzes in der allseits gutgeheißenen Botschaft geändert, so daß er nun einen vollkommen neuen Sinn bekommen hatte.

Anstatt »Ich erkläre, daß ich die volle Verantwortung für die Aufrechterhaltung von Gesetz und Ordnung übernehme und daß den Anordnungen des Bundesgerichtes kein Widerstand geleistet wird«, lautete der Text, der in Little Rock verkündet worden war: »Ich erkläre, daß ich bei Rückzug der Bundestruppen, in Zusammenarbeit mit der hiesigen Behörde, die volle Verantwortung für die Aufrechterhaltung von Recht und Ordnung übernehmen werde und daß den Anordnungen des Bundesgerichtes von mir kein Widerstand geleistet werden wird.« Die Einfügung der beiden Wörter »von mir« änderte den Sinn vollkommen: Damit übernahm er keine Verantwortung dafür, wenn andere als er sich dem Spruch des Bundesgerichtes weiterhin ständig widersetzten. Für Eisenhower war die Verlautbarung wertlos, da sie keine Anerkennung des Rechtsstandpunktes garantierte.

Die Wörter »von mir« warfen uns alle um. Die Gouverneure, die sämtlich guten Glaubens gehandelt hatten, waren am Ende ihres Lateins. Auch ich war von neuem zutiefst enttäuscht. Nur Brownell war ebenso wenig überrascht wie in Newport: Er hatte seit je von Faubus nichts anderes erwartet. Ich mußte mich zum Präsidenten begeben (der gerade an einem privaten Abschiedsessen für Charlie Wilson teilnahm, der aus dem Kabinett ausschied) und ihm berichten, daß das Unternehmen der Gouverneure der Südstaaten gescheitert sei. Eisenhower bereitete mit Hagerty und mir eine neue Verlautbarung vor, die noch in derselben Nacht herausgegeben wurde:

»Die Verlautbarung, die der Gouverneur von Arkansas heute abend veröffentlicht hat, bekräftigt nach meinem Dafürhalten keineswegs zuverlässig, daß er all seine Amtsgewalt als Gouverneur einsetzen will, um Widerstand gegen die Anordnungen des US-Bezirksgerichtes zu brechen. Unter diesen Umständen hat der Präsident der Vereinigten Staaten im Augenblick keine andere Möglichkeit, als die Aktion der Bundesregierung zur Sicherung der Lage fortzusetzen.«

Die letzten Kapitel um Little Rock sind noch nicht geschrieben. Der Friede in der Schule wurde mit Gewalt aufrechterhalten, aber niemand weiß, wie groß die Empörung vielleicht in den Familien der Schüler der Central High School ist. Es ist so, wie Eisenhower seinerzeit über die Entscheidung des Obersten Gerichtshofes sagte: Es bedarf langer Bemühungen, bis es gelingt, Mäßigung und Klugheit in einer Angelegenheit aufzubringen, die so heftig die Emotionen aufpeitscht.

Als der tapfere Brooks Hays sich in seinem Bezirk Little Rock 1958 erneut zur Wahl im Kongreß stellte, wurde er von seinem Gegner, der sich für die Rassentrennung erklärte, geschlagen. Aber lange blieb Hays nicht unter den Arbeitslosen: Präsident Eisenhower ernannte ihn zum Mitglied des Aufsichtsrates der Tennessee Valley Authority, und 1961 machte ihn Kennedy zum Staatssekretär im Außenministerium mit der Aufgabe, die Beziehungen zwischen Außenministerium und Kongreß zu pflegen – womit Hays einen Posten übernahm, für den er ganz hervorragend geeignet ist. Niemand ist je im Capitol höher geachtet worden als er.

## Rassenkonflikte in Südafrika *Albert Luthuli*

In der Südafrikanischen Union leben etwa 10 Millionen Farbige. Daß sie heute weitgehend im Gegensatz zu der europäischen Bevölkerung stehen, ist eine Folge der strengen Rassentrennungspolitik der südafrikanischen Regierung, wie sie vor allem etwa seit 1948 (Regierung Malan) betrieben wurde. Im Zuge dieser sogenannten Apartheid-Politik (d. h. Getrennthalten) wurde eine Reihe von Gesetzen erlassen, die eine scharfe Kontrolle der eingeborenen Bevölkerung und eine Beschränkung ihrer Rechte vorsehen. Die südafrikanische Regierung begründet diese Politik gegenüber den Protesten der Weltöffentlichkeit mit der Notwendigkeit der Selbsterhaltung der weißen Bevölkerung gegenüber den in Massen illegal einströmenden Farbigen aus den Nachbargebieten. Eine der führenden Persönlichkeiten des um seine Rechte kämpfenden farbigen Bevölkerungsteils ist der Zulu-Häuptling Albert Luthuli, der für seine Bemühungen um den rassischen Ausgleich 1961 mit dem Friedensnobelpreis ausgezeichnet wurde. Ähnlich wie Gandhi vertritt auch er den gewaltlosen Widerstand. Über seine bisherigen Maßnahmen berichtet er in seiner Autobiographie, der auch der folgende Abschnitt über den Autobusstreik entnommen ist. Sein Ziel ist die künftige gleichberechtigte Partnerschaft von Schwarzen und Weißen in Südafrika.

Eine subventionierte Autobus-Gesellschaft (P.U.T.C.O.), die afrikanische Arbeiter an verschiedene große Orte der ganzen Union befördert, entschloß sich, die Fahrpreise zu erhöhen. Diese Erhöhung hätte Tausende afrikanischer Familien zu einem noch niedrigeren Existenzminimum als bisher verurteilt. Andererseits war sie, vom Haushaltsplan der P.U.T.C.O. her gesehen, wahrscheinlich nicht übertrieben und tatsächlich notwendig.

Die Afrikaner jedoch, die von der geplanten Änderung betroffen wurden, waren fest entschlossen, daß sie jedenfalls das Geld nicht zahlen würden, möge zahlen, wer wolle; und zwar deshalb, weil sie es nicht zahlen konnten. In Alexandra am Rand Johannesburgs, wo hunderttausend Afrikaner auf dem Raum einer Quadratmeile hausen, wurde ein Boykott organisiert. Die Leute fingen an, zu Fuß zu gehen. Der Boykott griff auf andere Bezirke über, darunter auch Pretoria.

Was die Weißen – mit Ausnahme deren, die mit ihrem Herzen auf der Seite der Boykottierenden standen – am meisten aufscheuchte und erschreckte, war, daß Alexandra einen totalen Boykott veranstaltete. Die Einmütigkeit, mit der die Leute sich weigerten, die Ausbeutung auch nur einen Augenblick länger zu erdulden, erregte ungeheures Aufsehen. Jeden Tag gingen sie zwanzig Meilen und mehr zu Fuß, mit dem festen Vorsatz, lieber zu leiden als sich dafür herzugeben, daß ihre Kinder weniger als bisher von ihnen zu essen bekämen.

Auch darüber waren die Weißen erstaunt, daß der Bus-Boykott anhielt. Sie hatten fest damit gerechnet, daß die Boykottierenden müde würden, was sie auch wirklich taten, und klein beigeben, was aber nicht geschah. In der Presse gab es das übliche Gerede von Einschüchterung – als ob ein paar Streikposten eine Stadt mit hunderttausend Einwohnern dort, wo sie an den Haltestellen Schlange standen und die Polizei den Boykott nach Kräften zu brechen versuchte, einschüchtern könnten. Es ist gut möglich, daß es einen oder zwei Fälle von Einschüchterung gab. Ein paar bessergestellte Bewohner, die lieber gefahren wären, wurden zweifellos davon abgeschreckt, um nicht die große Überzahl von Alexandra gegen sich aufzubringen. Aber dies leichtfertige Geschwätz von Einschüchterung seitens der weißen Presse steht solchen Leuten, die der täglichen Einschüchterung und dem Terror der Polizei noch nicht ausgesetzt waren, schlecht an. Und der Versuch, eine von Afrikanern einmütig durchgeführte Aktion damit abzutun, »politische Gangster« hätten die Masse in eine solche Aktion hineingetrieben, hält einer Nachprüfung nicht im mindesten stand. Es gibt Gangster unter den Afrikanern, und es gibt Politiker. Ich weiß von keinen Gangster-Politikern. Wenn es welche gibt, dann fehlen ihnen die Möglichkeiten, uns übrige zu etwas zu zwingen. Angenommen, die Weißen glauben allen Ernstes an die Einschüchterungsgeschichten, die sie (unbewiesen) erzählen, so kann ich es mir nur damit erklären, daß sie sich schon zu sehr an die politische Unterdrückung der Afrikaner gewöhnt haben und von daher erwarten, wir ahmten ihre Methoden nach.

Ganz gleich, was die weiße Presse ihren Lesern erzählen mochte, der Bus-Boykott von Pretoria und im Witwatersrand-Gebiet war eine spontane Bewegung des Volkes. In Alexandra gab es unter den Organisatoren sowohl altgediente Konservative wie politisch Linksgerichtete, und alle stellten sich gemeinsam in eine Front, weil sie sich einer gemeinsamen Bedrohung gegenübersahen. Sie führten den Boykott zum Erfolg, weil die Leute entschlossen waren, zu boykottieren.

Sicher wurde die Standhaftigkeit der großen Masse der Boykottierenden auf eine harte Probe gestellt. Die Regierung hatte großes Interesse daran, den Boykott zu brechen, schon weil sie alle Äußerungen afrikanischer Einigkeit unterdrücken muß, dann aber auch, weil die boykottierte Verkehrsgesellschaft von der Regierung subventioniert – zu wenig subventioniert wurde. Im Bestreben, ihr Ziel zu erreichen, holte sie ihre Polizei zu Hilfe. Auf der Straße zwischen Alexandra und der Stadtmitte von Johannesburg setzte eine systematische polizeiliche Verfolgung ein. Sogleich gab die Rücksichtslosigkeit der Polizei, die Taxis, Fußgänger und Radfahrer anhielt, für die Weißen ein prächtiges Schauspiel ab. Fußgänger wurden nach ihren Pässen gefragt, Taxis längere Zeit aufgehalten, während die Namen aller Fahrer und Insassen notiert wurden, und Radfahrer gezwungen, ihr Gefährt neben den Fußgängern herzuschieben, wenn die Polizei ihnen die Luft aus den Reifen gelassen hatte. Die weiße Presse redete weiterhin von Einschüchterungsmaßnahmen – der Afrikaner.

Doch die auffällige Härte der Polizisten, von denen es längs der Straße wimmelte – und die sich ganz woanders, den ihnen zukommenden Aufgaben hätten widmen sollen –, erweckte die Teilnahme vieler Weißer, die sahen, was sich hier abspielte. Trotz offizieller Drohungen stellten sich viele mit ihren Autos zur Verfügung, um den ermüdeten tapferen Arbeitern Erleichterung zu schaffen. Dies waren ermutigende Taten und weitere Beweise dafür, daß der wahre Kampf in Südafrika nicht auf Schwarz gegen Weiß hinausläuft, sondern auf Herrenvolk[1] gegen alles übrige.

Vorfälle wie dieser Boykott erscheinen der allgemeinen Öffentlichkeit im großen und ganzen nur als eine Auseinandersetzung zwischen einzelnen Gruppen. Doch welcher Heroismus verbirgt sich hinter den Schlagzeilen! Für die Starken ist ein Fußmarsch von zwanzig Meilen, zusätzlich zu einem Arbeitstag, schon ein gehöriger Test für Ausdauer. Und die Schwachen? Was sollte eine kranke Witwe mit fünf kleinen Kindern machen, deren ganzes Einkommen, ein Hungerlohn, in überschwerer Arbeit ohne gewerkschaftlich festgesetzte Stundenzahl erworben wird? Die Schwachen marschierten ebenfalls, gingen lange vor Sonnenaufgang fort und kamen lange nach Einbruch der Dunkelheit erschöpft nach Hause. Nur, um fünf Schillinge im Monat zu sparen. Für diejenigen, die sich nicht auf Kosten der anderen gute Tage machen, ist Südafrika ein heroisches Land. Die geduldige Ausdauer der Schwachen ist stärker, weit stärker als die Zähigkeit der Revolverhelden. Im Grunde ihres Herzens wissen die das auch. Ihre erbärmliche Reaktion zeigt sich darin, daß sie noch tyrannischer auftreten, solange ihnen der Platz an der Sonne noch gesichert erscheint.

Der Boykott war im wesentlichen eine Bewegung der allgemeinen Bevölkerung. An seiner Organisation war der Afrikanische Nationalkongreß nicht beteiligt. Natürlich gab es Kongreßmitglieder, die in den Vororten lebten und als dort Ansässige am Boykott teilnahmen. Es mochte für manche verlockend sein, sich den Erfolg

[1] Ich möchte hier nicht mißverstanden werden. Mit Herrenvolk meine ich nicht die Buren, ich meine weiße Suprematisten, gleichgültig welche Sprache sie sprechen.

eines solchen Unternehmens mit zuzuschreiben. In diesem Fall jedoch kann der Kongreß nicht mehr für sich in Anspruch nehmen, als daß er mithalf, eine Atmosphäre des Widerstands zu schaffen, die eine solche Aktion ermöglichte. Ehrlich gesagt, mehr haben wir nicht vorzuweisen – immerhin hatten auch die Verhaftungen im Hochverratsprozeß unsere Führung zeitweilig aktionsunfähig gemacht. Der Boykott war eine lokal begrenzte Kundgebung, von Leuten an einzelnen Orten organisiert, und diese haben die ganze Last getragen. An anderen Orten, in denen Sympathie-Boykotte durchgeführt wurden, spielte der Kongreß eine gewisse Rolle. Doch den Leuten von Pretoria, vom Witwatersrand und von den anderen betroffenen Gebieten gebührt alle Anerkennung für den Boykott. Sie haben sie bestimmt verdient.

Dennoch vermaß sich der Verkehrsminister, B. J. Schoeman, kaum daß er nach seiner Rückkehr von einer Auslandsreise den Fuß auf afrikanischen Boden gesetzt hatte, zu der Behauptung, der Kongreß hätte den Boykott organisiert. Auf dem Flugplatz erklärte er rundweg, daß er ihm ein Ende machen werde, nachdem er uns zuvor die ganze Geschichte in die Schuhe geschoben hatte. Wie sich später zeigte, war ihm darin trotz der eifrigen Mitarbeit der Polizei kein Erfolg beschieden.

Die Kongreßführer hielten sich absichtlich aus dem Boykott heraus (mit der einen Ausnahme, um Schoemans Behauptung zu widerlegen), bis eine ganze Zeit danach andere Instanzen die Verbindung aufgenommen hatten – zum Beispiel die beunruhigte Industrie- und Handelskammer. Aus einem bestimmten Grund kamen wir erst in einem späteren Stadium hinzu.

Seit Beginn des Boykotts hatten hinter den Kulissen Unterhandlungen stattgefunden. Der Bischof von Johannesburg war in diese Unterhandlungen bereits einbezogen worden, ehe sie sich weiterentwickelten, aus dem guten Grund, weil er einer der wenigen Weißen war, dem die Boykottierenden ihr Vertrauen schenkten. Seine Sympathie für den Boykott war kein Geheimnis. Er verstand seine Ursachen, und die Leute wußten, daß er sie verstand. Oft ging es für ihn in seinem Hause und in Alexandra bis weit über Mitternacht – mit ganzem Herzen stellte er sich denen zur Verfügung, die seine Hilfe erbaten. Sein Ziel war ganz einfach dies, für den Boykott einen ehrenhaften Abschluß zu erreichen. Ein solcher ehrenhafter Abschluß zeichnete sich ab aufgrund einer Reihe von Vorschlägen, die von der Handelskammer gemacht worden waren – die Erschöpfung der Arbeiter schadete der Produktion sehr. Kurz gesagt, die Handelskammer zeigte sich bereit, das zu tun, was die unbeugsame Regierung zurückverwies: lieber die Verkehrsgesellschaft indirekt zu subventionieren, als den armen Leuten eine neue Last aufzubürden. Hier hatte die Kongreßleitung ein Wort mitzureden.

Die Schwierigkeit war, daß viele Leute den Boykott, da er so ungemein erfolgreich war, weiterführen wollten, ganz gleich, ob die Forderungen der Boykottierenden erfüllt wurden oder nicht. Wir fanden, daß der Boykott aufhören sollte, wenn das gesteckte Ziel erreicht war. Wir wußten sehr wohl um die Not der Boykottierenden, und auch, daß beim Aufbrechen der Meinungsverschiedenheiten der ganze Boykott zum Erliegen käme und damit die Regierungsabsichten letzten Endes den Sieg davontragen würden. Aus diesen Gründen unterstützten wird diejenigen, die den Boykott beendigen wollten, wenn die ursprünglichen Forderungen der Leute erfüllt würden. Leidensfähigkeit hat ihre Grenzen, das ist eine Tatsache, die eine kluge Führung bedenken muß. Schließlich wurde allen Forderungen entsprochen, die Drohung des Ministers, den Boykott niederzuschlagen, nicht ausgeführt und der Boykott abgeblasen.

## Zwischenfall in Algerien

*Jean-Jaques Servan-Schreiber*

Im November 1954 kam es zum offenen Aufstand der Algerier gegen die französische Verwaltung. Die Aufständischen schlossen sich in einer »nationalen Befreiungsfront« (FLN) zusammen, um die französische Verwaltung wirksamer bekämpfen zu können. Für die Franzosen bildete Algerien keine Kolonie, sondern gehörte staatsrechtlich zum französischen Mutterland; da sie in der Forderung nach Unabhängigkeit einen Angriff gegen die französische Republik sahen, verteidigten sie um so energischer ihre Rechte. Sie setzten etwa eine halbe Million Soldaten im Land ein. Der Terror der Aufständischen wurde mit Gegenterror beantwortet. Welche katastrophalen Folgen selbst kleinste Konflikte haben konnten, zeigt der Bericht des bekannten französischen Politikers, der als Reserveleutnant in der Armee diente und die Spannungen aus eigener Erfahrung beobachten konnte. 1958 kam die Regierung den Autonomiewünschen der Algerier etwas entgegen, doch führte dieses Entgegenkommen zu einem Aufstand des französischen Militärs. Dieser wiederum war die Ursache dafür, daß de Gaulle an die Macht kam. Von 1961 an begannen die offiziellen Verhandlungen zwischen der Exilregierung der FLN und Frankreich, aber rechtsradikale französische Kreise wollten sie durch Terrorakte stören. Ein Jahr später wurde dann ein Abkommen geschlossen, das den Algeriern die volle Unabhängigkeit gab. Heute haben die meisten europäischen Siedler, die einst zehn Prozent der Bevölkerung ausmachten, das Land verlassen. Nach innerpolitischen Auseinandersetzungen führt seit 1965 ein Revolutionsrat die Regierung.

Die kleine Kasbah von Brahim befindet sich am Dorfausgang, auf dem Weg nach Keddara und Palestro. Der Weg wird hier zu einer Straße; rechts und links liegen ein paar Läden und das maurische Kaffeehaus, in dem die Moslems den ganzen Tag über schwatzend beisammensitzen, die Zentrale des »arabischen Telefons«.

An jenem Dienstagnachmittag war es gegen fünf Uhr noch sehr heiß. Die Leute waren gereizt und nervös, und das nicht nur wegen der Hitze. Immer wieder Mordanschläge! Erst tags zuvor war der französische Briefträger – der eigentlich allgemein gern gesehen und schon seit fünfundzwanzig Jahren im Ort ansässig war, ein herzensguter Kerl, der hart arbeitete und keinen persönlichen Feind hatte – mit durchschnittener Kehle tot aufgefunden worden ... Man gewöhnte sich daran, gewiß, da dergleichen ja zwei- bis dreimal in der Woche vorkam. Aber jedesmal verstärkte sich die Spannung, wuchs die Angst.

An einem der Holztische des Kaffeehauses hatten seit einiger Zeit zwei Araber gesessen, ein junger in Flanellhose und mit offenem Hemdkragen, der andere mit grauem Bart und ledernem Gesicht, in einer braun-weißen Kaschabia. Sie verabschiedeten sich jetzt voneinander. Der Alte blieb sitzen und trank langsam sein Glas Tee aus. Der Junge stand elastisch auf und wandte sich der Straße zu.

In diesem Augenblick heulte eine Militärhupe auf, begleitet vom markerschütternden Quietschen gewaltsam gebremster Reifen. Alles drehte sich um.

Ein Jeep in hellbraunem Wüstenanstrich hätte um ein Haar den jungen Araber überfahren, weil der nicht achtgegeben hatte. Vom plötzlichen Schreck abgesehen, war ihm nichts passiert, doch begann er nun höchst nachdrücklich auf die beiden französischen Soldaten loszuschimpfen, deren Wagen mit seinem durch das scharfe Bremsen abgewürgten Motor mitten auf der Straße hielt. Er fuchtelte mit den Armen und schrie sie an, und zwar auf arabisch – vorsichtshalber.

Sergeant Baral ließ seinen Motor wieder anspringen. Er liebte die Araber im allgemeinen wenig, und solche, die ihn beschimpften, schon gar nicht. An diesem Nachmittag aber hatte er keine Zeit, sich irgendwelchen Gefühlen zu überlassen. Er mußte mit seinem Begleiter, dem Schützen Géronimo, einen Packen Post zum Regimentsgefechtsstand bringen. Er konnte sich diesen frechen jungen Burschen ein andermal vorknöpfen ... Man würde ihn schon wiederfinden, das Dorf war nicht sehr groß. »Hörst du nun endlich auf zu schreien, du Drecksaraber, oder soll ich dich in die Pfanne hauen?« schrie Géronimo, um die Stimme des Arabers zu übertönen, der noch immer keine Ruhe gab.

Er sprang vom Jeep, indem er mit seiner am Schulterriemen vor seinem Magen hängenden Maschinenpistole instinktiv die vorgeschriebene Viertelschwenkung nach rechts machte und so in Anschlag ging.

Der Araber schwieg jetzt. Seine Erregung zeigte sich nur noch im Brennen seiner schwarzen Augen und im Zittern seiner langen trockenen Hände.

Die Menschen an den Tischen des maurischen Kaffeehauses saßen unbeweglich und starrten auf die Straße. Der Wirt stand, Teegläser in den Händen, wie festgenagelt, den Rücken der Straße zugewandt, und verfolgte über die eigene Schulter blickend die Vorgänge.

Nachdem der Araber verstummt war, hatten sich die Mienen etwas entspannt. Doch die Körper und die Hände blieben unbeweglich, der Jeep war immer noch da und Géronimo auch, mit der Waffe in der Hand. Der Araber stand steifbeinig da. Sein ganzer Stolz schien in dem Willen konzentriert, dem Soldaten Trotz zu bieten.

Da erhob sich der Alte von seinem Kaffeehaustisch und ging auf ihn zu.

Géronimo verspürte ein fast unwiderstehliches Verlangen, die Szene fortzusetzen. Er war hier der Star, der Herr, und das liebte er. Es war ein unerhörtes Gefühl, das er hier in Algerien zum erstenmal genoß, das er vorher nie gekannt hatte, weder im Kreis seiner Familie noch unter seinen Kameraden in Nizza – diese Macht, diese Herrschaft über die Menschen, diese gewaltig gesteigerte Männlichkeit, die ihm seine Waffe verlieh.

Und dann all die Zuschauer, die durch seine Gesten, sein Auftreten wie hypnotisiert waren, die mit den Augen am Lauf seiner Maschinenpistole hingen und mit denen er nach Belieben schalten und walten konnte. Um diesen Genuß zu verlängern, brauchte er nur allen zu verbieten, sich zu bewegen – insbesondere dem alten Schnaufer dort, der seinen Gefährten beruhigen wollte.

»Géro, mach kein Theater! ... Wir haben keine Zeit zu verlieren. Du kannst dich ein andermal amüsieren. Los, komm, steig wieder ein!«

Baral hatte genug. Es war ihm nicht recht, daß sein Kamerad sich so aufregte. Außerdem war er als Wagenführer dafür verantwortlich, daß die Post rechtzeitig ankam. An den Falten, die sich plötzlich in den Mundwinkeln Géronimos zeigten, erkannte er unschwer, daß sein Kamerad bald nicht mehr zu halten sein würde. Er war dann wie ein Vollblut, das von einem bestimmten Punkt an nicht mehr zu zügeln ist und völlig unberechenbar wird.

Inzwischen kam der Alte heran, vorsichtig und mit langsamen, schwerfälligen Schritten, wie man sich einem Tier nähert, das man nicht aufschrecken will. Vom Rand des Gehsteigs, bevor er noch den Fahrdamm erreicht hatte, sagte er mit ruhiger Stimme zu seinem Freund: »Geh nach Hause ... Komm, stell dich nicht wie ein störrischer Esel an. Komm, geh schon ...« – in französischer Sprache, damit es für die Soldaten kein Mißverständnis gäbe.

In diesem Augenblick zerriß ein trockener Knall die Luft, traf schmerzhaft die aufs äußerste gespannten Nerven. Der Alte beugte sich vornüber, legte seine beiden Hände auf den Bauch und fiel langsam zu Boden, indem er dumpfe, unverständliche Worte murmelte, während sein Blut vom Gehsteig aufs Pflaster des Fahrdamms rann. Seine offenen, noch ungebrochenen Augen waren auf den Jeep gerichtet, als ob er sich noch immer Sorgen mache, wie es weitergehen solle.

Géronimo, der sich nicht von der Stelle gerührt hatte, betrachtete, plötzlich ruhig geworden und wieder auf die Erde zurückgekehrt, seine Waffe, die ohne jedes Dazutun »von selber losgegangen« war – wie ein lebendiges Organ, in dem die ganze eigene Spannung und die der Situation sich bis zum Paroxysmus gesteigert und plötzlich entladen hatte.

Aus seiner Ekstase erwacht, mit einem röchelnden Verwundeten zu seinen Füßen, begann er nun ein wenig zu zittern.

Und er wartete, ohne irgendeine Bewegung zu machen, auf die Befehle seines Kameraden.

Géronimo wirkte anziehender als die meisten anderen Soldaten. Er war ein auffallend schöner Bursche, jedenfalls nach Meinung seiner Regimentskameraden. Unser Oberst, der ihn leiden mochte, hatte ihn den »schwarzen Engel« getauft. Géronimo liebte das, was man etwas beschönigend »Krach« nannte. Und wenn es keinen Krach gab – dieser Krieg ist ja so langweilig –, dann veranstaltete er welchen. Er war nicht der einzige, jeder macht gern Krach. Aber er war mutiger als die anderen.

In der Kasbah von Brahim verströmte der Mann, den Géronimo zu Tode getroffen hatte, immer noch sein Blut. Den Blick auf die Straße gerichtet, lag er längs des Gehsteigs auf der Seite, hielt beide Hände vor den Bauch und gab keinen Laut von sich.

Sergeant Baral war aus seinem Jeep herausgeklettert, mit dem gereizten, aber resignierten Gesicht eines Menschen, der zum x-ten Male die Kaprizen seines Kameraden über sich ergehen lassen muß. Er schätzte dergleichen Sachen nicht. Er verabscheute zwar die dreckigen Araber, aber solche Schlächterei war nicht sein Fall: Er fand kein physisches Vergnügen daran ... Aber von Zeit zu Zeit mußte man nun mal dergleichen durchstehen: Géronimo war sein Kamerad; er würde ihn nicht in der Patsche sitzenlassen.

Geräusche von Stimmen und eiligen Schritten näherten

sich aus dem Zentrum der Ortschaft. Sicherlich war der Schuß gehört worden, und die Araber aus dem Kaffeehaus, die gleich danach auseinandergestoben waren, hatten wahrscheinlich schon überall verbreitet, was geschehen war.

»Aufgesessen, wir hauen ab!«

Baral schob Géronimo, der mit offenem Mund gehorchte, in den Jeep und fuhr davon.

Auf der Straße war nur noch der getroffene Mann. Auch aus seinem Mund begann jetzt ein kleiner Blutstrom zu fließen. Sein Gesicht, das für einen Bauchverletzten merkwürdig entspannt war, wurde jetzt von den letzten Strahlen der Sonne, die in der Verlängerung der Straße unterging, noch einmal hell erleuchtet. Die verlassene Kasbah wirkte wie ein Mausoleum.

Der Lärm aus der Ortschaft näherte sich jetzt. An der Ecke der Straße erschienen Männer in Zivil, von denen jeder ein Gewehr oder eine Pistole in der Hand hielt. Wild durcheinander schreiend, umringten sie den Verwundeten.

»Bleibt nicht alle auf einem Fleck stehen, ihr Hornochsen, sie werden euch wie die Kaninchen abknallen. Nichts ist leichter, als in der Kasbah aus dem Hinterhalt zu schießen. Du überwachst diese Straße; du stellst dich da unten an der Ecke auf... Zwei andere halten am Dorfeingang alle Wagen an.«

Prato schrie, um sich Gehorsam zu verschaffen, noch lauter als die anderen. Er war Hauptmann der Reserve, dreimal im Heeresbericht genannt, und war nun Chef der örtlichen Heimwehreinheit. Im Dienst nannte man ihn noch immer »Hauptmann Prato«. Er hatte ungefähr dreißig Mann unter sich, so ziemlich alle männlichen Einwohner von Brahim zwischen zwanzig und fünfundvierzig Jahren, die in der Lage waren, eine Waffe zu tragen und sie zu gebrauchen.

Solche Heimwehreinheiten gibt es in allen Städten und Dörfern Algeriens. Sie verfügen über zwei Kategorien von Waffen: moderne Waffen (Maschinenpistolen, automatische amerikanische Gewehre, Maschinengewehre), die irgendwo im Dorf unter Verschluß gehalten werden und für schwere Fälle reserviert sind; und eine Anzahl leichter Waffen (Gewehre, Jagdflinten, Pistolen), die jeder Angehörige der Heimwehr bei sich zu Hause aufbewahrt.

Im Prinzip stehen diese Männer dem Standortkommandanten jederzeit zur Verfügung. Tatsächlich aber haben sie oft einen Grund – Beruf, Familie –, der sie hindert, den Einberufungen des Abschnittskommandeurs zu folgen. Doch bleiben sie deswegen nicht untätig, sie tun nachts rund um das Dorf Dienst als Wachtposten, sie führen eigene »Operationen« zur Überprüfung und Überwachung der arabischen Einwohner durch; sie übernehmen sogar, wenn es sich um ernstere »Arbeit« handelt, die Vertretung von Heimwehrkameraden in einem anderen Dorf, weil diese es bisweilen vorziehen, nach einer solchen Aktion nicht wiedererkannt zu werden.

Der Dienst in der Heimwehr ist durchaus nicht unentgeltlich. Er wird vom Generalgouvernement gut bezahlt. Jeder Heimwehrangehörige erhält einen Betrag in Höhe des Wehrsolds. Darüber hinaus bietet der Dienst eine angenehme Gelegenheit, an zwei oder drei Abenden in der Woche »unter Männern« zusammenzukommen.

Die Schwierigkeiten beim Einsatz der Heimwehr für normale militärische Aufgaben; die Vorliebe der Leute, sich ihrer Waffen zu privaten Zwecken zu bedienen; die Ehezwiste, die sich ergeben, wenn herauskommt, daß Heimwehrabende nur als Alibi gedient haben – all das veranlaßt die Militärbehörden immer häufiger, die Auflösung der Heimwehr ihrer Ortschaft zu verlangen.

Daraufhin spielt sich immer das gleiche ab: Die Heimwehrleute alarmieren ihren Bürgermeister, der seinerseits mit höchstem Nachdruck seine Beziehungen in Algier spielen läßt; die so Angesprochenen klopfen an sämtliche Türen im Generalgouvernement und verlangen die Ablösung des Offiziers – sicher eines »Progressisten« –, der die Auflösung der Heimwehr vorzuschlagen wagte. Die Zivilbehörde zieht sich aus der Affäre, indem sie wie Pontius Pilatus entscheidet: Die Heimwehr wird nicht aufgelöst, der Offizier nicht abberufen, und der Bürgermeister lädt Militärs und Zivilisten zu einem gemeinsamen Mittagessen ein, um die Mißverständnisse zu beseitigen und alle Beteiligten wieder im Bewußtsein des gemeinsamen Ideals zusammenzuführen.

Die Heimwehr von Brahim war nunmehr, mit schußbereiten Waffen, beinahe vollzählig versammelt; alle redeten und gestikulierten durcheinander, zum Teil in der

Nähe des verwundeten Arabers, zum Teil an den Ausgängen der verlassenen Kasbah.

»Die Schweine, sie haben den armen Kerl ganz schön zugerichtet ... Hast du gesehen, wer es ist?«

»Nein, keine Ahnung.«

»Das ist doch Larbi, der den Krieg mitgemacht hat und da unten wohnt.« (Der Sprecher zeigte auf eine Lehmhütte am Rand des Dorfes.) »Er war letzten Sonnabend beim Hammelessen. Es waren nicht viele Araber da, drei im ganzen, glaube ich, von zwanzig. Die anderen hatten Angst, sich mit Franzosen zu zeigen. Ich habe mir gleich gesagt: die drei werden schon ihre Quittung erhalten. Die Schweine werden sie erledigen, wie die anderen auch ... Ja, ja, es geht wieder los ...«

»Mitten im Dorf; Angst haben die weiß Gott nicht. Und keiner wird etwas gesehen haben – wie gestern auch.«

»Übrigens ist kein Mensch zu sehen. Sie haben sich alle aus dem Staub gemacht. Das zeigt, daß sie kein gutes Gewissen haben.«

Unterdessen gelangte ein Lastwagen, der das Dorf durchfahren hatte, bis zu den beiden Heimwehrleuten, die etwa zwanzig Meter vom Kaffeehaus entfernt auf der Straße standen.

»Haltet ihn an!« schrie Prato.

Der Lastwagen hatte – angesichts der Versammlung mitten auf der Straße – schon von selbst angehalten. Es war eins der Fahrzeuge, mit denen die Zeche von Arbatache die in Brahim wohnenden mohammedanischen Arbeiter morgens zum Arbeitsplatz abholen und abends gegen sieben Uhr wieder nach Hause bringen ließ.

In der Fahrerkabine des riesigen Wagens saßen zwei Araber, auf der Ladefläche drei andere, noch ziemlich jung, mit offenem Hemd, Arbeitshose, die übliche Strickmütze auf dem Kopf.

Sie waren vom Schicksal Begünstigte, denn die meisten ihrer Kameraden hatten keine Arbeit, jedenfalls keine regelmäßige Arbeit.

»Bring sie her!«

Soler, Sergeant der Reserve und Stellvertreter Pratos in der Heimwehr, befahl dem Fahrer, den Wagen oberhalb des Kaffeehauses an der rechten Straßenseite zu parken.

Die Sonne war inzwischen fast untergegangen; es begann zu dämmern. Ein leiser Windhauch, der erste frische Luftzug an diesem Tag, strich über die Gesichter. Die Züge des Verletzten waren jetzt schmerzverzerrt. Als sie an ihm vorüberkamen, begannen die Arbeiter vom Lastwagen, die schon durch die vielen bewaffneten Heimwehrleute sichtlich beunruhigt gewesen waren, an allen Gliedern zu zittern und sich scheu aneinanderzudrücken. Sie fürchteten das Schlimmste.

Das Schlimmste hatte sich in der letzten Woche in Ameur ereignet: Lynchjustiz – jene fieberhaften, durch eine Reihe von Terrorakten der Fellaghas ausgelösten Anfälle physischer Raserei der europäischen Bewohner eines Dorfes, die mit einem Schlage Polizei und Armee ausschalteten, weil diese der tobenden Menge nur Herr werden könnten, indem sie auf die eigenen Landsleute schossen. So läßt man sie wie eine Woge über sich hinweggehen, in der Hoffnung, daß die Araber klug genug sein werden, in ihren Häusern zu bleiben. Die Jagd auf die »Melonen« beginnt. In den kleineren Städten bleiben am Ende drei oder vier auf der Strecke, in den großen natürlich ein paar mehr. Man kann nichts daran ändern. Es ist wie mit den Lawinen in einem Land mit Schneebergen. Man muß wohl oder übel unter dieser Bedrohung leben. Man gewöhnt sich daran.

In der unverkennbaren Erregung der Männer, die sich um den blutüberströmten Körper am Rand der Kasbah zu schaffen machten, glaubten die Arbeiter von Arbatache alle Symptome dieses Fiebers, das für sie ein Alptraum war, zu erkennen. Es mußte ein Unglück geschehen sein, und die aufgebrachten Heimwehrleute würden sich rächen. Man durfte auf keinen Fall in ihrer Nähe bleiben und das Wild dieses Tages werden.

Prato sprach kein Arabisch, und er wußte, daß die Moslems, wenn sie Angst haben, nicht einmal die wenigen französischen Brocken zusammenbringen, die sie kennen. Erst nach einigen kräftigen Ohrfeigen gelingt es, sie durch den Schmerz von ihrer Panik zu befreien, und sie beginnen wieder französisch zu stammeln. Aber Patro hatte keine Zeit zu verlieren. Er rief einen arabisch sprechenden Kameraden und begann mit seiner Hilfe, den Fahrer auszufragen. Dieser zitterte wie Espenlaub. Je mehr er stotterte, um so wütender wurden Prato und die anderen. Und je mehr sie ihn anschrien, um so mehr zitterte er. Der Dialog wurde völlig idiotisch. Man würde wohl auf Ohrfeigen zurückgreifen müssen ...

Da lenkte das Geräusch eines anderen, mit großer Geschwindigkeit herankommenden Wagens die Aufmerksamkeit ab. Es war ein Militärfahrzeug, ein Dodge, mit einigen Soldaten.

Im Augenblick, da er anhielt, hallte die Straße von knatternden Gewehrschüssen wider. Der Lastwagen mit den Arabern hatte sich die günstige Gelegenheit zunutze gemacht, um die Flucht zu ergreifen; sechs Jagdgewehre schossen hinter ihm her. Aber er war bereits zu weit entfernt, er floh in Richtung Keddara.

»Was ist denn los?« schrie der Sergeant, der neben dem Fahrer des Militärwagens saß, den Heimwehrleuten zu.

Sergeant Mauré sah wohl einen leblosen Körper auf dem Gehsteig liegen, konnte aber bei dem Gebrüll der sich wild gebärdenden Heimwehrleute, die immer noch hinter dem flüchtenden Lastwagen herschossen, kein Wort verstehen. Er stieg erregt aus dem Wagen und stürzte auf den Stellvertreter Pratos zu, der ihm am nächsten stand: »He! Was ist hier los?«

»Sie sehen ja ... Irgendwelche Schweinehunde haben wieder einen umgelegt. Wir haben die Schüsse gehört, sind Hals über Kopf hergerannt und wollten ein Lastauto mit sechs Arabern sicherstellen; aber sie sind getürmt, bevor wir sie überprüfen konnten. Sicher waren sie die Täter ...«

»Was tut ihr eigentlich, ihr Herren vom Militär?« schrie ein anderer. »Wie wär's, wenn ihr ihnen auf den Fersen bliebt? Aber ihr laßt sie ausrücken, wie gewöhnlich ...«

Die jüngste Attentatsserie hatte die ganze Bevölkerung erregt. Und die Heimwehrleute, die sich ohnmächtig fühlten, waren aufs äußerste aufgebracht.

»Ihr braucht wohl einen Haftbefehl, um die Fellaghas wieder einzufangen? Man soll euch wohl erst ihre Erkennungsmarke und Nummer geben, was?«

Und zu seinem Kameraden gewandt:

»Ich möchte bloß wissen, wozu alle diese Tagediebe gut sind ... Wir wären besser dran, wenn wir uns selbst mit den Arabern befaßten, statt uns auf die Armee zu verlassen; dann würden wir schon Ordnung schaffen. Wir sind zu geduldig, sage ich dir.«

Mauré hatte einen hochroten Kopf. Im Zivilleben Verwaltungsangestellter bei der Eisenbahn in Limoges, seit einem Jahr verheiratet, ruhig und liebenswürdig, war er im Monat Juli als Reserveunteroffizier einberufen worden und hatte bisher nur bei belanglosen Routinemaßnahmen mitzuwirken brauchen. Seine Kameraden konnten schon von allen möglichen Heldentaten berichten. Er selber hatte noch niemals einen »Ernstfall« miterlebt. Diese Ferien in Algerien verliefen ruhig und eintönig, und er hatte keinen anderen Wunsch, als daß es so bliebe. Und nun sah er sich unversehens vor die Notwendigkeit gestellt, sofort zu handeln. Ein Toter, zwanzig aufgeregte Heimwehrleute, eine Bande Fellaghas, die per Lastwagen flüchtete, die Armee, die dazukam – und diese Armee war er selbst.

Mauré war ein friedliebender Mensch, aber er war kein Feigling. Wenn Aussicht bestand, wirkliche Schweinehunde zu erledigen, die man in flagranti erwischt hatte – gewöhnlich waren es ja nur »Verdächtige«, das heißt Leute, von denen man überhaupt nichts wußte –, dann mußte man zupacken, koste es was es wolle. Dafür war er ja schließlich da.

»Also los«, sagte Mauré. »Wir fahren hinterher und geben ihnen Zunder, sobald wir sie eingeholt haben. Keine Zeit mehr, um Verstärkungen anzufordern. Aber ruft sofort beim Stab an und sagt dem Major Bescheid. Er soll uns Panzer schicken, um die Straße nach Palestro abzuriegeln. Auf diese Weise werden wir sie in die Zange kriegen. Wiedersehen ...«

»Wiedersehen, und seht zu, daß ihr sie kriegt. Wir haben es satt ...«

Der Lastwagen mit den Arabern war am Horizont verschwunden. Mauré befahl seinem Fahrer, Gas zu geben. Der Dodge hatte einen viel stärkeren Motor und mußte den anderen Wagen einholen können, aber es wurde schon dunkel, man mußte sich beeilen. Die acht Männer, die hinten auf dem Dodge saßen, luden mechanisch ihre Waffen und übernahmen die Straßensicherung: vier links und vier rechts.

Mauré hatte sich eine ganz gerissene Taktik ausgedacht. Er war fest entschlossen, sein Unternehmen zu einem erfolgreichen Ende zu führen.

Weil er auf der Straße oft mit Arabern sprach, weil er sich nicht betrank oder gewisse andere Vergnügungen mitmachte, weil er auch noch nie im Einsatz gestanden hatte, fing man in seiner Kompanie an, ihn für einen Schlappschwanz zu halten. Das hatte ihn allerdings bisher ziemlich gleichgültig gelassen, denn er hatte da seine eigene Anschauung: Wenn sich ihm bisher keine Gelegenheiten geboten hatten, sich hervorzutun, so war das nicht seine Schuld. Er suchte solche Anlässe nicht, aber er ging ihnen auch nicht aus dem Weg. Heute würde sich das nun alles ändern. So oder so. Jetzt ging er seiner Feuerprobe entgegen, und das ganze Regiment mußte es in diesem Augenblick schon wissen. Es gab nur zwei Möglichkeiten: entweder kehrte er heute abend unverrichteter Dinge zurück, und all die höhnischen Anspielungen, die er bisher zu hören bekommen hatte, würden sich mit einem Schlag in unwiderrufliche Verachtung verwandeln. Das wollte er um keinen Preis. Oder er würde so geschickt und energisch vorgehen, daß die Fellaghas auf der Strecke blieben – dann würde er fortan zu den Männern gehören, die man abends beim Gespräch auf der Stube nicht unterbrach.

Mauré, der mit allen ihm zu Gebote stehenden Verstandeskräften fieberhaft auf die Verwirklichung dieses großen Zieles sann, dessen ganzes Denken von der einen wunderbaren Hoffnung erfüllt war, ab morgen in aller Augen ein »Mann« zu sein: der Reserveunteroffizier Mauré, ein ruhiger Bürokrat aus Limoges, wurde in diesem Augenblick zum brutalen und erfolgreichen Meister des Kriegshandwerks.

Die Entscheidung ließ nicht lange auf sich warten. Mauré, der die Nacht herankommen sah, gab dem Fahrer Befehl, auf eine bestimmte Entfernung an die Rebellen heranzufahren und diesen Abstand dann beizubehalten. Seinen Leuten sagte er, sie sollten aus dieser Entfernung schießen, aber in die Luft, was für eventuelle Unschuldige eine letzte Warnung sein konnte, wirkliche Fellaghas aber glauben machen sollte, der Motor des Dodge könne nicht mehr hergeben und das Feuer sei wirkungslos. Er hatte sich ausgerechnet, daß die Rebellen, die mit ihrer Munition zu geizen pflegten, unter diesen Umständen nicht zurückschießen würden. So konnte er seinen Leuten ein beträchtliches Risiko ersparen – denn die Freischärler waren gute Schützen. In der Dunkelheit dann wollte Mauré Gas geben lassen und, die Scheinwerfer auf den Gegner gerichtet, aus allen Läufen feuernd angreifen.

Während der Wagen mit den Arabern seine Flucht verzweifelt fortsetzte, wurde das Manöver reibungslos durchgeführt. Um acht Uhr fünf lag der Lastwagen der Zeche von Arbatache im Chausseegraben, die Arbeiter waren, von Kugeln durchsiebt, auf der Stelle tot gewesen.

## Aufstand im Kongo

*Peter Scholl-Latour*

Zweiundfünfzig Jahre lang, von 1908 bis 1960, war der Kongo eine belgische Kolonie, dann fand am 30. Juni 1960 die Proklamierung der Unabhängigkeit statt. Für den neuen Staat kam seine Freiheit zu überraschend und unvorbereitet. Die eingeborenen Politiker wußten von der ihnen gewährten Macht keinen richtigen Gebrauch zu machen. Da infolge einer Meuterei der Armee die Belgier, in deren Händen die Schlüsselpositionen lagen, übereilt das Land verließen, brachen Wirtschaft und Verwaltung fast völlig zusammen, und es kam zu chaotischen Zuständen. Spannungen unter den kongolesischen Politikern führten zu gegenseitigen Absetzungen. Der erste Ministerpräsident des neuen Staates, Patrice Lumumba, ein extremer Gegner Belgiens, neigte zu einer Annäherung an die Sowjetunion. Die Provinz Katanga löste sich von der Zentralregierung. Der Weltsicherheitsrat entsandte zur Wiederherstellung von Ruhe und Ordnung UN-Truppen in den Kongo, ohne aber diese Ordnung auch wirklich herbeiführen zu können. Lumumba wurde von seinen politischen Gegnern ermordet. Versuche, den Ministerpräsidenten von Katanga zur Preisgabe der Sezession zu bewegen, blieben erfolglos. Der Generalsekretär der Vereinten Nationen, Dag Hammarskjöld, verunglückte bei seinen Vermittlungsaktionen im Kongo tödlich. Der verstärkte Druck der Vereinten Nationen führte schließlich 1963 zur Rückkehr Katangas in den Staatsverband. Ende Juni 1964 wurden die UN-Truppen aus dem Kongo zurückgezogen. Heute haben sich dort die Verhältnisse weitgehend beruhigt.

Leopoldville, im August. Donnerstag

Schreiende Neger kamen uns mit angstverzerrten Gesichtern entgegengerannt. Ein Wind der Panik wehte über den

Eingeborenenvierteln der kongolesischen Hauptstadt Leopoldville. Den Flüchtenden dicht auf den Fersen rückten mit aufgepflanztem Bajonett die Soldaten der kongolesischen Nationalarmee, der ehemaligen Force Publique, nach. Die schwarzen Militärs in den grünen Uniformen, die ihnen die Belgier noch hinterlassen haben, waren wie betrunken von Gewalttätigkeit. Sie bellten auch uns Journalisten mit heiseren Rufen in der Lingalasprache an, fuchtelten uns mit dem Seitengewehr vor der Nase herum und schickten sich an, unser Auto umzuwerfen.

Seit gestern sind die Meuterer der ehemaligen schwarzen Schutztruppe von Belgisch-Kongo wieder losgelassen. Seit gestern herrscht wieder Terror in Leopoldville, nur daß diesesmal die Betroffenen nicht die Europäer sind, sondern die schwarze Zivilbevölkerung selbst. Der Ministerpräsident der Kongo-Republik, Patrice Lumumba, hat knappe drei Tage nach seiner Rückkehr aus Amerika bereits zum großen Schlag gegen die innere kongolesische Opposition ausgeholt. Er hat die Soldaten der Nationalarmee auf das Volk der Bakongo-Neger losgehetzt, die für den unteren Kongo eine föderative Autonomie verlangen. Er hat am Mittwochnachmittag Gendarmen und Soldaten ausgeschickt, um die Führer der Abako-Partei, die die Interessen des Bakongo-Stammes vertritt, verhaften zu lassen. Rollkommandos von Lumumba-Anhängern zertrümmerten die Parteilokale der Abako. Mit einer gezielten Gewalttätigkeit ist Lumumba dabei, seine Diktatur in Leopoldville zu errichten.

»Wenn Lumumba zurückkommt, dann gibt es ›Matata‹«, hatten die Kongolesen während der Weltreise ihres Regierungschefs gesagt. »Matata« heißt Unruhe, Schlägerei, Palaver. Und tatsächlich vergeht kein Tag mehr in »Leo«, wie die Belgier die Hauptstadt abkürzen, ohne »Matata«.

Die Bakongo-Neger, die zwei Tage zuvor noch unter dem Schrei »Lumumba Pamba«, »Nieder mit Lumumba«, gegen die Zentralregierung demonstrierten, haben gestern versucht, sich zur Wehr zu setzen. Als Lumumba gegen sechs Uhr abends am Place de la Victoire eintraf, um sich das zertrümmerte Parteilokal der Abako anzusehen, wurde er von einer rasenden Volksmenge empfangen und von einem Stein an der Stirn getroffen. Die Trommeln dröhnten im Eingeborenenviertel von Leopoldville, und die Bakongo stimmten alte Kriegslieder an. Aber dann kamen die Soldaten der Force Publique. Gegen die Gewehre, die ihnen die UNO-Soldaten unvorsichtigerweise gelassen hatten, waren die Steine der empörten Bakongo-Neger machtlos. Die Kongoarmee hat in die Menge gefeuert, den revoltierenden Stadtteil Dendale abgeriegelt, Massenverhaftungen durchgeführt und alle schwarzen Zivilisten in ihre Behausungen gescheucht.

Mitten in der Nacht bin ich noch einmal an den Place de la Victoire gefahren, wo am Nachmittag die blutigen Unruhen damit begonnen hatten, daß Lumumba seine politischen Gegner »manu militari« ausschalten ließ. Es war kein Mensch mehr zu sehen, außer den Jeeps mit wild blickenden Soldaten der Nationalarmee, die mit Scheinwerfern die Hütten der Bakongo absuchten. Es war Gewalttätigkeit in den Augen dieser schwarzen Soldateska zu lesen, aber auch die große afrikanische Furcht. Ehe sie mich mit entsicherter Maschinenpistole zur schleunigen Umkehr zwangen, konnte ich noch die leeren Patronenhülsen, die Glassplitter und auch die Blutlachen vor dem Parteibüro der Oppositionspartei erkennen.

An der nächsten Straßenkreuzung stieß ich auf Soldaten mit den blauen Helmen der Vereinten Nationen. Es waren Neger aus Ghana. Diese schwarzen Askaris, die bei Tag am Boulevard Albert so phlegmatisch, ja beinahe britisch wirken – in dieser heißen afrikanischen Nacht hatten sie ebenfalls den angstgeweiteten, irren Blick ihrer kongolesischen Verwandten. Am Vortag hatte mir ein englischer Offizier der Ghana-Truppen noch gesagt: »Ein Glück, daß meine Leute kein Französisch verstehen. Sonst könnte ich für nichts mehr garantieren.« Doch in dieser blutigen Nacht von Dendale wurde den erschrockenen Journalisten auf einmal klar, daß sich auch in der Brust der Ghana-Soldaten die Seele Afrikas regt. Die Unruhe am Kongo droht heute schon auf die afrikanischen UNO-Kontingente überzuspringen. Die Ghanaer, die gemeinsam mit der Kongoarmee die Ruhe und Ordnung zugunsten der Regierung Lumumba und auf Kosten der demokratischen Opposition wiederherstellen, sind keine neutralen Schiedsrichter mehr, sie haben in den innerkongolesischen Wirren Partei ergriffen.

Dem Hauptquartier der Vereinten Nationen in der luxuriösen »Résidence Royale« am Boulevard Albert ist diese zwielichtige Situation natürlich nicht entgangen. Der offizielle Sprecher der Weltorganisation, ein sympathischer Kolumbianer, der wie ein Filmstar aussieht, verweist ohne viel Überzeugung auf den Auftrag des Sicherheitsrates an die »blauen Helme«, Ruhe und Ordnung am Kongo zu garantieren. Sie haben das Blutvergießen zwischen Belgiern und Kongonegern rechtzeitig aufgehalten. Aber wenn die Afrikaner sich untereinander umbringen, wenn der im Innern sehr umstrittene Ministerpräsident Lumumba mit Gewalt seine Diktatur errichtet und damit nur eine Situation ausnutzt, die die Vereinten Nationen geschaffen haben, dann geht das – der offiziellen Sprachregelung zufolge – die Vereinten Nationen nichts an. Vor der weißen Villa Lumumbas am Kongoufer stehen Posten aus Ghana, um darüber zu wachen, daß dem Regierungschef nichts passiert. Doch wer wacht darüber, daß die Oppositionspolitiker nicht willkürlich verhaftet werden, wie das gestern nachmittag geschah? Der Ausnahmezustand, den Lumumba unmittelbar nach seiner Rückkehr verhängte, ist völlig illegal, wie Parlamentspräsident Ileo der versammelten Weltpresse versicherte. Aber der gemäßigte und gebildete Ileo muß heute jederzeit damit rechnen, daß ihm die Kongosoldaten oder die Rollkommandos Lumumbas die Wohnung zertrümmern.

Arbeitslosigkeit, Haß und Angst sind über Leopoldville hereingebrochen. Das Haus des Staatspräsidenten Kasavubu gleich neben dem massiven Standbild des großen Forschers Stanley ist so stark von schwarzer Militärpolizei umringt, daß das Gerücht geht, Lumumba habe auch das Staatsoberhaupt praktisch schon in Verwahr genommen. Im Europäerviertel am Boulevard Albert patrouillieren weiterhin die schwedischen Touristen-Soldaten, aber seit den Ereignissen der letzten Nacht sagen selbst die abgebrühten Journalisten, denen Lumumba neuerdings mit massiven Ausweisungen droht: »Wenn wir eines Tages auf den Schutz der Schweden gegen die Schwarzen angewiesen sein sollten, dann gnade uns Gott.«

Freitag

Die Beamten der UNO am Kongo stehen der Explosion afrikanischer Urgewalten ziemlich hilflos gegenüber. Als der Sprecher der Weltgesundheitsorganisation, ein unschuldig blickender Engländer, gefragt wurde, ob es seine Institution denn nicht beunruhige, daß in der Kasaiprovinz die Opfer des Stammeskrieges zwischen Lulua und Baluba unter der Sonne verfaulen, da antwortete er mit einem vornehmen Oxfordakzent: »Oh yes, das muß natürlich saubergemacht werden«, und wunderte sich sehr, als unter der Presse ein schallendes Gelächter ausbrach.

Zum Mittagessen treffen sich die Belgier gehobener Position im Restaurant am Zoo. Auch der Prawda-Korrespondent ißt dort, meist in Begleitung des Berichterstatters der Ostzonenagentur ADN. Wir hatten uns an jenem Mittag um einen afrikanischen Senator geschart, einen sichtlich arrivierten, ausgewogenen Mann, der eine halbe Stunde lang mit viel gesundem Menschenverstand unsere Fragen beantwortete. Bis er völlig unvermittelt ein beinahe hysterisches Gelächter anstimmte. »In der Afrikanerstadt bereiten sich große Dinge vor«, sagte er mit heiserer Stimme. »Unsere Leute erzählen untereinander: Die Weißen sind nur Dreck. Ich habe selber gesehen, wie ein Belgier auf einen unserer Nationalisten geschossen hat. Doch unser Mann hat die Kugeln mit der Hand aufgefangen. Die Weißen glauben, sie könnten uns Afrikaner umbringen, aber sie töten keine Menschen, sie töten nur Schatten. Und wenn die Belgier wieder versuchen sollten, mit ihren Fallschirmjägern zu landen, wir haben Regenmacher bei uns, und der Regen wird so stark sein, daß kein Belgier durch ihn hindurchkommt.«

Von den anwesenden Journalisten hat kein einziger gelacht. Wir haben uns ernst und betroffen angesehen. Wir standen auf und gingen. Was bleibt da noch zu sagen, wenn das Schicksal Afrikas in die Hände solcher Männer gelegt wird?

Samstag

Der Generalsekretär der Vereinten Nationen hat nur eine kurze Zwischenlandung in Leopoldville gemacht, ehe er nach E-ville, wie man hier die Hauptstadt von Katanga, Elisabethville, nennt, weiterflog. Unter den Presseleuten, die ihn an der Rollbahn erwarteten, fehlte Makoso, der begabteste kongolesische Journalist, Chefredakteur der Zeitung »Courrier d'Afrique«. Makoso ist ein gemäßigter Nationalist, der den christlichen Gewerkschaften und der nunmehr oppositionellen Abako-Partei nahesteht. Er ist gestern vormittag von den Polizisten Ministerpräsident Lumumbas verhaftet worden. Allmählich senkt sich der Vorhang. Vor den Fernschreibern der auf Regierungsbefehl geschlossenen belgischen Nachrichtenagentur Belga stehen schwarze Gendarmen mit aufgepflanztem Bajonett.

Mit zwei schwedischen Kompanien ist Dag Hammarskjöld nach Katanga gereist. Die dreihundert Nordländer wurden in der offiziellen Sprachregelung des UNO-Oberkommandos als persönliche Eskorte des Generalsekretärs bezeichnet. Man will den Eindruck vermeiden, die Regierung von Katanga habe sich einem Diktat des Weltsicherheitsrates beugen müssen. Im übrigen sind die Beamten der Vereinten Nationen nicht übermäßig gut auf die kongolesische Zentralregierung zu sprechen, die unter der Hand Mißtrauen gegen Dag Hammarskjöld sät und die Angriffe der Ostblockstaaten gegen die Weltorganisation mit heimlicher Genugtuung registriert. Vor allem ist die Umgebung des UN-Generalsekretärs schokkiert und entrüstet über die Art und Weise, in der Patrice Lumumba unter seinen politischen Gegnern aufräumt.

Gewiß, die Vereinten Nationen dürfen sich nicht in die inneren Angelegenheiten der Kongo-Republik einmischen, aber auf diese Nichteinmischung werden sich die zwei schwedischen Kompanien nun auch in Katanga berufen. Ministerpräsident Moise Tschombe von Katanga war klug genug, den UNO-Soldaten einen herzlichen Empfang zuzusichern. Hammerskjöld wird darüber wachen, daß die belgischen Truppen Katanga verlassen. Wie aber Patrice Lumumba es fertigbringt, seine Autorität in der südlichen Kupferprovinz durchzusetzen, das wird seine eigene Angelegenheit sein, das geht die Vereinten Nationen nichts mehr an. In Leopoldville würden es die meisten internationalen Beobachter ehrlich bedauern, wenn Tschombe zu Fall käme, wenn er – wie es durchaus möglich sein könnte – durch einen inneren Aufruhr der oppositionellen Balubakat zugunsten Patrice Lumumbas beseitigt würde.

Tschombe hat zur Bedingung gemacht, daß kein Soldat aus Ghana oder Guinea den Boden von Katanga betritt. Auch die Emissäre der Zentralregierung werden am Flugplatz von E-ville abgewiesen. Aber was wird geschehen, wenn Lumumba, im Fall eines endgültigen Scheiterns seiner Zentralisierungs- und Gleichschaltungsbemühungen in Katanga, die Kontingente aus Ghana und Guinea zu Hilfe ruft? Nkrumah von Ghana und Sekou Touré von Guinea haben sich bereit erklärt, notfalls ihre Soldaten am Kongo dem Kommando der Vereinten Nationen zu entziehen und sie der zentralen Kongoregierung zur Verfügung zu stellen.

Damit würde die Krise einen neuen Höhepunkt erreichen.

Diese Ghanaer und Guinesen werden überhaupt zu einem internationalen Problem. Lumumba zeigt sich nicht mehr ohne eine imponierende Wache riesiger Askaris aus Ghana. Die schwarzen Soldaten von der afrikanischen Westküste werden von den beiden Staatschefs in Accra und Conakry nicht so sehr als Ausführungsorgane der Weltorganisation, sondern als Stoßtrupps des panafrikanischen Nationalismus in Zentralafrika hingestellt. Ihr Erscheinen an den Grenzen von Rhodesien oder von Portugiesisch-Angola würde unweigerlich ernste Zwischenfälle mit den weißen Siedlern in Rhodesien und der portugiesischen Armee auslösen.

Neben diesen zum Äußersten entschlossenen Negern erscheinen die Marokkaner und Tunesier als Kräfte der Mäßigung und der Vernunft. Noch vor wenigen Jahren war es in der französischen Öffentlichkeit üblich, den radikalen Nationalismus in den nordafrikanischen Protektoraten Marokko und Tunis den friedlichen Verhältnissen im sogenannten schwarzen Afrika entgegenzustellen. Wie schnell die Dinge sich ändern können. Politisch stehen heute die Marokkaner und Tunesier auf seiten der Neger, mit denen sie die kontinentale Einheit und die Abwehr der Kolonialherrschaft verbinden, aber psychologisch neigen die Nordafrikaner weit mehr ihren europäischen Nachbarn jenseits des Mittelmeeres zu. In der arabischen Sprache bezeichnet das gleiche Wort »Abid« die Neger und die Sklaven. Das hat man in Rabat und Tunis noch nicht ganz vergessen.

Ein anderes Kuriosum fällt in diesen Tagen auf. Vergeblich hat Afrika auf eine energische Intervention aus Indien zugunsten des schwarzen Nationalismus gewartet. Der indische Premierminister hat mit außerordentlicher

Mäßigung auf die Ereignisse am Kongo reagiert. Er hat sich in keiner Weise an die Spitze der farbigen Front gestellt, wie er das früher unter ähnlichen Umständen stets tat. Die Erklärung dafür ist wohl bei der zahlreichen indischen Kolonie in Ostafrika zu suchen. Die Inder und Pakistani von Kenia, Tanganjika und Uganda werden von den Negern in mindestens ebenso starkem Maß wie die Weißen als Eindringlinge und Ausbeuter angesehen. Am Kongo sind nicht nur die Belgier vor den meuternden Afrikanern über die Grenzen geflohen, sondern auch die indischen Kaufleute. In Uganda und Kenia soll sich eine Massenabwanderung ins indische Mutterland abzeichnen. Am Kongo hat die afrikanisch-asiatische Solidarität von Bandung einen ersten Stoß erlitten.

## Kubakrise *Theodore Sorensen*

Am 8. November 1960 wurde der dreiundvierzigjährige John F. Kennedy zum Präsidenten der Vereinigten Staaten gewählt. Von seinen Vorgängern hatte er eine Reihe ungelöster Aufgaben übernommen, auch sah er sich vom Beginn seiner Präsidentschaft an schweren außenpolitischen Problemen gegenüber. Dazu gehörte die Auseinandersetzung mit Kuba, wo nach einer Revolte gegen das korrupte autoritäre Regime eine Revolutionsregierung unter Fidel Castro die Macht übernommen hatte. Da sich dieser eng an die Sowjetunion anlehnte, kam es zu Spannungen mit den Vereinigten Staaten, die mit dem Abbruch der diplomatischen Beziehungen im Sommer 1960 ihren Höhepunkt erreichten. Kuba beschlagnahmte die amerikanischen Ölraffinerien und das amerikanische Eigentum und rief sowjetische Wirtschafts- und Militärberater in das Land. Kennedy zeigte sich nicht gewillt, diese offensichtliche Bedrohung der westlichen Hemisphäre widerspruchslos hinzunehmen. Als die Sowjets 1962 daran gingen, auf Kuba Raketen zu stationieren, ließ er keinen Zweifel daran, daß die Vereinigten Staaten ein derartiges Vorgehen notfalls mit Gewalt verhindern würden. Für Stunden stand die Welt vor der drohenden Gefahr eines Krieges, dann gab Chruschtschow nach und zog die russischen Angriffswaffen zurück. Daß Kennedy in seinem Vorgehen nicht leichtsinnig handelte, sondern jeder Schritt bis in die kleinsten Einzelheiten sorgfältig geplant war, beweist die Aussage Sorensens, der zum engsten Mitarbeiterstab des Präsidenten gehörte.

Die Konferenz um 14.30 Uhr fand wiederum im ovalen Zimmer im Obergeschoß statt. Die Teilnehmer trafen zu verschiedenen Zeiten an den verschiedenen Eingängen des Weißen Hauses ein, um den allmählich aufkeimenden Argwohn der Presse zu zerstreuen. Der Präsident bat zunächst John McCone, mit der Vorlage der jüngsten Fotografie und der letzten Geheimberichte zu beginnen. Dann wurden die beiden möglichen Lösungen in aller Komplexität dem Präsidenten erläutert: entweder mit einer Blockade zu beginnen und auf dieser Basis, wenn nötig, weitere Maßnahmen zu ergreifen; oder mit einem Luftangriff anzufangen, der aller Wahrscheinlichkeit nach die Notwendigkeit einer Landung nach sich ziehen würde. Der Sprecher der Gruppe, die für die Blockade eintrat, unterstrich, daß man in jedem Fall eine Gegenrechnung präsentiert bekommen werde. Durch die Blokkade, sagte er, könnte man vermutlich am ehesten die Erreichung unseres begrenzten Zieles – Entfernung der Raketen – mit den geringsten Kosten sicherstellen.

Am Ende des Vortrags entstand kurzes, bedrückendes Schweigen. Der Präsident mußte die schwierigste, gefährlichste Entscheidung treffen, die je ein Präsident zu fällen hatte, und nur er konnte sie treffen. Niemand anderer konnte ihm seine Last abnehmen. Dann sprach Gilpatric, der üblicherweise bei Konferenzen mit dem Präsidenten nicht viele Worte machte, wenn der Verteidigungsminister zugegen war. »Im Grunde, Herr Präsident«, sagte er, »ist es die Wahl zwischen einer begrenzten und einer unbegrenzten Aktion, und die meisten von uns glauben, daß es besser ist, mit einer begrenzten Aktion anzufangen.«

Der Präsident nickte zustimmend. Aber bevor er endgültig entschied, wollte er noch selbst mit dem Taktischen Bomberkommando der Luftwaffe sprechen, um sich zu vergewissern, daß ein tatsächlich begrenzter Luftangriff nicht möglich sei. Er wollte mit einer begrenzten Aktion beginnen, sagte er, und eine Blockade sei der richtige Anfang. Die Befürworter einer Luftoperation und einer Landung sollten sich darüber klar sein, fuhr er fort, daß diese Möglichkeiten für die Zukunft keineswegs ausgeschlossen seien. Die Kombination beider Möglichkeiten konnte nicht nur zu einem Stopp des weiteren militärischen Aufbaus auf Kuba, sondern auch zur Entfernung der Raketen durch die Sowjets – oder durch uns – führen. Die Blockade habe jedoch den Vorteil, daß man sich selbst und Chruschtschow noch Wege offen ließe. Das sei wichtig zwischen Atommächten. Kennedy wollte, daß sich unsere Aktion gegen die andere Atommacht richtete und nicht gegen Castro. Später sagte er in seiner Rede vor der American University, in der er das Fazit aus der Krise zog: »Vor allem müssen Atommächte, auch wenn sie die eigenen Lebensinteressen verteidigen, Konfrontationen vermeiden, die dem Gegner nur die Wahl zwischen einem demütigenden Rückzug oder einem nuklearen Krieg lassen.« Chruschtschow hatte die Krise ausgelöst, aber eine Blockade konnte die Eskalation verlangsamen, statt die Sowjets in eine Position zu drängen, aus der sie nicht mehr heraus konnten. Im Rahmen einer Blockade wurde militärischer Druck so angewendet, daß er unseren Willen deutlich machte, ohne eine friedliche Lösung der Probleme auszuschließen. Der Präsident billigte dann die Entscheidung, Tanker zunächst von der Blockade auszunehmen, und er sprach sich für die Bezeichnung »Quarantäne« aus, weil sie weniger kriegerisch klinge und für einen Akt der friedlichen Selbsterhaltung besser passe als »Blockade«.

Dann erkundigte er sich nach den Berlin-Plänen. Er erwartete, daß die Sowjets dort einen Vorstoß unternehmen würden, aber sie würden es wohl in jedem Fall tun, und vielleicht konnte sie diese Demonstration unserer Stärke zum Nachdenken veranlassen: »Das Schlimmste, was wir tun können, wäre, nichts zu tun.« Im Gedächtnis notierte ich mir diese Feststellung für seine Rede. »Es gibt keine gute Lösung«, fuhr er fort, »welchen Plan ich auch wähle. Diejenigen, deren Vorschläge nicht berücksichtigt wurden, haben es gut – sie werden in 14 Tagen triumphieren können: ›Ich habe es ja gesagt.‹ Aber dieser Plan scheint mir noch das kleinste Übel zu sein.« Als er schloß, waren diejenigen unter uns, die noch als Befürworter eines Luftangriffs oder einer Landung zu der Konferenz gekommen waren, im wesentlichen auf seinen Kurs eingeschwenkt.

Heftige Auseinandersetzungen gab es allerdings über die diplomatischen Initiativen, die unsere Aktion begleiten sollten. (Später meinte der Präsident: »Jeder Historiker, der durch dieses Minenfeld von Beschuldigungen und Gegenbeschuldigungen geht, sollte sich äußerster Vorsicht befleißigen.« Deshalb habe ich mich bei den folgenden Darlegungen lediglich auf meine eigenen Notizen und Akten verlassen. Das gilt im übrigen auch für den größten Teil dieses ganzen Kapitels.) Der Präsident war zwar dagegen, schon jetzt ein Gipfeltreffen vorzuschlagen, aber er wollte, daß unser Streben nach einer friedlichen Lösung, nach einer Verständigung zwischen den beiden Großmächten, nach einer Einschaltung der Vereinten Nationen deutlich gemacht werde. Er wollte die Welt überzeugen, daß unsere Aktion vernünftig und notwendig war. Aber das hatte, wie einer der Anwesenden es ausdrückte, wenig zu tun mit der Ausarbeitung des politisch-diplomatischen Programms, ohne das wir kaum die Unterstützung unserer Verbündeten und der OAS erhalten konnten. Dieser Berater empfahl, wir sollten uns an die Vereinten Nationen wenden, ehe es die Russen täten, und wir sollten eine Resolution bereithalten, in der unser Standpunkt dargelegt wurde. Damit war der Präsident einverstanden.

Uneinigkeit gab es jedoch darüber, welche diplomatischen Maßnahmen wir ergreifen sollten. Im Lauf der Woche, am Mittwochmorgen, hatte sich der Präsident über eine handgeschriebene Empfehlung geärgert, die er von einem Mitarbeiter bekommen hatte. Dort hieß es einerseits: »Die nationale Sicherheit muß an erster Stelle stehen... Wir können nicht verhandeln, während man uns die Pistole an die Schläfe hält... Wenn sie die Raketen nicht abziehen und den Status quo ante wiederherstellen wollen, werden wir es selbst tun müssen – und dann werden wir bereit sein, die Frage der Stützpunkte im Zusammenhang eines Abrüstungsvertrags oder einer anderen Vereinbarung zu diskutieren...« Andererseits schrieb er: »Wenn wir es riskieren, daß es zu einem Atomkrieg kommt, dann werden wir eine Spaltung fördern, und das Urteil der Geschichte deckt sich selten mit den Äußerungen des Augenblicks ... Ich bin der Meinung, Sie sollten, bevor wir irgendeine Aktion unternehmen, klarmachen, daß man auch über die Existenz atomarer Raketenstützpunkte anderswo verhandeln kann ... Ich bekenne, daß ich viele Befürchtungen hinsichtlich der vorgeschlagenen Aktion hege...«

Dieses Memorandum, das auch den Vorschlag enthielt, einen Kurier hohen Ranges zu Chruschtschow zu schikken, gehörte zu einem Plädoyer für einen Luftangriff. Am Samstag jedoch stellte sich der Verfasser voll hinter den Vorschlag einer Blockade, wenngleich er Zweifel hinsichtlich irgendeiner einseitigen Operation ohne die Zustimmung der OAS anmeldete. Er wollte jedoch diese militärische Aktion von bestimmten diplomatischen Initiativen begleitet wissen, die der Präsident völlig unannehmbar fand. Er wollte, daß der Präsident als Gegenleistung für den Abzug aller sowjetischen Raketen von Kuba die Entmilitarisierung, Neutralisierung und die Garantie der territorialen Integrität Kubas vorschlagen solle, was natürlich die Aufgabe unseres Stützpunktes Guantánamo bedeutet hätte. Seiner Meinung nach konnten wir auch den Abzug unserer Jupiter-Raketen aus der Türkei und Italien anbieten, wenn die Sowjets ihre Kuba-Raketen zurücknähmen. Wir könnten auch veranlassen, daß Inspektionsgruppen der Vereinten Nationen alle Auslandsbasen, die beide Seiten unterhielten, überwachten, um so einen Überraschungsangriff von diesen Basen auszuschließen.

Es gab in diesen Plänen nicht, wie man jetzt vielleicht glauben könnte, irgendwelche Anregungen für eine »Beschwichtigung«; man bemühte sich nur um eine Verhandlungsposition, die für die Welt akzeptabel war. Sogar die »harten« Anhänger der Beilegung des Problems durch einen Luftangriff hatten nicht nur ein Gipfeltreffen empfohlen, sondern auch verlangt, die Vereinigten Staaten sollten bereit sein, alle in der Türkei stationierten Atomwaffenträger, sowohl Flugzeuge wie Raketen, schnellstens abzuziehen. Auch der gemeinsame Atomenergie-Ausschuß des Kongresses hatte im vorangegangenen Jahr den Abbau der Jupiter-Raketen empfohlen.

Dennoch führten einige der Anwesenden einen gemeinsamen scharfen Angriff gegen diesen Vorschlag diplomatischer Initiativen. Der Präsident bewunderte den Autor dieser Vorschläge, der trotz der Kritik von allen Seiten dennoch seine Position verteidigte. Kennedy war auch der Meinung, daß wir uns der politischen Seite der Rede zuwenden sollten, und berichtete, daß er schon vor langer Zeit McNamara gebeten habe, die Frage der Jupiter-Raketen in Übersee zu überprüfen. Jetzt aber, meinte er, sei nicht die Zeit für Konzessionen, die nur die Allianz spalten könnten, weil sie die Europäer in ihrem Verdacht bestärken mußten, wir wären bereit, ihre Sicherheit zu opfern, um unsere Interessen in einem Gebiet, mit dem sie nichts zu tun hatten, zu schützen. Anstatt in die diplomatische Defensive zu gehen, sollten wir die Sowjetunion wegen ihrer Doppelzüngigkeit und wegen der von ihr ausgehenden Bedrohung des Weltfriedens anklagen.

Der Rest der Konferenz verging mit einer kurzen Diskussion über den Rede-Entwurf und den Zeitplan. Der Präsident wollte schon am nächsten Abend, also am Sonntag, sprechen. Die Geheimhaltung ließ sich nicht mehr aufrechterhalten; eine vorzeitige Enthüllung unserer Pläne konnte jedoch alles ändern. Dagegen versicherte das State Department, daß unsere Botschafter die alliierten und die lateinamerikanischen Regierungschefs unterrichten müßten, und verwies darauf, daß es unmöglich sein würde, sie alle am Sonntag zu erreichen. Der Präsident erklärte sich mit Montag einverstanden, stellte jedoch fest, daß er noch am Sonntag sprechen werde, wenn es den Anschein hätte, als würde die Sache durchsickern. Er wollte außerdem unabhängig von der Reaktion der Alliierten handeln, obgleich er wollte, daß sie informiert würden. Die Rede wurde auf Montag, den 22. Oktober, 19 Uhr (im »Szenarium« als Stunde P verzeichnet) festgesetzt; eine weitere Konferenz sollte am Sonntag stattfinden.

Dann kehrten wir in unsere Büros zurück. Die Rede wurde in Umlauf gesetzt und überarbeitet. Die Proklamation über die Quarantäne wurde vorbereitet. Man entwarf ein Schreiben an die OAS, Briefe an die Staatschefs, einen Brief an den Regierenden Bürgermeister von Berlin und eine einfache Mitteilung zur Unterrichtung Chruschtschows.

Am Sonntagmorgen verarbeitete ich alle empfohlenen Veränderungen und Korrekturen in einem vierten Entwurf der Rede. Zur gleichen Zeit traf sich der Präsident mit dem Kommandeur des Taktischen Luftkommandos, Walter Sweeney jr., und ein paar anderen Mitarbeitern (der Justizminister erschien noch in Reithosen zu der Sitzung, er war direkt aus Virginia nach Washington gekommen). Als man dem Präsidenten versicherte, man könne nicht garantieren, daß alle Raketen durch einen Luftangriff außer Gefecht gesetzt würden, bestätigte er, daß der Plan für einen Luftangriff außer Kraft und der für eine Blockade in Kraft gesetzt sei. Er traf sich mit dem britischen Botschafter, seinem persönlichen Freund. O'Brien und Salinger wurden informiert. O'Brien sorgte dafür, daß die wichtigsten Kongreßmitglieder beider Parteien mit Militärflugzeugen von ihren Heimatorten nach Washington geflogen wurden. Salinger wurde angewiesen, sich mit seinen Kollegen im State Department, bei der USIA und im Pentagon über unsere Informationspolitik abzusprechen.

Undichte Stellen, durch die Informationen sickerten, wurden allmählich zu einem beträchtlichen Problem. Die Verlegung von Truppen, Flugzeugen und Schiffen nach Florida und dem Karibischen Meer, die Unauffindbarkeit hoher Beamter, das Zusammentrommeln der Kongreßführer, die Betriebsamkeit am Samstagabend und am Sonntag, die Absage der Wahlreisen des Präsidenten und des Vizepräsidenten und die Notwendigkeit, einen weit größeren Kreis von Beamten über die Lage zu informieren, bedeuteten, daß die Stunden der Geheimhaltung gezählt waren. Die Washingtoner und die New Yorker Zeitungen stellten bereits Vermutungen an. Die Verleger wurden gebeten, nichts ohne Nachprüfung zu veröffentlichen. Eine Zeitung erhielt die Nachricht von den bevorstehenden Aktionen am Sonntagabend und erklärte sich auf persönliche Bitte des Präsidenten hin bereit, sie nicht zu drucken. Den direkten Fragen anderer Reporter ging man aus dem Weg oder beantwortete sie ungenau. Auch ein paar bewußt falsche Informationen wurden verbreitet. Es war »das am besten gehütete Geheimnis in der Geschichte der Regierungspolitik«, meinte der Präsident, gleichermaßen erstaunt wie erfreut. Während des größten Teils der Woche wußten nur sehr wenige Personen außerhalb des Kreises der 15, ihrer Frauen und einiger Sekretärinnen, was gespielt wurde.

Am Sonntag, dem 21. Oktober, 14.30 Uhr, erschien

der Präsident wieder bei der Sitzung des Nationalen Sicherheitsrats. Er überprüfte den Entwurf der Instruktion des Außenministeriums an die Botschaften sowie die Briefe an die Alliierten, die im Namen des Präsidenten noch am Abend verschlüsselt abgesandt werden sollten. Er überprüfte die Schreiben an die OAS und die Vereinten Nationen und erklärte sich damit einverstanden, eine Überwachung des Abzugs der Raketen durch die Vereinten Nationen zu verlangen. Er bat den Stabschef der Marine, Anderson, die Pläne und das Verfahren für die Blockade zu erläutern. Zunächst, sagte der Admiral, werde jedes sich nähernde Schiff aufgefordert werden, zu stoppen, damit eine Durchsuchung stattfinden könne. Wenn keine zufriedenstellende Antwort gegeben würde, werde ein Schuß vor den Bug gesetzt. Wenn auch dann noch keine Reaktion erfolge, werde auf das Ruder gefeuert, um das Schiff bewegungsunfähig zu machen, nicht aber zu versenken. »Sie sind sicher, daß das möglich ist?« fragte der Präsident lächelnd. »Ja, Sir!« antwortete der Admiral. Nitze berichtete über die Berlin-Pläne. Eine verstärkte Luftüberwachung über Kuba wurde angeordnet.

Der größte Teil der Konferenz war einer genauen Überprüfung des letzten Entwurfs der Präsidentenrede gewidmet.

Kennedy strich aus der Rede jeden Hinweis darauf, daß sein eigentliches Ziel der Sturz Castros sein könnte. Er sprach nicht von totalem Sieg oder bedingungsloser Kapitulation, sondern einfach von der Absicht, eine spezifische Bedrohung zu beseitigen. Außerdem strich er alle Hinweise darauf, daß er die Sowjets unterrichtet habe; Hinweise auf die Behandlung, die Schiffe erwarten mußten, die die Blockade zu durchbrechen versuchten; ferner alle Voraussagen über die Auswirkungen der Blockade auf Castro; denn er glaubte, daß eine Publizierung dieser Dinge seinem Wunsch zuwiderlaufe, Chruschtschow die Hände nicht zu binden. Einfügungen, die das State Department empfohlen hatte, entfernte er, weil sie seiner Meinung nach in einer Rede, die sich mit der Möglichkeit eines Atomkriegs befaßte, zu weich und bedeutungslos geklungen hätten. Über diesen zentralen Punkt sollte es kein Mißverständnis geben, und deshalb formulierte er den folgenden Satz: »Es wird die Politik unseres Landes sein, jeden Abschuß einer Atomrakete von Kuba aus gegen irgendeine Nation der westlichen Hemisphäre als einen Angriff der Sowjetunion auf die Vereinigten Staaten anzusehen, der einen umfassenden Vergeltungsschlag gegen die Sowjetunion erfordert.«

Für den Präsidenten war Montag, der 22. Oktober, ein Tag der Konferenzen. Telefonisch sprach er mit den früheren Präsidenten Hoover, Truman und Eisenhower. Er konferierte mit unserer Gruppe am Morgen, und am Nachmittag um 15 Uhr traf er sich mit dem ganzen Nationalen Sicherheitsrat, wobei auch alle Stabschefs anwesend waren. Hierbei handelte es sich nur um organisatorische Besprechungen. Das Gremium, das er sechs Tage zuvor zusammengerufen hatte, etablierte sich formell als »Exekutiv-Ausschuß« des Nationalen Sicherheitsrates, wobei eine tägliche Konferenz mit dem Präsidenten um 10 Uhr vormittags zur festen Regel gemacht wurde. Um 16 Uhr erschien Kennedy vor dem Kabinett, erklärte kurz, was seine Pläne seien, und vertagte die Sitzung sofort. Er sah gespannt aus und ernst. Es gab weder Fragen noch eine Diskussion.

Der Zeitplan des Außenministeriums lief präzise ab. Die nunmehr fertiggestellte Rede des Präsidenten diente in allen Hauptstädten der Welt und bei einer Reihe von Gesprächen, die mit fremden Botschaftern im State Department geführt wurden, als Informationsgrundlage. Die Fotografen wurden herbeigeholt. Der sowjetische Botschafter Dobrynin wurde ersucht, Rusk um 18 Uhr in seinem Büro aufzusuchen. Wenig später übergab Botschafter Kohler in Moskau dieselbe Botschaft. Die für die Sicherung der Atomwaffen in der Türkei und in Italien eingeteilten Wachmannschaften wurden angewiesen, besondere Vorsichtsmaßnahmen zu treffen, daß diese Waffen ausschließlich mit der Genehmigung des Präsidenten abgefeuert würden. Die latein-amerikanischen Regierungen wurden über die Möglichkeit politischer Unruhen informiert und darüber, daß entsprechende Ausrüstungen zur Verfügung stünden. Unsere eigenen diplomatischen Missionen erhielten Anweisung, ihre Fenster zu sichern. Im Außen- und Verteidigungsministerium zogen zahlreiche Beamte zu einer 24stündigen

Wache auf; Feldbetten wurden in den Büroräumen aufgestellt, und das Personal arbeitete schichtweise.

Der einzige Mißklang des Tages entstand bei der Besprechung des Präsidenten mit etwa 20 führenden Kongreßmännern, die für 17 Uhr angesetzt war. Man hatte sie überall im Land von Wahlreisen und Ferienorten weggeholt, manche in Düsenjägern und Übungsflugzeugen. Mitglieder beider Parteien, die auf Wahlkampfreise unterwegs waren, sagten mit Freuden ihre Reden mit der Begründung ab, der Präsident brauche ihren Rat.

Aber in manchen Fällen waren diese Ratschläge spitzfindig und inkonsequent. Viele der Parlamentarier reagierten auf die Unterrichtung durch McNamara, Rusk und McCone, bei der auch die Luftaufnahmen vorgelegt wurden, ebenso, wie die meisten von uns es ursprünglich getan hatten. Viele bezeichneten die Blockade als eine unwirksame und zu langsam wirkende Maßnahme, die unsere Freunde irritieren, aber an der Existenz der Raketen nichts ändern werde. Einflußreiche demokratische Senatoren wie Russell und Fulbright (der sich der Landung auf Kuba im Jahre 1961 scharf widersetzt hatte) drängten auf eine Invasion. Charles Halleck stellte fest, er werde den Präsidenten unterstützen, aber er wünsche, daß im Protokoll festgehalten werde, daß er erst in der letzten Minute informiert und nicht konsultiert worden sei.

Der Präsident, der sich um überparteiliche Einigkeit bemühte, teilte mit, daß er, der Vizepräsident und die Mitglieder des Kabinetts ihre restlichen Wahlkampfverpflichtungen auf jeden Fall abgesagt hätten. Eine Invasion könnte nicht unmittelbar beginnen, und es sei besser, bei Chruschtschow nichts zu überstürzen. Russell jedoch, einer der Autoren der ursprünglichen, schärfer gehaltenen Fassung der Kongreßresolution, bedauerte, daß weniger als halbe Maßnahmen ergriffen würden.

Aber der Präsident blieb unerbittlich. Er handelte nicht nach einer Resolution des Kongresses, sondern aufgrund seiner eigenen Autorität und Kompetenz. Er hatte früher schon alle Vorschläge, den Kongreß einzuberufen oder eine formelle Kriegserklärung zu verlangen, abgelehnt, und er hatte die Kongreßführer erst zusammengerufen, als er harte Beweise und eine feste politische Marschroute vorweisen konnte. »Ich habe das Gefühl«, sagte er später, »daß sie, wenn sie dieselben fünf Tage durchgemacht hätten wie wir, wenn sie alle diese Möglichkeiten, Vor- und Nachteile erwogen hätten ... zu demselben Ergebnis gekommen wären wie wir.«

Die Sitzung schleppte sich bis nach 18 Uhr hin. Ich wartete mit Kennedys Lesemanuskript vor der Tür, ärgerlich, daß sie ihn bis zur letzten Minute mit Beschlag belegten. Schließlich tauchte er auf, auch er ein wenig verärgert, und eilte hinüber in seine Wohnung, um sich für die Rede um 19 Uhr umzuziehen. Ich ging mit ihm, und er berichtete mir über die Sitzung und murmelte dabei: »Wenn Sie diesen Job haben wollen, dann können Sie ihn haben – er macht mir keine große Freude.« Aber schon ein paar Minuten später war er wieder ruhig und entspannt. Wieder im Kabinettszimmer, überflogen wir noch einmal den Text, und ein paar Minuten später hielt er die ernsteste Rede seines Lebens.

Er erläuterte in den sorgfältigen Formulierungen, um die wir uns die ganze Woche über bemüht hatten, die ersten Schritte, die unternommen werden sollten, wobei er das Wort »erste« unterstrich; Quarantäne, Überwachung des militärischen Aufbaus; weitere Aktionen, wenn der Aufbau weitergehen sollte; unsere Gegenzüge für den Fall eines Gebrauchs dieser Raketen; die Verstärkung der Garnison von Guantánamo; unsere Schritte bei der OAS und den Vereinten Nationen und einen Appell an Chruschtschow und das kubanische Volk.

»Der Kurs, den wir jetzt gewählt haben, ist voller Risiken wie alle Wege – aber es ist der Kurs, der unserem Charakter und unserem Mut als Nation sowie unseren Verpflichtungen überall in der Welt am meisten entspricht. Der Preis der Freiheit ist stets hoch, aber wir Amerikaner haben ihn immer entrichtet, und ein Weg, den wir niemals wählen werden, ist der Weg der Kapitulation oder der Unterwerfung.

Unser Ziel ist nicht der Sieg der Macht, sondern die Aufrechterhaltung des Rechts. Nicht Frieden auf Kosten der Freiheit, sondern beides: Frieden und Freiheit in unserer Hemisphäre und – wie wir hoffen – überall in der Welt. So Gott will, werden wir dieses Ziel erreichen.«

Jetzt hatte die Krise offiziell begonnen. Manche Amerikaner reagierten mit Panik, manche mit Stolz. Ein führender Kongreßabgeordneter rief den Präsidenten an, daß eine Gruppe von Parlamentariern, die seine Rede mit angehört hatte, nachdem sie sein Büro verlassen hatte, jetzt seine Politik besser verstehe und unterstütze. Eine amerikanische Resolution wurde dem in diesem Monat amtierenden Präsidenten des Sicherheitsrats, dem Russen Valerian Sorin, zugestellt. Kurze Unterrichtungen der Diplomaten und der Presse fanden im Außenministerium und im Pentagon statt. Die Einheiten des Strategischen Luftkommandos und der Nordamerikanischen Luftverteidigung standen in höchster Alarmbereitschaft, als der Präsident zu sprechen begann. Seine Rede wurde in 38 Sprachen durch USIA in alle Welt ausgestrahlt, sofort gedruckt und in vielen anderen Sprachen verbreitet. Die OAS sollte am nächsten Tag als »Konsultationsorgan« zusammentreffen, und die formelle Proklamation der Blockade sollte bis dahin warten. Nach einem kurzen Gespräch mit dem Präsidenten ging ich nach Hause, um zu schlafen.

Auch der Präsident ging früh zu Bett, da er seit dem Mittagessen keine Ruhepause gehabt und vorher nur schnell im Schwimmbassin gebadet hatte. Viele wunderten sich darüber, daß er überhaupt baden oder schlafen konnte. Aber in der vorangegangenen Woche und auch in der Woche, die folgte, hatte er ein möglichst normales Leben geführt. Er hatte abends zwar ohne Rücksicht auf die Uhrzeit gearbeitet, unwichtige Termine verschoben und an nichts anderes gedacht als an die kubanischen Raketen. Aber nach wie vor speiste er zusammen mit seiner Familie, traf er sich mit nichtsahnenden ausländischen Politikern und Mitarbeitern, überreichte er einen Fliegerehrenpreis, dinierte er am Abend nach seiner Rede mit den Ormsby-Gores und anderen Gästen, weil man ein früher geplantes Gala-Essen hatte absagen müssen. »Seine Ruhe ... (und) seine unerschütterlich gute Laune«, sagte der britische Botschafter, »waren erstaunlich und hielten alle anderen bei Ruhe und guter Stimmung.« Während dieses Abendessens wurde er ständig durch telefonische Anrufe gestört, aber er kehrte jedesmal sofort zu der leichten Unterhaltung zurück, die er vorher begonnen hatte. Seine Frau sah ihn während der

Krise öfter als gewöhnlich, denn er wollte auf ihre Gesellschaft bei den Mahlzeiten und bei Spaziergängen im Park des Weißen Hauses nicht verzichten.

Ähnlich war es auch bei unseren Konferenzen in seinem Büro. Auch hier war er ruhig und überlegt, kontrollierte seine Emotionen, brauste niemals auf und hatte sich immer in der Hand. Er bewahrte diese Haltung, auch wenn uns alle die Müdigkeit übermannte. Nach einer Konferenz in der zweiten Woche zeigte er sich darüber besorgt, daß ein Beamter sich bis zur physischen und psychischen Erschöpfung überarbeitet hatte.

Nie war der Präsident einsamer als in dem Augenblick, da er zum erstenmal einer nuklearen Konfrontation gegenüberstand. Niemals verlor er aus den Augen, was Krieg oder Kapitulation für die ganze Menschheit bedeuten würden. Seine UN-Mission bereitete sich auf einen Friedensschluß und seine Stabschefs bereiteten sich auf den Krieg vor; er selbst aber war entschlossen, beide am Zügel zu halten. Er war fest entschlossen, obwohl er so vielen sich widersprechenden Empfehlungen und Druckversuchen ausgesetzt war, alles, was notwendig war, zu tun und alles, was nicht notwendig war, zu unterlassen. Er überstürzte nichts und zögerte nicht, war weder übermütig noch furchtsam. Die Gefahr, daß die Sowjets wirklich einen Krieg riskieren würden, sagte er später, stand damals für ihn »etwa zwischen 1:3 und 1:1«. An dem Samstag, bevor er seine Rede hielt, sprach er auf der Veranda des Weißen Hauses von der Möglichkeit des Todes, nicht seines Todes, sondern des Todes aller unschuldigen Kinder in der Welt, die niemals eine Chance oder eine Stimme gehabt hatten. Von Zeit zu Zeit warf er ein Scherzwort in unsere Debatten, aber was er wirklich fühlte, wird vielleicht am besten illustriert durch die kleinen Notizen, die er während einer unserer Konferenzen kurz nach seiner Rede auf zwei Bogen seines gelben Notizblocks machte: »Ernst ... ernst ... 16 bis 32 Raketen in einer Woche ... 2200 Meilen ... Chruschtschow ... sowjetische U-Boote ... U-Boote ... U-Boote ... Blockade ... Sonntag ... Guantánamo ... 16–32 ... Freitagmorgen ... steigende Gefahr ... muß verfolgt werden ... McCone ... eine Million Mann ... Bündnis zusammenhalten.«

## Fahrt durch Vietnam *David Halberstam*

In Indochina war es schon während des Zweiten Weltkrieges zu einer Stärkung des Kommunismus gekommen, mit dem sich Frankreich auseinandersetzen mußte, als es nach dem japanischen Zusammenbruch 1945 das Land wieder besetzte. Als 1949 aus dem ehemaligen Kolonialgebiet drei unabhängige Staaten in der französischen Union – Vietnam, Laos und Kambodscha – hervorgingen, kam es sofort in Vietnam mit den Kommunisten unter der Führung von Ho Tschi Minh, einem in Moskau geschulten Funktionär, zu ernsten Spannungen. Ho Tschi Minh begann mit dem Guerillakrieg gegen die von den Franzosen gestützte Regierung. Der »schmutzige Krieg« in Vietnam führte in vier Jahren zur allmählichen Verdrängung Frankreichs aus Nordvietnam. Der Fall der Festung Dienbienphu besiegelte auch nach außen hin die Niederlage. In einem Abkommen wurde das Land 1954 in eine kommunistische nördliche und eine prowestliche südliche Hälfte geteilt. Schon 1955 wurde das bisherige Kaiserreich Südvietnam durch einen Staatsstreich in eine Republik umgewandelt. Da diese neue Republik Verhandlungen mit Nordvietnam ablehnte, flackerte, von Ho Tschi Minh inszeniert, der Guerillakrieg wieder auf. Gegen das Eindringen nordvietnamesischer Freischärler, der sogenannten Vietkong, erhielt Südvietnam Hilfe von den Amerikanern. Im März 1962 gab der amerikanische Verteidigungsminister die Anwesenheit von US-Hilfstruppen in Südvietnam bekannt. Was ursprünglich als »Beratereinheit« gedacht war, wandelte sich in einen regulären Kriegseinsatz. Die ungeheuren Schwierigkeiten, denen sich die Amerikaner in Südvietnam gegenübersahen, werden in dem Bericht Halberstams deutlich, der 1963, unmittelbar nach dem Staatsstreich, durch den Präsident Diem abgelöst wurde, als Kriegsberichter die Kampfzone Südvietnams bereiste.

Die ersten zehn Tage nach dem Staatsstreich blieb ich in Saigon und schrieb einen Bericht über den Sturz der Regierung und die sich daraus ergebenden Veränderungen. Dann telefonierten und besuchten mich alte Freunde aus dem Deltagebiet, was seit langer Zeit zum erstenmal wieder möglich war. Sie drängten mich, nach My Tho zu kommen; jetzt, sagten sie, könne man endlich wieder frei reden.

Fast den ganzen nächsten Monat reiste ich durch das

Delta. Es war eine sentimentale Reise, denn ich wußte, daß ich das Land Mitte Dezember verlassen würde. Es war das letztemal, daß ich die Landschaft sah, die ich am besten kannte und am meisten liebte und in der meine Freunde gefallen waren. Es war traurig, zu sehen, welcher Kontrast zwischen der Gegend bestand, die ich vor vierzehn Monaten kennengelernt hatte, und der, die ich heute antraf. Wo damals Hoffnung und Kraft gewesen waren, fand ich jetzt auf unserer Seite Verfall und Abstieg; der Aufstieg war sichtbar bei den Vietkong. Eine bittere Fahrt war es, denn der enorme Preis für den Sieg vor Jahresfrist hatte sich jetzt mehr als verdoppelt; trotz allen Blutvergießens und aller Opfer war der Sieg weiter entfernt als je zuvor.

Immerhin: für den Augenblick hatten es die Reporter leicht in Vietnam. Die vietnamesischen Offiziere sprachen offen mit den amerikanischen Beratern, und beide waren offen gegenüber den Reportern. In den ersten Wochen nach dem Staatsstreich herrschte auf vielen Gebieten rückhaltlose Ehrlichkeit und gegenseitiges Vertrauen. Mitte November erhielt ich eine Einladung von meinem alten Freund Oberst Pham Van Dong, dem jetzt die 7. Division unterstand. Wir hatten uns in den langen schwierigen Monaten, als ihn Diem stark verdächtigte, gut kennengelernt; damals mußten Sheehan und ich ihm durch einen Dritten Meldung zukommen lassen. Die Amerikaner bewunderten ihn, ein amerikanischer Colonel sagte, er sei seines Wissens der einzige Vietnamese, dem man amerikanische Truppen unterstellen könne. Er war Nordvietnamese und galt allgemein als stark und zäh; nach seiner Ernennung hielten einige der Berater in der 7. Division es wieder für möglich, daß sich das Blatt noch wenden könne.

Gleich nach meinem Eintreffen in My Tho nahmen mich einige Berater im Hubschrauber mit in die westliche Dinh-Tuong-Provinz, wo Dong an diesem Tag wie an jedem Tag der vergangenen Woche im Operationsgebiet eine Aktion gegen den Feind durchführte. Mit seinem ständigen Vorrücken beabsichtigte er, dem Feind die Initiative zu entreißen und die Bevölkerung – die die Armee acht Monate nicht zu Gesicht bekommen hatte – davon zu überzeugen, daß die Regierungstruppen noch existierten. »Wir versuchen, ihnen den Staatsstreich klarzumachen«, sagte der Oberst, als ich ihn traf. »Aber die Vietkong sind uns zuvorgekommen.«

Wir saßen nahe dem Gefechtsstand und unterhielten uns. Die Amerikaner waren sehr guter Stimmung; zum erstenmal nach Monaten hatten sie wieder das Gefühl, den Feind vor sich herzujagen, und zwar in einem Gebiet, wo die Regierungstruppen sich sehr lange nicht hatten sehen lassen.

Oberst Dong ließ den Distriktschef aus dem Gefechtsstand kommen und stellte ihn mir als früheren Helfer und alten Freund vor. »Ich kann ihm vertrauen«, sagte er. Dann wandte er sich an den Mann und fragte ihn, wie viele Dörfer zu seinem Gebiet gehörten.

»Vierundzwanzig«, war die Antwort.

»Wie viele haben Sie unter Kontrolle?« fragte der Oberst.

»Acht.«

Jetzt lächelte der Oberst und fragte: »Und wie viele haben Sie als unter Kontrolle stehend gemeldet?«

Der Distriktschef grinste verlegen und sagte: »Vierundzwanzig.«

Die Amerikaner nickten, als Oberst Dong erklärte: »Mr. Diem hat immer falsche Berichte erhalten. Mr. Cao hing an seiner Stellung, und Mr. Dam hat immer berichtet, 98 Prozent der Bevölkerung seien für Diem. Deshalb unternahm Mr. Dam auch keine Operationen, denn bei eventuellen Verlusten hätte Mr. Diem sich sehr darüber gewundert, weil doch nach seiner Meinung alle Leute auf seiner Seite standen. Dann hätten Mr. Cao und Mr. Dam ihre gute Stellung verloren. Mr. Diem mochte keine Verluste. Er wurde sehr böse, wenn er davon hörte; dann wurden die Kommandeure versetzt, sie verloren ihre Beförderungschancen und ihr Geld. Deshalb hatten es die Vietkong gar nicht nötig, die wichtigen Städte anzugreifen. Sie brauchten nur die ländlichen Gebiete in der Hand zu haben, da gab es keinen Kampf und keine Verluste. Wenn Mr. Diem nach der Kriegslage fragte, sagten Mr. Cao und Mr. Dam, daß alles in Ordnung sei dank Mr. Nhus Wehrdorfprogramm. Dann waren Mr. Diem und Mr. Nhu sehr geschmeichelt und sehr glücklich. So wollten sie den Krieg gewinnen. Früher konnte ich des

Nachts nach My Tho oder nach Can Tho ohne Begleitschutz fahren; aber in der Zeit, als Mr. Diem den Krieg gewann, ging das nicht. Eine merkwürdige Art, den Krieg zu gewinnen.«

Die Amerikaner unterhielten sich jetzt mit Oberst Dong darüber, welche Gebiete der beiden wichtigen Provinzen Long An und Dinh Tuong die Regierung tatsächlich fest in der Hand hatte. Eine solche Unterhaltung wäre noch vor kurzem in Vietnam unvorstellbar gewesen: offen und rücksichtslos diskutierten die Amerikaner mit einem Vietnamesen, den sie für zu optimistisch hielten. Einer der Offiziere zog eine Liste hervor, auf der die Dörfer dieser beiden Provinzen aufgeführt waren: 213 Dörfer in Dinh Tuong und 219 in Long An. Oberst Dong meinte, daß etwa 20 Prozent politisch und militärisch unter der Kontrolle der Regierung ständen, aber einige Amerikaner hielten 10 Prozent für wahrscheinlicher.

Ich fragte nachher einen der älteren Berater, ob die Lage tatsächlich so schlecht sei. »Ich halte sie in Wirklichkeit für noch schlechter«, sagte er. »Ich glaube, wir kennen die Stärke des Feindes überhaupt noch nicht. Er spielt Katz und Maus mit uns. Die Vietkong haben viele dieser Dörfer niemals angegriffen – aus dem einfachen Grund, weil sie das gar nicht nötig haben. Sie haben sie bereits unter Kontrolle.«

Seiner Meinung nach benutzten die Guerillas die Deltadörfer jetzt als Rastplätze. Sie schlichen nachts hinein, versorgten sich mit Essen und zogen am nächsten Tag weiter. In manchen Gebieten ließen sie die Bauern die endlos langen Reihen von Stacheldraht durchschneiden, die faktisch überall als Symbol für das Versagen der Regierung galten; oder die Bauern mußten die Dächer ihrer Hütten abdecken zum Zeichen des Gehorsams. Langsam und zäh rückten sie näher an die Hauptgebiete und die Provinzstädte heran; die Angriffe wurden immer kühner und bedenkenloser. Die Schlinge zog sich zusammen.

In den nächsten drei Tagen fuhr ich mit den gepanzerten Transportern hinaus, die das Cho-Gao-Gebiet der Provinz Dinh Tuong durchkreuzten und nach Spuren der Nemesis – des 514. Bataillons – suchten. Ich kannte dieses Gebiet von früher: die Zeichen des drohenden Verfalls waren so reichlich wie Kokosnüsse und wilde Enten. In einem kleinen Dorf zehn Meilen außerhalb von My Tho sahen wir die Reste des Wehrdorf-Informationszentrums; direkt daneben stand ein nagelneues Informationszentrum der Vietkong mit einem Bild, auf dem ein Guerilla einen Amerikaner mit dem Bajonett vor sich herjagt.

Wir fuhren weiter. Es war eigentlich gar keine Straße mehr, denn die Gegner hatten sie so weitgehend zerstört, daß sie mehr wie eine Hindernisrennbahn aussah. (»Mensch, die stehlen uns die Straßen«, sagte ein Amerikaner.) Langsam fuhren wir durch das nächste Dorf. Gewöhnlich kommen die Kinder herbeigelaufen, sobald Truppen und Fahrzeuge auftauchen, hier jedoch kauerten sie vor den Türen; ich sah, wie in zwei Hütten Eltern die Kinder nach drinnen zogen. Ich saß mit einem jungen Captain aus Oklahoma zusammen im Wagen. »Ich kenne das Dorf«, sagte er. »Früher mußten wir die Kinder immer abwehren, die alle herbeistürzten und Süßigkeiten haben wollten.«

Der kleine Vorfall war typisch für diese Tage. Als wir in ein anderes Dorf kamen, erschienen die Bauern im weißen Sonntagsstaat, einerseits besorgt, daß wir sie für Vietkong-Anhänger hielten, andererseits erpicht darauf, daß wir das Dorf so schnell wie möglich wieder verließen. Während wir anhielten, wurde ein Soldat dabei erwischt, wie er ein Huhn stehlen wollte, und einer der Berater schickte einen Dolmetscher hin, um das zu verhindern. Er kam zurück und lachte: Der Soldat hatte das Huhn bezahlt, mußte aber so tun, als stehle er es, denn der Bauer befürchtete, der Nachbar würde ihn bei den Vietkong anzeigen, wenn er merkte, daß er ein Huhn an die Regierungstruppen verkauft hatte.

Die ganze Fahrt wurde allmählich zum Alptraum. In einem Dorf, das wir drei Stunden später erreichten, schienen uns die Leute ungewöhnlich freundlich. Einer der vietnamesischen Offiziere unterhielt sich mit den Bauern und stellte fest, daß sie von dem Umsturz noch nichts gehört hatten. Stolz erzählte er ihnen von dem Aufstand, bei dem seine Einheit eine wichtige Rolle gespielt hatte. Die Armee habe jetzt die Gewalt übernommen, sagte er, und man werde den Kampf gegen die Vietkong viel härter fortsetzen. Das sei eine gute Neuigkeit, meinten die Bauern, und sie brachten den Truppen Hühner und Reis und Früchte. Doch als wir das Dorf verließen, baten sie die Soldaten, niemand etwas von den Geschenken zu erzählen, denn wenn das die Vietkong erführen, werde man sie umbringen.

Mein Freund aus Oklahoma berichtete mir nachher, er und ein anderer amerikanischer Offizier hätten vor mehreren Wochen ein kleines Dorf in der Provinz Long An besucht. Vor dem Dorf stand eine kleine katholische Kirche, von deren Dach die rot-grüne Vietkong-Fahne wehte. »Ich bin kein Katholik, und wir halten in Oklahoma nicht allzuviel vom Katholizismus«, sagte er, »aber das hat mich doch aufgeregt.« Er hatte den jungen vietnamesischen Priester um eine Erklärung darüber gebeten, wie das möglich sei. Das wäre doch ganz einfach, hätte der Priester gemeint: »Sie und Ihre Leute kommen hier nur alle drei oder vier Monate her; dann trinken wir zusammen Tee, und Sie gehen wieder. Die Vietkong aber kommen jede Nacht, und das ist der Preis, den wir dafür bezahlen müssen, daß sie die Kirche in Ruhe lassen.«

Zwei Tage später lernte ich selber einen der mutigen jungen Priester kennen. Er war ein kluger junger Mann mit viel Humor und einem entwaffnenden Lächeln, aber er wurde sehr ernst, als er mir erzählte, wie schwierig es sei, seiner kleinen Gemeinde zu erklären, daß die Vietkong eine Bedrohung darstellten und eine von Kommunisten inspirierte und gestützte Bewegung seien. Die Leute wollten das nicht glauben; sie beharrten darauf, die Vietkong seien Nationalisten, nicht Kommunisten. Tatsache sei doch, daß sie den Priester in dem von ihnen kontrollierten Gebiet ganz in Ruhe ließen; die Kommunisten würden das niemals tun, meinten sie.

»Wie kann ich ihnen klarmachen, daß das alles nur Propaganda ist?« sagte der Priester zu mir. »Die Vietkong wollen die Leute jetzt nicht beunruhigen, deshalb bringen sie mich nicht um. Sie lassen mich noch zwei Jahre am Leben und werden mich dann umbringen. Aber für meine Leute hier sind die Vietkong Helden und Revolutionäre, und die Regierungsbeamten sind korrupt und böse.«

Nach drei im Gelände verbrachten Tagen fuhren wir nach My Tho zurück. Männer und Fahrzeuge waren überzogen von verkrustetem Schlamm, wir waren müde und unsere Nacken verbrannt, aber die Berater waren strahlender Laune, denn sie waren endlich im Gelände gewesen und hatten die Transporter zu dem Zweck eingesetzt, für den sie gebaut worden waren. Langsam gewöhnten sich auch die Vietnamesen an die neuen und für sie revolutionierenden Versuche, in ihrer Armee ein Kommandosystem zu errichten. Einmal hatte ein junger Hauptmann befohlen, vorzurücken; als ein Sergeant nur zögernd gehorchte, zog der Offizier den Revolver und richtete ihn auf den Sergeanten. »Endlich kriegen sie mal etwas Mumm in die Knochen – das ist ein gutes Zeichen«, sagte mein Freund aus Oklahoma.

Auf der Rückfahrt zum Gefechtsstand sahen wir auf einer Dorfstraße einen jungen Mann, der vor uns herging. Der Kommandant im ersten Fahrzeug befahl ihm stillzustehen, was er ignorierte; auch als er erneut angerufen wurde, ging er weiter. Eine kurze Maschinengewehrsalve peitschte über seinen Kopf; er ging weiter zu einer kleinen Hütte. Unser Fahrzeug hielt davor, zwei andere fuhren zur Rückseite, und ein Zug Soldaten betrat die Hütte. Sie fanden darin den Jungen zusammen mit sechzehn anderen wohlgenährten jungen Männern, deren Hände nicht nach harter Arbeit aussahen. Einer der vietnamesischen Offiziere sagte, sie gehörten wahrscheinlich zu einer regulären Vietkong-Kompanie. Sie wurden gefesselt mitgenommen, und wir sahen die ergrimmten Blicke, die die anderen Gefangenen dem Jungen zuwarfen, dem wir diesen Glücksfall zu verdanken hatten. Daß auch der Feind zuweilen Fehler machte, freute uns.

Aber die Freude dauerte nicht lange. Bei unserer Rückkehr nach My Tho, wohin uns ein Hubschrauber brachte, hörten wir, daß unsere Fahrzeugkolonne wenige Meilen vor My Tho in einen Hinterhalt geraten war; vier Wagen waren durchgefahren, der fünfte – besetzt mit Soldaten – explodierte. Dreizehn Soldaten waren sofort tot und sieben verwundet. Wieder hatten die Vietkong ihre Fähigkeit unter Beweis gestellt, die Hauptstraße am hellen Tag zu verminen, ohne daß die Bevölkerung sie verriet. Solche Sabotageakte durch Verminung der Straßen nahmen immer mehr zu; den Vietnamesen, die schon im Indochinakrieg gekämpft hatten, waren diese Terrorisierung und das Zurückdrängen der Truppen in die Gebiets- und Provinzhauptstädte allzu vertraut. »Sie haben uns jetzt in den Höhlen, und da sollen wir bleiben«, sagte Pater Hoa, der berühmte kämpfende Priester von Camau, als wir über diese neue Woge von Überfällen sprachen. Es war kein angenehmer Gedanke.

In den nächsten beiden Wochen sah ich, daß die Lage im Delta sogar noch schlimmer war, als die Amerikaner sie sahen. Die 21. Division, die südlich von der 7. operierte, kontrollierte nur das Gebiet, in dem sie zufällig gerade stand, sie war de facto nicht mehr als ein mobiler Außenposten. Die 7. Division selbst stand praktisch im Vietkong-Gebiet. Vor vierzehn Monaten hatten die Amerikaner oft gesagt: »Wenn sie doch bloß stillstehen und kämpfen wollten.« Genau das taten die Vietkong jetzt, und nun bestand das Problem darin, die Regierungstruppen so einzusetzen, daß allzu große Verluste vermieden wurden.

Der Chefberater der 7. Division nannte die Situation verzweifelt. Ernst war sie immer gewesen, aber jetzt war sie katastrophal für Männer, die seit fast zwei Jahrzehnten im Krieg waren. Die erneute Spritze war wirkungslos verpufft; die Leute hatten die Amerikaner kommen und den Feind immer stärker werden sehen. Sie waren erschöpft.

Man kann die von den Vietkong angewendeten psychologischen Methoden gar nicht hoch genug einschätzen. Nicht umsonst hatten sie sich in Long An und Dinh Tuong besonders angestrengt; während die Regierungstruppen und die Amerikaner woanders standen, waren dem Feind zwei der reichsten Provinzen des Landes praktisch ohne jeden Kampf in den Schoß gefallen. Die Vietkong hielten ihre Kräfte zusammen und hatten für alles, was sie taten, gute Gründe. Mit diesen beiden Gebieten waren ihnen mehr als eine Million Menschen und die Einkünfte aus sehr großen landwirtschaftlichen Vorräten in die Hand gefallen; sie beherrschten die aus dem Delta nach Saigon führende Landstraße und hatten – das war das wichtigste – psychologisch die Hand an der Kehle der Stadt. Sie kontrollierten damals zwar noch nicht ganz das Landesinnere, vermochten aber durchaus den Anschein zu erwecken, als sei es fest in ihrer Hand. In der Hauptstadt mußte die Unterwerfung zweier so nahe der Stadt gelegener Provinzen sehr großen Eindruck machen; die Nachricht konnte bewirken, daß aus Regierungsanhängern Neutrale wurden und aus Neutralen aktive Anhänger der Vietkong. Zum Beispiel waren einige der Buddhistenführer keine militanten Antikommunisten; weil sie für die Verewigung des Buddhismus und den Schutz der Gläubigen eintraten, war es sehr wohl möglich, daß sie sich für die Seite, die wahrscheinlich siegen würde, entscheiden und mit ihr eine Art inoffizielle Verständigung anstreben würden. (Genau das haben möglicherweise einige der Buddhistenführer Ende 1964 getan.) War die Hauptstadt umringt von Vietkong, so würde das überdies den Defätismus unter Beamten und Militärs stärken, neutralistische Gruppen unterstützen und auch die Haltung ausländischer Diplomaten und Militärs beeinflussen.

Vor dem Putsch war die Stimmung der 7. Division pessimistisch gewesen. Oberst Dong brachte neue Hoffnung; die neue Militärjunta hatte den besten Mann auf den schwierigsten Posten gestellt, vielleicht war das ein gutes Zeichen für die Zukunft. Dong bewies, daß Beratung auch anders aussehen konnte; er bat die Amerikaner, zu seinen informatorischen Konferenzen zu kommen, und zeigte seinen eigenen Offizieren, daß er die Berater und ihre Ratschläge schätzte. Telefonierte er mit einem seiner Offiziere, so legte er Wert darauf, auch mit dem amerikanischen Verbindungsoffizier zu sprechen. Das Ergebnis war, daß die Vietnamesen den Amerikanern nichts verbergen konnten.

Der Optimismus hielt nicht an. Wenn man damals überhaupt etwas erhoffte, so war es ein wirklich elementarer Umschwung; nicht nur ein Wechsel, sondern praktisch eine Revolution, so daß die abwärts verlaufende Spirale der letzten zwei Jahrzehnte schnell nach oben gedreht werden konnte. Aber die neue Junta bestand aus Männern wie Minh, die ein offenes Ohr für die Amerikaner und für ihre eigenen Landsleute hatten und die bereit waren, realistisch über alle Probleme zu reden. Sie gehörten zur alten Ordnung und glaubten an die

Tradition, mit deren Hilfe sie aufgestiegen waren – aber Revolutionäre waren sie gewiß nicht. Außerdem war das System so unendlich verzweigt und die Armee so durchsetzt mit Unfähigkeit, daß die Reformen, die Diems Nachfolger einzuführen versuchten, schon dadurch erschwert oder vereitelt wurden. Die Zeit verlangte nach Größe, nach hervorragenden und mitreißenden Persönlichkeiten. Sie waren nicht vorhanden.

In der 7. Division zum Beispiel stand Oberst Dong, der drei Wochen lang seine Truppen glänzend zu nehmen und anzufeuern wußte – und Ende November abgelöst wurde. Nie habe ich den Grund erfahren. Vielleicht fürchtete ihn General Dinh, vielleicht hatten die anderen Führer, die sein enges und gutes Verhältnis zu den jüngeren Offizieren kannten, Angst, er werde eines Tages revoltieren.

Meine lange Fahrt durch das Delta war sehr deprimierend gewesen, aber nichts traf mich so hart wie die Ablösung Dongs. Hier schien das alte Spiel der Vietnamesen wieder aufzuleben, für das es aber nun viel zu spät war. Was gebraucht wurde, war Tüchtigkeit, nicht Kleinlichkeit. Von Oberst Dong hörte ich, er sei als Militärattaché nach Formosa versetzt worden. Wir waren beide unglücklich. Die Kriegslage deprimierte ihn tief.

In Saigon machten sich jetzt die ersten Spuren politischer Aktivität bemerkbar. Tag für Tag kamen von der Insel Poulo Condore Schiffe mit politischen Gefangenen an, die endlich aus Haft und Folter befreit worden waren. Tausende von Buddhisten pilgerten täglich zur Xa-Loi-Pagode. Aus den Ereignissen der letzten sechs Monate waren die Buddhisten als die mächtigste politische Gruppe hervorgegangen.

Niemand, der zur westlichen Welt gehört, kann aus Vietnam stolz oder zufrieden zurückkehren. Wenn er überhaupt ein Gewissen hat, so muß er erfüllt sein von dem Bewußtsein der Unzulänglichkeit und dazu von vielen Schmerzen, Freundschaften und Erfahrungen, um die das Land ihn bereichert hat. Das Versagen des Westens in Indochina war unnötig und hat unendlich viel Blut und Geld gekostet.

## Invasoren in der Tschechoslowakei

*Radio Prag/Četeka*

Am 28. Oktober 1918 wurde die Tschechoslowakische Republik ausgerufen. Sie umfaßte mit Böhmen, Mähren und der Slowakei in der Hauptsache Gebiete der alten österreichischen Monarchie und bildete mit Tschechen, Slowaken, Deutschen, Magyaren, Ukrainern, Polen und Juden einen Vielvölkerstaat, in dem die Tschechen als Staatsvolk mit 46 Prozent Bevölkerungsanteil in der Minderheit waren. Die Regierung mit Masaryk als Staatspräsident und Beneš als Außenminister sicherte den neuen Staat durch ein umfassendes Bündnissystem mit Frankriech, Polen, Rumänien und Jugoslawien. In der Innenpolitik führte die tschechische Haltung gegenüber den Minderheiten, die beispielsweise den 28 Prozent Deutschen in den Randgebieten Böhmens und Mährens wie auch den Slowaken keinerlei Selbstverwaltung gewährte, zu schweren Spannungen, die von Hitler ausgenutzt wurden, der 1938 im Münchner Abkommen (siehe Seite 149) die Abtretung der sudetendeutschen Gebiete erzwang. 1939 wurde die Resttschechoslowakei aufgelöst, Böhmen und Mähren kamen als Protektorat zum Deutschen Reich, die Slowakei wurde ein selbständiger Staat. Nach der Wiederherstellung der Republik im Jahre 1945 vertrieben die Tschechen, gestützt auf das Potsdamer Abkommen, den Großteil der deutschen Bevölkerung ohne jede Entschädigung. Mindestens zwei Millionen Menschen sind seinerzeit bei diesen Aussiedlungsaktionen ums Leben gekommen. 1948 wurde die Tschechoslowakei dann in eine Volksrepublik umgewandelt und systematisch sowjetisiert. Terrorjustiz schaltete jegliche Opposition aus. Erst von 1962 an erfolgte allmählich eine Entdogmatisierung und die Ausschaltung der führenden Stalinisten. Mit der Wahl des Slowaken Alexander Dubček zum Ersten Sekretär des Zentralkomitees der KP gewannen die Reformer endgültig die Überhand. Von Januar 1968 an suchten sie unter betonter Bündnistreue gegenüber der Sowjetunion eine Liberalisierung und Demokratisierung des Staatswesens einzuleiten. Staatspräsident Novotný, ein alter Stalinist, auf dessen Schuldkonto viele Ausschreitungen früherer Jahre gingen, mußte zurücktreten. Während Jugoslawien und Rumänien den Prager Kurs unterstützten, rückten schon am 20. August 1968 Truppen der Warschauer-Pakt-Staaten in der Tschechoslowakei ein und zwangen die Regierung, ihr Liberalisierungsprogramm abzubrechen. Die folgenden Berichte des Prager Rundfunks und des tschechischen Nachrichtenbüros schildern die ersten dramatischen Stunden des Einmarsches der Truppen der Warschauer-Pakt-Staaten.

Mittwoch, 21. August 1968

*RADIO PRAG: Aufruf* 4.30 Uhr
*an »das gesamte Volk der ČSSR«*

»Wir machen Sie darauf aufmerksam, daß wir einen Bericht des Präsidiums des ZK der KPČ übermitteln. Weil einige Sender außer Betrieb sind und wir nicht wissen, ob wir für die gesamte Republik senden, bitten wir Sie, verehrte Hörer, daß Sie diesen Bericht mit allen möglichen Mitteln verbreiten.

Bericht des Präsidiums des ZK der KPČ:

An das gesamte Volk der ČSSR!

Gestern, am 20. August 1968, etwa 23 Uhr, überschritten Truppen der Sowjetunion, der Polnischen Volksrepublik, der DDR, der Ungarischen Volksrepublik und der Bulgarischen Volksrepublik die Staatsgrenze der ČSSR. Dies geschah ohne Wissen des Präsidenten der Republik, des Präsidiums der Nationalversammlung, des Präsidiums der Regierung und des Ersten Sekretärs des ZK der KPČ und ihrer Organe.

In diesen Stunden tagte das Präsidium des ZK der KPČ und befaßte sich mit der Vorbereitung des 14. Parteitages. Das Präsidium des ZK der KPČ ruft alle Bürger unserer Republik auf, Ruhe zu bewahren und den einrückenden Truppen keinen Widerstand zu leisten, weil die Verteidigung unserer Staatsgrenzen nunmehr unmöglich ist. Deshalb erhielten weder unsere Armee noch die Sicherheitsorgane, noch die Volksmiliz den Befehl zur Verteidigung des Landes.

Das Präsidium des ZK der KPČ erachtet diesen Akt als widersprechend nicht nur den Grundprinzipien der Beziehungen zwischen den sozialistischen Staaten, sondern auch als eine Bestreitung der Grundnormen des internationalen Rechtes. Alle führenden Funktionäre der Partei, alle führenden Funktionäre der Nationalen Front bleiben in ihren Funktionen, in die sie als Vertreter des Volkes und Mitglieder ihrer Organe nach den in der ČSSR gültigen Gesetzen gewählt wurden.

Durch die institutionellen Persönlichkeiten ist augenblicklich eine Sitzung der Nationalversammlung der Regierung der Republik und des Präsidiums des ZK der KPČ einberufen worden.

Unterzeichnet: Präsidium des ZK der KPČ.«

*RADIO PRAG: Lagebericht* 4.45 Uhr

*»Wir werden informieren, solange wir technische Voraussetzungen besitzen«*

»Man hat unser Land also besetzt, liebe Freunde, und was dazu noch hinzugefügt werden kann, ist nicht viel und verhältnismäßig traurig. Der tschechoslowakische Rundfunk versuchte, den Bericht des Präsidiums des ZK der KPČ vor 2 Uhr früh auszustrahlen. Alle Sender, über die wir verfügen, wurden allerdings allmählich außer Betrieb gesetzt, und wir wissen bisher nicht, wie viele von Ihnen diese Information hören werden. Wir wissen auch nicht, ob Sie als Hörer unseres Rundfunks uns in diesem Augenblick hören können.

Wir wollen jedoch Ruhe bewahren und erwarten die Hinweise unserer Regierung und des Präsidiums unseres Parlaments, obwohl einige Telefonleitungen mit unserem Gebäude unterbrochen sind und obwohl wir über dem Gebäude des Rundfunks Flugzeuge kreisen hören. Wir sind überzeugt, daß auch Sie sich ebenso verhalten werden, und anstelle von Manifestationen werden Sie nach einer Weile ihrer normalen Beschäftigung nachgehen und auf ihren Arbeitsstellen bemüht sein, das zu tun, was nötig ist.

Das ist in diesem Augenblick tatsächlich die einzige Lösung.

Verehrte Freunde, in der Stunde, die die schwerste Prüfung für unser Land und jeden Bürger dieser Republik ist, müssen wir sagen, daß wir, die Mitarbeiter des tschechoslowakischen Rundfunks, die wir hier auf der Vinohradská in Prag versammelt sind, voll und ganz hinter dem Präsidenten der Republik, der legalen Regierung und dem Präsidium des ZK der KPČ, mit Alexander Dubček an der Spitze, stehen. Das Präsidium der Partei tagt unaufhörlich, und vielleicht hörten Sie bereits die Mitteilung, die es herausgab. Solange wir die technischen Voraussetzungen haben werden, werden wir unsere Pflicht erfüllen und Sie über alles informieren, was sich nach der Besetzung unserer Republik durch die Einheiten des Warschauer Paktes ereignet, und die Entscheidungen der einzigen legalen Regierung und der Führung der Dubček-Partei übermitteln, zu denen wir volles Vertrauen haben.«

*RADIO PRAG: »Wir wollen die Ordnung in unserem Lande selbst aufrechterhalten«* 5.30 Uhr

»Verehrte Hörer des Rundfunks und des Fernsehens in Böhmen und in der Slowakei! Wir sprechen zu Ihnen in einer Stunde, die für unser Land die größte Prüfung ist und gleichzeitig die größte Prüfung für jeden Bürger dieses Landes. Sie hören die legale Sendung des tschechoslowakischen Rundfunks. Legal deshalb, weil auf der Welle 210 m in schlechtem Tschechisch und schlechtem Slowakisch ein illegaler Sender der Okkupationstruppen sendet, der sich VLTAVA (Moldau) nennt. Wir machen die Hörer darauf aufmerksam, daß diese Sendung mit dem tschechoslowakischen Rundfunk nichts gemeinsam hat.

Harren Sie an den Empfängern aus, wir hoffen, daß wir in absehbarer Zeit nähere Einzelheiten über die Sitzung des Präsidiums und der Regierung werden sagen können. Und bis dahin bitten wir Sie erneut, lassen Sie nicht zu, daß es in Konfrontation mit den fremden Truppen zu offenen Zusammenstößen kommt. Dies würde als Provokation angesehen werden und zur Veranlassung zu weiteren Eingriffen führen. Überall, wo Sie mit den Okkupationstruppen in Kontakt sind, erklären Sie ihnen, daß in diesem Land Ruhe herrschte, daß Ihr sie als Freunde betrachtet, aber daß die Ordnung in diesem Land wir selbst aufrechterhalten wollen.

Hören Sie weiterhin den tschechoslowakischen Rundfunk ab und suchen Sie die Frequenzen, auf denen noch gesendet wird.«

*RADIO PRAG: »Keine Provokationen, keine Konflikte, aber passiver Widerstand!«* 6.00 Uhr

»Hörer des tschechoslowakischen Rundfunks und des Fernsehens in Böhmen, Mähren und der Slowakei!

Soeben erhielten wir die Nachricht, daß auf unsere Sendung alle unsere Sender geschaltet haben. Wir hoffen, daß Sie uns jetzt alle und überall hören können. Hören Sie den tschechoslowakischen Rundfunk, der auch weiterhin hinter der legalen Regierung dieses Landes steht, hinter seinem Präsidenten und der Parteiführung Dubčeks ...

Rufen Sie keinerlei Konflikte hervor. Erklären Sie

unseren Freunden, den Okkupationstruppen, daß bei uns Ruhe bis zu diesem Augenblick herrschte. Gehen Sie zur Arbeit, aber leisten Sie eine passive Resistenz. Folgen Sie niemand anderem als unserer Černik-Regierung und der Dubček-Führung unserer KPČ ...«

*RADIO PRAG: Schüsse – zieht die Truppen ab* 7.50 Uhr

»Die ČETEKA sandte uns folgende Nachricht:

›Unser Gebäude wurde von sowjetischen Einheiten umringt. Zunächst sind sie noch nicht in unser Gebäude eingedrungen, aber ein Durchgang ist zunächst nicht möglich. Es ist unwahrscheinlich, daß wir noch weitere Nachrichten herausgeben können. Unseren Standpunkt kennen Sie, er wurde vom Rundfunk zum Ausdruck gebracht. Wir stehen hinter der legalen Regierung.

Der obere Teil der Vinohradská Trida (Weinbergstraße) ist bereits voller Panzer der Okkupationstruppen. Vorerst nähern sie sich nur langsam dem Rundfunkgebäude. Die Bevölkerung versucht immer noch, sich hinter Autos und Lastkraftwagen zu verbarrikadieren. Zunächst haben die Okkupationstruppen noch keinen Zutritt zum Rundfunkgebäude, aber wir wissen nicht, wie lange sich diese Situation noch hält. In diesem Augenblick war ein scharfes Schießen in der Vinohradská zu hören. Die Leute flüchten in Richtung auf unser Gebäude vor den Salven der MG und rufen Dubček, und wir schließen uns an.

Freunde, die Ihr den tschechoslowakischen Rundfunk hört, ich glaube, daß dies bald die letzten Worte sein werden, die Sie von uns hören. Freunde, laßt uns glauben, daß wirklich der gesunde Menschenverstand siegen muß. Es ist nicht möglich, daß wir in dieser Situation untergehen. Laßt uns glauben, daß die gesunden Kräfte bei uns und bei denen, die uns okkupieren, siegen werden. Laßt uns weiter an den Sozialismus und die Demokratie glauben! – Sie hören die Schüsse ...

Meine Freunde, entgegen allen Gefühlen bewahrt die Ruhe, es ist der einzige Ausweg in dieser Situation. Wir wollen den Sozialismus, aber einen humanen Sozialismus! Und wir glauben, daß wir trotzdem den tschechoslowakischen Sozialismus aufbauen werden!‹

[Nationalhymne!]

(Pause)

Geehrte Freunde, soeben erhielten wir noch eine Nachricht, daß das Präsidium der Nationalversammlung den Beschluß faßte, in dem zum Abzug der Truppen aufgefordert wird. Wir verlesen nun die Erklärung des Präsidiums der Nationalversammlung der ČSSR, die an die Vertreter der fünf Länder, Podgorny, Ulbricht, Gomulka, Kadar und Shiwkoff – an die Vorsitzenden der Nationalversammlungen dieser Länder – gerichtet ist. In der Erklärung heißt es:

›Das Präsidium der Nationalversammlung drückt seine tiefe und prinzipielle Nichtübereinstimmung aus mit dem Vorgehen der verbündeten Truppen, die heute grundlos unser Land zu besetzen begonnen haben. Es kam somit zu einer Verletzung der Souveränität, die in unserem Land und in unseren gegenseitigen Beziehungen unzulässig ist. Wir fordern Sie hiermit dringend auf, in den Augenblicken, da in den Straßen Prags Schüsse abgegeben wurden, unverzüglich den Befehl zum Abzug all Ihrer Truppen von unserem Gebiet zu geben.‹

Unterzeichnet von einem Vertreter der Nationalversammlung.«

*ČETEKA: Fortlaufende Berichterstattung* 8.30 Uhr
(ČETEKA sendet außerhalb der normalen Programmzeit und teilt mit, daß die Agentur »angesichts der Besetzung der Tschechoslowakei keine Weltnachrichten, sondern, soweit möglich, Nachrichten aus der Tschechoslowakei übermitteln wird«.)

»Prag: – Der Fernsehsender Brünn teilte mit, daß Brünn durch Einheiten des Warschauer Paktes besetzt worden ist. Die Redakteure des Sender besuchten Fabriken der Stadt und stellten fest, daß die Situation normal ist. Die Arbeiter dieser Fabriken glauben an die legale Regierung und die legale Führung der KPČ.«

»Prag: – Von den Fenstern des ČETEKA-Gebäudes aus kann man die Bewegungen sowjetischer Tanks und Panzerfahrzeuge beobachten.«

»Prag: – In dem Augenblick, als der Fernsehsender Prag eine Erklärung des Sprechers des Verteidigungsministeriums übermittelte, wurde die Sendung unterbrochen. Den Technikern gelang es jedoch, auf den Sender Ostrau (Ostrava) umzuschalten.«

»Prag: – ČETEKA teilt mit, daß nach dem Sendeverbot für das Prager Fernsehen die Möglichkeit eines Verbots der Arbeit von ČETEKA nicht ausgeschlossen ist. Wir tun unser möglichstes, so lange wie möglich zu senden.«

»Prag: – ›Wir werden die Ideale der Freiheit und Demokratie nie verraten‹, heißt es in einer Erklärung der Redaktion von SVOBODNE SLOVO, dem Organ der Tschechoslowakischen Sozialistischen Partei, die heute morgen eine Sonderausgabe verbreitete.

›In dem Augenblick, wo wir dies schreiben, fliegen Flugzeuge über das Gebäude unserer Zeitung hinweg, und in einigen Stadtteilen Prags haben sich ausländische Streitkräfte festgesetzt. Auf dem Wenzelsplatz haben sich Menschen um die tschechoslowakische Fahne geschart. Und in diesem Augenblick können wir genau wie Sie, wenn Sie diese Zeilen überhaupt erreichen, nichts anderes tun, als äußerlich Ruhe zu bewahren und gleichzeitig entschlossen erklären, daß wir uns nie verraten werden ...‹«

»Prag: – Das Plenum des Hauptkomitees der KPČ im Verteidigungsministerium und die politische Hauptverwaltung haben sich gegen die Besetzung der Tschechoslowakei ausgesprochen und ihre Loyalität gegenüber den rechtmäßigen konstitutionellen Körperschaften der ČSSR unterstrichen.«

»Prag: – Das Prager Fernsehen hat seine Sendungen wiederaufgenommen.«

»Prag: – Das Präsidium des tschechischen Journalistenverbandes hat heute dem von unserer KP, unserer Regierung und dem ganzen Volk im Januar eingeschlagenen Weg sein volles Vertrauen ausgesprochen ...«

*RADIO PRAG / SENDER PILSEN:* 12.00 Uhr
*»Allen, allen, allen!«*

»›Allen, allen, allen!‹ – mit dieser berühmten Parole der Großen Oktoberrevolution wenden wir uns an alle kommunistischen und Arbeiterparteien der Welt, an alle Einwohner aller Länder, die dafür kämpfen, daß sich die Menschheit von den Kriegen und Aggressionen befreit, daß sie auf dem historischen Weg zum Sozialismus schreitet.

Wir wenden uns an alle, die uns hören, mit diesem Aufruf. Teure Freunde! In der ČSSR gibt es keine Konterrevolution. Die Interessen des Sozialismus wurden in unserem Land dadurch nicht gefährdet, so daß es keinen Grund zur Intervention gibt.

Wir sind ein schwacher Sender, und wir wissen nicht, wie weit unsere Stimme hörbar ist. Aber trotzdem wenden wir uns an jeden mit der Bitte und dem Aufruf:

Unterstützt die Souveränität der ČSSR! Helft unserer Heimat, die Selbständigkeit zu bewahren. Steht uns bei, wenn wir den Weg zur Humanität und zum wirklich demokratischen Sozialismus bewahren wollen.

Der tschechoslowakische Rundfunk in Pilsen.«

*ČETEKA: Warum – warum?* 12.00 Uhr

»Preßburg: – Tanks und Militärfahrzeuge sind ständig von Menschen umgeben. Man hört immer wieder die eine Frage: ›Warum?‹ Die Gesichter der sowjetischen Soldaten bleiben meist unbewegt und uninteressiert. Bei den Begegnungen sind tschechoslowakische und slowakische Fahnen zu sehen. Die tiefbewegten Menschen singen Hymnen. An den Fronten der Gebäude erscheinen russische Spruchbänder mit der Frage: ›Genossen, gegen wen wollt ihr kämpfen?‹ Ähnliche Parolen werden auch auf die Tanks gemalt.

Aus den Fenstern des PRAVDA-Büros, von denen einige als Ergebnis der Unruhen von heute früh durchschossen sind, werden Sonderausgaben auf die Straße geworfen, sobald sie aus der Presse kommen.

Es herrscht eine Atmosphäre des gespannten Abwartens der bevorstehenden Entwicklungen. Die gedrückte Stimmung der Einwohner Preßburgs wird auch durch zerbrochene Geländer, durch von Tanks beschädigte Straßen beeinflußt. Der Verkehr ist in der ganzen Stadt zum Erliegen gekommen.«

*ČETEKA: Fortlaufende Berichterstattung über die Ereignisse in der Tschechoslowakei* 12.00 Uhr

»Prag: – ČETEKA hat sich dem Generalstreik der tschechoslowakischen Bevölkerung angeschlossen und seine Sendung aus Protest gegen die Okkupation der Tschechoslowakei für zwei Minuten unterbrochen.«

»Prag: – Zwischen 11.00 und 11.30 Uhr trafen mindestens 10 Ambulanzwagen beim Gebäude des tschechoslowakischen Rundfunks ein, wo ein sowjetischer Panzer brannte. Mit Hilfe von Kleidungsstücken, die von Zivilisten zur Verfügung gestellt wurden, bemühten sich sowjetische Soldaten, das Feuer zu löschen. In einer der Seitenstraßen brannte ein Bus.

Kurz vor 12.30 Uhr schossen die sowjetischen Truppen etwa fünf Minuten lang mit ihren Handwaffen.

In einer Nebenstraße des Rundfunkgebäudes wurde einem 20jährigen Fußgänger in den Rücken geschossen.

Während der Schießerei flohen die Menschen und warfen sich auf den Boden. Danach kehrten sie wieder zu den sowjetischen Panzerwagen zurück.

Um 12.20 Uhr sah man vom Fenster des ČETEKA-Gebäudes aus einen Panzerwagen, dessen Benzinbehälter brannten.«

»Prag: – Einige Fenster des Rundfunkgebäudes wurden zerschossen. Im Nationalmuseum, das im Zentrum der Stadt gelegen ist, waren ebenfalls Einschüsse von automatischen Waffen festzustellen.

Einige sowjetische Soldaten befinden sich innerhalb des Rundfunkgebäudes; sie sitzen in den Korridoren herum oder betrachten die Büros. Genau zu Mittag ertönten in Prag die Sirenen, und die Arbeit wurde aus Protest gegen die Okkupation unterbrochen.«

»Prag: – Gegen 11.00 Uhr befanden sich drei sowjetische Schützenpanzerwagen in der Opletalova-Straße, außerhalb des ČETEKA-Gebäudes. Ein etwa 25jähriger Zivilist befand sich beim ersten Panzerwagen und übersetzte den sowjetischen Soldaten den Text einer Sonderausgabe der ZEMEDELSKE NOVINY, die aus den Fenstern des nahegelegenen Zeitungsverlages hinausgeworfen worden war.

Ein mit der tschechoslowakischen Flagge versehener Lkw, auf dem sich mindestens 20 Prager Bürger befanden, hielt vor den sowjetischen Panzerwagen. Die Männer des Lkw appellierten an die sowjetischen Soldaten, die Straße zu verlassen und eine mögliche Schießerei zu vermeiden. Die sowjetischen Fahrzeuge verließen dann diese Straße.«

»Prag: – Wie die Oberschwester der ambulanten Unfallstation erklärte, wurden 25 Personen eingeliefert, die heute morgen in der Nähe des tschechoslowakischen Rundfunkgebäudes verwundet worden waren. Ein Arzt, der sich in der Nähe des Rundfunkgebäudes befand, erklärte, daß zwei Personen in der Nähe des Rundfunks getötet worden seien.«

# Quellennachweis

Die Beiträge dieses Bandes wurden den nachstehend angeführten Werken entnommen. Es handelt sich dabei fast ausnahmslos um Bücher, die durch Buchhandlungen bezogen werden können oder in Büchereien verfügbar sind, so daß interessierte Leser jederzeit die Möglichkeit haben, sich eingehend mit den Originaltexten zu beschäftigen.

S. 20: Nadežda K. Krupskaja: Erinnerungen an Lenin, Berlin 1960, S. 389 ff. Mit freundlicher Genehmigung des Dietz Verlags Berlin.

S. 26: Philipp Scheidemann: Memoiren eines Sozialdemokraten, Dresden 1928, Bd. 2, S. 296 ff. Mit freundlicher Genehmigung von Frau Johanna Pirschel.

S. 34: Robert Lansing: Die Versailler Friedensverhandlungen, Berlin 1921, S. 160 ff. und 177 ff. Mit freundlicher Genehmigung des Verlags R. Hobbing Essen vormals Berlin.

S. 42: Wipert v. Blücher: Deutschlands Weg nach Rapallo, Wiesbaden 1951, S. 153. Mit freundlicher Genehmigung des Limes Verlags Wiesbaden.

S. 51: Italo Balbo: Der Marsch auf Rom, Leipzig 1933, S. 211 ff. Mit freundlicher Genehmigung des Verlags Arnoldo Mondadori Editore Milano.

S. 57: Otto Gessler: Reichswehrpolitik in der Weimarer Zeit, Stuttgart 1958, S. 243 ff. Mit freundlicher Genehmigung der Deutschen Verlags-Anstalt Stuttgart.

S. 69: Edgar Vincent d'Abernon: Ein Botschafter der Zeitwende, Leipzig 1929, Bd. 3, S. 21 ff. Mit freundlicher Genehmigung des Paul List Verlags München.

S. 76: Theodor Heuss: Erinnerungen 1905–1933, Tübingen 1963, S. 323 ff. Mit freundlicher Genehmigung des R. Wunderlich Verlags Tübingen.

S. 81: Jawaharlal Nehru: Indiens Weg zur Freiheit, Hamburg 1950, S. 205 ff. Mit freundlicher Genehmigung von Mister V. K. Krishna Menon.

S. 88: Heinrich Brüning: Ein Brief: Deutsche Rundschau 70 (1947), H. 7, S. 5 ff.

S. 95: Joseph Goebbels: Vom Kaiserhof zur Reichskanzlei, München 1937, S. 250 ff. Mit freundlicher Genehmigung des Bayer. Staatsmin. d. Finanzen München.

S. 100: Frances Perkins: Roosevelt, wie ich ihn kannte, Berlin 1949, S. 166 ff. Mit freundlicher Genehmigung des Verlags Dunker & Humblot Berlin.

S. 107: Beiträge zur Vorgeschichte und Geschichte der Julirevolte. Hrsg. auf Grund amtlicher Quellen, Wien 1934, S. 66 ff. Mit freundlicher Genehmigung des Bundeskanzleramtes – Sektion III – Bundespressedienst Wien.

S. 116: Stories of the Long March, Peking 1958, S. 99 ff.

S. 121: Friedrich Hoßbach: Zwischen Wehrmacht und Hitler 1934 bis 1938, Wolfenbüttel 1949, S. 94 ff. (Neuauflage: Göttingen). Mit freundlicher Genehmigung des Verlags Vandenhoeck & Ruprecht Göttingen.

S. 128: Carl J. Burckhardt: Meine Danziger Mission, München 1960, S. 54 ff. Mit freundlicher Genehmigung des Verlags D. W. Callwey München.

S. 138: Rodolfo Graziani: Il Fronte Sud, Milano 1938, S. 192 ff. Mit freundlicher Genehmigung des Verlags Arnoldo Mondadori Editore Milano.

S. 143: George Orwell: Mein Katalonien, München 1964, S. 205 ff. Mit freundlicher Genehmigung der Verlagsgruppe Bertelsmann Gütersloh.

S. 149: Sir Ivone Kirkpatrick: Im inneren Kreis. Erinnerungen eines Diplomaten, Berlin 1964, S. 98 ff. Mit freundlicher Genehmigung des Verlags Ullstein Berlin.

S. 154: Wanda Bronska-Pampuch (Hrsg.): Geköpfte Armee, Berlin 1963, S. 123 ff. Mit freundlicher Genehmigung des Verlags Ullstein Berlin.

S. 159: Georges Bonnet: Vor der Katastrophe. Erinnerungen des französischen Außenministers 1938/39, Köln 1951, S. 294 ff. Mit freundlicher Genehmigung des Greven Verlags Köln.

S. 166: Carl Gustav Mannerheim: Erinnerungen, Zürich 1952, S. 408 ff. Mit freundlicher Genehmigung des Atlantis Verlags Zürich.

S. 173: Winston S. Churchill: Der Zweite Weltkrieg, Bd. 2: Englands größte Stunde. Hamburg 1950, S. 127 ff. Mit freundlicher Genehmigung des Scherz Verlags Bern-München-Wien.

S. 180: Bernhard Goldstein: Die Sterne sind Zeugen, Frankfurt 1960, S. 88 ff. Mit freundlicher Genehmigung von B. Goldstein.

S. 187: Shigenori Togo: Japan im Zweiten Weltkrieg, Bonn 1958, S. 172 ff. Mit freundlicher Genehmigung der Akademischen Verlagsgesellschaft Frankfurt.

S. 195: Joachim Wieder: Stalingrad und die Verantwortung der Soldaten, München 1962, S. 53 ff. Mit freundlicher Genehmigung der Nymphenburger Verlagshandlung München.

S. 203: Charles de Gaulle: Memoiren 1942–1946, Düsseldorf 1961, S. 77 ff. Mit freundlicher Genehmigung des Droste Verlags Düsseldorf.

S. 215: Pietro Badoglio: Italien im Zweiten Weltkrieg, München 1947, S. 60 ff. Mit freundlicher Genehmigung des Paul List Verlags München.

S. 221: Dwight D. Eisenhower: Kreuzzug in Europa, Amsterdam 1948, S. 209 ff. Dieser Auszug stammt aus dem Buch Crusade in Europe. Copyright 1948 bei Doubleday & Company, Inc. Deutsche Übersetzung mit freundlicher Genehmigung des S. Fischer Verlags Frankfurt.

S. 229: Hanns Lilje: Im finsteren Tal, Stundenbücher Bd. 25, Furche Verlag Hamburg. Mit freundlicher Genehmigung des Laetare-Verlags Nürnberg.

S. 235: Tagashi Nagai: Wir waren dabei in Nagasaki, Frankfurt 1951, S. 120 ff. Mit freundlicher Genehmigung des Alfred Metzner Verlags Frankfurt.

S. 240: Helmut Gollwitzer: ... und führen, wohin du nicht willst. Bericht einer Gefangenschaft, München 1952, S. 57 ff. Mit freundlicher Genehmigung des Ch. Kaiser Verlags München.

S. 247: Herbert V. Evatt: Die Vereinten Nationen, Frankfurt 1951, S. 3 ff. Mit freundlicher Genehmigung des Alfred Metzner Verlags Frankfurt.

S. 251: Wolfgang Leonhard: Die Revolution entläßt ihre Kinder, Köln 1955, S. 344 ff. Mit freundlicher Genehmigung des Kiepenheuer & Witsch Verlags Köln, Berlin.

S. 258: J. F. Byrnes: In aller Offenheit, Frankfurt 1948, S. 110 ff.

S. 263: Trygve Lie: In the Cause of Peace. Seven Years with the United Nations. New York 1954, S. 28 ff. Mit freundlicher Genehmigung des Rechtsinhabers.

S. 272: Wolfgang Bretholz: Ich sah sie stürzen, München 1955, S. 315 ff. Mit freundlicher Genehmigung des Kurt Desch Verlags München.

S. 279: Dov Joseph: Die Belagerung von Jerusalem, Frankfurt 1962, S. 154 ff. Mit freundlicher Genehmigung des S. Fischer Verlags Frankfurt.

S. 284: Lucius D. Clay: Entscheidung in Deutschland, Frankfurt 1950, S. 397 ff.

S. 295: Konrad Adenauer: Erinnerungen, Stuttgart 1965, Bd. 1, S. 151 ff. u. 173 f. Mit freundlicher Genehmigung der Deutschen Verlags-Anstalt Stuttgart.

S. 300: Anwar el Sadat: Geheimtagebuch der ägyptischen Revolution, Düsseldorf 1957, S. 151 ff. Mit freundlicher Genehmigung des Eugen Diederichs Verlags Düsseldorf.

S. 308: Ostprobleme 25/8 vom 22. 6. 1956, S. 894 ff.

S. 315: Laszlo Beke: Tagebuch eines ungarischen Studenten, Bern 1957, S. 134 ff. Mit freundlicher Genehmigung der Literary Agency Mohrbooks Rainer Heumann Zürich.

S. 319: Sir Anthony Eden: Memoiren 1946–1957, Köln 1960, S. 614 ff. Mit freundlicher Genehmigung des Kiepenheuer & Witsch Verlags Köln.

S. 327: Sherman Adams: Rechte Hand des Präsidenten, Hagen 1961, S. 323 ff. Mit freundlicher Genehmigung des Arcus-Verlags Henze & Co. Hagen.

S. 336: Albert Luthuli: Mein Land, mein Leben. Autobiographie eines großen Afrikaners, München 1963, S. 219 ff. Mit freundlicher Genehmigung des Chr. Kaiser Verlags München.

S. 341: Jean-Jacques Servan-Schreiber: Leutnant in Algerien, Hamburg 1957, S. 12 ff. Mit freundlicher Genehmigung des Hoffmann & Campe Verlags Hamburg.

S. 353: Peter Scholl-Latour: Matata am Kongo, Stuttgart 1961, S. 79 ff. Mit freundlicher Genehmigung der Deutschen Verlags-Anstalt Stuttgart.

S. 360: Theodore C. Sorensen: Kennedy, München 1966, S. 665 ff. Mit freundlicher Genehmigung des Harper & Row Publ. Inc. New York.

S. 373: David Halberstam: Vietnam oder wird der Dschungel entlaubt?, Reinbeck b. Hamburg 1965, S. 187 ff. Mit freundlicher Genehmigung von Herrn David Halberstam.

S. 383: Klaus O. Skibowski: Schicksalstage einer Nation, Düsseldorf 1968, S. 79 ff. Mit freundlicher Genehmigung des Econ Verlags Düsseldorf.

**Arena orientiert mit historischen Sachbüchern**

---

Lebendige Geschichte der letzten hundert Jahre tritt dem Leser dieses Buches entgegen. Es sind keine Historiker, die die Beiträge geschrieben haben, sondern namhafte Dichter, die schon längst einen festen Platz in der Weltliteratur einnehmen: Zola, Gorki, Saint-Exupéry, Sartre, Grass, Böll – um nur einige zu nennen. Prof. Dr. Carlo Schmid schrieb als Mitherausgeber eine ausführliche Einführung.

360 S., vierfarbig laminierter Schutzumschlag

Im Lauf der Geschichte veränderten immer wieder Menschen, die sich vom Zeitgeist zu lösen und eigene Ideen zu formulieren wußten, die Entwicklung ihrer Gesellschaft. Wer erfährt, was seit dem Erwachen des kritischen Denkens bei den früheren griechischen Philosophen bis zur Auferstehung Chinas unter Maos Führung geschah, gewinnt den Blick für die geistigen Strömungen der Gegenwart.

216 S., 16 Fototafeln, vierfarb. lamin. Schutzumschlag

---

Arena